高等院校财务与会计系列丛书
“十三五”规划教材·会计精品系列

财务会计
——企业决策的基础

主　编○唐　伟　于团叶
副主编○宋晓满　佟爱琴　张　倩

立信会计出版社
LIXIN ACCOUNTING PUBLISHING HOUSE

图书在版编目(CIP)数据

财务会计:企业决策的基础 / 唐伟,于团叶主编.
—上海:立信会计出版社,2017.9
“十三五”高等院校财务与会计规划教材
ISBN 978-7-5429-5594-4

Ⅰ.①财… Ⅱ.①唐…②于… Ⅲ.①财务会计—高等学校—教材 Ⅳ.①F234.4

中国版本图书馆 CIP 数据核字(2017)第 248670 号

策划编辑 方士华
责任编辑 陈 旻
封面设计 南房间

财务会计——企业决策的基础

出版发行 立信会计出版社
地 址 上海市中山西路 2230 号 邮政编码 200235
电 话 (021)64411389 传 真 (021)64411325
网 址 www.lixinaph.com 电子邮箱 lxaph@sh163.net
网上书店 www.shlx.net 电 话 (021)64411071
经 销 各地新华书店

印 刷 常熟市梅李印刷有限公司
开 本 787 毫米×1092 毫米 1/16
印 张 21
字 数 507 千字
版 次 2017 年 9 月第 1 版
印 次 2017 年 9 月第 1 次
印 数 1—3100
书 号 ISBN 978-7-5429-5594-4/F
定 价 41.00 元

前　言

财务会计是管理类专业的必修课程。在管理类专业学生的通识教育中占有重要地位。根据专业教学的需要，我们组织了相关专业老师集体编写了这本教材。

在编写过程中，我们根据我国会计体系改革与新修订颁布的企业会计准则，参照会计发展与会计教学的要求，结合多年的教学经验，在参阅了大量国内外最新出版的财务会计教材的基础上，注重理论与实践相结合，现实与前瞻相结合，力求实现理论简单明了，内容通俗易懂。

考虑到教材以大学生创新创业的通识教育为对象，本教材的特色体现在以下几个方面：第一、围绕我国会计改革目标，反映最新改革成果，突出实践性；第二、以我国企业会计准则为标准阐述对经济事项的会计处理方法的同时，对相关业务的国际惯例中的常用会计处理方法也进行了合理的介绍，以避免编写成我国企业会计准则应用说明书；第三、在内容上以价值管理为核心，在章节安排上同时兼顾传统会计教材的体系，以便与我国会计专业技术资格考试内容相互衔接。本教材适用于高校管理类专业学生会计通识教育教学，也适应在职财务人员培训、自学时作为参考使用。

本书共17章。第一章至第三章主要介绍会计核算的基本要求与技术方法；第四章介绍财务报表的基本内容与编制方法；第五章至第十六章主要介绍六大会计要素的会计处理和具体会计准则中涉及的一些特殊业务的会计处理方法；第十七章主要介绍财务报表分析的基本方法与应用。

本书编写的具体分工为：第一章、第二章、第三章、第十三章、第十七章由宋晓满、蓝峻、王玉馨编写；第四章、第五章、第七章、第十六章由唐伟、徐勤编写；第六章、第八章、第九章、第十章、第十一章、第十二章由于团叶、周炜、张延洁编写；第十四、第十五章由佟爱琴编写。全书由唐伟、于团叶担任主编，宋晓满负责修改总纂。

在编写本教材过程中，我们参考和引用了其他相关书籍与资料，在此表示感谢。

虽然作者尽了最大努力，但由于自身水平所限，难免有不足之处，恳请读者批评指正。

编　者

2017年9月

目　录

第一章　会计是决策的信息系统

引导案例

古代有个故事，讲的是一个富人外出时，将财产给了三个仆人打理。第一个人领到5 000元，第二个人领了2 000元，第三个人领了1 000元。回来后，三个仆人到主人处报告经营情况。领了5 000元的人告诉主人经营所得为5 000元，并将本利之和10 000元交出。领了2 000元的人也上交本利4 000元。而领了1 000元者告诉主人，因担心经营失败，他将1 000元埋在家里，并上交1 000元本金。主人拿到他们的钱后，表扬了前两人，对第三个人痛骂了一通，并将其1 000元收回，交由第一个人打理。

这个故事告诉我们，达成财务报告课责性的两个基本方法：一是表达事实，二是解释变化原因。

本章内容提要

本章主要就会计的产生、发展进行描述，并解释会计职能的形成，会计信息的效用与评价标准。

第一节　会计是对经济活动的反映

一、会计的特征

生产是人们赖以生存和发展的最基本的实践活动。人们的衣、食、住、行都需要消费一定的物质资料，而要取得这些物质资料，就要生产。人们在生产实践中，一方面要创造财富，另一方面要消费物化劳动和活劳动。为了合理地安排劳动时间，以尽可能少的劳动耗费生产出尽可能多的物质财富，来满足生产和生活的需要。为此，就必须建立专门的职能，履行生产过程中的物质财富占用、消耗及成果的记录、计算、分配和考核，实现以最少的占用、最小的消耗取得最满意的成果，实现这一专门职能的就是会计。

会计的产生是人类社会在其生存发展中对物质财富的生产过程占用、消耗的关系和管理的必然要求，是社会生产实践的需要。但是，并非人类一有生产实践活动就产生了会计思想和会计行为。在人类生产、生活水平处在原始状态时，人类生存仍受到严重威胁的情况下，会计思想和会计行为不可能产生。

结绳记事、刻竹为书、垒石计数等行为都是最初的会计手段。这些原始的计量方式，适应了当时社会生产力的发展水平，较好地满足了早期人类社会狩猎、捕鱼、采集、牧养、取种、物物交换以及论功行赏的需要。但是，在原始社会里，会计只是生产职能的附带部分，没有成为一项专门的工作。当社会生产力发展到一定阶段，会计逐渐从生产职能中分离出来，形成特殊的、专门的独立职能，成为由专职人员从事的一项经济管理工作。

经济越发展，会计越重要。会计的产生和发展的历史证明，会计是应人类生产实践和经济管理的客观要求而产生和发展的。正如马克思指出的："生产过程越是按社会的规模进行，越是失去纯粹个人的性质，作为对过程的控制和观念总结的簿记就越是必要；因此，簿记对资本主义生产比对手工业和农业的分散生产更为重要，对公有生产比对资本主义生产更为重要。"

"会计"一词的含义，根据清代焦循在《孟子正义》一书中的解释："零星算之为计，总合算之为会。"由"会"与"计"组成"会计"一词，其狭义解释是指计算、记录，与现代所说的记账、算账近似。其广义解释为除了包括计量、记录等核算与理财经济内容外，还包括管理与考核的内容。会计在其漫长的发展过程中，其内涵与外延也不断丰富。美国会计学会(1966)对会计下的定义是："确认、计量和传达经济信息的过程，以使信息使用者作出明智的判断和决策。"我国会计理论界对会计的定义有不同的理解，具有代表性的观点有"管理工具论""管理活动论"和"信息系统论"。管理工具论认为，会计是一种经营管理工具，它是为管理服务的，会计本身只侧重于会计的核算和反映。管理活动论认为，会计不仅是管理经济的工具，它本身就具有管理的职能，是人们从事管理的一种活动。信息系统论认为，会计旨在提高企业和各单位生产经营活动的经济效益，加强经济管理而建立的一个以财务信息为主的经济信息系统。

会计作为一门独立的学科，其本身所固有的特征，主要表现为以下几个方面。

(一) 以货币为主要计量单位

会计为了核算和监督各单位错综复杂的经济活动，必然要运用实物量度、劳动量度和货币量度。这三种量度的基础不同，分别运用于不同方面。实物量度和劳动量度，从数量上核算各单位的经济情况，保护财产的安全完整，考核财产和劳动时间利用情况，以便合理有效地运用财产和劳动时间，无疑都具有特殊的意义。在商品经济条件下，要全面、综合地核算和监督各种经济活动，就必须运用货币量度。货币量度是为了综合核算各种经济活动而采用的统一量度。它对综合性质相同或不同的物质消耗和劳动消耗，提供经营管理所需要的资金、成本、利润综合性指标所具有的特殊作用，是实物量度和劳动量度难以具备的。货币量度之所以能具有这种特殊作用，是因为货币是商品交换的一般等价物，具有价值尺度的功能。尽管实物量度和劳动量度是货币量度的基础，但由于会计是一种价值核算，它在运用实物量度、劳动量度和货币量度的同时，必然要以货币量度为主。只有这样，会计才能全面、综合地反映企业的财产物资的实物量及其增减变动，费用的发生和成本的形成，各种营业收入的取得和财务成果，各种营业收入的取得和财务成果的形成与分配等情况。充分利用综合性的价值指标，对于全面反映企业生产经营过程，评价经营成果，正确指导生产经营活动，都是十分必要的。

（二）对经济活动的核算和监督具有完整性、连续性、系统性和综合性

会计在核算经济活动时，必须符合完整、连续、系统、综合的要求。所谓完整，是指对会计对象的全部经济活动都必须加以记录，不得遗漏。所谓连续，是指对各项经济活动既要相互联系，又要按照科学方法进行分类和整理。所谓综合，是指对各项经济活动均以货币量度进行综合汇总，求得经营管理所需要的总括性价值指标。会计核算只有符合上述基本要求，才能综合核算和监督经济活动的过程和结果，正确考核和评价经济活动的效益。

（三）具有一整套系统、完整的专门方法

观察、计量和记录是所有核算活动取得核算资料的共同手段，但会计核算在运用这些手段时，却有其自己的特点。它观察的是生产经营活动过程的每一项经济业务，并对其进行踪合计价；然后在逐项作出记录的基础上，逐步系统归类，综合汇总，以取得各项会计指标，形成一系列专门方法。会计方法包括会计核算方法、会计分析方法和会计检查方法。其中，会计核算方法包括设置账户、复式记账、填制和审核凭证、登记账簿、成本计算、财产清查和编制会计报表等。这些专门方法的互相配合与综合利用，就构成了计量和记录、控制和监督经济活动的一整套完整的会计核算方法体系。

二、会计信息系统

会计信息是企事业单位最重要的经济信息，它连续、系统、全面、综合地反映和监督企业经营状况，并为管理、经营决策提供重要依据。因此，有一种会计理论把会计理解为信息系统，而在现代科学技术的背景下，这样的信息系统无疑就是计算机管理信息系统。计算机会计信息系统以计算机为主要工具，对各种会计数据进行采集、存储和处理，完成会计核算任务，并提供会计管理、分析与决策相关的会计信息的系统，其实质是将会计数据转化为会计信息的系统，是企业管理信息系统的一个重要子系统。

会计信息系统是从20世纪80年代初开始在中国运用的。起初，会计信息系统软件由企业自制，后来出现了用友、金碟等财务软件公司，财务软件的发展逐渐走向规范与成熟。20世纪90年代末，传统的财务软件的缺陷渐渐显现出来，企业不再简单地要求软件系统进行记账与报表输出，还要求软件系统能够提供业务相关的成本、盈利以及绩效等方面的支持信息，这就促使财务软件逐渐向ERP等高度集成化的软件发展，国内各大财务软件厂商也纷纷从单独的财务软件设计转型为ERP厂商。ERP是基于企业价值链的现代管理系统，它集企业的物流、价值流和信息流于一体。会计信息系统是ERP的重要组成部分，是ERP中的重心，是整合企业各个部门各种资源的最佳手段，完全实现了管理会计与财务会计的一体化以及财务业务的一体化。ERP中会计信息系统与传统会计信息系统的差异在于，设计的着眼点不同。传统会计信息系统在设计时，是站在会计部门会计的角度去设计，而不是站在企业的角度，这样设计的会计软件一般总是不能迈出会计部门的范围，所形成的会计信息系统，信息流只能在会计部门内部流动，形成了信息孤岛，而信息孤岛间的信息流动往往不能以原始的形式流动，而需要转换成纸制凭证。

网络经济不仅对传统会计的基本理论和组织管理提出了更新、更高、更深的要求，而且带来了对传统会计的理念、理论与方法的前所未有的强烈冲击。财务工作者必须对会计管理信息系统进行全方位的创新，使会计能够适应新的经济形式的要求。

随着信息技术(Information Technology)的诞生与飞速发展，我们的社会正在由工业社会步入信息社会，知识经济、信息技术时代已经来临，会计所面临的环境发生了巨大的变化。IRI(Internationalized Resource Identifiers，简称IRI)时代不仅为会计信息系统提供了信息技术这一先进的技术手段，而且IRI时代会计信息的重要性也空前提高，社会的各个方面，无论是外部信息需求者还是内部信息使用者，都对会计信息的收集、加工、传送和披露内容有着更高的要求。会计信息系统还应充分考虑到企业间的交流和应用，在系统的开放性方面给予全面考虑。在这种情况下，利用信息技术对原有会计信息系统进行改造与创新，以满足IT时代对会计工作的要求。

中国信息化进程中的问题在于如何充分利用IT技术来开发新的会计信息系统。到2015年，全国80%以上的单位实现了会计电算化。未来的会计信息系统发展主要集中在AIS与MIS的集成，大力开发全面管理型和战略支持型的"企业管理软件"，即ERP。然后向Internet、Web转移，建立能使现有应用程序结构与Internet协议进行通讯的桥连技术，增加新的基于Web的应用程序，改写原有的应用，使应用程序的代码完全适合Internet，最终建立REA模式的信息系统。

会计信息系统离不开高素质的会计人员，所以政府和企业都要重视加快专业人才引进和复合型人才培养。对现有会计人员要采取定期培训和长期进修相结合的办法，要改革和完善相应的会计人员管理制度，比如实施会计委派制，形成科学的会计人才选拔和激励机制。

会计信息系统要求有一批掌握现代电子技术、网络技术，融自然科学、社会科学、人文科学于一身的复合型人才。这种复合型人才还很匮乏。因此，要加大复合型会计人才的培养力度。贯彻人本战略，积极培养人才，普及信息技术及电子商务知识，培养专业化的人才。社会各界应大力支持会计信息系统的发展，为提高企业未来的国际竞争力提供保障。

未来的会计信息系统构架将充分基于开放的网络，将会使自身存在很大的安全风险，这些风险主要体现在信息泄密和数据破坏上。根据会计信息系统的特点、互联网的开放特征及安全问题的来源，考虑会计信息系统的特点，应做好以下具体工作。

(一) 建立输入控制制度

为会计信息系统的安全提供基础。首先，建立会计确认制度。对电子化原始凭证加以认可，并通过动态数字签字对其可靠性加以确认，保证数据的准确性，并在会计报表中得到真实反映。其次，建立记账凭证的输入制度。从原始凭证电子化到记账凭证电子化，面临的主要问题是会计软件如何根据网络上已经审核签字的原始凭证，自动生成记账凭证；并在生成过程中，最大限度地减少人为的干预。

(二) 建立操作控制制度

为会计信息系统的安全提供基石。首先，建立机房管理控制制度。对机房的使用、维护、安全保密，机房的温度，防火报警系统、防磁、防尘等方面的管理控制规范。为了使机房保持良好的秩序，以减少程序、数据丢失或遭受破坏的风险。其次，建立操作权限控制制度。开展电算化会计的企业必须明确规定上机操作人员对会计软件操作的工作内容和权限，对操作密码要严格管理，指定专人定期更换，杜绝未经授权人员操作会计软件。最后，健全操作规程控制制度。操作规程控制主要是指操作中应注意的事项，是保证会计信息系统正确、安全运行，防止各种差错的有力措施。

（三）建立会计数据监控制度

为会计信息系统的安全提供基准。首先，建立严格的内部管理制度。在制定企业内部控制制度时可以借鉴相关的法律规章制度，从法律、道德、纪律等方面约束企业内部工作人员，以防止企业内部工作人员的舞弊与犯罪行为。其次，建立数字签名确认制度。企业与往来客户双方都向其共同信赖的第三方机构（CA）申请用户身份证书，并将各自的相关信息及内容列入自己的证书域内，同时设定自己的签名密钥，甚至可以拥有加密密钥。再次，建立监控制度。做好严格的系统监控工作，在系统产生错误时，能够尽早地产生错误报告并给出错误次数的统计，以便及时发现问题并解决问题；判断有无非法用户进入会计信息系统，并随时采取措施，保证系统的安全。最后，建立会计数据的备份与恢复控制制度。为了防止数据丢失，及时对会计数据进行多种备份，以便在系统出现问题后能够迅速地恢复这些会计数据。

（四）建立安全控制制度

为会计信息系统的安全提供基点。首先，建立网络安全控制制度。通过防火墙技术、密码技术对信息加密实现网上访问的安全性。其次建立环境安全控制制度。

（五）建立软件安全控制设

通常对软件程序的保护措施是对数据和程序加密，要对计算机病毒进行防治等。然后建立系统关联方和企业内部人员道德的控制制度。选择信用好的合作伙伴，内部审计人员及时发现问题，及时进行控制。对于那些有意破坏的关联方要提出警告，加强对工作人员社会道德观念的教育，加强会计人员职业道德教育，对不同层次上的工作人员实行岗位责任制，并利用密码进行权限控制。

三、决策系统与会计信息

会计信息与决策之间有着非常密切的联系，或者可以表达为：会计信息是决策的基础。会计是经济活动与决策制定者之间沟通和联系的桥梁。经济活动的有关数据进入会计系统，经过会计处理后，为决策者者提供有用的信息。

会计信息在公司决策中起到极其重要的作用。但公司财务会计信息的使用者绝不仅限于公司管理者的决策人员。在经济社会中，任何一家公司都不是独立存在的，企业必然要与外界发生各种各样的联系。外界各方与企业发生联系，就必然要透过会计信息了解企业的财务状况和经营业绩，以指导各自的决策行为。

会计不仅是一个信息系统，而且其本身也是一种管理活动，它既为管理提供信息，本身又履行管理职能。

第二节 市场经济条件下的会计观念

在传统意识中，会计专业只是经济实体中组织管理机构的一个必要组成部分。虽然缺了不行，但其作用不过是账房、管家而已。管理者与会计师之间的关系，是签字、盖章、批示的单向指令关系。这样的传统观念在中国由来日久，普遍存在。然而，市场经济体系下的现代管理者应具备的会计观念是一个完整的概念架构。

一、会计体系观念

现代企业会计体系由七个分支组成。

（一）财务会计

其主要功能是对外部报告企事业单位的财务状况和经营业绩，所以也被称为对外报告会计。财务会计的目标是向企业外部各有关方面提供财务信息，让他们了解企业的财务状况和经营业绩。

（二）管理会计

其目标是为企业管理部门和决策部门提供充分有效的、支持管理决策的信息。

（三）成本会计

其功能具有二重性：一是财务会计提供成本信息，以合理确定存货价值及计算损益，二是为管理会计提供决策分析中的基础信息。

（四）税务会计

其主要功能是依据税法计提税金，订立税务规划。

（五）内部审计

其主要功能是维护企业会计体系、会计信息的客观性和真实性。

（六）会计信息系统(AD)

这是电子计算机应用的结果。计算机应用于会计工作，直接结果是人工操作过程的电算化，但更为重要的是促使会计信息更加体系化，一些在手工操作下不可能做到甚至不可能想到的信息生成和功能，在计算机条件下成为现实。

（七）国际会计

这是经济国际化体现在企业会计上的结果。由于涉外经济业务的发展，企业在目际贸易和国际资本交易中不得不面对多种货币，不得不关心跨国性会计规则和金融市场法规。

综上所述，现代企业会计体系由七个分支组成，各有侧重，相互联系。

二、会计信息用户观念

法律意义上的企业组织，可以采取独资制、合伙制、公司制等多种形态。企业的投资人可以是境内个人和法人，也可以是境外个人和法人。对不同类型企业来说，会计信息的用户群体自然也不同。

在现代市场经济条件下，要不断强化管理者的信息用户观念。这里有两层含义：一是明确企业会计信息的用户群体。不同类型的企业，其会计信息用户群体是不同的。例如，公司制企业的会计信息用户最为广泛，包括股东、金融机构、税务机关、政府机关、社会团体以及潜在投资人。二是明确企业会计信息为用户服务的观念。用户有权利因受到法律规定范围内的企业会计信息的误导而对企业提出诉讼。

三、会计系统功能观念

会计系统功能，其本质是对管理者与会计师之间关系的再认识，对会计系统在企业管理中角色功能的再认识。传统意识中，会计师在企业管理体系中是一个被动性角色，消极地等经济业务责任人报送会计凭证，接受会计部门之间的单据传递，按照规则编报有限的财务报表信息，等待管理者及其他用户向自己提出信息要求。

从20世纪80年代后期起，发达国家的管理会计领域出现了新的变化，对于我们理解会计师功能观念很有启发。新的变化概括起来体现在两个方面：第一，会计界多年来几乎是财务会计唱独角戏的格局开始改变，以作业成本会计（ABC）、作业成本管理（ABM）、平衡计分卡（BSC）等为标志，管理会计迅速活跃起来。第二，企业会计师由被动角色向主动角色转变，即不仅限于消极地按规定报送财务报表，或等着用户提出要求后才提供会计信息服务，而是积极主动开发会计信息系统，在报送常规会计信息满足用户的信息需求的同时，积极开发管理者尚未想到而具备实际效用的会计信息. 在企业管理中发挥更积极的作用。

四、会计信息的法律责任观念

企业家必须树立和强化会计信息的法律责任观念，可以从三个角度理解：其一，单位负责人应当保证财务会计报告真实、完整。会计责任明确由单位负责人担负，无法推诿。其二，有责任就得关注，就需要具备专门知识，否则就会糊里糊涂担责任。所需要的会计知识包括两类：增加会计法规知识，从而明白“该怎样，不该怎样”，以增进与会计人员的了解和配合，避免不合法规的指挥；增加专业知识，知道对特定会计问题“可以怎样处理，不可以怎样处理”，作出合理判断，避免重大差错。其三，应该增强道德约束。会计说到底是一套在人为规则下生成的人工信息系统，规则具有可选择性，规则本身具有变动性，也就导致了对应用规则的选择和改变。问题在于，处于什么样的利益主体和动机作出决定，这时的主导因素就是道德约束。

总之，会计部门在企业管理机构的职能行使中是一个有特殊功能的管理分支。从我国当前状况看，会计师自身应当更新观念，管理者需要调整传统的会计观念。由此，企业会计体系才可能在企业发展中发挥其应当具备而尚未完全显示出来的管理功能。

第三节　会计信息的使用者

关注和使用企业会计信息的方方面面人士或机构，可以大略地划分为三类：第一类是与企业有直接利益关系的投资人（股东和债权人）；第二类是企业管理者；第三类是与公司有间接利益关系的社会各界。企业会计信息的各种使用者，都对企业的会计信息非常关注，并在对与公司有关的重大问题决策中使用企业会计信息，这是作为会计信息使用者的共同之处。但由于他们所处的地位不同，各种会计信息使用者所关注的侧重面则有所不同。

一个公司必须发布各种各样的会计信息，以满足信息使用者的需要，这些会计信息需求因企业的规模、是否由公众持股以及管理政策等而有所不同。有些会计信息的需求可能是由法律规定的，如所得税法规要求每个企业的会计系统能够计量该公司应税收入并对公司所得税申报单中每个项目的性质和来源进行解释。证券法律要求股份公司依照规定编制财务报表，报送证监会，并提供给公众；有些会计信息需求是由于实际需要而产生的。例如，每个企业都要知道应向每个客户收取的金额和欠每个债权人的金额。

总体来说，会计信息需求来自企业外部和内部两方面，它们分别是会计信息的外部使用者和内部使用者。

一、会计信息的外部使用者

会计信息的外部使用者是与企业具有利益关系的个人和其他企业，但他们不参与该企业的日常管理。其具体包括以下几类。

（一）股东

公司的股东最关心公司的经营，他们需要评价过去和预测未来。有关年度财务报告是满足这些需要的最重要的手段，季度财务报告、半年度财务报告也是管理部门向股东报告的重要形式。向股东提供这些报告是会计信息系统的传统职责，股东借助于财务报告反映的常规信息，获得有关股票交易和股利支付的情况，从而作出决策。

（二）债权人

公司债权人对公司的信誉、偿债能力及企业的未来展望是非常关心的。公司的财务报告是这些信息的一个重要来源。债权人需要的有关借贷业务的常规信息，是通过与借款单位的会计信息交换得来的。

（三）政府机关

政府的许多不同部门需要有关企业的信息。税务机关需要有关公司利润和向国家缴纳税额的信息，社会保障机关需要有关企业缴纳各项社会保障基金的信息；国有企业还必须向国资委、国家财政、审计机关等部门提供财务报告，以便接受经济监督；很多外国政府需要经营国际业务的公司报告在它们国家内所从事的经济活动的信息。

（四）职工

作为一个利益集团，职工个人期望定期收到工资和薪金，并同时得到有关企业为个人提供社会保障的各类基金方面的信息和企业的某些综合性的信息，诸如工资平均水平、福利金和利润等。职工代表大会、工会也会代表职工要求得到这些信息，这些信息的大部分是由会计信息系统提供的。

（五）供应商

企业往往有很多的原材料、产成品或可供销售的商品。采取赊销方式的供应商需要了解客户的有关经营稳定性、信用状况以及支付能力等方面的信息。

（六）顾客

在市场经济条件下，企业的顾客可以说是最重要的外部利益集团。顾客对于信息的需要，包括有关企业及其产品的信息，如价格、性能、企业信誉、企业商业信用方面的政策、可得到的折扣额、支付的到期日以及所欠金额等。这些常规的信息一般也是由会计提供的。

以上列举了企业外部需要会计信息的主要利益集团，除这些集团以外尚有许多其他集团需要这种信息。它们包括：信用代理人这种机构专门公布有关公司信用的信息；工商业协会，这种机构公布某一种行业的有关信息，需要利用会计信息进行行业管理；竞争者，他们对于公司的价格政策和获利能力感兴趣；企业组织所在的社区；财务分析专家，他们向委托人提出投资建议；关心公司某个方面经济活动的公民等。

向企业外部的使用者所提供的会计信息，绝大部分是属于“强制性的”或“必需的”。例如，向政府部门所报送的应税收益和代扣税款的报表，股东所报送的财务报告，均属于强制性的信息。又如，向顾客所提供的有关产品的信息和账单，向贷款人所提供的信用能力信息是属于必需的信息，会计报告这些信息具有一定程度的强制性。需要指出的是，企业向外界提供的决策性信息是由管理当局提供的，但管理当局并不是提供会计信息的唯一渠道，但外界做决策所依据的会计信息的公允性和准确性，最后必须而且只能由企业管理最高当局负责。但仅提供一套单一的会计信息来满足如此众多的使用者的需求即使有可能，也是相当困难的。因此，对外财务报告主要面向两个团体——投资者和债权人，包括当前的与潜在的投资者和债权人，他们是主要的财务信息外部使用者。企业通过提供满足投资者和债权人需求的会计信息，也提供了对会计信息的其他很多使用者有用的信息。另外，某些财务信息的外部使用者，如政府机构，能够得到公众通常无法取得的信息。因此，它们不像投资者和债权人那样依赖于公开的信息。

二、会计信息内部使用者

一个企业组织的各级管理部门为了完成职责都需要信息，不论是负责完成全公司目标的最高级管理部门，还是负责完成一项具体目标的某一个经营管理部门都是如此。目前，会计是为大多数企业和组织提供“正式”会计信息的主要信息系统。所谓正式的信息系统，是指其对指定信息的生成和报告负有明确的职责。会计信息系统根据搜集到的全部数据进行加工，将信息报送给企业管理部门，管理部门收到并利用这些信息做出有关决策，管理部门的决策又反过来影响企业组织内部的经营管理，包括对会计信息系统的影响，同时也影响着企业组织与其外部环境的关系。

会计信息内部使用者包括董事会、首席执行官（CEO）、首席财务官（CFO）、副董事长（主管信息系统、人力资源、财务等）、经营部门经理、分厂经理、分部经理、生产线主管等。

企业内部各部门使用会计信息的具体目标不同，但这些目标的宗旨是一样的，都是旨在帮助企业实现其总体的战略和任务。所有企业都遵循与他们的会计信息系统设计有关的规则以确保会计信息的规范性并保护企业的资产，但是关于报告的类型或能产生的会计信息种类并没有什么规则。在决策过程中产生和使用的会计信息往往是多样性的。

与外部的信息需要相比，向内部报送的会计信息显然具有较多的“自由性”。因此，设计满足企业经营管理需要的会计信息系统，比设计外部报表面临更大的困难。

企业的成功具体体现在两个主要的财务目标上：一是获取足够的盈利，以拥有投资资本，二是掌握足够的资金，以应付债务清偿。企业管理者经常都在考虑该做什么、怎么做、结果是否达到了原计划要求等问题。这都要求管理者充分利用会计信息及会计分析资料。

综上所述,企业会计信息的各种使用者,从不同的角度通过会计信息了解企业的经济状况,分析企业的经济前景,以作出保护自己的决策。他们的决策在不同程度上对企业的长远发展产生着影响。管理者的投资人为决策对公司的发展产生直接影响。公司外部各种信息使用者则利用会计信息为各自的决策服务,他们的决策对企业只有间接影响。

第四节 会计信息的真实性

一、真实可靠是会计信息的基本要求

真实的会计信息,是指生产会计信息的程序符合会计制度、会计准则以及相关的法律、法规等法定规范标准,在所有重大方面都能公允地反映会计主体的财务状况、经营成果及现金流量情况的会计信息。由于难以从会计信息结果本身判断和评价会计信息的真实性,所以在实践中真正奉行的只能是相对真实的会计信息,遵循程序客观的真实性。在实际工作中,要求会计报表的编制,应遵循会计准则和国家其他财务会计法规的规定,在所有重大方面公允地反映其财务状况、经营成果和现金流量,会计方法的选用符合一贯性原则。

美国财务会计准则委员会(FASB)在 1980 年 5 月发表的财务会计概念公告第二号《会计信息的质量特征》中对会计信息真实性的含义表述为决策有用性。有用性的两个主要特征可概括为相关性和可靠性,并且指出"会计信息的可靠性源于这两个特征",即反映真实性与可核性。信息的中立性和这两个特征一起产生作用,影响其有用性。其中的可核性是指独立的会计人员采用相同的会计方法,会得出高度一致的结果。真实性是指"一项数值或说明符合其意在反映的现象"。中立性是信息不应当有预定结果的偏向,也就是制定或执行各种准则时,主要应当关心所产生信息的相关性和可靠性,而不使信息受特定利益者的影响。国际会计准则委员会(IASC)关于编制和提供财务报表的框架也将"可靠性"列为四项主要质量特征之一。

我国企业会计准则中对会计信息真实性的规定为:会计核算应当以实际发生的经济业务为依据,如实反映财务状况和经营成果。这一真实性原则要求会计核算在各个阶段必须符合客观要求;会计确认必须以实际经济活动为依据;会计计量、记录的对象必须是真实的经济业务;会计报告必须如实反映情况,不得掩饰。

从性质上看,美国财务会计准则委员会和国际会计准则委员会将会计信息的真实性包含在可靠性的特征里,我国企业会计准则的真实性是单独作为一项原则列示的。

二、会计信息真实性的标准

会计信息的真实性就是对企业经济活动的再现,是对企业的财务状况、经营成果和现金流量情况的还原。事实上,这只是一种理论上的真实性。会计信息的真实性并不等同于精确性,我们强调会计信息的真实性是为了有效地使用这些信息,而不是关注企业的会计信息是否分毫无差。会计的目的是提供有价值的经济信息以供决策。信息使用者研究和

分析会计信息，就是研究和分析会计信息所反映的企业经营活动的情况。所以首先，真实的会计信息不能歪曲企业经营活动的真实情况；其次，在会计实务中，会计确认、计量、记录和报告都是依据会计准则、会计法律法规等制度来进行的。可见，会计信息的产生是否合乎会计法规制度的规定也影响到了它的真实性。只有按照会计法律法规的要求产生的会计信息才是真实的。因此，会计信息真实性的判断标准是会计信息不歪曲企业经营活动情况，并依据会计法律法规等制度的规定产生。

信息真实性的问题在不同的学科领域里都受到重视，在会计信息研究中，信息的真实性存在"程度"问题，对这一程度的区分就显得尤为重要，会计信息绝对真实是指会计信息对企业经济活动的本来面目的完全精准的反映。这种绝对真实是会计信息对企业财务状况、经营成果和现金流量情况在百分之百程度上的再现。实际上，绝对真实只能在理论上存在。相对真实是指会计信息对企业经济活动基本特征比较准确的描述，以不歪曲企业经济活动情况为基本判别标准。相对真实是一种现实的"真实性"。分析两者之间的关系，绝对真实是会计准则和制度制定者应当为之努力的目标，只有这样，会计准则和会计制度才会不断地进步和完善，会计信息的质量才会提高。相对真实则应当是会计准则与制度的最底线，对于会计工作来说，根据已经制定的会计准则产生相对真实的信息，否则就会出现信息失真。然而，在完善会计准则与会计制度的过程中，以"绝对真实"的会计信息质量标准来要求会计工作，不符合成本效益原则，是不现实的，也是不必要的。

三、会计信息真实性与会计目标

会计目标一方面受到会计信息的特性和局限性的影响，另一方面还要受到会计运行期间的社会经济环境的影响。就后者而言，不同国家(地区)不同时期，企业的会计目标会有所差别。比如，中美因为经济环境不同，会计目标就不完全相同。

美国财务会计准则委员会(FASB)在其发表的第一号财务会计概念公告中。将财务报告的目标主要确定为以下几个方面，即财务报告应该提供：①对现在的和潜在的投资者、债权人以及其他使用者作出合理的投资、信贷及类似决策有用的信息；②有助于投资者、债权人和其他信息使用者预计会计未来净现金流入的金额、时间与不确定性的信息；③有关企业经济资源、对资源的要求权以及它们变化的信息；④企业在报告期内经营业绩的信息；⑤有关管理人员如何履行业主委托的企业资源使用责任的信息。概括地说，财务报告的目标就是向信息使用者提供对决策有用的信息。

我国的企业会计准则明确规定会计目标为：①满足国家宏观经济管理的需要；②满足有关各方面了解企业财务状况和经营成果的需要；③满足企业加强内部经营管理的需要。可以看出，财务报告的目标具有多元化的特点，不仅考虑到宏观经济的需要，还要考虑到企业各微观层面的需要。

不过在一定时期内，会计目标一经形成，就具有稳定性。稳定的会计目标又会对会计信息的质量特征形成反作用，这种反作用最主要就表现在对相关性和真实性的要求。但是，会计信息的真实性和相关性之间存在相互抵消的作用，因此，企业所提供的会计信息的真实性程度，或者说是侧重于相关性还是真实性也是由企业的会计目标决定的。

完善会计信息真实性的措施主要体现于：根据会计目标确定对会计信息真实性的侧重

程度，企业的会计目标决定企业会计信息真实性的重视程度，因此，企业运用会计准则提供会计信息时，首先要确定企业的会计目标。虽然我国企业会计准则规定的会计目标具有多元化的特点，但在一定时期对不同的企业会有相应的侧重。例如，对于国有企业则可能相应地更关注对宏观经济的影响，但随着我国资本市场的完善，相应对国有企业的目标则可能会向着满足于信息使用者的需要转化；对于上市公司，则可能对企业会计信息的相关性要求高一些，因为上市公司提供的财务报告主要作为投资者对企业进行决策的依据，而投资者对企业的决策则更关注于企业目前以及未来的经营状况，对会计信息的相关性要求高一些；对于未上市公司，则对会计信息的真实性会要求高一些，因为这样的企业的会计信息主要用于管理者的内部决策，则对会计信息的真实性会高一些。

虽然会计信息自身具有一些局限性，限制了会计信息的真实性。但企业可以相应采取措施，使其限制程度达到最低。例如，可以提高会计人员素质，提高会计人员的职业判断，使会计估计尽量能反映真实情况；可以采用较合适的会计计量方法，来真实反映企业的经营状况等；尽量采取一些措施使之局限性达到最低，来提高会计信息的真实性。

目前的许多实证研究表明，企业的治理结构，如董事长和经理的兼职、外部独立董事、董事会的规模等都会对会计信息的真实性造成一定的影响。许多治理结构不完善的公司，内部控制人可能利用操纵会计信息来达到吸引投资者的注意，从而损害会计信息的真实性。可见，完善企业的治理结构，使企业的决策权、执行权、监督权能够相互制约、相互促进，从而提高企业经营业绩，进而从根本上提高会计信息的真实性。

习　题

一、单项选择题

1. 会计对象是特定主体的(　　)。

A. 资金活动　B. 经济活动　C. 财产物资　D. 货币资金

2. 我国行政单位会计应以(　　)作为确认、计量和报告的基础。

A. 持续经营　B. 权责发生制　C. 实地盘存制　D. 收付实现制

3. 会计确认、计量和报告的前提是(　　)。

A. 会计基本假设　B. 权责发生制　C. 收付实现制　D. 经济活动

4. 会计核算和监督内容的第二层次是(　　)。

A. 资金运动　B. 会计要素　C. 会计科目　D. 会计对象

5. 会计核算主要是利用(　　)对经济活动的数量方面进行核算。

A. 劳动计量单位　B. 实物计量单位　C. 时间计量单位　D. 货币计量单位

二、多项选择题

1. 关于会计，下列说法中正确的有(　　)。

A. 会计是一种管理工具　B. 会计以货币为主要计量单位

C. 会计是一种经济管理工作　　　　D. 会计的对象是指会计核算和监督的内容

2. 下列各项中，可以作为一个会计主体进行会计核算的有(　　)。

A. 独资企业　　　　B. 企业的生产车间

C. 企业的销售机构　　　　D. 母公司及其子公司组成的企业集团

3. 会计的基本特征有(　　)。

A. 以货币作为主要计量单位　　　　B. 拥有一系列专门方法

C. 具有核算监督的基本职能　　　　D. 本质是管理活动

三、判断题

1. 为了全面反映单位的经济活动，单位发生的所有经济业务事项都须进行会计核算。(　　)

2. 会计核算必须而且只能采用货币计量单位对经济活动的数量方面进行核算。(　　)

第二章　现代会计技术

引导案例

某人对其家庭10月份的情况进行登记，如表2-1所示。

表2-1　　某人家庭10月份情况登记　　单位：元

序号	日期	摘要	收入	支出	余额
1	10.1	结转9月份	800		800
2	10.4	超市采购		600	200
3	10.6	太太生日（钻戒）		20 000	18 000
4	10.8	出售股票（10 000股）（买入价6元，卖出价10元）	100 000		82 000
5	10.10	付住房贷款		5 000	77 000
6	10.18	买债券		70 000	7 000

这7 000元是他到10月18日所剩的钱吗？是他的财产吗？这么记账有问题吗？

本章内容提要

本章主要对现代会计技术进行讨论。在对账户设置、记账方法及会计循环讨论的基础上，对报表的格式、内容进行描述，对记账方法的应用进行实务性介绍。

第一节　借贷记账法

一、账户及其结构

企业日常发生的经济业务十分频繁、复杂，而每发生一项经济业务都会引起会计要素的增减变动。为了便于提供日常管理所需要的会计信息，就要对企业发生的经济业务进行整理分类，为此，在会计上就要设置账户。

所谓账户，是根据会计科目的名称设立，具有一定结构，用来分类、连续地记录经济业务，反映会计要素增减变动及其结果的一种专有工具，如“库存现金”账户、存货账户、“固定资产”账户等。账户与会计科目既有联系也有区别，会计科目是账户的名称，账户是根据会计科目设置的，但账户与会计科目反映的经济内容是相同的。

账户之所以能够反映和记录经济业务的发生引起会计要素的增减变动，是由于账户具有一定的结构。随着企业单位经济业务的不断发生，会计要素就必然随之发生变化，而且这种变化不管多么错综复杂，从数量上看不外增加和减少两种情况。因此，用来记录企业在某一会计期间内各种有关数据的账户，在结构上就应分为两方，即左方和右方。一方登记增加数，另一方登记减少数，至于哪一方登记增加，哪一方登记减少，则由所采用的记账方法和所记录的经济内容而决定。这就是账户的基本结构。这一基本结构，不论企业在实际上所使用何种账户，其具体格式总是一样的。当然对于一个完整的账户而言，除了必须有反映增加数和减少数两项外，还应该包括其他栏目和内容，一个完整的账户结构应包括以下内容：

（1）账户名称。

（2）登记会计事项的日期。

（3）凭证字第号数。

（4）摘要。

（5）增减金额及余额。

为了方便学习，一般采用简化的“T”字形账户，其格式，如表 2-2 所示。

表 2-2

左方	账户名称	右方

在一个账户中一般具有期初余额、本期增加发生额、本期减少发生额和期末余额四项金额。一定时期（如一个会计期间）的增加额合计，称为本期增加发生额；一定时期的减少额合计，称为本期减少发生额；本期增加发生额与本期减少发生额相抵后的差额，称为期末余额；本期的期末余额转入下期，便是下期的期初余额。这四项金额的关系可以用下列等式表示：

期末余额＝期初余额＋本期增加发生额－本期减少发生额

账户如有期初余额，首先应当在记录增加额的一方登记，会计事项发生后，要将增减内容记录在相应的栏内。每个账户的本期发生额反映的是该类经济内容在本期内变动的情况，而期末余额则反映变动的结果。例如，某企业在某一期间“库存现金”账户的记录，如表2-3所示。

表 2-3

库存现金

左方		右方	
期初余额	3 000		
本期增加	500	本期减少	2 500
本期发生额	500	本期发生额	2 500
期末余额	1 000		

二、复式记账

复式记账法是对每一项经济业务发生时所引起的会计要素数量的增减变化，以相等的金额同时在两个或两个以上相互联系的账户中进行全面登记的一种记账方法。其实质是通过两个或两个以上相互对应的账户反映一项经济业务。例如企业用银行存款支付水电费1 000元，在复式记账法下，一方面要在银行存款账户中登记减少数1 000元，另一方面还要在有关费用账户中登记增加1 000元。复式记账可以全面、系统地反映企业的经济业务，可以更好地反映经济业务的来龙去脉，将账户之间的内在联系有机地联结起来。

复式记账法是由单式记账法演变而来的。所谓单式记账法，是指只对每一项经济业务，一般只在一个账户中进行记录的记账方法。该记账方法除对涉及应收、应付现金的收付业务要在两个或两个以上的账户中登记以外，对于其他经济业务，都只在一个账户中进行登记或不予以登记。对以现金方式或赊购方式购买财物或支付费用的经济业务，只核算现金的减少或债务的增加，而对财物的取得或费用的发生一般不设置账户进行核算。至于财物结存数额，只能从定期的实地盘存得到。经营的损益则由前、后两期的财产结存数的比较求得，即期末资产结存大于期初资产结存的数额为利润；反之，则为亏损。随着社会生产力的发展及日趋复杂的经济活动，单式记账法本身存在的会计科目设置不完整、账户记录之间科目设置不完整、账户记录之间没有相互联系的缺陷便充分显露，既不能全面、系统地反映经济业务的来龙去脉，也不便于检查账户记录是否正确，因此，单式记账法逐渐被复式记账法所取代。

三、借贷记账法

借贷记账法是以借贷为记账符号来记录经济业务的一种复式记账方法。其特点可以归纳为以下几个方面。

（一）借贷记账法的记账符号

按照复式记账法，每一笔经济业务的增减变化都要在两个或两个以上的账户中进行登记，形成账户记录。但是如何将经济业务登记到账户中，采用不同的记账方法，其登记的方式和方法均不相同。复式记账的方法有很多种，如我国采用过的收付记账法、增减记账法等，在账户中的记录方法都不尽相同，但均属于复式记账法。借贷记账法也是一种复式记账法，它产生于13世纪的意大利，开始于单式记账，随着现代经济的发展，逐渐得到充实和完善，形成了具有区别于其他记账方法的复式记账方法。我国于1993年实施的企业会计准则也规定了境内所有企业在进行会计核算时，都必须统一采用借贷记账法。

记账符号是一种标记，代表经济业务数量增减变化的方向。借贷记账法的“借”“贷”二字的含义，最初是从借贷资本家的角度来解释的。借贷资本家把从债权人那里收进的存款记在贷主的名下，表示自身的债务，借贷资本家支付给债务人的放款记在借主的名下，表示自身的债权。此时，“借”“贷”二字表示债权债务的变化。随着社会经济的发展、经济活动的日益复杂以及产业资本和商业资本对借贷记账法的利用，“借”“贷”二字不再局限于货币资金借贷业务的增减变动情况，而逐渐扩展到财产物资和经营损失等经济业务的增减变动情况。这时，“借”“贷”二字就逐渐失去原来的含义，而转化为纯粹的记账符号，用以标明账户记录经济业务数量增减变化的方向,即账户的借方和贷方。

在借贷记账法下,账户的基本结构是:左方为借方,右方为贷方。由于会计内容已经划分为会计要素,并按会计要素的进一步分类设置了会计科目和账户。借贷记账法在登记经济业务数据时,就按经济业务所属的会计要素及其发生的增加金额和减少金额,分别确定其在账户中的记录方向,即:

(1) 属于资产要素的增加额记入借方,减少额记入贷方。

(2) 属于负债要素的增加额记入贷方,减少额记入借方。

(3) 属于所有者权益要素的增加额记入贷方,减少额记入借方。

由于资产在会计等式的左边,其增加额就记在借方,减少额就记在贷方。负债和所有者权益在会计等式的右边,它们的增加额就记在贷方,减少额就记在借方。按此种记录方法登记的结果,既保证了借方等于贷方,也保证了会计等式的平衡。

在扩展会计等式中,收入和费用要素的变动会导致利润要素的变动,利润在未分配前属于所有者权益,收入是所有者权益增加,其增加额就记在贷方,减少额记在借方。费用会使所有者权益减少,其增加额记在借方,减少额就记在贷方。收入、费用和利润要素增减变动登记在账户中的方向是:

(1) 属于收入要素的增加额记入贷方,减少额记入借方。

(2) 属于费用要素的增加额记入借方,减少额记入贷方。

(3) 属于利润要素的增加额记入贷方,减少额记入借方。

将上述会计要素增减变动在账户中的登记方向列示,如表 2-4 所示。

表 2-4

借方　　　　账户名称　　　　贷方

借方	贷方
资产增加额	资产减少额
负债减少额	负债增加额
所有者权益减少额	所有者权益增加额
收入减少额	收入增加额
费用增加额	费用减少额
利润减少额	利润增加额

在借贷记账法下,账户的借方和贷方都可以登记经济业务发生时会计要素增加和减少的金额。记账时,账户的借贷两方必须作相反方向的记录,即对于每一个账户来说,如果借方用来登记增加额,则贷方就用来登记减少额,如果借方用来登记减少额,则贷方就用来登记增加额。在一个会计期间内,借方登记的合计数称为借方发生额,贷方登记的合计数称为贷方发生额。那么,究竟用哪一方来登记增加额,用哪一方来登记减少额呢? 这要根据各个账户所反映的经济内容,也就是它的性质来决定。

一般来说,资产类账户的借方登记资产的增加额,贷方登记资产的减少额,由于资产不可能出现负值,因此,如果有余额,一般在借方。

负债及所有者权益类账户的贷方登记负债及所有者权益的增加额,借方登记负债及所有者权益的减少额,由于负债及所有者权益的增加额与期初余额之和一般情况下要大于本期减少额，所以，这类账户如有余额，必定在贷方。

收入类账户的结构与所有者权益类账户的结构基本相同，借方登记收入的减少额，贷方登记收入的增加额，由于本期实现的收入要于期末全部转出与相配比的费用相抵，用于确定当期利润或亏损。因此，收入类账户在期末通常没有余额。

费用类账户与资产类账户的结构基本相同，借方登记费用的增加额，贷方登记费用的减少额，由于与收入相配比的费用要在期末全部转出，以便与收入相抵，因此，费用类账户在期末经转销后通常没有余额。

利润类账户也与负债及所有者权益类账户大致相同，账户的贷方登记利润的增加额，借方登记利润的减少额，期末如有余额一般在贷方，如果为借方余额则表示当期亏损。

从以上的账户结构可以看出，各类账户的期末余额都在记录增加额的一方，即资产类账户的期末余额在借方，负债及所有者权益类账户的期末余额在贷方。

（二）借贷记账法的记账规则

前已述及，按照复式记账的原理，任何经济业务都要以相等的金额，在两个或两个以上相互联系的账户中进行记录。借贷记账法的记账规则，是指运用借贷记账法记录经济业务所引发的会计要素增减变化的规律。那么，如何记录这种增减变化呢，借贷记账法对于发生的每一笔经济业务，首先，要确定它所涉及的账户并判定其性质；其次，要分析所发生的经济业务使各有关账户的金额是增加还是减少；最后，根据账户的基本结构确定其金额应记入所涉及账户的方向。

由于收入类账户和利润类账户与所有者权益类账户的性质相同，而费用是资产的转化形式，费用类账户与资产类账户的性质相同。因此，会计上在划分经济业务的性质时，往往将收入和利润类归入所有者权益，将费用类归入资产。这样，经济业务无论怎样复杂，均可概括为以下几种类型。

1. 资产与权益同时增加

如企业收到投资者投入的资本金 3 000 000 元，存入银行。这笔经济业务涉及“银行存款”和“实收资本”两个账户，一方面“银行存款”为资产类账户，该账户增加 3 000 000 元，应记入借方；另一方面“实收资本”为所有者权益类账户，该账户也增加 3 000 000 元，应记入贷方。

2. 资产与权益同时减少

如以银行存款 500 000 元归还银行短期借款。这笔经济业务涉及“银行存款”和“短期借款”两个账户，一方面“银行存款”为资产类账户，该账户减少 500 000 元，应记入贷方；另一方面“短期借款”为负债类账户，该账户减少 500 000 元，应记入借方。

3. 资产内部有增有减

如企业收回前欠的销货款 32 000 元，存入银行。这笔经济业务涉及“银行存款”和“应收账款”两个资产类账户，一方面“银行存款”账户增加 32 000 元，应记入该账户的借方；另一方面“应收账款”账户减少 32 000 元，应记入该账户的贷方。

4. 权益内部有增有减

如企业向银行借入短期借款 180 000 元，直接偿还前欠远航公司购货款。这笔经济业务涉及“短期借款”和“应付账款”两个负债类账户，一方面“短期借款”账户增加

180 000元，应记入该账户的贷方；另一方面“应付账款”账户减少 180 000 元，应记入该账户的借方。

从以上四种经济业务来看，在借贷记账法下，每笔经济业务都是在记入某一个账户借方时，必然还要记入另一个账户的贷方，而且记入借方与记入贷方的金额总是相等的。这就形成了借贷记账法的记账规律或记账规则。我们可以将其概括为：有借必有贷，借贷必相等。

其基本关系，如图 2-1 所示。

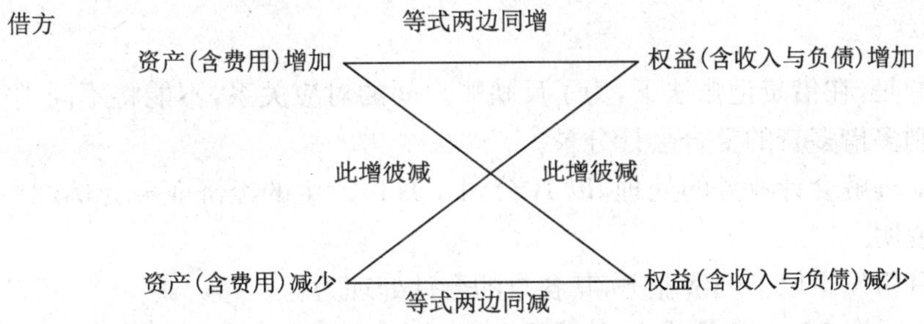

图 2-1　借贷记账法下记账规则图

（三）借贷记账法的试算平衡

为了保证一定时期内所发生的经济业务在账户记录中的正确性，需要在期末对账户记录进行试算平衡。所谓借贷记账法的试算平衡，是指根据会计等式的平衡原理，按照记账规则的要求，通过汇总计算和比较，来检查账户记录的正确性、完整性。

采用借贷记账法，由于对任何经济业务都是按照“有借必有贷，借贷必相等”的记账规则记入各有关账户，所以不仅每一笔会计分录借贷发生额相等，而且当一定会计期间的全部经济业务都记入相关账户后，所有账户的借方发生额合计数必然等于贷方发生额合计数；同时，期末结账后，全部账户借方余额合计数也必然等于贷方余额合计数。其借贷平衡可用发生额试算平衡和余额试算平衡两个公式表示：

全部账户的借方发生额合计＝全部账户的贷方发生额合计
全部账户期末借方余额合计＝全部账户期末贷方余额合计

试算平衡工作一般是在月末结出各个账户的本月发生额和月末余额后，通过编制总分类账户发生额试算平衡表和总分类账户余额试算平衡表来进行的。现将以上所举的四笔经济业务记入有关总分类账户，并结出各账户本期发生额和期末余额，编制总分类账户发生额试算平衡表和总分类账户余额试算平衡表。

四、借贷记账法的应用

根据复式记账原理与借贷记账法的记账规则，会计分录按经济业务与内容的复杂程度不同，可采用简单分录和复合分录进行会计处理。

【例 2-1】　某公司购入原材料，价款 12 000 元，其中，以银行存款支付 2 000 元，余款暂未支付。

借:原材料　　12 000
　贷:银行存款　　2 000
　　应付账款　　10 000

或

借:原材料　　2 000
　贷:银行存款　　2 000

借:原材料　　10 000
　贷:应付账款　　10 000

应当注意的是,在借贷记账法下,为了反映账户间的对应关系,不能将不同类型的经济业务合并以编制多借多贷的复合会计分录。

为了更好地理解会计业务的处理,以A公司1月份发生的经济业务为例,对企业会计处理过程进行说明。

A公司1月份发生以下经济业务,其各自的会计处理为:

(1) 投资人投资500 000元成立A公司。

借:银行存款　　500 000
　贷:实收资本　　500 000

(2) 公司购买车床一台,价值200 000元,以银行存款支付。

借:固定资产　　200 000
　贷:银行存款　　200 000

(3) 购买加工用原材料150 000元,款项没有支付。

借:原材料　　150 000
　贷:应付账款　　150 000

(4) 生产车间领用材料40 000元。

借:主营业务成本　　40 000
　贷:原材料　　40 000

(5) 以银行存款支付职工工资20 000元,其中管理人员工资8 000元,公司销售人员工资12 000元。

借:管理费用　　8 000
　经营费用　　12 000
　贷:银行存款　　20 000

(6) 销售产品一批,价值80 000元,货款已进入银行。

借:银行存款　　80 000
　贷:主营业务收入　　80 000

(7) 以银行存款支付前欠货款50 000元。

借:应付账款　　50 000
　贷:银行存款　　50 000

（8）将应付账款50 000元转作债权人对A公司的投资。

借:应付账款　　50 000
　贷:实收资本　　50 000

（9）向银行借入短期贷款100 000元。

借:银行存款　　100 000
　贷:短期借款　　100 000

（10）从银行提取备用金2 000元。

借:库存现金　　2 000
　贷:银行存款　　2 000

（11）以银行存款支付本月电费1 000元。

借:管理费用　　1 000
　贷:银行存款　　1 000

（12）以银行存款96 000元,预付公司本年房租。

借:预付账款　　96 000
　贷:银行存款　　96 000

月底会计人员结算本月账务,进行试算平衡,编制试算平衡表,如表2-5所示。

表2-5　**试算平衡表**

2016年1月31日　　单位:元

账户名称	本期发生额		期末余额	
	借方	贷方	借方	贷方
库存现金	2 000		2 000	
银行存款	680 000	369 000	311 000	
原材料	150 000	40 000	110 000	
预付账款	96 000		96 000	
固定资产	200 000		200 000	
短期借款		100 000		100 000
应付账款	100 000	150 000		50 000
实收资本		550 000		550 000
主营业务收入		80 000		80 000
主营业务成本	40 000		40 000	
管理费用	9 000		9 000	
经营费用	12 000		12 000	
合计	1 289 000	1 289 000	780 000	780 000

第二节 会计循环

会计是一个提供会计信息的系统，这个系统是由会计人员运用一定的方式，对企业在一定期间发生的经济业务进行收集、归类、记录，最终编制会计报表来完成的。其中，收集、归类、记录是会计人员“生产”会计信息的过程，会计报表则是会计人员“生产”的产品。企业为了取得真实可靠的会计信息数据，必须对日常所发生的各种经济业务，并通过依次完成的一系列基本步骤，借助于这些步骤，把数量繁多的日常经济业务归类整理和综合汇总，最终通过会计报表的形式向有关方面反映企业的财务状况、经营成果和现金流量等信息。

一、会计循环的含义

复式记账的会计系统为处理企业单位的业务活动提供了可能，而处理的过程包括了确认和计量经济业务、编制原始凭证、编制记账凭证、登记会计账簿、对账簿记录进行对账与结账、编制会计报表等一系列会计核算程序，在这些会计核算程序中包括了依次完成的一系列基本步骤，这些步骤始于会计期初，终于会计期末，这就是我们所说的会计循环。简单来说，会计循环是指会计信息系统周而复始地对会计信息进行处理的过程。

会计分期这一基本前提，把企业延续不断的经营过程划分为会计期间(年度、半年度、季度和月份)，会计期间规定了会计工作的时间范围。如果一个单位以 1 年为一个会计期间，则会计循环历时 1 年，如果企业按月或季结账和编制会计报表，则会计循环历时 1 个月或 1 个季度。

二、会计循环的基本程序

会计循环是会计信息产生的步骤，也可以说是会计核算的基本过程。在企业经营过程中，会计人员一开始接受的是大量的、零星的经济业务，如原材料的购买、发出，产品的生产、销售等。要在企业编制的财务报告中充分反映这些情况，就必须经过一系列有条不紊的工作程序，对这些原始的会计事项进行分类、汇总。由于每个企业单位的规模大小、经济业务的性质和繁简程度各有特点，在具体组织会计核算工作时，其具体要求也就有所不同，但会计处理的基本过程总体上是一致的。一般来说，所有的会计处理过程都需要经过证(会计凭证)、账(会计账簿)、表(会计报表)三个基本环节。完整的会计循环所涉及的基本步骤应该包括以下内容。

(一) 确认、计量经济业务，填制、取得原始凭证

企业单位的经济业务发生之后，会计人员首先要填制、取得原始凭证，并审核其合法性、合规性。

（二）整理原始凭证，编制记账凭证(会计分录)

对每笔经济业务列示其应借记和应贷记的账户名称及金额，并填入记账凭证。

（三）根据记账凭证登记会计账簿

根据记账凭证所确定的会计分录，在有关的日记账和分类账中进行登记。

（四）会计期末对会计账簿记录进行对账与结账

会计期间终了，对各账簿中的有关账户记录进行核对，结转收入、费用类账户，以确定当期损益，并结出资产、负债、所有者权益账户余额，以结转至下期连续记录。

（五）根据账簿记录编制会计报表

会计期间结束，要将本期所有经济业务的记录及其结果汇总编制出资产负债表和利润表等，以反映企业的财务状况和经营成果，并对其加以必要的注解和说明。

尽管目前会计电算化已得到长足的发展，财务软件得到普遍应用，会计人员通过计算机收集、处理并最终生成会计信息，但是无论是手工操作还是电算化，会计处理过程中，相关的记账指令还是以复式记账原理和会计循环的基本程序为依据，因此，对会计循环的基本记录内容的了解、仍有其必要性。

会计循环的基本流程，如图 2-2 所示。

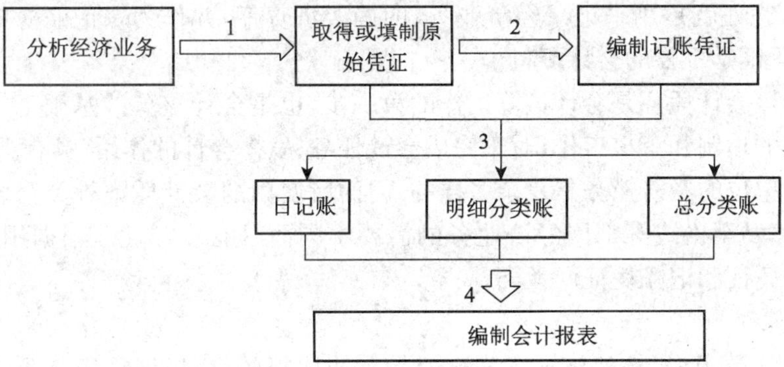

图 2-2　会计循环的基本流程

三、经济业务与会计凭证

（一）经济业务

企业单位在日常经营过程中，会进行各种各样的经济活动，但并不是所有的经济活动都是通过会计工作进行处理。其原因就在于计量的复杂性，一些不能计量或不可能以货币计量的经济活动就不能被会计所处理，如达成的未来合作的意向、企业人事关系的变动等。在会计上，我们把能引起会计要素增减变化进而可以确认和计量的经济活动称为经济事项，或称会计事项。

虽然企业是一个经济上的独立个体，但其在生存与发展的漫长过程中避免不了要与企业内、外部的部门、单位或个人之间发生各种各样的交往活动。因此，我们可以将经济业务按照是否涉及企业自身以外的单位或个人分为对外经济业务和对内经济业务两类。

对外经济业务也称交易，即“企业与外部主体（其他单位或个人）之间的价值交换行为”。交易可控是一种每个主体既接受价值也牺牲价值的互换行为，如购买商品、销售货物、提供劳务等，也可能是企业单方面权益的变动或向其他主体转移本企业资产的行为，如接受投资、上缴税款等。

对内经济业务也称为事项，即“企业主体内部有关部门之间发生的价值转移行为”，如企业在生产经营过程中为了生产产品领用原材料，使用继而磨损机器设备，产成品完工入库等。

（二）会计凭证

在会计核算过程中，为了保证会计信息的可靠性和可核性，如实地反映各种经济业务对企业会计诸要素的影响情况，经过会计确认而进入复式记账系统的每一项经济业务在其发生的过程中所涉及的每一个原始数据都必须有根有据，这就要求企业对外或对内所发生的每一项经济业务，都应在其发生时具有相关的书面文件来接受这些相关的数据，也就是一个由经办或完成该项业务的有关人员运用这些书面文件具体地记录每一项经济业务所涉及的业务内容、数量和金额。同时，为了对书面文件所反映的有关内容的合法性、合理性和真实性负责，还需要经办人员在这些书面文件上签字盖章。这些书面文件就是会计凭证。

所谓会计凭证就是用来记录经济业务、明确经济责任，并作为登记账簿依据的书面证明文件，会计凭证是重要的会计资料。

填制和审核会计凭证是会计核算工作的第一步，也是会计核算的基础工作，因此，认真做好会计凭证的填制和审核工作，对于完成会计任务、发挥会计的作用，具有重要的意义。

由于各个单位的经济业务是复杂多样的，因而所使用的会计凭证种类繁多，其用途、性质、填制的程序乃至格式等都因经济业务的需要不同而具有多样性。根据用途不同，在此将其分为原始凭证和记账凭证两大类。

1. 原始凭证

所谓原始凭证，是指在经济业务发生时填制或取得的，用以证明经济业务已经发生或完成情况的原始证据，是会计核算的原始资料和编制记账凭证、登记账簿的重要依据。

一般而言，在会计核算过程中，凡是能够证明某项经济业务已经发生或完成的原始书面文件就可以作为原始凭证，如领料单、发料单等；凡是不能证明该项经济业务已经发生或完成情况的原始书面文件就不能作为原始凭证，如生产计划、购销合同、银行对账单、材料请购单等。

由于企业单位在日常活动中会发生多种多样的经济业务，不同类型的经济业务所采用的原始凭证也各不相同，因此，原始凭证的种类很多。原始凭证按其取得的来源不同，可以分为自制原始凭证和外来原始凭证。

自制原始凭证是指由本单位内部经办业务的部门或人员，在办理某项业务时形成的书面证据，可以分为一次凭证、累计免证、汇总原始凭证、记账编制凭证四种。

一次凭证是指只反映一项经济业务，或同时反映若干项同类性质的经济业务，其填制手续是一次完成的凭证，如领料单等。

累计凭证是指在一定时期内连续记载若干项同类性质的经济业务，其填制手续是随着经济业务发生而分次(多次)完成的凭证,如限额领料单等。

汇总原始凭证亦称原始凭证汇总表,是指在会计核算工作中,为简化记账凭证的编制工作,将一定时期内若干份记录同类经济业务的原始凭证加以汇总,以集中反映某项经济业务总括发生情况的会计凭证,如收料凭证汇总表、发料凭证汇总表、工资结算汇总表等。

记账编制凭证是根据账簿记录和经济业务的需要,对账簿记录内容加以整理而编制的一种自制原始凭证,如制造费用分配表等。

外来原始凭证是指在同外单位发生经济业务往来时,从外单位取得的凭证。外来原始凭证一般属于一次凭证。例如,从供应单位取得的购货发票、上缴税金的收据、乘坐有关交通工具的票据等。

各种原始凭证所反映的基本内容是进行会计信息加工处理过程中所涉及的基本原始资料,所以填制或取得原始凭证这个环节的工作正确与否是至关重要的。为了保证整个会计信息系统所产生的相关资料的真实性、正确性和及时性,必须按要求填制或取得原始凭证。由于原始凭证的具体内容、格式不同,产生的渠道也不同,因而其填制或取得的具体要求也有一定的区别,但从总体要求来看,按照《中华人民共和国会计法》和《会计基础工作规范》的规定,应做到原始凭证反映的具体内容要真实可靠,原始凭证反映的内容要完整、项目要齐全、手续要完备;原始凭证的书写要简洁、清楚,大小写要符合会计基础规范的要求;原始凭证要及时填制并按照规定的程序进行传递。

2. 记账凭证

所谓记账凭证,是指由会计人员根据审核无误的原始凭证编制的会计分录、履行记账手续的会计凭证,它是登记账簿的直接依据。

原始凭证和记账凭证之间存在密切的联系,原始凭证是记账凭证的基础,记账凭证是根据原始凭证编制的。原始凭证附在记账凭证后面作为记账凭证的附件,记账凭证是对原始凭证内容的概括和说明。记账凭证与原始凭证的本质区别就在于记账凭证上载有会计分录。

记账凭证按其反映的经济业务内容的不同,可以分为专用记账凭证和通用记账凭证。专用记账凭证又因记录的经济业务是否与货币资金收付有关,进一步分为收款凭证、付款凭证和转账凭证(见表 2-6 至表 2-9)。

收款凭证是用来反映货币资金增加的经济业务而编制的记账凭证,也就是记录现金和银行存款等收款业务的凭证。

付款凭证是用来反映货币资金减少的经济业务而编制的记账凭证,也就是记录现金和银行存款付款业务的凭证。

收款凭证、付款凭证是登记现金、银行存款日记账和有关明细账的依据,也是出纳员办理收、付款项的依据。

转账凭证是用来反映不涉及货币资金增减变动的经济业务(即转账业务)而编制的记账凭证,也就是记录与现金、银行存款的收、付款业务没有关系的记账凭证。

通用记账凭证是采用一种通用格式记录各种经济业务的记账凭证,这种通用记账凭证,可以反映收款、付款业务,也可以反映转账业务。

表 2-6

付款凭证

总号:260

贷方科目:银行存款　　　　200×年 4 月 23 日　　　　分号:银付 74

摘　要	借方科目		√	金　额									
	总账科目	二级或明细科目		百	拾	万	千	百	拾	元	角	分	
偿还上月购料款	应付账款	烟台钢材厂			3	0	6	0	0	0	0	0	附件1张
合　计				¥	3	0	6	0	0	0	0	0	

会计主管:于浩然　　记账:文刚　　复核:陈加净　　制单:张映

表 2-7

收款凭证

总 号	
分 号	

借方科目______　　　　年　月　日　　　　附件　张

摘　要	应贷科目		过账	金　额										
	一级科目	二级及明细科目		亿	千	百	十	万	千	百	十	元	角	分
合　计														

上海强林纸品有限公司出品　货号110-30

财务主管　　记账　　出纳　　复核　　制单

表 2-8

转账凭证

年　月　日　　　　转字第 2 号

摘　要	总账科目	明细科目	√	借方金额										√	贷方金额										
				千	百	十	万	千	百	十	元	角	分		千	百	十	万	千	百	十	元	角	分	
卖出“0588”公司债券	其他货币资金	存出投资款						6	1	4	0	1	0												
	交易性金融资产																		6	0	0	0	0	0	附单据2张
	投资收益																			1	4	0	1	0	
合　计							¥	6	1	4	0	1	0					¥	6	1	4	0	1	0	

财务主管　　记账　　出纳　　审核　　制单

表 2-9

记账凭证

总号	
分号	

年 月 日

上海工程会计精品总公司出品 139-48

摘要	一级科目	二级科目	借方											✓	贷方											✓
			亿	千	百	十	万	千	百	十	元	角	分		亿	千	百	十	万	千	百	十	元	角	分	
合计																										

附单据　　张

财务主管　　记账　　出纳　　复核　　制单

第三节 会计账簿

企业单位在经营过程中，要发生各种各样的经济业务，对于这些经济业务，首先要由原始凭作出最初的反映，然后由会计人员按照会计信息系统的要求，采用复式记账方法，编制记账凭证。由于会计凭证的数量繁多，比较分散，而且每张会计凭证只能记录单笔经济业务，提供的也只是个别的事项，不便于直接通过账户对会计主体的资产、负债和所有者权益等财务状况以及收入、费用和利润等经营成果有一个完整、系统的认识。因此，为了对经济业务进行连续、系统、全面核算，从分散的数据中提取系统有用的会计信息，就必须采用登记会计账簿的方法，把分散在会计凭证上的零散的资料，加以集中和分类整理，在账簿中集中反映。

企业单位会计账簿的设置和记录的正确、完整与否，直接影响着企业单位经济核算的质量，所以，更好地设置与使用会计账簿，对于提高企业单位的经营管理水平具有重要的意义。

一、会计账簿的概念

编制记账凭证只是会计工作的第一步，尽管会计凭证在记录经济业务方面很详细、具体，但是却很分散。为了连续、系统、综合地反映企业单位的经济活动，就需要把会计凭证中的具体资料分门别类地加以处理和分类，为此必须设置会计账簿。

所谓会计账簿，是由具有专门格式而又联结在一起的若干账页所组成，按照会计科目开设账户，以会计凭证为依据用来序时地、分类地记录和反映经济业务的簿籍。会计账簿是会计资料的主要载体之一。

二、会计账簿的种类

经济业务的多样性，导致了反映会计信息的载体之一的账簿的多样化。不同的会计账簿可以提供不同的信息，满足不同的需要。为了更好地了解和使用会计账簿，就需要对会计账簿进行分类。

账簿按照不同的标准可以分为不同的类别，如图 2-3、表 2-10 至表 2-13 所示。

(一) 按用途分

会计账簿按其用途不同可以分为序时账簿、分类账簿和备查账簿。

1. 序时账簿

序时账簿也称日记账，是按照经济业务发生时间的先后顺序逐笔登记的账簿。序时账簿包括普通日记账和特种日记账。其中，普通日记账是对全部经济业务都按其发生时间的先后顺序逐日、逐笔登记的账簿；特种日记账是只对某一特定种类的经济业务按其发生时间的先后顺序逐日、逐笔登记的账簿。目前，在实际工作中应用比较广泛的是特种日记账，如现金日记账、银行存款日记账等。

2. 分类账簿

分类账簿是指对全部经济业务按照总分类账户和明细分类账户进行分类登记的账簿。分类账簿按其反映经济业务详细程度的不同，又可以分为总分类账簿(即按照总分类账户分类登记的账簿)和明细分类账簿(即按照明细分类账户分类登记的账簿)。

3. 备查账簿

备查账簿也称辅助账簿，是指对某些在序时账簿和分类账簿中未能记载或记载不全的事项进行补充登记的账簿。备查账簿只是对其他账簿记录的一种补充，与其他账簿之间不存在严密的依存和勾稽关系。备查账簿不是根据记账凭证登记的，它更加注重使用文字来记录各项内容，如租入固定资产备查簿、应付票据备查簿等。

(二) 按外表形式分

会计账簿按其外表形式的不同可以分为订本式账簿、活页式账簿和卡片式账簿。

1. 订本式账簿

订本式账簿是在启用之前就已把顺序编号的账页装订成册的账簿。对于那些比较重要的内容，一般使用订本式账簿，如序时账簿、总分类账簿等。

2. 活页式账簿

活页式账簿是在启用时账页不固定装订成册，而将零散的账户放置在活页内，随时可以取放的账簿。活页账簿克服了订本账簿的缺点。明细分类账可根据需要采用活页式。

3. 卡片式账簿

卡片式账簿是由许多具有一定格式的硬卡片组成，存放在卡片箱内，根据需要随时取放的账簿。卡片账簿主要用于不经常变动的内容的登记，如固定资产明细账等。

活页账簿和卡片账簿的账页都得要连续编号使用。

(三) 按账页格式分

会计账簿按其账页格式的不同，可以分为三栏式账簿、多栏式账簿、数量金额式账簿、横线登记式账簿。

- 会计账簿
  - 按账簿用途分类
    - 序时账簿
      - 普通日记账
      - 特种日记账
    - 分类账簿
      - 总分类账簿
      - 明细分类账簿
    - 备查账簿
  - 按账簿形式分类
    - 订本式账簿
    - 活页式账簿
    - 卡片式账簿
  - 按账页格式分类
    - 三栏式账簿
    - 多栏式账簿
    - 数量金额式账簿
    - 横线登记式账簿

图 2-3　会计账簿的分类

表 2-10

总第 19 页
分第____页
编号____页

固定资产 总分类账

200×年		凭证			借方金额										贷方金额										借或贷											✓
月	日	字	号		千	百	十	万	千	百	十	元	角	分	千	百	十	万	千	百	十	元	角	分		千	百	十	万	千	百	十	元	角	分	
6	1			期初金额																					借			9	4	9	0	0	0	0	0	
	9		7	购入不需安装的设备				2	0	0	0	0	0	0											借			9	6	9	0	0	0	0	0	

收费金额明细账
长沙票据印刷厂出品
货号25-239

表 2-11 库存现金日记账 单位：元

2014年 月	日	凭证 字	号	摘要	对应科目	收入	支出	结余
6	1			期初余额				30 000
	1	付	1	付办公费	管理费用		500	29 500
	1	付	2	提取现金	银行存款	3 000		32 500
	1			本日合计		3 000	500	32 500
	2	收	1	收到罚款	管理费用	1 000		33 500
				…				
	28			本月合计		28 135	25 225	32 910

表 2-12 总账（多栏式，按经济业务性质分设专栏）

200×年×月

按各科目上期期末余额填列

均按各科目本期发生额之和填列

期末计算填列

会计科目	其初余额		本期发生额						期末余额	
			借方			贷方				
	借方	贷方	银行存款业务	现金业务	转账业务	银行存款业务	现金业务	转账业务	借方	贷方
库存现金	4 500			3 000②			2 000①		5 500	
银行存款	20 000			2 000①		7 000②③			15 000	
物资采购					4 000③			4 000④	0	
原材料	1 500				4 000④				5 500	
固定资产	30 000								30 000	
实收资本		56 000								56 000
本月合计	56 000	56 000							56 000	56 000

业务说明：①将现金 2 000 元存入银行。②从银行提取现金 3 000 元。
③用银行存款支付购买材料价款 4 000 元。④办理原材料 4 000 元的验收入库手续。

表 2-13 多栏式明细账

科目：4301 生产成本

2002年 月	日	凭证号	摘要	借方	贷方	方向	余额	借方发生 直接成本	间接成本
01			期初余额			平			
01	17	00006	结转生产成本		16 110.000	贷	16 110.000	10 720.000	5 390.000
01	17	00006	结转生产成本		6 200.000	贷	22 310.000	500.00	5 700.000
01	17	00006	结转生产成本		6 100.000	贷	28 410.000	6 000.000	100.000
01	18	00011	结转产成品	1 100.000		贷	27 310.000	100.000	1 000.000
01	18	00011	结转产成品	1 000.000		贷	26 010.000	500.000	800.000
01	18	00011	结转产成品	1 000.000		贷	24 710.000	400.000	900.000
01			本期合计	3 700.000	28 410.000	贷	24 710.000	16 220.000	5 490.000
01			本年累计	3 700.000	28 410.000	贷	24 710.000	16 220.000	8 490.000
01			当前余额			贷	24 710.000	16 220.000	8 490.000

第四节 会计报表

在完整的会计循环过程中，就其各个步骤的基本内容而言，首先，必须取得证明经济业务已发生或完成的原始凭证，会计人员要对其进行审核，根据审核无误的原始凭证，运用复式记账原理，结合设置账户等会计核算方法据以编制记账凭证。其次，对所编制的记账凭证进行审核，并根据审核无误的记账凭证登记会计账簿。最后，通过对账与结账，将有关的账簿记录资料进行再确认，并以财务报表的形式将会计信息报告给各方信息使用者。

不难看出，财务报表是会计循环的最终输出品，编制财务报表也就成为会计循环的最后一个工作步骤。

财务报表是指按照一定的格式，依据账簿中的资料，总括地反映企业单位在某一特定日期财务状况和某一期间经营成果的书面报告文件。根据我国《会计法》的要求，企业编制的主要报表有资产负债表、利润表、现金流量表和所有者权益变动表。

一、资产负债表

资产负债表是反映企业某一特定日期财务状况的报表。企业编制资产负债表的目的是通过如实反映企业的资产、负债和所有者权益金额及其结构情况，从而有助于使用者评价企业资产的质量以及短期偿债能力、长期偿债能力和利润分配能力等。

资产负债表遵循“资产＝负债＋所有者权益”这一会计等式，全面地揭示企业在某一特定日期所拥有或控制的经济资源、所承担的债务以及偿债以后属于所有者的剩余权益。

资产负债表的基本格式，如表 2-14 所示。

表 2-14 资产负债表 会企 01 表

编制单位： 年 月 日 单位：元

资　产	年初余额	期末余额	负债和所有者权益（或股东权益）	年初权益	期末余额
流动资产：			流动负债：		
货币资金			短期贷款		
以公允价值计量且其变动计入当期损益的金融资产			以公允价值计量且其变动计入当期损益的金融负债		
应收票据			应付票据		
应收账款			应付账款		
预付款项			预收款项		
应收利息			应付职工薪酬		
应收股利			应交税费		
其他应收款			应付利息		

（续表）

资　产	年初余额	期末余额	负债和所有者权益（或股东权益）	年初权益	期末余额
存货			应付股利		
1年内到期的非流动资产			其他应付款		
其他流动资产			1年内到期的非流动负债		
流动资产合计			其他流动负债		
非流动资产：			流动负债合计		
可供出售金融资产			非流动负债：		
持有至到期投资			长期借款		
长期应收款			应付债券		
长期股权投资			长期应付款		
投资性房地产			专项应付款		
固定资产			预计负债		
在建工程			递延所得税负债		
工程物资			其他非流动负债		
固定资产清理			非流动负债合计		
生产性生物资产			负债合计		
油气资产			所有者权益（或股东权益）：		
无形资产			实收资本（或股本）		
开发支出			资本公积		
商誉			减：库存股		
长期待摊费用			盈余公积		
递延所得税资产			未分配利润		
其他非流动资产			所有者权益（或股东权益）合计		
非流动资产合计					
资产总计			负债和所有者权益（或股东权益）总计		

二、利润表

利润表是反映企业在某一期间经营成果情况的报表。利润表是一张动态报表。企业编制利润表的目的是通过如实反映企业实现的收入、发生的费用以及应当计入当期利润的利得和损失等金额及其结构情况，判断企业在该期间内的投入与产出的比例关系，从而有助于使用者分析评价企业的盈利能力及其构成与质量，预测企业的盈利趋势。

利润表的基本格式，如表2-15所示。

表 2-15　　　　　　　　　　　　**利　润　表**　　　　　　　　　　　会企 02 表

编制单位：　　　　　　　　　　　　　年　　月　　　　　　　　　　　　　单位：元

项　目	本期金额	上期金额
一、营业收入		
减：营业成本		
营业税金及附加		
销售费用		
管理费用		
财务费用		
资产减值损失		
加：公允价值变动收益（损失以“—”号填列）		
投资收益（亏损以“—”号填列）		
其中：对联营企业和合营企业的投资收益		
二、营业利润（亏损以“—”号填列）		
加：营业外收入		
其中：非流动资产处置利得		
减：营业外支出		
其中：非流动资产处置损失		
三、利润总额（亏损以“—”号填列）		
减：所得税费用		
四、净利润（亏损以“—”号填列）		
五、其他综合收益的税后净额		
（一）以后不能重分类进损益的其他综合收益		
1. 重新计量设定受益计划净负债或净资产的变动		
2. 权益法下在被投资单位不能重分类进损益的其他综合收益中享有的份额		
……		
（二）以后将重分类进损益的其他综合收益		
1. 权益法下在被投资单位以后将重分类进损益的其他综合收益中享有的份额		
2. 可供出售金额资产公允价值变动损益		
3. 持有至到期投资重分类为可供出售金额资产损益		
4. 现金流量套期损益的有效部分		
5. 外币财务报表折算差额		
……		
六、综合收益总额		
七、每股收益：		
（一）基本每股收益		
（二）稀释每股收益		

三、现金流量表

现金流量表是反映一定时期内(如月度、季度或年度)企业经营活动、投资活动和筹资活动对其现金及现金等价物所产生影响的财务报表。现金流量表是原先财务状况变动表或者资金流动状况表的替代物。它详细描述了由公司的经营、投资与筹资活动所产生的现金流。这张表由美国财务会计标准委员会于 1987 年批准生效,因而有时被称为 FASB95 号表。这份报告显示资产负债表(Balance Sheet)及损益表(Income Statement/Profit and Loss Account)如何影响现金和等同现金,以及根据公司的经营,从投资和融资角度作出分析。

作为一个分析的工具,现金流量表的主要作用是决定公司短期生存能力,特别是缴付账单的能力。它是反映一家公司在一定时期现金流入和现金流出动态状况的报表。其组成内容与资产负债表和损益表相一致。现金流量表可以概括反映经营活动、投资活动和筹资活动对企业现金流入流出的影响,对于评价企业的实现利润、财务状况及财务管理,要比传统的损益表提供更好的基础。

现金流量表的基本结构,如表 2-16 所示。

表 2-16 　　　　　　　　**现金流量表** 　　　　　　　　会企 02 表

编制单位: 　　　　　　　　年　　月 　　　　　　　　单位:元

项　目	本期金额	上期金额
一、经营活动产生的现金流量		
销售商品、提供劳务收到的现金		
收到和税费返还		
收到其他与经营活动有关的现金		
经营活动现金流入小计		
购买商品、接受劳务支付的现金		
支付给职工以及为职工支付的现金		
支付的各项税费		
支付其他与经营活动有关的现金		
经营活动现金流出小计		
经营活动产生的现金流量净额		
二、投资活动产生的现金流量		
收回投资所收到的现金		
取得投资收益所收到的现金		
处置固定资产、无形资产和其他长期资产所收回的现金净额		
处置子公司及其他营业单位收到的现金净额		
收到其他与投资活动有关的现金		
投资活动现金流入小计		
购建固定资产、无形资产和其他长期资产所支付的现金		

（续表）

项　　目	本期金额	上期金额
投资所支付的现金		
取得子公司及其他营业单位支付的现金净额		
支付其他与投资活动有关的现金		
投资活动现金流出小计		
投资活动产生的现金流量净额		
三、筹资活动产生的现金流量		
吸收投资所收到的现金		
借款所收到的现金		
收到其他与筹资活动有关的现金		
筹资活动现金流入小计		
偿还债务所支付的现金		
分配股利、利润或偿付利息所支付的现金		
支付其他与筹资活动有关的现金		
筹资活动现金流出小计		
筹资活动产生的现金流量净额		
四、汇率变动对现金及现金等价物的影响		
五、现金及现金等价物净增加额		
加：期初现金及现金等价物余额		
六、期末现金及现金等价余额		

习　题

一、单项选择题

1. 现金和银行存款等货币资金日记账一般采用（　　）账簿。

A. 活页式　　B. 备查登记　　C. 卡片式　　D. 订本式

2. 资产负债表是指反映企业（　　）的财务状况的会计报表。

A. 在某一会计期间　　B. 在某一特定日期

C. 在一定时期内　　D. 在生产经营过程中

3. 以母公司及其子公司个别会计报表为基础，由母公司编制的会计报表是（　　）。

A. 单位报表　　B. 汇总报表　　C. 合并报表　　D. 母公司报表

4. 在借贷记账法下，账户的何方记增加，何方记减少，取决于（　　）。

A. 记账符号　　B. 账户的格式　　C. 账户的性质　　D. 账户对应关系

5. 结账前发现账簿或凭证的文字或数字发生错误时，可以采用的错账更正方法是（　　）。

A. 红字更正法　　B. 平行登记法　　C. 补充登记法　　D. 划线更正法

二、多项选择题

1. 下列账户中,期末余额在贷方的有(　　)账户。

A. "固定资产"　　B. "主营业务成本"

C. "实收资本"　　D. "短期借款"

2. 某一般纳税企业购入原材料一批,价款110 000元,增值税进项税税额18 700元,材料验收入库,以银行存款支付73 700元,其余暂欠,则用借贷记账法记账应做的记录有(　　)。

A. "原材料"账户借方110 000元　　B. "应交税费"账户借方18 700元

C. "银行存款"账户贷方73 700元　　D. "应付账款"账户贷方55 000元

3. 任何会计主体都必须设置的账簿有(　　)。

A. 日记账　　B. 辅助账簿　　C. 总分类账簿　　D. 明细分类账

三、判断题

1. 资产负债表是反映企业在一定时期内财务状况变动情况的报表。　　(　　)

2. 在借贷记账法下,账户的借方是增加方,贷方是减少方。　　(　　)

第三章 会计准则

引导案例

2007 年，欧盟委员会对会计准则等效正式进行了定义：如果投资者采用第三国会计准则编制的财务报表和采用国际财务报告准则(IFRS)编制的财务报表对证券发行者的财务状况和发展前景作出相似判断，并且很可能会作出相同的投资决定，那么就可以认为第三国会计准则与国际财务报告准则等效。

据统计，全球已经有包括欧盟各成员国、澳大利亚、南非等在内的 100 多个国家和地区要求或允许采用 IFRS。

有些国家和地区已推出或正要推出与 IFRS 趋同的路线图，有的国家虽然国内没有采用 IFRS，但是允许外国证券发行人直接使用 IFRS 编制的财务报告(如美国)，或者允许其国际型公司采用 IFRS 编制合并报表(如日本)。2008 年国际金融危机爆发后，领导人峰会多次申明要在全球建立一套高质量的会计准则。

2005 年 11 月，中国与国际会计准则理事会(IASB)签订声明，指出中国企业会计准则已基本实现了与 IFRS 的实质趋同。此后，中国开始与其他经济体启动会计准则等效工作，有的已经取得显著进展，突破性的进展首先从香港开始。

早在 2005 年，中国香港就开始直接采用国际财务报告准则(形式上还称为“香港会计准则”)。2007 年以来，中国香港会计师公会与中国内地就香港会计准则等效问题进行了若干次技术会谈。双方一致认为，实现会计准则等效，有助于降低内地企业赴港上市成本，促进两地企业、证券市场和会计行业的长远发展。经过 1 年时间的共同努力，除长期资产减值转回和关联方披露两项准则差异外，确认两地会计准则实现了等效，并于 2007 年 12 月 6 日签署了两地会计准则等效的联合声明。

2010 年 12 月 10 日，香港联交所正式公布：《上市规则修改》和《创业板上市规则修改》于 2010 年 12 月 15 日生效。准许内地公司在香港上市可以采用内地会计准则和财务报表。内地大型会计师事务所获准自 2010 年 12 月 15 日或以后完结的会计年度期间，可以采用内地审计准则为内地在港上市公司提供审计服务，H 股“双重审计”政策将被取消，内地与香港会计交流与合作达到了一个全新的水平。

2008 年 11 月，欧盟成员国代表组成的欧盟证券委员会(ESC)就第三国会计准则等效问题投票决定，自 2009 年至 2011 年年底前的过渡期内，欧盟将允许中国证券发行者在进入欧洲市场时使用中国会计准则，不需要根据欧盟境内市场采用的国际财务报告准则调整财务报表。

目前，经过 3 年过渡期获得暂时认可后，欧洲议会颁布的第 1606/2002 号决定，自 2012 年 1 月 1 日起，按照以下会计准则编制的年报及中期报告应被认为与按照欧盟认可的国际财务报告准则编制的年报及中期报告等效，即中华人民共和国的企业会计准则、加拿大发布的会计准则以及大韩民国发布的会计准则。这意味着中国会计准则获得了欧洲资本市场的长期正式认可。

资料来源：http://www.casc.org.cn/2015/0924/123559.shtml.

本章内容提要

本章主要阐述会计准则的重要性，同时对会计准则的国际趋同问题进行论述性分析，并提出我国的实现路径。

第一节　会计准则国际趋同

自 1992 年颁布《企业会计准则》(以下简称准则)以后，在社会各界引起了很大反响，对于规范企业行为、提高会计信息质量、维护市场经济秩序起到了积极作用。至 2016 年实施新一轮会计准则修订，标志着我国企业会计核算法规规范进入到一个不断完善的时期。这是我国会计发展史上新的里程碑。随着经济全球化进程的发展，会计准则的国际化趋同需要也日益迫切，建立与国际接轨的新会计准则体系的呼声也越来越高。

一、会计准则国际趋同的影响

会计准则体系的这次历史性变革，其历时之长、规模之大、内容之深，都是前所未有的。会计是企业的商业语言，会计准则的变革也必将对我国企业产生重大影响，带来诸多挑战与机遇。

(一)资产减值计提方面的调整所带来的影响

《企业会计准则》规定，对资产计提的减值准备，一经确认不得恢复。而“盈利上升，多计提跌价准备；盈利下滑，再将跌价准备冲回”，这曾是上市公司调节盈利的手段之一。但会计准则修订后，上市公司不能冲回上述准备。因此，对于一些过去常利用计提减值准备“隐藏利润”的公司而言，这一手段已无法实施。

(二) 债务重组方法的变革所带来的影响

由于债权人让步，将原来计入资本公积的债务人获得的利益直接计入当期收益，进入利润表；同时引入公允价值，以实物抵债，将以公允价值计量。于是一些无力清偿债务的公司，一旦获得债务全部或者部分豁免，其收益将直接反映在当期利润表中，可能极大地提高每股盈余。

(三) 合并报表基本理论的变革所带来的影响

合并财务报表准则所依据的基本合并理论已发生变化，从侧重母公司理论转为侧重实体理论。合并报表范围的确定更关注实质性控制，母公司对所有能控制的子公司均需纳入合并范围，而不一定考虑股权比例。所有者权益为负数的子公司，只要是持续经营的，也应纳入合并范围。这一变革，对上市公司合并报表利润将产生较大影响。

二、会计准则国际趋同的特色

会计准则与国际财务报告准则的趋同不等于相同。在关联方交易及其交易的披露、资产减值损失的转回、部分政府补助的会计处理上，我国《企业会计准则》保持了“中国特色”，主要体现在以下两个方面。

（一）关联交易问题

国际会计准则原来对国有企业即政府所有的企业是豁免披露的，不作为关联方，但是后来把豁免取消了。在中国，我们不可能按照国际做法去做。如果把国有企业都作为关联方，它们之间的交易都作为关联交易披露，既不现实也没有意义。《企业会计准则》规定，除了有关法律、法规有明确规定作权益处理的，其余的均作收入处理。

（二）资产减值损失的转回问题

关于已经确认资产减值损失的转回问题，我国以前的制度和《国际会计准则第 36 号》都允许对已经确认的资产减值损失予以转回，但是从我国实际运行情况看，该规定已经成为一些企业操纵利润的主要手段，不利于提高会计信息质量。为此，目前《企业会计准则》针对我国所处的经济环境，规定对于已经确认的减值损失不得转回，这与国际准则形成了实质性差异。

三、会计准则国际趋同内容

趋同是大的方向，是大势所趋。在市场和经济全球化的今天，世界各国的会计准则走向趋同是时代发展的客观要求和发展方向。这次会计准则体系修订的完成，把我国会计工作、会计准则向前推进了一大步，而且与国际会计准则的关系日益趋同。主要体现在以下几个方面。

（1）内容体系方面。会计准则体系基本实现了与国际财务报告准则的趋同。2005 年，财政部先后发布了 6 批共 22 项会计准则的征求意见稿，在 2006 年年初构建起的 38 项企业会计准则的基础上进一步完善体系。

（2）基本准则方面。基本准则中的会计基本原则，对会计信息质量要求继续保留了重要性原则、谨慎性原则、实质重于形式原则等，也强调了可比性、一致性、明晰性等原则。但权责发生制和历史成本不再作为会计核算的基本原则。

（3）要素计量方面。新会计准则体系在会计要素计量方面的一大亮点就是公允价值的应用。新会计准则在应用公允价值时把握这样一个原则：以历史成本为基础，同时引入公允价值，但是公允价值在什么情况下可以用，限制比较多。总体原则要把握两点：一是要运行活跃的市场；二是交易双方在完全自愿的情况下，没有第三方干扰，讨价还价形成的价格，也可以说是公允的。总体上说，新会计准则体系对公允价值的运用还是比较谨慎的。

由于世界各国存在诸多政治、经济、文化、历史等方面的差异并面临不同的会计环境问题，会计准则国际趋同不会是简单地一蹴而就、一举而成，相反将是一个艰巨而复杂的过程。特别是目前中国市场经济仍处在不断发展之中，各种经济制度和机制的健全与完善还需要较长一段时间。因此，对于会计国际趋同应明确以下几个方面的问题：

（1）趋同是进步方向。中国一方面将积极支持国际会计准则理事会制定一套全球公认的、高质量的会计准则；另一方面也将一如既往地推进会计改革，着力促进中国会计准则与国际准则的趋同。在对待会计国际协调方面，我国应立足于国情、立足于当前会计环境，努力促使会计标准与国际财务报告准则相协调或者一致。随着国内会计准则的逐步修订和健全，我国会计标准与国际会计标准的差异正逐步缩小，逐步实现我国会计标准与国际会计标准的趋同。

（2）趋同不等于相同。如果忽略各国国情，忽视会计发展状况和环境特点，趋同将很难实现，或者会遇到许多困难。国家会计准则制定机构与国际会计准则理事会之间在会计准则制定过程中应当相互沟通、相互借鉴、相互认可。

（3）趋同需要一个过程。为了适应国际上发达国家经济发展的需求，国际会计标准对发达国家已经比较普遍的经济交易事项作出了规范，但是我国目前没有相同或类似的经济交易事项，或者我国相同和类似经济交易事项才刚刚起步，还没有制定相应的会计标准，比如各种形式的衍生金融工具、退休金与养老金会计。对于这类差异，应积极开展研究，做好相关准备工作，待这些交易事项实际发生或者较为成熟时，在符合我国国情的情况下，可以考虑全面引入国际会计标准和国际惯例，需要积极且不断地研究新情况、解决新问题、创建新机制，努力追求符合国际效率、公平、主权和全球多样性发展要求的建设机制。

从现阶段来看，要全面采用国际财务报告准则，时机尚未成熟。不过，随着市场经济的完善和发展，我国的财务会计信息使用者群体正在逐步成熟；我国现行的法律、法规将逐步修改、调整、完善。各方面的完善和发展，将为进一步的会计改革减少各种障碍，从而为中国会计国际化创造更加有利的会计环境。

第二节　会计假设

会计核算的基本前提在国外也称为会计假设，是对会计核算所处的时间、空间范围所作的合理设定。因为这些设定都是以合理推断或人为的规定而作出的，所以也称为会计假设。

与其他学科一样，会计的全部理论和实践也是建立在一系列假设基因之上的。会计假设类似于数学上的公理，无法证明但又必要。它的作用在于限定会计核算的范围和内容，保证会计工作的正常进行和会计信息的质量。

《企业会计准则》明确地把会计主体、持续经营、会计分期、货币计量四个基本前提列于总则之中，作为制定推则和会计核算制度的重要指导思想。

会计假设不是毫无根据的虚构设想，而是在长期的会计实践中，人们逐步认识和总结形成的，是对客观情况合乎事理的推断。会计假设规定了会计核算工作赖以存在的一些基本前提条件，是企业设计和选择会计方法的重要依据。只有设定了这些会计假设，会计核算才得以正常地进行下去。因此，会计假设既是会计空间范围，即在会计核算中，会计确认、计量和记录所加工整理的会计数据均被界定在一个独立核算的经济实体之内。基于这一假设，会计所反映的只能是它所在的特定单位的经济活动，而不包括企业所有者的经济活动和其他单位的经济活动。

一、会计主体

一般来讲，凡是独立核算的单位，在会计上都设定为一个会计主体，它包括核算和监督本主体所发生的经济业务。只有明确会计主体这一基本前提，才能使会计的核算范围得以清楚，才能够使企业的财务状况、经营成果独立地反映出来，企业的所有者及债权人，以及企业的管理人员和企业会计报表的其他使用者，才有可能从会计记录和会计报表中获得有价值的会计信息，从而作出是否对企业进行投资或改进企业经营管理的决策。

会计主体作为一个经济实体与企业法人主体是不完全相同的。法人是指在政府部门注册登记，有独立的财产，能够承担民事责任的法律实体，它强调企业与各方面的经济法律关系，而会计主体则是按照正确处理所有者与企业的关系，所以有些会计主体就不一定是法人。例如，一些企业集团下属很多子公司，这些子公司也都是法人，但出于经营管理的需要，为了全面考核和反映集团公司的经营活动和财务成果，就必须将所有的子公司连同母公司作为一个会计主体，编制合并财务报表，以便全面分析和评价整个集团公司的经营情况。

二、持续经营

持续经营是指在可以预见的未来，企业按照既定的经营方针正常经营不会停业，也不会大规模削减业务。会计核算应当以企业持续、正常的生产经营活动为前提。每一个企业从开始营业起，从主观愿望上看，都希望其永远正常经营下去，但是在市场经济条件下，竞争非常激烈，每个企业都有被淘汰的危险，这是不以人们的意志为转移的。在此种情况下，会计应如何进行核算和监督呢？应立足于持续经营还是立足于即将停业清理呢？两者的会计处理方法完全不同。在一般情况下，持续经营的可能性总比停业清理大得多，尤其是现代化大生产和经营客观上要求持续，所以，会计应立足于持续经营。

会计正是在持续经营这一前提条件下，才可能建立起会计确认和计量的原则，使会计方法和程序建立在非清算的基础之上，解决了很多财产计量和收益确定的问题，保持了会计信息处理的一致性和稳定性。

三、会计分期

持续经营的假定，意味着企业经济活动在时间的长河中无休止地运行。那么，在会计实践活动中，会计人员提供的会计信息应从何时开始，又在何时终止？显然，要等到企业的经营活动全部结束时再进行盈亏核算和编制财务报表是不可能的。因此，会计核算应当划分会计期间，即人为地将持续不断地企业生产经营活动划分为一个个首尾相接、等间距的会计期间，此期间通常为 1 年，可以是日历年，也可以是营业年。我国规定以日历年作为企业的会计年度，即以公历 1 月 1 日至 12 月 31 日止为一个会计年度。企业还需按半年、季、月份编制财务报表，即把半年、季度、月份也作为一种会计期间。

由于会计分期，才产生了当期与其他期间的差别，从而出现权责发生制和收付实现制的区别，才使不同类型的会计主体有了记录的基准，进而出现了应收、应付、递延、预提和待摊等会计处理方法。

四、货币计量

货币计量是指企业在会计核算过程中采用货币为计量单位，记录、反映企业的经营情况。企业在日常的经营活动中，有大量错综复杂的经济业务。在企业的整个生产经营活动中所涉及的业务又表现为一定的实物形态，如厂房、机器设备、库存现金、各种存货等。由于它们的实物形态不同，因此可采用的计量方式也多种多样。为了全面反映企业的生产经营活动，会计核算客观上需要一种统一的计量单位作为会计核算的计量尺度。因此，会计核算就必然选择货币作为会计的计量单位了。货币计量这一会计核算前提。我国会计准则规定，会计核算应以人民币为记账本位币。

在货币计量前提下，企业的会计核算以人民币为记账本位币。业务收支以人民币以外的货币为主的企业，可以选定其中一种货币作为记账本位币，但是编报的财务会计报告应当折算为人民币。在境外设立的中国企业向国内报送的财务会计报告，应当折算为人民币。

货币本身也有价值，它是通过货币的购买力或物价水平表现出来的。在市场经济条件下，物价水平总在不断变动，因此，在确定货币计量的同时，还应确立币值稳定的前提条件，假设币值在今后基本上是稳定的，不会有大的波动，才能用以计量。

第三节　会计信息质量要求

有用的会计信息都存在一个质量问题，对决策有用的会计信息在质量上必须达到一定的质量要求。高质量的会计信息应具备相关性、可靠性、可理解性和可比性四大基本特征。

一、相关性

相关性是指会计信息与信息使用者所要解决的问题相关联，即与使用者进行的决策有关，并具有影响决策的能力。相关性的核心是对决策有用。一项信息是否具有相关性取决于三个因素，即预测价值、反馈价值和及时性。

（一）预测价值

如果一项信息能帮助决策者对过去、现在及未来事项的可能结果进行预测，且对此项信息具有预测价值。决策者可根据预测的可能结果作出其认为最佳的选择，从而影响其决策。因此，预测价值是相关性的重要因素，具有影响决策者决策的作用。

（二）反馈价值

一项信息如能有助于决策者验证或修正过去的决策和实施方案，既具有反馈性，把过去决策所产生的实际结果反馈给决策者，使之与当初预期的结果相比较。验证过去的决策是否有误，总结经验防止今后决策时再犯同样的错误。因此，反馈价值有助于未来决策。

信息反馈价值与信息预测价值同时并存，相互影响。验证过去才有助于预测未来。不明白过去，预测就缺乏基础。

（三）及时性

所谓及时性，是相关信息在对用户失效之前就提供给用户。任何信息如果要影响决策，就必须在决策之前提供，相关信息如果不能及时提供，相关也就变成不相关了，成为无用的信息。当然，及时提供的信息如不相关，也是无用的信息。

二、可靠性

可靠性是指会计信息必须是客观的和可验证的。信息如果不可靠，不但对决策无帮助，而且会造成决策失误。因此，可靠性也是会计信息的重要质量特征。

一项信息是否可靠，取决于以下三个因素，即真实性、可核性和中立性。

（一）真实性

所谓真实性，就是要如实表达，会计核算应以实际发生的经济业务为基准，内容真实、数字准确、资料可靠，会计的记录和报告不加任何修饰。

（二）可核性

所谓可核性，是指信息可经得住复核和验证，即由独立的专业机构的人员，分别采用同一计量方法，对同一事件加以计量，能得出相同的结果。

（三）中立性

所谓中立性，是指会计信息应不偏不倚，不带主观成分。将真相如实地和盘托出，结论让用户自己去判断。会计人员不能为了某种特定利益者的意愿或偏好而对会计信息作特殊安排，故意选用不适当的计量和计算方法，隐瞒或歪曲部分事实，来诱使特定的行为反应。

会计信息的可靠性一方面取决于会计人员的工作质量，但又不完全为会计人员所左右，有时会计人员受环境和会计方法本身的局限，对提高会计信息的可靠性力不从心。

三、可理解性

可理解性是指会计信息必须能够被使用者所理解，即会计信息必须清晰易懂。信息若不能被使用者所了解，即使质量再好，也没有任何用途。信息是否被使用者所理解，既取决于信息本身是否易懂，也取决于使用者理解信息的能力。可理解性是决策者与决策有用性的联结点。如果信息不能被决策者理解，那么这种信息就毫无用处。因此，可理解性不仅是信息的一种质量标准，也是一个与使用者有关的质量标准。会计人员应尽可能传递表达易于人理解的会计信息，而使用者也应设法提高理解信息的能力。

四、可比性

可比性是指一个企业的会计信息与其他企业的同类会计信息尽量做到口径一致，相互可比。不同企业的会计信息或同一企业不同时期的会计信息如果相互可比，就会大大增强信息的有用性。一家企业的会计信息如果与其他企业类似的会计信息相比较，以及与本企业以前年度间日期或其他时点的类似会计信息相比较，就不难发现它们之间相似相异之处，发现本企业当前生产经营管理上的问题。

为保证会计信息的可比性，就必须有统一的会计准则来保证不同企业的信息共性，这就是会计信息的统一性。没有这种统一性就无法保证会计指标口径一致，相互可比。为了使同一企业不同时期的会计信息具有可比性，会计人员处理会计事项时，所采用的会计方法和会计程序前后各期应具有连贯性，前后一致。这就要求企业对会计方法与原则的选用应稳定，一旦选用，除非有正当理由，不得任意变动，以确保合计信息的可比性。

第四节　会计要素及其确认与计量

会计作为管理微观经济的一个手段，主要是用来反映和控制各单位的经济活动、财务收支状况等。因此，会计的对象就是一个会计主体的资金或价值的运动。

一、会计要素

为了便于计量、记录和报告，就需要把会计对象具体化，以六个会计基本要素，即资产、负债、所有者权益、收入、费用、利润，从不同侧面反映资金的运动。在会计信息系统中，不论确认、计量、记录，还是分类、汇总，都离不开上述六大要素。这六大要素之间还有着内在的数量对应关系，并且构成会计核算的基本恒等式：

资产＝负债＋所有者权益

（一）资产

在《企业会计准则——基本准则》(以下简称《准则》)第20条规定：资产是指企业过去的交易或者事项形成的、由企业拥有或者控制的、预期会给企业带来经济利益的经济资源。这里可以从以下三个方面掌握准则对资产的定义：

(1) 企业的资产只能是企业拥有或可以控制的，并非泛指所有的经济资源。在法律上，所有权的概念包括占有、使用、支配和处分权；而所有权是指法律意义上的拥有，通常表明企业能够排他性地从资产中获取经济利益；控制是指企业虽不享有所有权，但企业能够从资产中获取经济利益。企业可以没有法律上的所有权，但可以拥有支配使用该项资产的权力。

(2) 资产预期会给企业带来经济利益，这是指资产直接或者间接导致现金和现金等价物流入企业的潜力。

(3) 资产是由企业过去的交易或者事项形成的。过去的交易或者事项包括购买、生产、建造行为或者其他交易或事项。

（二）负债

《准则》第23条规定："负债是指企业过去的交易或者事项形成的、预期会导致经济利益流出企业的现时义务。"对这一概念的理解也可分为三个方面：

(1) 负债是企业承担的现时义务。企业的经济活动结果不一定都会形成会计上的负债。因为未来经济业务可能产生的经济责任，暂时尚不存在，所以就不能确认为会计上的负债。

(2) 负债预计会导致经济利益流出企业，这是负债的一个本质特征，只有企业在履行义务时会导致经济利益流出企业的，才符合负债的定义。

(3) 负债是由企业过去的交易或者事项形成的。只有过去的交易或者事项才形成负债，企业在未来发生的承诺、签订的合同等交易或者事项，不形成负债。

(三) 所有者权益

《准则》第26条规定："所有者权益是指企业的资产扣除负债后，由所有者享有的剩余权益。公司的所有者权益又称为股东权益。"这个定义包含下面两层含义。

(1) 所有者权益是一种剩余权益。

资产＝负债＋所有者权益

上述会计基本恒等式表明，企业资产的形成是由于从债权人借入资金和投资者投入资本而获得的。企业对债权人和所有者负有不同的责任，同时也形成债权人和所有者对企业不同的要求权。在法律上，债权人有优先请求权，即企业在破产清算上，债权人在股东之前得到优先补偿，而股东只能对剩余资产有求偿权。后者因其承担的风险大，因而要求的收益也高，但企业经营不好时，就面临一无所有的危险。

(2) 股东权益是由两类资本构成，一是股东的原始投入额——股本；二是以股本为原动力产生的留存收益。在我国，按国际会计惯例把股东权益具体划分为四部分：投入资本、资本公积、盈余公积以及未分配利润，前两项构成了企业的实收资本，表明企业所有者对企业利益要求权的大小；后两项是企业在生产经营过程中的增值，表明企业经营效益的高低和竞争能力的强弱。这样的划分，既能表明企业内部的资金来源和结构，又是一种实施资本保全的有效形式，对于限制企业的股利分配和贯彻股利政策都具有重要作用。

(四) 收入

《准则》第30条规定："收入是指企业在日常活动中形成的、会导致所有者权益增加的、与所有者投入资本无关的经济利益的总流入。"根据收入的定义，收入具有以下特征：

(1) 收入是企业在日常活动中形成的。日常活动是指企业为完成其经营目标所从事的经常性活动以及与之相关的活动。明确界定日常活动是为了将收入与利得相区分，因为企业非日常活动所形成的经济利益的流入不能确认为收入，而应当计入利得。

(2) 收入会导致所有者权益的增加，不会导致所有者权益增加的经济利益的流入不符合收入的定义。

(3) 收入是与所有者投入资本无关的经济利益的总流入。收入应当会导致经济利益的流入，从而导致资产的增加。

收入的确认至少应当符合以下条件：一是与收入相关的经济利益应当很可能流入企业；二是经济利益流入企业的结果会导致资产的增加或者负债的减少；三是经济利益的流入额能够可靠计量。

(五) 费用

《准则》第33条规定："费用是指企业在日常活动中发生的、会导致所有者权益减少的、与向所有者分配利润无关的经济利益的总流出。”

费用的概念有广义和狭义之分。广义的费用是指会计期间内经济利益的减少,既包括企业在日常活动中发生的费用,也包括各种损失。狭义的费用则仅指与商品或劳务的提供相联系的耗费;损失作为对收益的纯扣减不属于企业所费的努力。我国的会计准则按照狭义的内容对费用于以定义。其特征如下:

(1) 费用支出与收入过程有直接联系,某种收入的产生伴随着某类费用的发生,但反之则不然。如生产废品而发生的支出称为损失,因其并不带来收入。对费用和损失的区分,西方国家有三条标准:第一,同行业共有的典型的常态支出为费用,非损失;第二,获得收益的支出为费用,因效率低下或措施失当而发生的支出为损失;第三,通过产品售价收回的支出为费用,不能收回为损失。

(2) 费用支出的受益期为当期。费用支出是为获得当期收入的。因此,一项支出的受益期仅及于当期的为费用,否则为资产。

(3) 费用的支出减少权益。费用支出是为获得当期收益而发生的,最终要通过当期收入予以收回,因此它是对业主权益的减少。

需要指出的是,费用与成本是不同的概念。费用通常是指其一期间为进行生产而发生的,与某一时段相联系;成本则指为生产某种产品而消耗的费用,与生产量和产品的类别相关。

按照是否构成产品成本,可将费用划分为制造费用和期间费用。前者指与生产产品直接有关的费用,它直接进入生产成本;后者与产品的生产无直接关系,属于某一期间,具体地说,它含有管理费用、财务费用和销售费用。

(六) 利润

《准则》第37条规定:“利润是指企业在一定会计期间的经营成果。”利润的确定是会计计量的中心内容之一。它是通过分别对收入和费用进行确认和计量,并在此基础上进一步进行合理配比所得的结果,企业利润的取得,通常显示为用货币额表现的资产的净增加。

根据会计核算的基本恒等式,得到:

资产=负债+所有者权益

利润=收入-费用

在资本得到保全的条件下,企业赚取的利润才算是真实利润,否则只能算侵蚀资本。资本保全分为财务资本保全和实物资本保全。财务资本保全是指在扣除本期所有者分配数和所有者出资额之后,期末净资产金额大于期初净资产的金额,实物资本保全是指在扣除本期所有者分配和所有者出资后,企业期末实物生产能力大于期初。

上述资本保全观点涉及企业如何定义其力求保全的资本,也规定了确定利润时的参照点,即从收入中扣除费用后及资本保全调整额之后的余额才算是利润。

利润总额作为一个重要的经济指标,反映着企业生产经营的最终结果,是企业获利能力的重要指示器之一。它直接反映企业的盈利水平、经营效率,是投资者、债权人进行决策时必不可少的重要信息。

二、会计计量

会计计量是为了将符合确认条件的会计要素登记入账,并列报于财务报表而确定其金额的过程。企业应当按照规定的计量属性进行计量,确定相关金额。准则规定了五种会计计量的属性,包括历史成本、重置成本、可变现净值、现值、公允价值。

(一)历史成本

历史成本又称实际成本或原始成本,就是取得或制造某项财产物资时所实际支付的现金或其他等价物。企业的各项资产应按其取得或购进时发生的实际成本核算,也就是要求对会计要素的计量应当以基本经济业务的实际交易价格或成本,而不考虑随后市价变动的影响。

(二)重置成本

重置成本又称现行成本,是指按照当前市场条件,重新取得同样一项资产所应支付的现金或现金等价物金额。

(三)可变现净值

可变现净值是指在正常生产经营过程中,预计售价减去进一步加工成本和预计销售费用及相关税费后的净值。

(四)现值

现值是指对未来现金流量以恰当的折现率进行折现后的价值,是考虑货币时间价值的计量属性。

(五)公允价值

公允价值是指在公开交易中,熟悉情况的交易双方自愿进行资产交换或者债务清偿的金额。

历史成本计量是传统会计计量中最重要的方式,按照历史成本进行计量,有助于检查与控制各项资产、负债项目的确认与计量结果,也使收入与费用的配合建立在实际交易的基础上,有利于提高会计核算和会计信息的真实可取性。

历史成本计量固然有可靠性高等优点,但由此带来的会计信息的不及时和低相关性也制约了它的应用。随着各国以及国际会计准则的发展,公允价值被逐渐推广,使会计计量可以更好地反映一个企业的价值。引入公允价值是适度、谨慎、有条件的。其原因是考虑到我国尚属新兴的市场经济国家,如果不加限制地引入公允价值,有可能出现公允价值计量不可靠,甚至转化为操纵利润的现象。因此,准则规定,企业进行会计计量时,一般采用历史成本,采用其他会计计量属性的,应当保证所确定的会计要素金额能够取得并可靠计量。

习　题

一、单项选择题

1. 我国会计准则中采用公允价值计量的项目不包括(　　)。

A. 投资性房地产　　　　B. 债务重组

C. 持有至到期投资　　　　　　　　　　　　　D. 收入

2. 会计基本假设中，界定了会计确认、计量和报告空间范围的是（　　）。

A. 会计主体　　　B. 持续经营　　　C. 会计分期　　　D. 货币计量

3. 固定资产采用历史成本计量并按期计提折旧，是假定企业（　　）。

A. 是一个会计主体　　　　　　　　　　　B. 进行货币计量

C. 持续经营　　　　　　　　　　　　　　D. 进行会计分期

4. 下列各项中，要求企业应当按照交易或者事项的经济实质进行会计确认、计量和报告，不应仅以交易或者事项的法律形式为依据的会计信息质量要求的是（　　）。

A. 及时性　　　B. 重要性　　　C. 可靠性　　　D. 实质重于形式

5. 国际财务报告准则（IFRS）变革后，确定以（　　）作为财务报告编报目标。

A. 投资决策　　　B. 财务估值　　　C. 金融监管　　　D. 秩序规范

二、多项选择题

1. 下列各项中，属于会计信息质量要求的有（　　）。

A. 权责发生制　　　B. 及时性　　　C. 历史成本　　　D. 可靠性

2. 下列各项中，反映企业财务状况的会计要素有（　　）。

A. 资产　　　B. 负债　　　C. 利润　　　D. 所有者权益

3. 下列各项中，设置会计科目应遵循的原则有（　　）。

A. 合法性原则　　　B. 统一性原则　　　C. 相关性原则　　　D. 实用性原则

三、判断题

1. 我国的会计准则必须与国际财务报告准则完全一致，不能出台特殊规定。（　　）

2. 会计要素一般应当采用历史成本计量，采用其他计量属性的，应当保证所确定的会计要素金额能够取得并可靠计量。（　　）

第四章 财务报表

引导案例

互联网已经深刻地改变了我们的生活。这种交互式经历正日益渗入人们的日常生活，包括通信、购物、投资、学习和娱乐。这一领域的商机正在爆炸式增长，也引来“烧钱”的投资模式。乐视从2013年到2016年的资产规模在成倍扩大，但是净利润却不断下滑，资金链几近断裂。2017年上半年，作为乐视网的创始人兼董事长，贾跃亭将所持有的大部分乐视影业股权已质押给了孙宏斌的融创。而根据乐视控股和贾跃亭目前的资金情况，大概无法还清债务。

投资者在乐视的年度报表能够得到什么样的信息？作为一个潜在投资者，什么样的信息能够帮助你评估公司究竟是成功还是潜伏危险，以及是否乐意进行投资？

财务报表是公司信息的重要来源。公司一般至少每年会编制一份财务报表，有些公司还会每个季度编制一份。这些报表提供关于企业资源，对资源的要求，以及两者随时间的变化等信息。简而言之，它们帮助你通过财务信息深入地了解公司的运营情况。

本章内容提要

了解财务报表的本质和目的；
理解会计原则及职业判断对报表的影响；
理解企业的交易如何影响会计恒等式，进而影响会计报表；
了解三大会计报表的主要内容及其相互之间的勾稽关系。

第一节 财务报表概述

财务报告是指企业对外提供的反映企业某一特定日期的财务状况和某一会计期间的经营成果、现金流量等会计信息的文件。财务报告包括财务报表和其他应当在财务报告中披露的相关信息和资料。财务报表是财务会计报告的核心，其旨在向报表使用者提供有助于经济决策的信息，是对企业财务状况、经营成果和现金流量的结构性表述。财务报表由资产负债表、利润表、现金流量表、所有者权益(股东权益)变动表及财务报表附注等组成。

一、财务报表的定义和构成

财务报表是财务会计报告的核心，是对企业财务状况、经营成果、现金流量和所有者权益变动的结构性表述。财务报表至少应当包括下列组成部分：资产负债表、利润表、现金流量表、所有者权益（或股东权益）变动表、附注等。

当会计师编制财务报表时，他们是以财务的形式描述企业的某些特征，这些特征真实地代表了企业的财务活动。

三种财务报表的名称就已经显示了其中的信息。资产负债表（balance sheet）又称财务状况表（statement of financial position），描述了企业某个时点的财务状况。它有时被称为企业财务或货币情况的“快照”，即企业在某个时刻“看上去怎么样”。

企业在经营中总是要进行交易，创造收入和支出费用来赚取收入。利润表描述了企业某个时期收入和费用的情况。收入是指企业已经从交易中获得或者是将要获得正现金流，意味着现金流入企业。举个例子，企业以 1 000 元售出一件产品，如果用现金交易的话，它会立刻导致正现金流；如果是赊购的话，会在将来收到现金时产生正现金流。费用恰恰相反，立刻产生负现金流（现金交易），或是将来产生负现金流（赊购交易）。举个例子，企业支出 800 元，如果立即支付的话，现金立即就流出企业；如果推迟支付的话，现金就会在将来流出企业。收入产生正现金流；费用产生负现金流。这些现金流会集中反映在现金流量表中。

现金流量表对了解企业的经营情况、投资情况及筹资情况，对企业的投资和贷款决策有非常重要的作用。现金流量表描述了某个时期现金的变化情况——从收入和其他交易中获得的现金，从费用和其他收购中支付的现金。虽然投资者和债权人关心的是自己能够得到的现金流，而不是企业的，但是企业现金活动的信息对投资者和债权人来讲也是重要的信号。

二、财务报表的作用

财务报表使用者包括现有和潜在的投资者、债权人、员工、业务关联企业、有关政府部门和社会公众等，不同的使用者对财务报表所提供的信息有不同的要求。例如，债权人非常关注企业偿还资金（包括利息）的能力；投资者非常关注所持股票的市值，以及公司支付的股利。投资者和债权人判断企业能否在将来支付现金的主要方法是研究、分析和理解企业的财务报表。

因此，财务报表为满足不同的信息使用者，具有以下作用。

（一）反映企业管理层受托责任的履行情况

现代企业制度的基本特征就是产权分离，使股东与企业管理者之间出现委托与受托的关系。股东把资金投入公司，委托管理人员进行经营管理。他们为了确保自己的切身利益，保证其投入资本的完整与增值，就需要了解管理者对受托经济资源的经营管理情况。为此，就需要通过财务报表所提供的信息，来了解企业资产的保管、使用情况，监督企业的生产经营管理，以保护自身的合法权益。

（二）有助于投资者和债权人等会计信息使用者进行合理的决策

随着经济的发展，企业筹资、投资活动的日益频繁，企业与社会上各方面的经济联系越来越密切，在企业的外部形成了投资者、债权人组成的与企业有着经济利益关系的集团。投资者和债权人可以通过对企业财务报表的分析，了解企业的财务状况及生产经营情况，分析企业的偿债能力和盈利能力，预测企业未来的发展趋势，从而对企业的财务状况作出准确的判断，作为进行投资、信贷、融资等方面决策的依据。

（三）财务报表是诸多经济合同制定与执行的依据

从某种意义上说，现代企业是在市场经济条件下以法律、章程为规范而由若干合同或契约组成的经济实体。企业与股东、债权人、职工、政府、业务关联企业等都存在多种契约关系，其中很多契约的条款都涉及会计数据，如报酬合同、借款合同、政府课税的依据等。财务报表数据已成为这些契约制定与执行的重要依据。

（四）财务报表能帮助企业管理层改善经营管理，协调企业与相关利益集团的关系

在现代企业中，相关利益集团是企业各种资源的提供者，任何企业的生存与发展都必须依赖它们的贡献、配合与协作。企业管理层的主要职能就是鼓励和激发各种集团保持或扩大对企业的贡献，协调企业与相关利益集团，以及各利益集团之间的关系。企业管理层通过财务报表，可以全面、系统、总括地了解企业生产经营运作情况，检查、分析财务成本计划和有关方针政策的执行情况，及时发现经营活动中存在的问题，迅速作出决策，使企业计划和经营方针更为科学、合理，进而最大限度地调动各相关利益集团的积极性。

（五）财务报表能够帮助国家有关部门实现其经济与社会目标

企业是国民经济的细胞，通过对企业财务报表提供的资料进行汇总分析，国家有关部门可以考核国民经济总体的运行情况，从中发现国民经济运行中存在的问题，对宏观经济运行作出准确的决策，通过各种经济杠杆和政策倾斜，发挥市场经济在优化资源配置中的基础性作用。

三、财务报表的分类

（一）按编报期间分

按财务报表编报期间的不同，可以分为中期财务报表和年度财务报表。时间是编制和理解企业财务报表的重要因素。报表的时限可能是1个月，也可能是1年。年度财务报表涵盖了一个完整会计年度的信息。而中期财务报表是以短于一个完整会计年度的报告期间为基础编制的财务报表，包括月报、季报和半年报等。中期财务报表至少应当包括资产负债表、利润表、现金流量表和附注，其中，中期资产负债表、利润表和现金流量表应当是完整报表，其格式和内容应当与年度财务报表相一致。与年度财务报表相比，中期财务报表中的附注披露可适当简略。无论是报表的使用者还是报表的编制者，都要清楚地了解这份报表的时间范围。

（二）按编报主体分

按财务报表编报主体的不同，可以分为个别财务报表和合并财务报表。个别财务报表是由企业在自身会计核算基础上对账簿记录进行加工而编制的财务报表，它主要用以反映企业自身的财务状况、经营成果和现金流量情况；合并财务报表是以母公司和子公司组成的企业集团为会计主体，根据母公司和所属子公司的财务报表，由母公司编制的综合反映企业集团财务状况、经营成果及现金流量的财务报表。

为反映企业各地区、各业务群的经营情况及经营成果，还应编制分部报告。

第二节 资产负债表

一、资产负债表概述

我们从资产负债表开始学习财务报表，资产负债表是反映企业某一特定日期财务状况的报表。它通过列示企业在特定日期的资产、负债、所有者权益及其构成，描述企业的资源结构和财务结构状况。读者在后面可以看到它和其他财务报表的关系，以及公司财务状况的变化是何等重要。从资产负债表开始学习，还可以帮助读者理解一些基本的会计原则和名词，这对学习财务报表是非常重要的。

每个公司都要在年末编制资产负债表，许多公司每个月、每个星期甚至每天都编制资产负债表。资产负债表列举了企业的资产、负债和所有者权益。日期是非常重要的，因为情况每天都在变化。表4—1显示了顺达公司2016年12月31日的财务状况。

表 4-1 　　**顺达公司 2016 年 12 月 31 日资产负债表**

资产		负债和所有者权益			
现金	135 000	负债：			
应收票据	60 000		应付票据	246 000	
应收账款	363 000		应收账款	216 000	
原材料	12 000		应付职工薪酬	18 000	480 000
土地使用权	600 000	所有者权益：			
建筑	540 000		股本	900 000	
办公设备	90 000		留存收益	420 000	1 320 000
总计	1 800 000	总计			1 800 000

让我们来简要描述一下资产负债表的特征。首先，表头说明了三件事：企业名称、财务报表种类和日期。

资产负债表列报，最根本的目标就是应如实反映企业在资产负债表日所拥有的资源、所承担的负债以及所有者所拥有的权益。因此，资产负债表应当按照资产、负债和所有者权益三大类别分类列报。

请注意在资产项目中，现金列在最前面，然后是应收票据、应收账款、原材料和其他很快会转化成现金（或是在经营活动中消耗）的资产。在这些相对"流动"的资产之后是比较"固定"的资产，如土地、建筑和设备。

负债列在所有者权益之前。每种主要的负债（如应付票据、应付账款和应付工资）被分别列出，然后是负债的总计。

所有者权益分成两部分:股本和留存收益。股本代表所有者最初投入公司的资金,它由股票组成,每个所有者都拥有一些股份。请注意表中股本的数量是 90 万元,这表明所有者持有的股数乘以股票的价格等于 900 000 元(5×180 000),就有 180 000 股。留存收益是指过去几年保留在企业内积累下来的收益。留存收益被认为是所有者权益的一部分,增加了所有者对企业的投资。

最后,请注意总资产的数额等于负债和所有者权益之和。这个关系总是存在的。

二、资产负债表的内容

(一) 资产

资产(assets)是指企业过去的交易或者事项形成的、由企业拥有或者控制的、预期会给企业带来经济利益的资源。在大多数情况下,获利都是以正现金流的形式出现。正现金流可能直接产生于资产转化成的现金(收回应收项目),也可能是间接产生的:资产用于企业经营,创造其他资产,再转化成未来的现金流(用土地和建筑生产产品,再将其销售)。资产可能以物质的形式出现,如建筑、机器和商品;也可能以非物质的形式出现,如客户的欠款、政府债券和专利权。

会计最基本同时也是最有争议的问题就是决定各项资产的价值。公认会计原则要求资产负债表中的各项资产按照成本,而不是现值来定价。

资产(如土地、建筑、商品和设备)是企业制造收入所必需的经济资源,这些资产要按照其成本来定价。当说到资产负债表中的资产价格以历史成本出现时,意味着是按照会计实体最初购买的金额,它可能和资产的现值有所不同。

举个例子,如果企业花 10 万元购买一块土地用于建筑,会计记录中资产的成本就是 10 万元。如果遇到房地产升值,10 年后这块土地的价格可能上涨至 25 万元。虽然土地的价格急剧上升,但是在会计记录和资产负债表中其成本仍然是 10 万元。这就是会计原则中的历史成本原则(cost Principle)。

在一些流动资产(迅速转化成现金的资产)中可能会违反历史成本原则。应收账款在资产负债表中通常按照净实现价值计算,指应收项目实际收到的数额。同样,如果管理层近期打算将某些投资转成现金,它们在资产负债表中也按照市值来计算。

在阅读资产负债表时,请记住表中的资产价格并不是资产现在的价格。资产负债表经常引起误解的一点就是它并没有如实地反映资产的现值。

为什么会计师不根据变化的市场价格来改变记录中的资产价格?

一个原因是因为像土地和建筑这类资产通常会一直使用,而不是用于出售。事实上,除非破产了,这些资产会一直使用下去。编制资产负债表的假设基础是企业会维持其经营,即持续经营(going-concern assumption)。因此,资产(如土地、建筑)能够出售的现在的价格就显得不是很重要了。这些资产通常是企业中比较大型的资产。决定企业是否是持续经营的,需要会计师的判断。

另一个原因是因为定价需要是确定、真实的。购买土地、建筑和其他资产的成本可以是十分确定的。会计师使用"客观"这个词来描述资产定价是事实性的,可以由独立的专家进行验证。如果资产负债表中的土地以成本的价格出现,任何进行审计工作的注册会计师都可以找到客观的证据来证实它。另外，资产（如建筑和专业机械）的估计市场价格却不是事实性和客观的。市场价格总是在变化的，而估计资产可以出售的价格在很大程度上依赖判断。

在资产购入的那一刻，成本和市场价格是一样的。随着时间的推移，市场价格可能会和会计记录里的成本相差甚远。因此，会计中对计量的价格会依据不同资产的性质选择不同的价格，主要包括历史成本价格、公允价值等。

（二）负债

负债（liabilities）是指企业过去的交易或者事项形成的、预期会导致经济利益流出企业的现时义务，也就是债务。它代表企业未来的负现金流。企业向其负债的个人或是组织称之为债权人（creditor）。

所有的企业都拥有负债，即使是最大、最成功的公司有时也赊购商品、服务或原材料。来源于赊购商品的负债称之为应付账款。许多企业贷款进行财务扩张或是购买高成本的资产。一旦得到一份贷款，借款者就必须签署一份正式的应付票据。应付票据是指书面保证在某个日期偿还所借的资金，通常也需要支付利息。

应付账款，不同于应付票据，不需要书面的保证，通常也不需要支付利息。确切地说，应付票据是一种更正式的协议。

当企业同时拥有应付票据和应付账款时，要在资产负债表中分开列出。负债通常按照偿还的顺序来列举。相似的负债将会被合并，以避免财务报表中不必要的细节。举个例子，如果有几笔费用要在年底支付（如工资、利息和所得税），可以将这些合并为应计费用。应计费用表示推迟支付费用。

负债表示对借款者资产的要求权。正如读者将看到的，企业的所有者对企业的资产也拥有所有权。但从法律的角度出发，债权人的要求权高于所有者的所有权，这意味着债权人将先得到偿付，即使资产已经不够支付所有者的所有权。

（三）所有者权益

所有者权益是指企业资产扣除负债后由所有者享有的剩余权益，企业的所有者权益又称为股东权益。它代表对企业资产的所有权。由于债权人的要求权高于所有者的所有权，所以所有者权益是一种净值。如果你是企业的所有者，只有先满足债权人的要求权，才能满足你的所有权。因此，所有者权益总是等于总资产减去总负债。例如，利用表 4－1 的数据，可以得出：

顺达公司的总资产是 1 800 000 元，总负债是 480 000 元，因此，所有者权益为 1 320 000 元。

所有者权益并不代表对现金或是其他特定资产的特别所有权，它代表所有者对整个公司财务的利益。

企业所有者权益主要来自两方面：

（1）所有者的现金或其他资产投资。

（2）企业经营活动中赚取的收入。

企业所有者权益减少通常由两方面引起：

（1）向所有者支付现金或是转化成其他资产。

（2）企业经营活动中受到损失。

（四）会计等式

资产负债表的基本特征就是总资产等于总负债和所有者权益之和，这就是称它为资产负债表的原因。但是，为什么总资产等于总负债和所有者权益之和呢？

因为资产负债表左、右两边是对同样一个事物的两种算法，所以说它们的数额总是相等的。资产一栏列举了企业拥有的各种资产；负债和所有者权益一栏显示了谁向企业提供了资源，以及提供的数量。企业所拥有的每样东西都是由债权人或是所有者提供的。因此，债权人的要求权加上所有者的所有权就等于企业的总资产。

资产等于债权人的要求权加上所有者的所有权，这就是会计等式：

资产＝负债＋所有者权益

1 800 000＝480 000＋1 320 000

上式中的数值取自表4-1的资产负债表。资产负债表只不过是这个等式的扩展。

为了强调所有者权益是剩余的所有权，债权人的要求权优先于它，有时也会把等式写成：

资产－负债＝所有者权益

1 800 000－480 000＝1 320 000

如果企业的负债超过它的资产，那所有者权益就会是一个负数。

每一次商业交易，无论它是简单的还是复杂的，都可以在等式中表现出来。学生必须对这个等式和它的应用有非常透彻的理解。

无论企业是增长还是衰退，资产和对资产的要求权总是相等的。总资产的增加总是伴随着总负债或是所有者权益的增加；总资产的减少也总是伴随着总负债或是所有者权益的减少。观察一家新成立的企业及其进行的各种交易，你就可以清楚地看到资产负债表的两边总是相等的。

资产负债表的基本格式，如表4-2所示。

表4-2 **资产负债表** 会企01表

编制单位： 年 月 日 单位：元

资 产	年初余额	期末余额	负债和所有者权益（或股东权益）	年初余额	期末余额
流动资产：			流动负债：		
货币资金			短期借款		
以公允价值计量且其变动计入当期损益的金融资产			以公允价值计量且其变动计入当期损益的金融负债		
应收票据			应付票据		
应收账款			应付账款		
预付款项			预收款项		
应收利息			应付职工薪酬		
应收股利			应交税费		

（续表）

资　　产	年初余额	期末余额	负债和所有者权益(或股东权益)	年初余额	期末余额
其他应收款			应付利息		
存货			应付股利		
1年内到期的非流动资产			其他应付款		
其他流动资产			1年内到期的非流动负债		
流动资产合计			其他流动负债		
非流动资产：			流动负债合计		
可供出售金融资产			非流动负债		
持有至到期投资			长期借款		
长期应收款			应付债券		
长期股权投资			长期应付款		
投资性房地产			专项应付款		
固定资产			预计负债		
在建工程			递延所得税负债		
工程物资			其他非流动负债		
固定资产清理			非流动负债合计		
生产性生物资产			负债合计		
油气资产			所有者权益(或股东权益)：		
无形资产			实收资本(或股本)		
开发支出			资本公积		
商誉			减：库存股		
长期待摊费用			盈余公积		
递延所得税资产			未分配利润		
其他非流动资产			所有者权益(或股东权益)合计		
非流动资产合计					
资产总计			负债和所有者权益(或股东权益)总计		

三、资产负债表的编制方法

根据财务报表列报准则的规定，企业需要提供比较资产负债表，以便报表使用者通过比较不同时点资产负债表的数据，掌握企业财务状况的变动情况及发展趋势。所以，资产负债表还就各项目再分为“年初余额”和“期末余额”两栏分别填列。

（一）年初余额栏的填列方法

资产负债表“年初余额”栏内各项数字，应根据上年年末资产负债表的“期末余额”栏内所列数字填列。如果上年度资产负债表规定的各个项目的名称和内容同本年度不相一致，应对上年年末资产负债表各项目的名称和数字按照本年度的规定进行调整，填入表中“年初余额”栏内。

（二）期末余额栏的填列方法

资产负债表的“期末余额”栏内各项数字，一般应根据资产、负债和所有者权益类账户的期末余额填列。其填列方法如下。

1. 根据总账账户的余额直接填列

资产负债表中的有些项目，可直接根据有关总账账户的余额填列。例如，交易性金融资产、固定资产清理、长期待摊费用、递延所得税资产、短期借款、交易性金融负债、应付票据、应付职工薪酬、应交税费、应付利息、应付股利、其他应付款、递延所得税负债、实收资本、资本公积、库存股、盈余公积等项目，应当根据相关总账账户的余额直接填列。

2. 根据几个总账账户的余额计算填列

例如“货币资金”项目，应当根据“库存现金”“银行存款”“其他货币资金”等账户期末余额合计填列。

3. 根据有关明细账户的余额计算填列

例如“应付账款”项目，需要根据“应付账款”和“预付账款”两个账户所属的相关明细账户的期末贷方余额计算填列；“应收账款”项目，需要根据“应收账款”和“预收账款”两个账户所属的相关明细账户的期末借方余额计算填列。

4. 根据总账账户和明细账户的余额分析计算填列

资产负债表的有些项目，需要依据总账账户和明细账户两者的余额分析填列，如“长期借款”项目，应根据“长期借款”总账账户余额扣除“长期借款”账户所属的明细账户中将在资产负债表日起1年内到期，且企业不能自主地将清偿义务展期的长期借款后的金额填列。

5. 根据总账账户与其备抵账户抵消后的净额填列

例如“存货”项目，应当根据“原材料”“库存商品”“发出商品”“周转材料”等账户期末余额，减去“存货跌价准备”账户期末余额后的金额填列；“持有至到期投资”项目，应当根据“持有至到期投资”账户期末余额，减去“持有至到期投资减值准备”账户期末余额后的金额填列；“固定资产”项目，应当根据“固定资产”账户期末余额，减去“累计折旧”“固定资产减值准备”等账户期末余额后的金额填列。“无形资产”项目，应当根据“无形资产”账户的期末余额，减去“累计摊销”“无形资产减值准备”等账户余额后的净额填列。

四、资产负债表编制举例

资产负债表是如何产生的？过去发生的事情是如何延续到某个时刻的？资产负债表是一幅过去商业交易结果的图画，这些交易被企业的信息系统记录下来，并被组织成对企业某个时刻财务状况的准确描述。特定的项目和数字是这些交易的直接结果。两个不同公司的资产负债表因为其交易的性质、时间和金额的不同而完全不同。

为了展示资产负债表是如何产生的，以及损益表、现金流量表和资产负债表之间的关系，我们用美加餐饮公司的数据来举例说明。

【例4-1】 美加公司是几位朋友共同出资设立的，主要经管餐饮。相关经济业务如下所述。

（一）投入资本

美加餐饮公司的第一笔交易是投资者投入资本。投资者共投入资本480 000元，2016年1月1日领取了营业执照，正式开始营业。美加餐饮公司在银行开了一个账户，将480 000元存入银行。这项交易使美加餐饮有了第一笔资产，同时也有了第一笔所有者权益。资产负债表，如表4-3所示。

表 4-3

美加公司 2016 年 1 月 1 日资产负债表

资产		所有者权益	
现金	480 000	股本	480 000

（二）美加公司接下来用现金购买资产

1 月 21 日，美加公司用 31.2 万元购买了一块土地。这次交易使资产负债表发生了两个变化：首先，现金减少了 31.2 万元；其次，多了一项资产——土地使用权。资产负债表，如表 4-4 所示。

表 4-4

美加公司 2016 年 1 月 21 日资产负债表

资产		所有者权益	
现金	168 000	股本	480 000
土地使用权	312 000		
总计	480 000	总计	480 000

（三）部分融资购买资产

1 月 22 日，美加公司 21.6 万元购买了经营用房屋作为餐厅，其中用现金支付了 36 000 元，剩下的 180 000 元是通过签发一张 90 天无息应付票据来支付的。这次交易的结果美加餐饮公司：①现金减少了 36 000 元；②产生一项新的资产：建筑 216 000 元；③产生一项负债，金额为 180 000 元。资产负债表，如表 4-5 所示。

表 4-5

美加公司 2016 年 1 月 22 日资产负债表

资产		负债和所有者权益	
现金	132 000	负债：	
土地使用权	312 000	应付票据	180 000
建筑	216 000	所有者权益：	
		股本	480 000
总计	660 000	总计	660 000

（四）赊购资产

1 月 23 日，美加公司从 A 工具公司赊购了价值为 82 800 元的工具和设备，60 天支付。资产负债表，如表 4-6 所示。

表 4-6

美加公司 2016 年 1 月 23 日资产负债表

资产		负债和所有者权益	
现金	132 000	负债：	
土地使用权	312 000	应付票据	180 000
建筑	216 000	应付账款	82 800
工具和设备	82 800	总负债	262 800
		所有者权益：	
		股本	480 000
总计	742 800	总计	742 800

（五）出售资产

收到购买的工具和设备之后，美加公司发现其实不需要这么多的设备，就与 A 工具公司商量希望退回这些多出来的设备，A 公司同意了退货，但要求退货款向其另一家子公司 B 公司收取。1 月 24 日，美加公司将价格为 10 800 元的设置退回，B 公司没有立即支付这些款项，但是同意在 45 天内支付。这次交易减少了美加公司的工具和设备，但制造了一项新的资产——应收账款。资产负债表，如表 4-7 所示。

表 4-7

美加公司 2016 年 1 月 24 日资产负债表

资产		负债和所有者权益	
现金	132 000	负债：	
应收账款	10 800	应付票据	180 000
土地使用权	312 000	应付账款	82 800
建筑	216 000	总负债	262 800
工具和设备	72 000	所有者权益：	
		股本	480 000
总计	742 800	总计	742 800

（六）收回应收账款

1 月 26 日，美加公司从 B 公司收到部分应收账款 3 600 元。这次交易增加了公司的现金，但是减少了相同数量的应收账款。即从一项资产转成另一项资产，总资产数量不变。资产负债表，如表 4-8 所示。

表 4-8

美加公司 2016 年 1 月 26 日资产负债表

资产		负债和所有者权益	
现金	135 600	负债：	
应收账款	7 200	应付票据	180 000
土地使用权	312 000	应付账款	82 800
建筑	216 000	总负债	262 800
工具和设备	72 000	所有者权益：	
		股本	480 000
总计	742 800	总计	742 800

（七）偿还负债

1 月 27 日，美加公司向 A 工具公司偿还了部分应付账款。这次交易减少了公司的现金和应付账款，使总资产与总负债和所有者权益之和保持相等。资产负债表，如表 4-9 所示。

表 4-9

美加公司 2016 年 1 月 27 日资产负债表

资产		负债和所有者权益	
现金	94 800	负债：	
应收账款	7 200	应付票据	180 000
土地使用权	312 000	应付账款	42 000
建筑	216 000	总负债	222 000
工具和设备	72 000	所有者权益：	
		股本	480 000
总计	702 000	总计	702 000

（八）获得收入

在1月的最后一个星期，美加公司已经具备了营业所需要的所有重要条件，并且开始开业经营。1月最后一个星期的服务收入为13 200元，都是现金收入。

获得收入代表公司开始创造价值了，同时也代表公司所有者的利益增加了。因此，现金资产增加了13 200元，所有者权益也等额增加。为了将收益和股本区分开来，在资产负债表中使用留存收益来表示这部分收益。表4-10反映了资产和所有者权益（留存收益）的增加。

表4-10

美加公司2016年1月31日资产负债表

资产		负债和所有者权益	
现金	108 000	负债：	
应收账款	7 200	应付票据	180 000
土地使用权	312 000	应付账款	42 000
建筑	216 000	总负债	222 000
工具和设备	72 000	所有者权益：	
		股本	480 000
		留存收益	13 200
总计	715 200	总计	715 200

（九）支付费用

在赚取13 200元收入的同时，也要支付一定的经营费用，如公用事业服务费和工资。公司打算在每月月末支付所有的经营费用。1月31日，公司需要支付1 200元的水电费和7 200元的工资。支付费用和获得收入的作用正好相反，会减少所有者权益。当然，支付费用同时也导致了现金的减少。资产负债表，如表4-11所示。

表4-11

美加公司2016年1月31日资产负债表

资产		负债和所有者权益	
现金	99 600	负债：	
应收账款	7 200	应付票据	180 000
土地使用权	312 000	应付账款	42 000
建筑	216 000	总负债	222 000
工具和设备	72 000	所有者权益：	
		股本	480 000
		留存收益	4 800
总计	706 800	总计	706 800

请注意8 400元的费用（1 200元的水电费和7 200元的工资）减少了留存收益的数额，其最初余额是13 200元，为1月最后一个星期的营业收入。现在的金额是4 800元，为同期营业收入和费用之差。从中可以看出，收入增加了所有者权益，费用减少了所有者权益，在资产负债表中表现为留存收益的变化。

当然，美加公司是一个非常小的餐饮公司。依据公司业务的不同，其资产负债表中所包含的资产项目都不太一样。例如，航空公司资产负债表的资产主要是航空设备，房地产公司的资产负债表中的资产主要是存货（在建及在售的商品房）。我们应该依据公司的性质及业务种类来理解其资产负债表。

第三节 利 润 表

一、利润表概述

利润表是反映企业一定会计期间经营成果的报表。它主要列示企业实现的利润及其构成，并提供反映企业获利能力的每股收益指标。它是对公司某个时期收入和费用交易的一个总结，反映了留存收益是如何因为收入和费用而发生变化的。

对公司的所有者、债权人和其他利益方来说，了解利润表是非常重要的。公司最终是否成功就体现在它的收入是否高于其费用。一旦公司获得资产，开始营业，收入和费用就成为公司现金流的主要来源。收入是企业出售商品或劳务取得的经济利益流入，一般会使企业在营利性活动中资产增加，它导致了正现金流。同样，费用(expenses)是指企业在营利性活动中资产减少了，它导致了负现金流。净收入是两者之差。如果公司的费用超过了收入，就形成净亏损。

利润表有助于分析企业的经营成果和获利能力，从而判断企业发展的趋势，并考核企业管理人员的业绩。企业管理当局也可以通过比较和分析利润表中的各构成要素，把握收入、成本、费用的状况，及时发现企业经管中存在的问题，并作出管理决策。

二、利润表的内容和结构

（一）利润表的内容

在编制利润表时，应当将企业的费用按照功能分类，分为销售成本和期间费用。销售成本是指企业售出的商品及劳务的成本；期间费用包括管理费用、销售费用和财务费用。

我国企业的利润主要反映营业利润、利润总额、净利润，以及反映企业获利能力的每股收益指标四项内容。

1. 营业利润

营业利润反映了企业持续经营活动的净收益，它是奠定于收入与费用配比基础之上的。需要特别指出，它还包括了当期已确认但尚未实现的收益，如企业交易性金融资产、交易性金融负债等公允价值变动形成的收益（或损失），这在一定程度上增强了收益信息的相关性，有利于报表使用者的决策。

2. 利润总额

利润总额包括当期非常项目产生的利得和损失，并分别在“营业外收入”和“营业外支出”项目列示，这样，与正常经营活动的损益相区分，有利于预测未来正常经营活动的收入、费用和现金流量，因为只有正常经营活动才是持续的、具有可预测性的。

3. 净利润

净利润反映利润总额扣除所得税费用后的税后利润。

4. 每股收益

每股收益指标反映了企业经营成果中投资者可能取得的份额。它是企业投资者用来评价企业获利能力、预测企业经营业绩的尺度,也往往是影响企业股票市场价格的重要因素。

至于前期损益调整事项,在所有者权益变动表中作调整年初未分配利润处理。

(二) 利润表的结构

利润表正表的格式一般有两种:单步式利润表和多步式利润表。单步式利润表是将当期所有的收入列在一起,然后将所有的费用列在一起,两者相减得出当期净损益。多步式利润表是通过对当期的收入、费用、支出项目按性质加以归类,按利润形成的主要环节列示一些中间性利润指标,分步计算当期净损益。

财务报表列报准则规定,企业应当采用多步式列报利润表,将不同性质的收入和费用类进行对比,从而可以得出一些中间性的利润数据,便于使用者理解企业经营成果的不同来源。

利润表的基本格式,如表 4-12 所示。

表 4-12　　利　润　表　　会企 02 表

编制单位:　　年　月　　单位:元

项　目	本期金额	上期金额
一、营业收入		
减:营业成本		
税金及附加		
销售费用		
管理费用		
财务费用		
资产减值损失		
加:公允价值变动收益(损失以"—"号填列)		
投资收益(亏损以"—"号填列)		
其中:对联营企业和合营企业的投资收益		
二、营业利润(亏损以"—"号填列)		
加:营业外收入		
其中:非流动资产处置利得		
减:营业外支出		
其中:非流动资产处置损失		
三、利润总额(亏损以"—"号填列)		
减:所得税费用		
四、净利润(亏损以"—"号填列)		
五、其他综合收益的税后净额		

（续表）

项 目	本期金额	上期金额
(一) 以后不能重分类进损益的其他综合收益		
1. 重新计量设定受益计划净负债或净资产的变动		
2. 权益法下在被投资单位不能重分类进损益的其他综合收益中享有的份额		
……		
(二) 以后将重分类进损益的其他综合收益		
1. 权益法下在被投资单位以后将重分类进损益的其他综合收益中享有的份额		
2. 可供出售金融资产公允价值变动损益		
3. 持有至到期投资重分类为可供出售金融资产损益		
4. 现金流量套期损益的有效部分		
5. 外币财务报表折算差额		
……		
六、综合收益总额		
七、每股收益：		
(一) 基本每股收益		
(二) 稀释每股收益		

三、利润表的编制方法

利润表通常设有两栏，编制中期报表（月报表、季报表、半年报表）时为“本期金额”栏和“上期金额”栏，分别填列各项目的本期实际发生数和上期实际发生数；编制年度报表时为“本年金额”栏和“上年金额”栏，相应填列各项目的本年实际发生数和上年实际发生数。利润表采用这种比较报表格式向报表使用者提供对比数据，增加了分析企业盈利能力发展趋势方面的信息。

利润表反映的是企业在一定会计期间的经营成果，是一张动态报表，因而其数据主要来源于损益类账户的本期发生额。利润表中各项目的填列方法可归为以下三类。

(一) 收入、费用、利得、损失项目

应根据损益类账户的发生额分析填列。该部分项目的数据较易获取，因为项目的名称及反映的内容（除“营业收入”和“营业成本”外）与损益类账户是一一对应的。

(二) 不同层次的利润项目

可根据表中有关项目计算填列。有关计算方法如下：

营业利润＝营业收入－营业成本－税金及附加－销售费用－管理费用－财务费用－资产减值损失＋公允价值变动收益（或：减损失）＋投资收益（或：减损失）

利润总额＝营业利润＋营业外收入－营业外支出

净利润＝利润总额－所得税费用

(三) “基本每股收益”项目和“稀释每股收益”项目

应反映根据每股收益准则的规定计算的金额。

四、利润表编制举例

接[例 4-2],美加公司 1 月的利润表可列示,如表 4-13 所示(数字直接来自前面的表格)。

表 4-13

美加公司 2016 年 1 月 1～31 日利润表

营业收入		13 200
营业费用:		
工资	7 200	
公用事业费	1 200	8 400
净收入		4 800

请注意利润表的表头中表示的是一个时期,而不是某个时刻。这是因为利润表显示的是企业某个时期的收入和费用的财务表现,并且部分解释了这段时期企业财务状况的变化情况。

第四节 现金流量表

现金流量表是反映企业一定会计期间现金流入、流出情况的报表。它是从现金的流入和流出两个方面,揭示企业一定期间经营活动、投资活动和筹资活动所产生的现金流量,说明企业现金的来源与去向。

现金流量表所提供的信息是对资产负债表和利润表所提供信息的必要补充。它可以帮助解释财务状况变动的原因,帮助说明净利润与现金流量净额存在差异的原因,并帮助分析净利润的质量,等等。现金流量表是会计信息使用者获取决策所需信息的重要来源,是企业对外提供的主要财务报表之一。

通过现金流量表提供的信息,报表使用者可以分析、评价企业获取现金的能力和企业的支付能力、偿债能力以及企业的财务适应性,并借以预测企业未来现金流量的趋势。特别是现金流量表提供的信息是建立在业已实现的实实在在的现金流动基础之上的,因而,在评价企业收益质量方面具有不可替代的重要作用。

一、现金概念的界定

现金流量表中的"现金"包括现金和现金等价物两部分。

(一) 现金

现金是指企业的库存现金以及可以随时用于支付的存款。在这里,现金是个广义的概念,它包括如下内容。

1. 库存现金

库存现金是指企业存放在财会部门,可随时用于支付的现金。它与"库存现金"账户核算的内容一致。

2. 银行存款

银行存款是指企业存在银行或其他金融企业的随时可以用于支付的存款。它与“银行存款”账户所核算的内容不完全一致，区别在于，“银行存款”账户核算内容中不能随时用于支付的存款，如不能随时支取的定期存款，不应作为现金流量表中的现金，但提前通知金融企业便可支取的定期存款等，则应包括在现金流量表中的现金范围内。

3. 其他货币资金

其他货币资金是指企业存在银行具有特定用途的资金，包括外埠存款、银行汇票存款、银行本票存款、信用卡存款、信用证保证金存款和存出投资款等。

(二) 现金等价物

现金等价物是指企业持有的期限短、流动性强、易于转换为已知金额现金、价值变动风险很小的投资。一项投资要确认为现金等价物，必须具备以上特征。现金等价物通常包括自购买日起 3 个月内到期的债券投资。例如，企业于 2015 年 12 月 1 日购入 2013 年 1 月 1 日发行的期限为 3 年的国债，购买时该国债还有 1 个月到期，这项投资应确认为现金等价物。对于权益性投资，由于其变现的金额通常不确定，因而不属于现金等价物。

二、现金流量表的内容和结构

(一) 现金流量表的内容

现金流量是指现金和现金等价物的流入和流出的数量。现金流入与流出之差，称为现金净流量。在编制现金流量表时，一笔交易或事项是否构成现金流量，是视其是否引起现金总量的变动。因此，企业发生的现金形式转换的经济业务(如库存现金交存银行或从银行提取现金等)，以及现金与现金等价物之间转换的业务(购买或收回属于现金等价物范围的投资所涉及的现金收支等)，不构成现金流量，不纳入现金流量表列报的对象。

按照企业经营业务的性质，通常将企业一定期间内产生的现金流量分为经营活动产生的现金流量、投资活动产生的现金流量和筹资活动产生的现金流量三类，并按此分类在现金流量表中予以列报。

1. 经营活动现金流量

经营活动(operating activities)是指企业投资活动和筹资活动以外的所有交易和事项。不同行业的企业对经营活动的认定存在一定差异，现金流量的归类上也会有所不同。就一般工商企业而言，经营活动的现金流入主要包括销售商品、提供劳务等收到的现金；经营活动的现金流出主要包括购买商品、接受劳务和支付职工薪酬、缴纳税费等支出的现金。

一般来说，经营活动是企业最主要的业务活动，也是影响企业现金流量的最重要因素。企业经营活动产生的现金流量是评价企业获取现金流量能力的一个重要指标，它可以说明企业经营活动对现金流量净额的影响程度，本质上体现了企业自我创造现金的能力，是分析、评价企业偿债能力、支付能力，以及对外部资金依赖性程度的重要依据。

2. 投资活动现金流量

投资活动(investing activities)是指企业长期资产的购建和不包括在现金等价物范围的投资及其处置活动。在这里，投资活动与通常所讲的投资的范围不同，后者仅指与企业对外投资及处置相关的部分，而现金流量表中的投资活动，还包括企业长期资产的购建与处置。投资活动的现金流入主要包括收回、处置对外投资、取得投资收益收到的现金，以及处置固定资产、无形资产和其他长期资产收到的现金；投资活动的现金流出主要包括购建固定资产、无形资产和其他长期资产，以及交易性、权益性和债权性投资支出的现金等。

投资活动是企业重要的业务活动之一。企业对内、对外投资力度的强弱在一定程度上体现了企业获取未来收益和现金流量的能力。企业通过投资活动产生的现金流量信息，可以了解投资的规模和政策，了解企业为获得未来收益和现金流量而导致资源转出的程度，分析、评价企业通过投资活动获取现金流量的能力，以及投资活动的现金流量对企业现金流量净额的影响程度。

3. 筹资活动现金流量

筹资活动(financing activities)是指导致企业资本及债务规模和构成发生变化的活动。筹资活动的现金流入主要包括吸收权益性投资、发行债券或借款等收到的现金；筹资活动的现金流出主要包括偿还债务支出的现金，分配股利、利润和偿付利息支出的现金等。通常情况下，应付账款、应付票据等属于经营活动，不属于筹资活动。

筹资活动的现金流量对支持企业持续经营活动的正常进行有着重要的影响。企业通过筹资活动产生的现金流量信息，可以了解筹资的规模和来源，分析、评价企业财务结构发生的变化和吸收、消化外部注入资金的能力，以及筹资活动的现金流量对企业现金流量净额的影响程度。

对于企业日常活动之外的、不经常发生的特殊项目，如自然灾害损失、保险索赔等所产生的现金流量，应根据其性质分别归并到相关类别中单独列报。

需要指出，现金流量表在报告企业一定期间经营活动、投资活动和筹资活动现金流量的同时，还在现金流量表附注中披露不涉及当期现金收支的重大的投资和筹资活动，如债务转为资本、1 年内到期的可转换公司债券，以及融资租入固定资产等，其目的在于更全面地揭示影响企业财务状况的重要事项。从现金流量的角度看，这些事项虽然不形成企业当期的现金收支，但会对企业以后期间的现金流量产生重大影响，因此，它对于报表使用者预测企业未来现金流量具有重要价值。

现金流量示意图，如图 4-1 所示。

（二）现金流量表的结构

现金流量表由主表和附注两部分组成。

现金流量表的主表是按照现金流量的分类，分别经营、投资、筹资活动，从现金流入和流出两个方面列报现金收支项目和各类活动产生的现金流量净额。对于汇率变动对现金及现金等价物的影响，作为调节项目单独列示。各类活动产生的现金流量净额加上或减去汇率变动对现金及现金等价物的影响额，即得出当期现金及现金等价物净增加额。

现金流量表附注披露的信息包括三部分：

(1) 以补充资料的形式披露“将净利润调节为经营活动的现金流量”“不涉及现金收支的重大投资和筹资活动”“现金及现金等价物净变动情况”。

(2) 当期取得或处置子公司及其他营业单位的情况。

(3) 现金及现金等价物的构成情况。

现金流量表的基本格式，如表 4-14 所示。

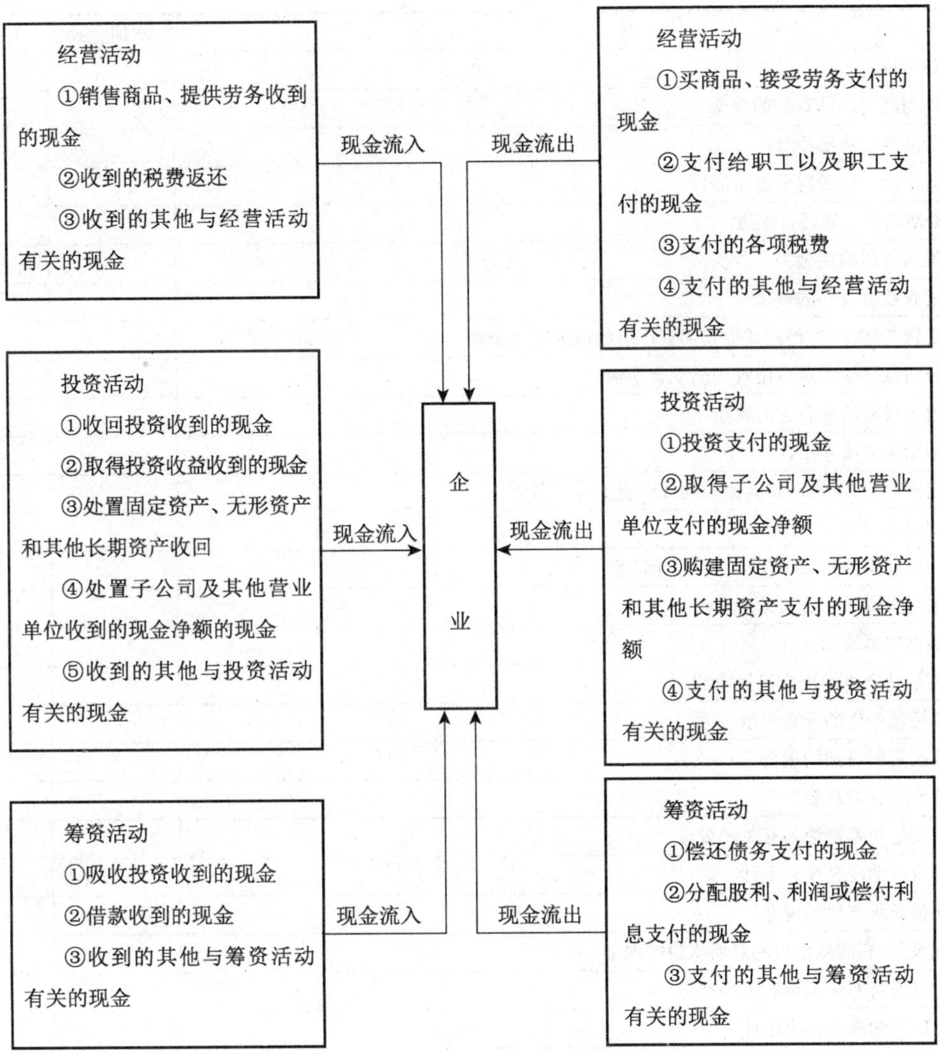

图 4-1 现金流量示意

表 4-14 **现金流量表** 会企 02 表

编制单位： 年 月 单位：元

项 目	本期金额	上期金额
一、经营活动产生的现金流量		
销售商品、提供劳务收到的现金		
收到的税费返还		
收到其他与经营活动有关的现金		
经营活动现金流入小计		
购买商品、接受劳务支付的现金		
支付给职工以及为职工支付的现金		

（续表）

项　　目	本期金额	上期金额
支付的各项税费		
支付其他与经营活动有关的现金		
经营活动现金流出小计		
经营活动产生的现金流量净额		
二、投资活动产生的现金流量		
收回投资所收到的现金		
取得投资收益所收到的现金		
处置固定资产、无形资产和其他长期资产所收回的现金净额		
处置子公司及其他营业单位收到的现金净额		
收到其他与投资活动有关的现金		
投资活动现金流入小计		
购建固定资产、无形资产和其他长期资产所支付的现金		
投资所支付的现金		
取得子公司及其他营业单位支付的现金净额		
支付其他与投资活动有关的现金		
投资活动现金流出小计		
投资活动产生的现金流量净额		
三、筹资活动产生的现金流量		
吸收投资所收到的现金		
借款所收到的现金		
收到其他与筹资活动有关的现金		
筹资活动现金流入小计		
偿还债务所支付的现金		
分配股利、利润或偿付利息所支付的现金		
支付其他与筹资活动有关的现金		
筹资活动现金流出小计		
筹资活动产生的现金流量净额		
四、汇率变动对现金及现金等价物的影响		
五、现金及现金等价物净增加额		
加：期初现金及现金等价物余额		
六、期末现金及现金等价余额		

三、现金流量表的编制原理

编制现金流量表通常有两种编制方法，即直接法和间接法。

（一）直接法

直接法是通过现金收入和支出的主要类别反映来自企业经营活动的现金流量。一般是以利润表中的营业收入为起算点，调整与经营活动有关的项目的增减变动，从而计算出经营活动的现金流量。

（二）间接法

为遵守企业会计准则，企业的会计系统是按权责发生制设计的，而不是按收付实现制设计。权责发生制会计经常隐藏对现金的影响，因此，将权责发生制下的利润调节为收付实现制下的现金就显得特别重要。间接法是以本期净利润为起算点，调整不涉及现金的收入、费用、营业外收支及有关项目的增减变动，剔除投资活动、筹资活动对现金流量的影响，从而计算出经营活动的现金流量。实际上就是将按权责发生制确定的净利润调整为现金净流入，并剔除投资活动和筹资活动对现金流量的影响。

采用直接法编报的现金流量表易于理解，它为决策提供了更多的信息，便于分析企业业务活动产生的现金流量的来源和用途，预测企业现金流量的未来前景；采用间接法编报现金流量表，便于将净利润与经营活动产生的现金流量净额进行比较，了解净利润与经营活动产生的现金流量差异的原因，从现金流量的角度分析净利润的质量。所以，我国企业会计准则规定企业采用直接法编报现金流量表正表，同时要求在附注中提供以净利润为基础调节到经营活动现金流量的信息。图 4-2 给出了为编制现金流量表从权责发生制的利润转变为收付实现制下的现金流量的大致过程。

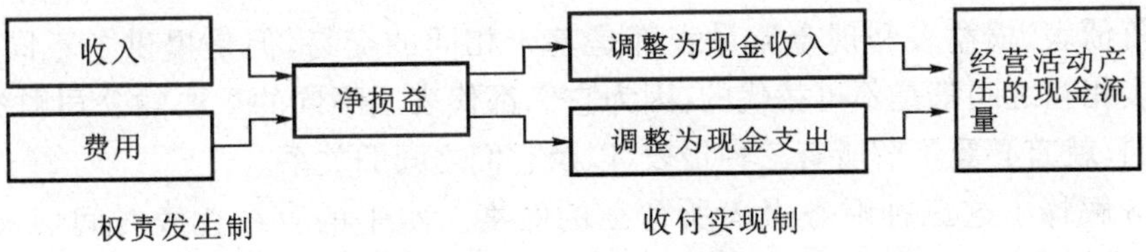

图 4-2 现金流量从权责发生制转变为收付实现

四、现金流量表编制举例

仍以美加餐饮公司为例，1 月 1 日～1 月 31 日的现金流量表，如表 4-15 所示。

表 4-15　　**美加公司 2016 年 1 月 1—31 日现金流量表**

经营活动产生的现金流：		
收入交易产生的现金	13 200	
支付费用的现金	(8 400)	
经营活动提供的现金流量净额		4 800
投资活动产生的现金流：		
购买土地	(312 000)	
购买建筑	(36 000)	
购买工具	(40 800)	
出售工具	3 600	
投资活动使用的现金流量净额		(385 200)
筹资活动产生的现金流：		
所有者投资		480 000
本期现金增加		99 600
2016 年 1 月 1 日现金余额		480 000
2016 年 1 月 31 日现金余额		579 600

经营活动、投资活动和筹资活动产生的现金流都包含正现金流和负现金流(括号内的是负现金流)。同时,请注意三种活动所产生的总现金流(增加 99 600 元)是本月从开始到结束的总现金变化。1 月初的现金余额是 480 000 元,2 月的期初现金余额为 579 600 元,2 月份的现金流量表将会显示现金余额是增加的还是减少的。另外,有些交易并不需要现金交易,因此,这些交易就无法包括在现金流量表中。例如,1 月 22 日美加公司以 21.6 万元购买了一块土地,这其中只有 3.6 万元是用现金支付的,所以在现金流量表中就不包括剩下的 18 万元,因为它没有影响现金的数额。同样,1 月 23 日公司花 8.28 万元赊购了工具和设备,虽然这次交易在 23 日并不产生现金影响,但在 27 日支付了 4.08 万元,它是 23 日交易的延续,对现金产生了影响,应将支付的 4.08 万元包括在现金流量表中,而其余的 4.2 万元由于当期没有支付,因此不影响当期的现金。

第五节　财务报表之间的关系

资产负债表、损益表和现金流量表都是基于相同的交易,但是提供了不同的"景象"。这三种报表相互之间都是不可替代的,因为它们都代表了不同的重要的公司财务信息。出于这个原因,就有必要了解所有三种报表,以及它们之间的关系。

图 4-3 解释了这三种财务报表所覆盖的时期。水平的直线代表时间(1 个月或是 1 年)。资产负债表显示了公司期初和期末的财务状况。另两种财务报表——利润表和现金流量表,涵盖了期间公司财务状况的变化。

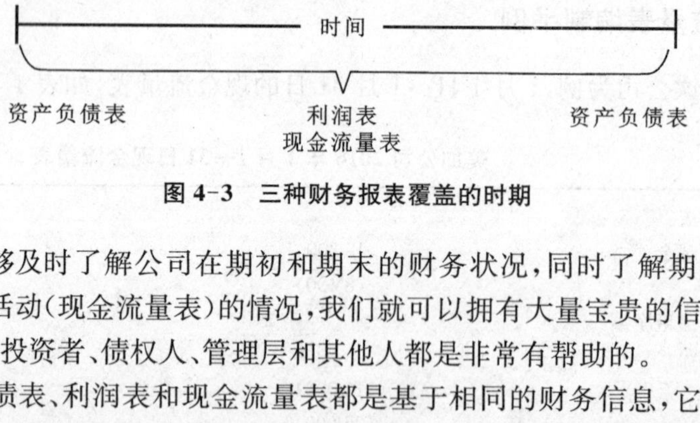

图 4-3　三种财务报表覆盖的时期

如果我们能够及时了解公司在期初和期末的财务状况,同时了解期间公司盈利活动(利润表)和现金活动(现金流量表)的情况,我们就可以拥有大量宝贵的信息来评估公司未来的现金流,这对投资者、债权人、管理层和其他人都是非常有帮助的。

由于资产负债表、利润表和现金流量表都是基于相同的财务信息,它们之间就存在着"勾稽关系",意思是它们之间的关系非常紧密。图 4-4 则清楚地显示了它们之间的关系。

资产负债表是会计等式的扩展,解释了不同种类的资产、负债和所有者权益。利润表解释了收入和费用交易给财务状况(即资产和所有者权益)所带来的变化。这种变化,即净收入,代表了企业所有者权益的变化。现金流量表解释了在某个时期企业通过经营活动、投资活动和筹资活动所产生的现金变化。财务报表之间的关系称之为勾稽关系(articulation)。

虽然这些财务报表中包含了重要的信息,但是它们不可能提供公司所有的信息。例如

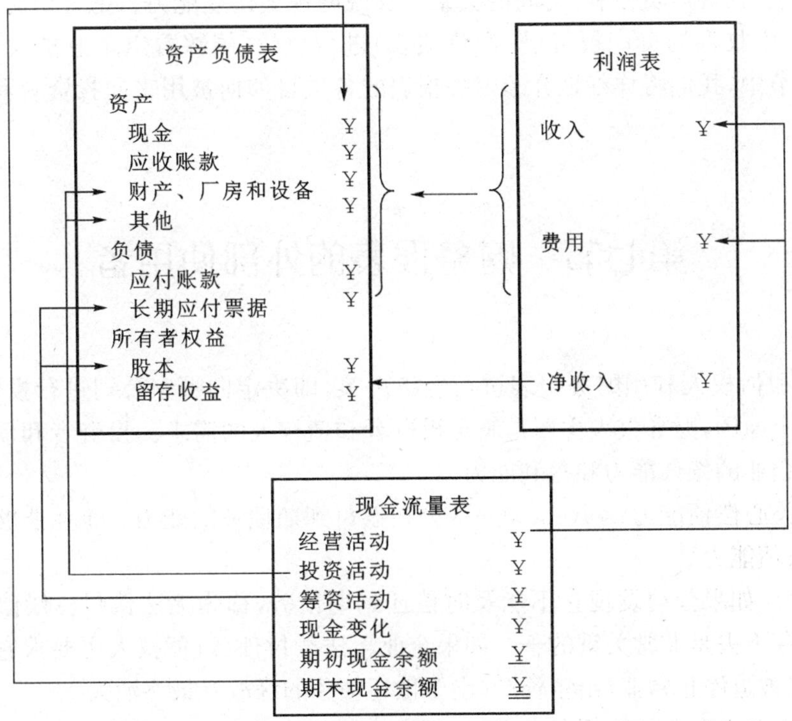

图 4-4　勾稽关系

在美加公司的例子中，我们可以编制一份财务报表显示负债和资产（工具和设备）是如何变化的。但是仍然有一些重要的非财务信息排除在财务报表之外，而这些信息可能对报表的使用者是有帮助的。

第六节　财务分析

三种主要财务报表之间的联系向我们提供了一个大量了解公司情况的机会（将信息整合起来）。事实上，有些人认为财务报表之间的联系比财务报表本身都要重要。

再回到前面的资产负债表，美加公司拥有 96 600 元的现金和 7 200 元的应收账款，有时称其为流动资产，意思是它们已经是或是将要转化成现金。在资产负债表的负债项目中包括 180 000 元的应付票据和 42 000 元的应付账款，这两者都被称为流动负债，即意味着它们在不久的将来就要到期，需要使用流动资产来偿还这些负债。美加公司在偿还这些负债上可能有些困难，因为它没有足够的流动资产。流动资产和流动负债之间的关系称之为流动比例。美加公司的流动比例偏低，为 0.48（106 800÷222 000）。这意味着公司每 1 元即将到期的负债只用 0.48 元就可以用于偿还流动资产。

虽然以上信息都是来自资产负债表，但是某个财务报表的重要信息通常需要和其他财务报表的信息结合起来看。例如，公司最近从经营活动中产生的现金金额（现金流量表）和即将到期的负债(资产负债表)之间的关系能够说明现金偿还能力。把公司的净收入(损益表)和用于产生收入的资产投资(资产负债表)进行比较,能够看出企业扩大规模的能力。在以后的章节中,我们将详细地介绍财务报表的各项目如何被用来向投资者和债权人提供信息。

第七节　财务报表的外部使用者

投资者和债权人利用财务报表进行经济决策,即决定向哪家公司进行投资,或者是贷款。出于这个原因,财务报表主要是满足投资者和债权人的需求。投资者和债权人主要关注的两点是企业的偿债能力和盈利能力。

债权人关心偿债能力(solvency)——公司偿付到期债务的能力。企业能够及时偿付债务,即具备偿债能力。

与此相反,如果公司发现它不能及时偿还到期债务,称为无法偿付。偿债能力对商业组织能否生存下去是非常关键的——如果企业无法偿付债务,债权人可要求它破产。一旦破产,企业将被迫停止营业,出售资产(出于偿还债务的缘故),最终消失。

投资者也关心企业的偿债能力,但是通常他们更关心企业的盈利能力。盈利的经营活动增加了所有者权益。一家公司如果长期无法盈利,将导致资源耗尽,最终破产。因此,大多数财务报表的使用者都非常仔细地研究这些报表,判断公司的偿债能力和未来的盈利能力。

1. 短期和长期

短期来说,偿债能力和盈利能力是相互独立的。企业可能从经营活动中盈利,却耗尽了现金,而导致无法偿付。另外,企业可能在某一年都无法盈利,但是它以前积累下来的现金能够帮助它偿付债务,使其仍具备偿债能力。

2. 评估短期偿债能力

我们在前面讨论过,企业短期偿债能力取决于它的流动资产和即将到期的债务。通过研究企业资产的性质和数量,以及其债务的到期日,财务报表的使用者就可以预计企业是否有困难偿还债务。这种简单的分析可以满足许多短期债权人的需求。评估长期偿债能力更为困难,我们将在后面的章节给予讨论。

在研究财务报表时,使用者应该经常阅读报表的附注和审计师的报告。

一、充分披露的需要

充分披露(disclosure)是公认会计原则的一条重要原则。充分披露指的是财务报表的使用者可以获得任何正确解释报表所必需的事实,可以在财务报表中,也可以在财务报表的附注中进行充分披露。读者可能经常会看见财务报表的附注文件比财务报表本身还要长。

需要在财务报表附注文件中进行解释的事件往往发生在财务报表的日期之后。假设约翰汽车修理厂的建筑在 2 月 2 日毁于火灾，同时约翰还要利用财务报表来吸引额外的投资。另外，假设约翰买的保险并不足以修复建筑。财务报表的使用者，如正在考虑贷款给约翰的银行家，就必须了解这件重要的"期后事项"。可以通过附注来披露这次事件。

除了重要的期后事项，还有许多情况也需要财务报表的附注来进行披露，包括对公司的法律诉讼，主要负债的到期日、资产抵押贷款、公司内部人员的应收款项和需要大量资金的合同等。

并没有一个详尽的清单来列举需要披露的项目和事件。一般而言，公司应该披露那些正常人认为是正确解释财务报表所必需的信息。很明显不是重要的事件就不需要进行披露。

二、管理层对财务报表的关注

我们强调了财务报表对投资者和债权人的重要性，但公司管理层对企业的财务状况、盈利能力和现金流量也非常关注。因此，管理层希望尽可能频繁，尽可能快地收到财务报表，以便他们能够对薄弱环节进行改进。大多数大型公司一般 1 个月向管理层提供一次财务报表。随着科技的进步，每星期、每天甚至每个小时都有可能编制一份财务报表。

管理层对年度财务报表有着特殊的兴趣，因为这是外部使用者最常使用的财务报表。如果债权人认为年度财务报表的表现不错，他们就会更愿意向企业贷款。

财务状况良好表现为较少的债务和相对于即将到期债务而言较多的流动资产。利润表表现良好指的是大量的收入、较少的费用。现金流量表表现良好不仅指现金余额较多，而且指盈利的经营活动。对投资者和债权人而言，公司具备这样的特征并且在一系列的财务报表中表现出来，就能提高他们对公司的信心。鉴于财务报表的重要性，管理层会采取特殊的措施来改善财务状况和财务表现。例如，管理层会在下一个会计年度购买大型资产，这样在资产负债表和现金流量表中就会拥有较多的现金。如果公司的财务状况比较良好，就会提前偿还即将到期的负债，将其转化成长期负债，或是转化成所有者的追加投资，这样就会使未来的现金流量显得不是那么多。

这些措施有时被称为报表粉饰(window dressing)——管理层采取措施使财务报表尽可能地表现良好。财务报表的使用者应该认识到这一点：虽然报表是某个时刻财务状况和某个时期财务状况的真实表现，但不一定是企业典型的财务情况。特别是年度财务报表，管理层总是试图使公司的财务状况尽可能地表现良好。这样做的结果是许多债权人更相信短期的财务报表(如季度或是每月的财务报表)，而不是年度财务报表。财务报表发布得越频繁，管理层就越难进行报表粉饰。

由于公司外部的股东，特别是债权人，非常仔细地评估财务报告，这些报告对管理层的战略选择就会产生较大的影响。假设约翰汽车修理厂计划在明年出售更多的股票，以筹集额外的资金，约翰就有可能推迟或加快某些计划好的战略决策，改善财务状况和财务报告的表现。例如，公司可能会推迟购买液压起重机，或是加快和 B 公司的战略合作。推迟资金支出或是加快战略合作可以保证筹集更多的资金，这些例子表明了财务报告确实可以影响企业战略行为。

习　题

一、单项选择题

1. 甲公司2016年12月31日固定资产账户余额为3 250万元，累计折旧账户余额为350万元，固定资产减值准备账户余额为400万元，工程物资账户余额为200万元。该公司2016年12月31日资产负债表中"固定资产"项目的金额为(　　)万元。

A. 3 250　　B. 2 900　　C. 2 700　　D. 2 500

2. 乙公司以5万元购买了一艘船，现金支付25 000元，另外签发了一张60天到期的应付票据25 000元。这次交易的结果是(　　)。

A. 总资产增加5万元

B. 总负债增加25 000元

C. 从短期债权人的角度出发，这次交易提高了企业的偿债能力

D. 这次交易马上对所有者权益产生了影响

3. 下列选项中，影响营业利润的是(　　)。

A. 公允价值变动损益　　B. 营业外支出

C. 所得税费用　　D. 营业外收入

4. A公司2016年度有关资料如下：

(1) 应付账款项目年初数80万元，年末数100万元。

(2) 应付票据项目年初数60万元，年末数40万元。

(3) 预付款项项目年初数80万元，年末数100万元。

(4) 存货项目年初数140万元，年末数100万元。

(5) 主营业务成本项目本年数3 500万元。

(6) 应交税费——应交增值税(进项税额)500万元。

(7) 其他相关资料：用固定资产偿还应付账款10万元；生产成本中直接工资项目含有本期发生的生产工人工资费用140万元；本期制造费用发生额60万元(其中消耗性的物料为10万元)；工程项目领用本企业的产品10万元。

要求：根据上述资料，不考虑其他因素，回答下列问题。

(1) 下列交易或事项中，影响企业经营活动现金流出量的是(　　)。

A. 向供应商赊购生产用材料一批　　B. 支付离退休人员薪酬

C. 支付融资租入固定资产的租金　　D. 计提生产用固定资产折旧

(2) A公司当年现金流量表中"购买商品、接受劳务支付的现金"项目的金额是(　　)万元。

A. 3 980　　B. 3 770　　C. 3 790　　D. 3 780

5. B公司2011年1月20日购入一项无形资产。该无形资产的实际成本为375万元，摊销年限为10年。2015年12月31日，该无形资产发生减值，预计可收回金额为175万

元。计提减值准备后,该无形资产原摊销年限不变。2016 年 12 月 31 日资产负债表中“无形资产”项目填列的金额为(　　)万元。

A. 375　　B. 150　　C. 125　　D. 140

6. 下列经济事项中,能使企业投资活动的现金流量发生变化的是(　　)。

A. 发行债券　　B. 赊销商品　　C. 购买工程物资　　D. 归还借款利息

7. 下列经济业务所产生的现金流量中,属于“投资活动产生的现金流量”的是(　　)。

A. 收到的现金股利　　B. 收到银行存款利息

C. 支付股票发行费用　　D. 支付现金股利

8. 下列各项现金流量中,不属于投资活动产生的现金流量的是(　　)。

A. 长期股权投资取得现金股利 50 万元

B. 为购建固定资产支付的专门借款利息 125 万元

C. 购买可供出售金融资产支付的价款 15 万元

D. 因固定资产毁损收取的保险公司赔偿 45 万元

9. 某企业 2015 年发生营业收入 5 000 万元、营业成本 2 400 万元、销售费用 80 万元、管理费用 160 万元、财务费用 60 万元、投资收益 100 万元、资产减值损失 110 万元(损失)、公允价值变动损益 80 万元(收益)、营业外收入 70 万元、营业外支出 40 万元、其他综合收益为 200 万元。则该企业 2015 年的营业利润为(　　)万元。

A. 2 400　　B. 2 300　　C. 2 370　　D. 2 600

10. 某公司 2015 年年末有关账户余额如下:“发出商品”账户余额为 150 万元,“生产成本”账户余额为 130 万元,“原材料”账户余额为 250 万元,“材料成本差异”账户的贷方余额为 25 万元,“存货跌价准备”账户余额为 50 万元,“委托代销商品”账户余额为 500 万元,“受托代销商品”账户余额为 400 万元,“受托代销商品款”账户余额为 400 万元,“工程施工”账户余额为 250 万元,“工程结算”账户余额为 200 万元。则该公司 2015 年 12 月 31 日资产负债表中“存货”项目的金额为(　　)万元。

A. 1 005　　B. 955　　C. 1 030　　D. 1 405

11. 甲企业 5 月 10 日购买 A 股票作为交易性金融资产,支付的全部价款为 35 万元,其中包括已宣告尚未领取的现金股利 1 万元。5 月 20 日收到现金股利,6 月 2 日将 A 股票售出,收到价款 40 万元。如果该企业没有其他有关投资的业务,应计入现金流量表中“收回投资收到的现金”项目的金额为(　　)万元。

A. 34　　B. 35　　C. 39　　D. 40

12. “将净利润调节为经营活动现金流量”中应调整减少现金流量的是(　　)。

A. 固定资产报废损失　　B. 投资损失

C. 投资收益　　D. 经营性应付项目的增加

13. 下列事项中,影响企业现金流量的是(　　)。

A. 取得短期借款　　B. 分配股票股利

C. 无形资产摊销　　D. 购买 3 个月内到期的国债

14. 某股份有限公司从 2013 年 1 月 1 日起对期末存货采用成本与可变现净值孰低计价,成本与可变现净值的比较采用单项比较法。该公司 2013 年 6 月 30 日 A、B、C 三种存货的成本分别为:70 万元、24 万元、46 万元;A、B、C 三种存货的可变现净值分别为:58 万元、40 万元、44 万元。该公司当年 6 月 30 日资产负债表中反映的存货净额为(　　)万元。

A. 126　　B. 128　　C. 142　　D. 156

15. 甲公司购买丙公司的一子公司,出价 2 000 万元,全部以银行存款转账支付。该子公司的净资产为 1 800 万元,其中现金及现金等价物为 240 万元。甲公司合并报表中,购买子公司支付的现金净额为(　　)万元。

A. 2 000　　B. 200　　C. 1 760　　D. 1 800

16. 企业偿还的长期借款利息,在编制现金流量表时,应填列在(　　)。

A. "偿还债务支付的现金"项目

B. "分配股利、利润和偿付利息支付的现金"项目

C. "支付的其他与筹资活动有关的现金"项目

D. "支付的利息费用"项目

17. 下列经济业务产生的现金流量中,属于"经营活动产生的现金流量"的是(　　)。

A. 变卖固定资产所产生的现金流量　　B. 支付经营租赁费用所产生的现金流量

C. 取得债券利息收入所产生的现金流量　D. 偿还长期借款所产生的现金流量

18. 甲公司的主营业务是销售商品,当年利润表中"营业收入"为 6 500 万元,销项税发生额为 900 万元。资产负债表中"应收账款"年初数为 1 080 万元,年末数为 960 万元,"应收票据"年初数为 300 万元,年末数为 350 万元,"预收账款"年初数为 150 万元,年末数为 98 万元。本年不带息应收票据贴现 400 万元,贴现息为 9 万元,坏账准备的年初余额为 60 万元,年末余额为 105 万元,本年收回上年的坏账 9 万元。根据以上资料,本期现金流量表中的"销售商品、提供劳务收到的现金"项目填列的金额是(　　)万元。

A. 6 473　　B. 7 364　　C. 7 373　　D. 7 773

二、多项选择题

1. 甲企业 2016 年内发生下列有关经济业务:

(1) 购入固定资产支付价款 400 万元。

(2) 购入无形资产支付价款 250 万元。

(3) 购入投资性房地产支付价款 150 万元。

(4) 购入工程物资支付价款 25 万元。

(5) 支付在建工程人员薪酬 5 万元。

(6) 支付专门借款利息费用 15 万元,其中资本化利息费用 5 万元。

(7) 出售固定资产收到价款 250 万元,原值为 300 万元,已计提折旧 100 万元。

(8) 出售投资性房地产收到价款 200 万元,账面价值为 150 万元。

要求:根据上述资料,不考虑其他因素,回答下列问题。

(1) 下列现金流量表有关项目的填列,不正确的有(　　)。

A. "购建固定资产、无形资产和其他长期资产支付的现金"项目 800 万元

B. "购建固定资产、无形资产和其他长期资产支付的现金"项目 825 万元

C. "投资支付的现金"项目金额为 150 万元

D. "处置固定资产、无形资产和其他长期资产收回的现金净额"项目 250 万元

E. “收回投资收到的现金”项目为 100 万元

(2) 应填列在现金流量表中“购建固定资产、无形资产和其他长期资产支付的现金”项目的业务有( )。

A. 购入固定资产支付价款 400 万元

B. 购入无形资产支付价款 250 万元

C. 购入投资性房地产支付价款 150 万元

D. 支付在建工程人员薪酬 5 万元

E. 支付专门借款利息费用 15 万元,其中资本化利息费用 5 万元

2. 在采用间接法将净利润调节为经营活动的现金流量时,下列各调整项目中,属于调增项目的有( )。

A. 递延所得税负债的增加

B. 资产减值损失

C. 无形资产的摊销公允价值变动收益

D. 公允价值变动收益

E. 长期待摊费用的摊销

3. 依据企业会计准则的规定,在编制年末资产负债表时,下列关于流动资产和流动负债划分的做法中,正确的有( )。

A. 将一年内到期的持有至到期投资和长期应收款列示为流动资产

B. 将一年内到期的长期应付债券列示为流动负债

C. 将应于下一个年度内清偿,企业能够自主地将清偿期推迟至资产负债表日后 1 年以上的长期负债划分为流动负债

D. 将在一年内到期的长借款作为流动负债在资产负债表日或之前违反了长期借款协议,导致贷款人可随时要求清偿的债务,企业在财务报表中仍将其列示为非流动负债

E. 在资产负债表日或之前违反了长期借款协议,导致贷款人可随时要求清偿的债务,企业在财务报表中仍将其列示为非流动负债

4. 下列选项中,影响资产负债表“应收账款”项目金额的有( )。

A. 应收账款所属明细账借方余额合计

B. 预收账款所属明细账借方余额合计

C. 应付账款所属明细账借方余额合计

D. 预付账款所属明细账贷方余额合计

E. 坏账准备的期末余额

5. 下列项目中,影响现金流量表中的“购买商品、接受劳务支付的现金”项目有( )。

A. 购买存货支付货款

B. 支付的进项税额

C. 偿还应付账款支付管理部门耗用的水电费

D. 支付管理部门耗用的水电费

E. 购货退回所收到的现金

6. 甲公司 2016 年度有关工资和福利费资料,如表 4-16 所示。

表 4-16　　甲公司 2016 年度有关工资和福利费资料　　单位:元

项目		年初余额	本期分配或计提金额	期末余额
应付职工薪酬	生产工人工资	50 000	400 000	45 000
	车间管理人员工资	15 000	150 000	25 000
	行政管理人员工资	40 000	300 000	27 500
	在建工程人员工资	100 000	250 000	60 000

本期用银行存款支付离退休人员工资 100 000 元。假定应付职工薪酬本期减少额均以银行存款支付,应付职工薪酬期初和本期期末均为贷方余额。假定应付职工薪酬年初余额、本期分配或计提金额和期末余额中均不包含离退休人员工资,不考虑其他事项。下列项目中,说法正确的有(　　)。

A. 本期支付给职工以及为职工支付的现金为 957 500 元

B. 本期支付其他与经营活动有关的现金为 100 000 元

C. 本期购建固定资产、无形资产和其他长期资产支付的现金为 290 000 元

D. 本期购建固定资产、无形资产和其他长期资产支付的现金为 250 000 元

7. 在编制现金流量表时,下列现金流量中属于经营活动现金流量的有(　　)。

A. 发行债券过程中支付的交易费用

B. 收到的活期存款利息

C. 当期缴纳的所得税

D. 支付的基于股份支付方案给予高管人员的现金增值额

E. 取得短期借款并存入银行

8. 下列交易或事项产生的现金流量中,属于筹资活动产生的现金流量的有(　　)。

A. 向投资者派发股票股利

B. 收到银行存款的利息收入

C. 以分期付款方式构建固定资产、无形资产等各期支付的现金

D. 企业收到的债券利息

E. 借入的长期借款

9. 现金流量表中的"支付给职工以及为职工支付的现金"项目包括(　　)。

A. 支付给职工的工资和奖金

B. 支付给职工的津贴

C. 支付给退休人员的福利费支付给职工的津贴

D. 支付给在建工程人员的工资

E. 为生产部门职工支付的商业保险

10. 乙公司 2016 年度发生的下列交易或事项中,会引起投资活动产生的现金流量发生变化的有(　　)。

A. 收到长期债券利息 40 万元向投资者派发现金股利 10 万元

B. 向投资者派发现金股利 10 万元

C. 转让一项专利所有权,取得价款 250 万元

D. 购入一项专有技术用于日常经营,支付价款 30 万元

E. 采用权益法核算的长期股权投资，因为被投资单位实现净损益确认投资收益 50 万元

三、计算题

1. 甲公司为增值税一般纳税人工业企业，适用的增值税税率为 17%，其有关资料如下：

(1) 甲公司销售的产品、材料均为应纳增值税货物，增值税税率 17%，产品、材料销售价格中均不含增值税。

(2) 甲公司材料和产品均按实际成本核算，其销售成本随着销售同时结转。

(3) 甲公司 2016 年 12 月 1 日有关账户余额，如表 4-17 所示。

表 4-17　　甲公司 2016 年 12 月 1 日有关账户余额　　单位：元

科目名称	借方余额	科目名称	贷方余额
库存现金	1 000	短期借款	180 500
银行存款	290 000	应付票据	16 500
应收票据	21 000	应付账款	80 000
应收账款	150 000	应付职工薪酬	2 000
坏账准备	(3 000)	应交税费	6 250
其他应收款	5 000	长期借款	500 000
原材料	25 000	实收资本	1 000 000
周转材料	20 000	盈余公积	50 000
库存商品	30 000	利润分配(未分配利润)	607 750
长期股权投资	350 000		
固定资产	2 000 000		
累计折旧	(450 000)		
无形资产	4 000		
合　计	2 443 000	合　计	2 443 000

(4) 甲公司 2016 年 12 月发生如下经济业务：

① 12 月 1 日，销售给甲公司一批产品，销售价格 25 000 元，产品成本 7 500 元。产品已经发出，开出增值税专用发票，款项已收到(除增值税以外，不考虑其他税费)。

② 12 月 5 日，甲公司购入原材料一批，增值税专用发票上注明的金额为 175 000 元，增值税税率为 17%。材料已经到达，并验收入库。企业开出不带息商业承兑汇票。

③ 12 月 15 日对外销售一批原材料，销售价格 50 000 元，材料实际成本 40 000 元。销售材料已经发出，开出增值税专用发票。款项已经收到，并存入银行(除增值税以外，不考虑其他税费)。

④ 12 月 25 日出售一台设备，设备账面原价 150 000 元，已提折旧 35 000 元，已提减值准备为 25 000 元，出售价格 100 000 元。出售设备价款已经收到，并存入银行。

⑤ 12 月 31 日计提存货跌价准备为 2 500 元，计提无形资产减值准备 150 元。

⑥ 摊销无形资产价值 500 元；计提管理用固定资产折旧 17 500 元。

⑦ 本年度所得税费用和应交所得税为 14 265 元；实现净利润 42 795 元；计提盈余公积 4 279.5 元。

要求：根据上述业务计算甲公司 2016 年资产负债表中下列项目金额：① 存货；②固定资产；③应付票据；④应交税费；⑤盈余公积；⑥未分配利润。

第五章 货币资金

引导案例

某企业主要经营商品贸易，每天现金收支较为频繁。小李是公司新入职的出纳员，为了减少往返银行的次数，他决定用每日营业收入中的现金直接支付每日公司的费用支出。在一次财税检查中，公司被下达了整改通知书，要求公司对资金管理问题进行整改，并交纳处罚金。

公司的资金管理错在哪里呢？

本章内容提要

1. 货币资金的构成、在企业经济活动中的用途；
2. 货币资金的内部控制规范及核算方法，确保企业货币资金的安全完整；
3. 熟悉现金及银行的管理办法的内容及具体规定；
4. 掌握各种银行结算办法的具体应用，从而了解企业经济活动中货币资金的运作；
5. 了解其他货币资金的内容及核算。

第一节 货币资金概述

货币资金是企业的支付手段，如果管理不当会造成企业的周转失灵，给企业的管理带来直接影响。同时，由于货币资金流动性强，如果管理不当，容易成为贪污挪用的对象而给企业带来损失。因此，企业无论从数量上还是从制度上都要加强对货币资金的管理。

企业持有货币资金的直接目的是支付手段，而不是从货币资金上取得收益，因为一般认为货币资金的收益属性较弱，企业应当以最少的货币持有量支撑企业的运作，从而使企业得到最大的收益。当然，货币资金的持有量除了受企业获取货币资金的能力影响外，还受到行业特点、企业规模以及财务战略的影响。货币资金核算的日的是有效地控制货币资金的存量，保证企业生产及管理的正常资金需求，实现企业价值的最大化。

单位应当建立货币资金业务的岗位责任制，明确相关部门和岗位的职责权限，确保办理货币资金的不相容岗位相互分离、相互制约和监督。不相容岗位分离的基本要求是实行钱账分管,使负责货币资金收付业务的岗位和人员与记录货币资金收付业务的岗位和人员相分离。出纳人员不得兼任稽核、会计档案保管和收入、支出、费用、债权债务账目的登记工作。

根据货币资金的存放地点及用途的不同,货币资金分为库存现金、银行存款和其他货币资金三种。

第二节 库存现金

一、库存现金的概念与范围

库存现金和现金的概念不完全一致。在会计实务中,现金的概念和范围有所不同。从广义上讲,现金泛指货币资金,是企业可以用于支付的货币手段,一般包括库存现金和银行存款。狭义上的现金概念就是指库存现金。库存现金是指企业持有可随时用于支付的现金限额,存放在企业财会部门由出纳人员经管的硬币和纸币,包括人民币现金和外币现金。

二、库存现金的管理

库存现金以货币的实物形态存放在企业,而且由于其有极强的流动性,一旦出现挪用及盗窃等事故,难以追踪其流动的线索。因此,库存现金是企业风险最大的资产之一。加强对现金的管理、保护现金的安全,对企业及社会都具有重大的意义。中国人民银行是现金的主管部门,为改善现金管理,促进商品生产和流通,加强对社会经济活动的监督,中国人民银行发布了《现金管理暂行条例》。凡在银行和其他金融机构(以下简称开户银行)开立账户的单位,必须依照该条例的规定收支和使用现金,接受开户银行的监督。其主要内容有以下几部分。

1. 使用范围

开户单位可以在下列范围内使用现金:

(1) 职工工资、津贴。

(2) 个人劳务报酬。

(3) 根据国家规定颁发给个人的科学技术、文化艺术、体育等各种奖金。

(4) 各种劳保、福利费用以及国家规定的对个人的其他支出。

(5) 向个人收购农副产品和其他物资的价款。

(6) 出差人员必须随身携带的差旅费。

(7) 结算起点以下的零星支出。

(8) 中国人民银行确定需要支付现金的其他支出。

开户单位之间的经济往来,除上述范围内可以使用现金外,应当通过开户银行进行转账结算。一般可以用现金收入的款项有:

(1) 单位及个人交回剩余差旅费和备用金等。

(2) 收取不能转账的单位或个人的销售收入。

(3) 不足转账起点的小额收入等。

除上述规定的范围,其余全部应通过银行进行转账结算。

2. 库存现金的限额和收支管理

为加强对库存现金的管理,人民银行总行也规定了每个企业出纳部门保留现金的最高限额。开户银行应当根据实际需要,核定开户单位3～5天的日常零星开支所需的库存现金限额。边远地区和交通不便地区的开户单位的库存现金限额,可以多于5天,但不得超过15天的日常零星开支。开户单位现金收入应当于当日送存开户银行。当日送存确有困难的,由开户银行确定送存时间。为保证开户单位的现金收入及时送存银行,开户银行必须按照规定做好现金收款工作,不得随意缩短收款时间。大中城市和商业比较集中的地区,应当建立非营业时间收款制度。

开户单位支付现金,可以从本单位库存现金限额中支付或者从开户银行提取,不得从本单位的现金收入中直接支付(即坐支)。因特殊情况需要坐支现金的,应当事先报经开户银行审查批准,由开户银行核定坐支范围和限额。坐支单位应当定期向开户银行报送坐支金额和使用情况。

从开户银行提取现金,应当写明用途,由本单位财会部门负责人签字盖章,经开户银行审核后,予以支付现金;因采购地点不固定、交通不便、生产或者市场急需、抢险救灾以及其他特殊情况必须使用现金的,开户单位应当向开户银行提出申请,由本单位财会部门负责人签字盖章,经开户银行审核后,予以支付现金。

3. 违反条例的处罚

开户单位有下列情形之一的,开户银行应当依照中国人民银行的规定,予以警告或者罚款;情节严重的,可在一定期限内停止对该单位的贷款或者停止对该单位的现金支付:

(1) 对现金结算给予比转账结算优惠待遇的。

(2) 拒收支票、银行汇票和银行本票的。

(3) 违反本条例第八条规定,不采取转账结算方式购置国家规定的专项控制商品的。

(4) 用不符合财务会计制度规定的凭证顶替库存现金的。

(5) 用转账凭证套换现金的。

(6) 编造用途套取现金的。

(7) 互相借用现金的。

(8) 利用账户替其他单位和个人套取现金的。

(9) 将单位的现金收入按个人储蓄方式存入银行的。

(10) 保留账外公款的。

(11) 未经批准坐支或者未按开户银行核定的坐支范围和限额坐支现金的。

三、库存现金的核算

库存现金核算包括库存现金总分类核算和库存现金明细分类核算。

(一) 库存现金的明细分类核算

1. "现金日记账"的登记根据

"现金日记账"应根据审核无误的收、付款凭证及所附的原始凭证登记。为了全面、连续、序时、逐笔地反映和监督现金的收入、支出和结存情况，防止现金收支差错及舞弊行为的发生，企业应设置“现金日记账”，进行序时核算。对于有库存外币现金的企业，应区分各种外币币种分别设置“现金日记账”。

2. “现金日记账”的登记程序

现金日记账分为三栏式和多栏式两种，是按照现金、支出和结余在日记账中分别设置借方栏、贷方栏和余额栏。三栏式现金日记账设借方、贷方和余额三个基本的金额栏目。在金额栏与摘要栏之间常常插入“对方科目”，以便记账时标明现金收入的来源科目和现金支出的用途科目。多栏式现金日记账(columnar cash journal)是为了克服三栏式日记账的缺点。会计工作又进一步发展出多栏式日记账。多栏式现金日记账是将收入金额栏和支出金额栏，按对应科目各设若干专栏，用以序时、分类地反映与现金收支有关的经济业务。

(1) 出纳员按照现金收付业务发生的先后顺序逐日逐笔登记现金日记账。

(2) 每日终了，出纳员计算当日现金收付总数及其余额，并与库存现金余额相核对。库存现金日记账式样(见表5-1)。

(二) 库存现金的总分类核算

为总括地反映库存现金的收入和支出的情况，企业应设置“库存现金”科目进行总分类核算。其借方反映企业库存现金的增加数，贷方反映企业库存现金的减少数，余额在借方，表示企业实际持有的库存现金。

【例5-1】 隆兴公司2017年2月发生如下经济业务：

(1) 21日，签发现金支票，提现3 000元备用。根据现金支票存根填制记账凭证，会计分录为：

借:库存现金　　3 000
　贷:银行存款　　3 000

(2) 22日，企业零星出售甲产品300元，收取增值税额51元。根据销售发票填制记账凭证，会计分录为：

借:库存现金　　351
　贷:其他业务收入　　300
　　应交税费——应交增值税(销项税额)　　51

(3) 24日，业务员李军因公出差，预借差旅费1 800元。根据借款单填制记账凭证，会计分录为：

借:其他应收款——李军　　1 800
　贷:库存现金　　1 800

(4) 26日，后勤部门报销市内交通费120元。根据出租车发票、报销单填制记账凭证，会计分录为：

借:管理费用——交通费　　120
　贷:库存现金　　120

(6) 27日，财务部职工王东方出差返回，交回剩余现金150元。根据收据填制记账凭证，会计分录为：

借：库存现金　　150

　贷：其他应收款——王东方　　150

表5-1　　库存现金总分类账　　单位：元

2017年		凭证号	摘　要	借方	贷方	余额
月	日					
2	1		期初余额	1 200		
2	21	银付	提现	3 000		4 200
2	22	现收	出售甲产品	351		4 551
2	24	现付	李军预支差旅费		1 800	2 751
2	26		后勤部报销市内交通费		120	2 631
2	27	现收	王东方退回预支款	150		2 781

四、库存现金的清查

为了加强对出纳工作的监督，及时发现可能发生现金差或丢失，防止贪污、盗窃、挪公款等不法行为发生，确保库存现金安全完整，各单位应建立库存现金清查制度，由有关专业人员组成清查组，定期或不定期地进行库存现金清查盘点，填制现金盘点报告表。出现现金盘亏和盘盈时，通过“待处理财产损溢——待处理流动资产损溢”账户核算。企业的待处理财产损溢应查明原因，在期末结账前处理完毕，现金溢余转入“营业外收入”，现金短缺转入“管理费用”。处理后，“待处理财产损溢”账户应无余额。

【例5-2】　2017年3月4日，企业在进行现金清查时，发现库存现金较账面余额多出500元。经查，其中300元为应付给乙企业的押金，其余200元无法查明原因，经批准转入“营业外收入”。根据上述经济业务，企业应作如下账务处理：

发现现金溢余时：

借：库存现金　　500

　贷：待处理财产损溢　　500

查明原因时：

借：待处理财产损溢　　500

　贷：其他应付款——乙企业　　300

　　营业外收入　　200

2017年4月15日，企业在进行现金清查时，发现库存现金较账面余额少了500元。其中，200元系出纳人员李某工作失误造成，应由其赔偿，其余300元无法查明原因，经批准转入管理费用。根据上述经济业务，企业应作如下账务处理：

发现现金短缺时：

借：待处理财产损溢　　500

　贷：库存现金　　500

查明原因时：

借：其他应收款——李某	200	
管理费用	300	
贷：待处理财产损溢		500

第三节 银行存款

一、银行存款账户

银行存款就是企业存放在银行或其他金融机构的货币资金。凡是独立核算的单位都必须在当地银行开设账户。企业在银行开设账户以后，除按核定的限额保留库存现金外，超过限额的现金必须存入银行；除了在规定的范围内可以用现金直接支付的款项外，在经营过程中发生的一切货币收支业务，都必须通过银行存款账户进行核算。

企业在银行开立的账户分为以下几种。

（一）基本存款账户

基本存款账户是企业办理日常转账结算和现金收付的账户。存款单位的现金支取，只能通过基本存款账户办理。一个单位只能选择一家银行的一个营业机构开立一个基本存款账户，不得同时开立多个基本存款账户。

（二）一般存款账户

一般存款账户可以办理现金缴存，但不得办理现金支取。该账户开立数量没有限制。

（三）临时存款账户

临时存款账户是指存款人因临时需要并在规定期限内使用而开立的银行结算账户。存款人有设立临时机构、异地临时经营活动、注册验资情况的，可以申请开立临时存款账户。临时存款账户的有效期最长不得超过2年。

（四）专用存款账户

专用存款账户是指存款人按照法律、行政法规和规章，对有特定用途资金进行专项管理和使用而开立的银行结算账户。

二、银行结算办法

支付结算是指单位、个人在社会经济活动中使用票据、信用卡和汇兑、托收承付、委托收款等结算方式进行货币给付及其资金清算的行为。银行结算办法具体包括以下几种。

（一）银行汇票

银行汇票是汇款人将款项交存当地出票银行，由出票银行签发的，由其在见票时，按照实际结算金额无条件支付给收款人或持票人的票据。它具有使用灵活、票随人到、兑现性强等特点，适用于先收款后发货或钱货两清的商品交易。单位和个人各种款项结算，均可使用银行汇票。

银行汇票是目前异地结算中较为广泛采用的一种结算方式。银行汇票是银行在收到汇款人款项后签发的支付凭证，因而具有较高的信誉，银行保证支付，收款人持有票据，可以安全、及时地到银行支取款项。而且，银行内部有一套严密的处理程序和防范措施，只要汇款人和银行认真按照汇票结算的规定办理，汇款就能保证安全。持票人可以将汇票背书转让给销货单位，也可以通过银行办理支取或转让。银行汇票的付款期限为自出票日起 1 个月内。银行汇票的收款人可以将银行汇票背书转让给他人。

（二）银行本票

银行本票是银行签发的，承诺自己在见票时无条件支付确定的金额给收款人或者持票人的票据。单位和个人在同一无票据交换区域需要支付各种款项，均可以使用银行本票。银行本票由银行签发并保证兑付，而且见票即付，具有信誉高，支付功能强等特点。银行本票发定额本票和不定额本票。定额本票的面值有 1 000 元、5 000 元、10 000 元和 50 000 元。银行本票的付款期限为自出票日起最长不超过 2 个月。银行本票可以根据需要在票据交换区域内背书转让。

（三）商业汇票

商业汇票是出票人签发的，委托付款人在指定日期无条件支付确定的金额给收款人或者持票人的票据。在银行开立存款账户的法人以及其他组织之间须具有真实的交易关系或债权债务关系，才能使用商业汇票。商业汇票的付款期限由交易双方商定，最长不得超过 6 个月。商业汇票提示付款期限自汇票到期日起 10 日内。

商业汇票按承兑人不同，分为商业承兑汇票和银行承兑汇票两种。商业承兑汇票是由付款人签发并承兑，或由收款人签发交由付款人承兑。由收款人签发的商业承兑汇票，开出后由付款人承兑。由付款人签发的商业承兑汇票应经本人承兑。办理承兑手续时，付款人须在商业承兑汇票正面签署“承兑”字样，并加盖预留银行印鉴后，将商业承兑汇票交给收款人。

银行承兑汇票由开立存款账户的存款人开出，并经银行承兑。承兑申请人需持签发的银行承兑汇票后及购销合同向其开户银行申请承兑。银行经审查同意后，在汇票上盖章并收取手续费后，在商业汇票上签署“承兑”字样，完成银行承兑汇票的签发，并由付款人交给收款人。在银行承兑汇票到期时，收款人将银行承兑汇票送交开户银行办理收款业务。

商业汇票的付款人应于汇票到期前，将票款足额存在开户银行。对商业承兑汇票，汇票到期日，付款人存款账户不足支付，其开户银行应将汇票退给收款人，由收付款双方再行协议处理。银行对违约的付款人按票面金额的一定比例处以罚款，这样的情形会对付款人信用会产生不利影响。对银行承兑汇票，若汇票到期日付款人无力付款，则由承兑人（承兑银行）先期支付票款，银行以短期借款形式，向付款人收取票款及利息，并处以一定的罚款。

商业汇票可背书转让。但应注意的是，在银行开立存款账户的法人及其他组织之间，必须具有真实的交易关系或债权债务，才能使用商业汇票。符合条件的商业汇票持有人可持未到期的商业汇票向银行申请贴现。持票人在汇票到期日前，为了取得资金，贴付一定利息将票据权利转让给银行以融通资金。贴现银行会按一定的利息率，扣取自贴现日至到期日的利息，然后将票面余额支付给持票人。票据到期时，银行持票据向票据的债务人兑现。

(四) 支票

支票是单位或个人签发的,委托办理支票存款业务的银行在见票时无条件支付确定的金额给收款人或者持票人的票据。支票结算方式的操作非常便捷,因此,是同城结算中应用比较广泛的一种结算方式。单位和个人的同一票据交换区域的各种款项结算,均可以使用支票。现金支票只能用于支取现金;转账支票只能用于转账;普通支票可以用于支取现金,也可以用于转账。支票的提示付款期限为自出票日起10日,中国人民银行另有规定的除外。签发现金支票和普通支票必须符合相关规定,禁止签发空头支票。支票出票人签发的支票金额,不得超出其在付款人处的存款金额。如果存款低于支票金额,银行将拒付给持票人。这种支票称为空头支票,出票人要承担经济与法律上的责任。

(五) 汇兑

汇兑是汇款人委托银行将其款项支付给收款人的结算方式。汇兑分信汇和电汇两种。汇兑结算方式适用于异地之间的各种款项结算。汇兑结算适用范围广,手续简便易行,灵活方便,因而是目前一种应用极为广泛的结算方式。汇兑结算,无论是信汇还是电汇,都没有金额起点的限制,不管款多款少都可使用。汇兑结算属于汇款人向异地主动付款的一种结算方式,使用时应注意交易的安全可靠。现在基于互联网的网银业务属于一种更为快捷便利的电汇方式,但由于网络的易攻击性,使用网上银行更应注意安全性,包括密码、U盾、数字口令等安全工具的保管,也应更加规范付款业务的稽核程序。

(六) 委托收款

委托收款是收款人委托银行向付款人收取款项的结算方式。无论单位还是个人都可收取同城和异地的款项。委托收款结算款项划回的方式分为邮寄和电报两种,由收款人选用。前者是以邮寄方式由收款人开户银行向付款人开户银行转送委托收款凭证,提供收款依据的方式;后者则是以电报方式由收款人开户银行向付款人开户银行转送委托收款凭证,提供收款依据的方式。凡在银行或其他金融机构开立账户的单位和个体经济户的商品交易,公用事业单位向用户收取水电费、邮电费、煤气费、公房租金等劳务款项以及其他应收款项,无论是在同城还是异地,均可使用委托收款的结算方式。

(七) 托收承付

托收承付是根据购销合同由收款人发货后委托银行向异地付款人收取款项,由付款人向银行承认付款的结算方式。办理托收承付必须是国有企业、供销合作社以及经营管理较好,并经开户银行审查同意的城乡集体所有制工业企业。托收承付款项划回方式分为邮寄和电报两种,它的结算每笔的金额起点为10 000元,新华书店系统每笔金额起点为1 000元。采用托收承付结算方式时,购销双方必须签有符合《合同法》的购销合同,并在合同上订明使用托收承付结算方式。按照《支付结算办法》的规定,承付货款分为验单付款与验货付款两种。验单付款是购货企业根据经济合同对银行转来的托收结算凭证、发票账单及代垫运杂费等到交易所进行审查无误后,即可承认付款。验货付款是购货企业等到货物运达企业,对其进行检验与合同完全相符后才承认付款。

(八) 信用证

信用证结算方式是国际结算的一种主要方式。采用信用证结算方式的,收款单位收到信用证后，即备货装运，签发有关发票账单，连同运输单据和信用证，送交银行，根据退还的信用证等有关凭证编制收款凭证；付款单位在接到开证行的通知时，根据付款的有关单据编制付款凭证。

（九）信用卡

信用卡是指商业银行向个人和单位发行的，凭以向特约单位购物、消费和向银行存取现金，且具有消费信用的特制载体卡片。信用卡按使用对象分为单位卡和个人卡；按信誉等级分为金卡和普通卡。单位卡一律不得用于10万元以上商品交易、劳务供应款项的结算，不得支取现金。信用卡在规定的限额和期限内允许善意透支，透支额金卡最高不得超过10 000元，普通卡最高不得超过5 000元。透支期限最长为60天。

三、银行存款的核算

（一）银行存款总账及日记账

企业的银行存款，要设置“银行存款”账户核算，本科目核算企业存入银行的各种存款。企业如有存入其他金融机构的存款也可以在本账户核算。本账户期末借方余额，表示企业期末存放在开户银行的可随时支用的货币资金。

有多币种存款的企业，应当按照币种分别设置“银行存款日记账”进行明细核算。企业应当按照开户银行和其他金融机构、存款种类、币种等，分别设置“银行存款日记账”，由出纳人员根据收付款凭证，按照业务的发生顺序逐笔登记。每日终了，应结出余额。“银行存款日记账”应定期与“银行对账单”核对，至少每月核对一次。

（二）银行存款的核算

（1）企业收到款项转入银行账户时，借记“银行存款”账户。

【例5-3】 甲企业销售一批商品，价款10万元，增值税额1.7万元，货款购货方以汇兑方式电汇入甲企业银行账户。甲企业应做以下会计分录：

借：银行存款	117 000	
贷：主营业务收入		100 000
应交税费——应交增值税（销项税额）		17 000

【例5-4】 乙企业开出现金支票，从银行账户提取现金5 000元，该业务的会计分录如下：

借：银行存款	5 000	
贷：库存现金		5 000

（2）企业付出银行存款时，应贷记“银行存款”账户。企业以支票、汇兑等方式结算时，根据相关凭证，贷记“银行存款”账户；以银行汇票、银行本票、信用证等核算时先将票面额由银行存款转记入“其他货币资金”账户；以商业汇票结支付时，将票面额记入“应付票据”账户，票据到期时再以银行存款支付票款。

【例5-5】 甲企业准备采购一批办公用品，开出银行本票一张，定额为5万元。采购人员最终在商场选择了4.8万元的办公用品，银行本票交给商场。

（1）甲企业根据“银行本票申请书”存根联编制银行存款付款凭证，其会计分录为：

借：其他货币资金——银行本票存款　　50 000
　贷：银行存款　　50 000

（2）甲企业将该银行本票填妥结算金额 4.8 万元，并交给该商场。商场开出增值税专用发票，标明售价 41 025.64 元，增值税额 6 974.36 元，价税合计 48 000 元。

借：管理费用——办公费　　41 025.64
　应交税费——应交增值税（进项税额）　　6 974.36
　贷：其他货币资金——银行本票存款　　48 000.00

（3）待收款人将银行本票送存银行，办理进款手续后，票面额多余 2 000 元退回甲企业账户，甲企业再根据银行退回的进账单编制银行存款收款凭证，其会计分录为：

借：银行存款　　2 000
　贷：其他货币资金——银行本票　　2 000

【例 5-6】 某企业购进一批钢材已入库，价值 60 000 元，增值税额 10 200 元，双方协议货到后签发 6 个月不带息的商业承兑汇票该企业账务处理如下：

根据进货发票和商业汇票存根：

借：材料采购　　60 000
　应交税费——应交增值税（进项税额）　　10 200
　贷：应付票据　　70 200

6 个月到期，收到银行支付通知时：

借：应付票据　　70 200
　贷：银行存款　　70 200

可见，以商业汇票付款时，至票据到期时才需要付款人由银行存款支付，可以帮助企业更好地融通资金。

（三）银行存款的对账：银行存款余额调节表

月末，企业银行存款账面余额与银行对账单余额之间如有差额，应按月编制“银行存款余额调节表”调节相符。

银行存款余额调节表的主要目的是在于核对企业账目与银行账目的差异，也用于检查企业与银行账目的差错。调节后的余额是该企业对账日银行实际可用的存款数额。企业应定期将银行存款日记账的余额与银行对账单进行核对，至少每月核对一次，如两者不一致时，必须逐笔查清，属于记账错误的，应及时调整和更正；如果银行及企业的记账都没有错误，则可能是存在未达账项，应编制“银行存款余额调节表”调节相符。所谓未达账项，是指由于企业与银行取得凭证的实际时间不同，导致记账时间不一致，而发生的一方已取得结算凭证且已登记入账，而另一方未取得结算凭证尚未入账的款项。具体包括：

（1）银行已经收款入账，而企业尚未收到银行的收款通知因而未收款入账的款项（银行已收而企业未收），如委托银行收款等。

（2）银行已经付款入账，而企业尚未收到银行的付款通知因而未付款入账的款项（银行已付而企业未付），如借款利息的扣付、托收无承付等。

（3）企业已经收款入账，而银行尚未办理完转账手续因而未收款入账的款项（企业已收而银行未收），如收到外单位的转账支票等。

（4）企业已经付款入账，而银行尚未办理完转账手续因而未付款入账的款项（企业已付而银行未付），如企业已开出支票而持票人尚未向银行提现或转账等

【例5-7】 A公司2016年10月31日银行存款日记账余额105 500元，银行对账单余额72 880元。10月底公司与银行往来的其余资料如下：①10月31日，收到购货方转账支票一张，金额为20 600元，已经送存银行，但银行尚未入账。②A公司当月的水电费用1 120元银行已代为支付，但公司未接到通知而尚未入账。③A公司当月开出的用以支付货款的转账支票，尚有6 700元收款方未送存银行。④本公司送存银行的某客户转账支票30 000元，因对方存款不足而被退票，而公司未接到通知。⑤公司委托银行代收的款项12 400元，银行已入本公司的存款户，但A公司尚未收到通知入账。根据以上未达账项，A公司完成以下银行存款余额调节表。如表5-2。

表5-2 **银行存款余额调节表**

编制单位：A公司 2016年10月31日 单位：元

项目		金额	项目		金额
企业银行存款日记账余额	(1)	105 500	银行对账单余额	(5)	72 880
加：银行已收企业未收	(2)	12 400	加：企业已收银行未收	(6)	50 600
减：银行已付企业未付	(3)	1 120	减：企业已付银行未付	(7)	6 700
调节后余额	(4)	116 780	调节后余额	(8)	116 780

经过银行存款调节后，正常情况下企业的银行日记账的调节后余额应该与银行对账单调节后的余额相符。如果不符，应要通过查阅凭证、账簿来查明原因，查清原因后更正错误。

第四节 其他货币资金

其他货币资金是指企业除现金和银行存款以外的其他各种货币资金，即存放地点和用途均与现金和银行存款不同的货币资金。其他货币资金所有权属于企业，但支配权在一定程度上受到限制。其他货币资金包括7项：外埠存款、银行汇票存款、银行本票存款、信用证保证金存款、信用卡存款、在途货币资金和存出投资款。

企业应设置“其他货币资金”账户，企业增加其他货币资金，借记本账户，贷记“银行存款”账户；减少其他货币资金，借记有关账户，贷记本账户。本账户可按银行汇票或本票、信用证的收款单位，外埠存款的开户银行，分别“银行汇票”“银行本票”“信用卡”“信用证保证金”“存出投资款”“外埠存款”等进行明细核算。本账户期末借方余额，反映企业持有的其他货币资金。

一、外埠存款

外埠存款是指企业到外地进行临时或零星采购时,汇往采购地银行开立采购专户的款项。企业汇出款项时,须填写汇款委托书;汇入银行对于汇入的采购款项,按汇款单位开设采购专户。采购专户存款只付不收,款项付完后结束账户。企业委托当地开户银行汇款给采购地开立专户时,借记“其他货币资金——外埠存款”账户,贷记“银行存款”账户;收到采购员交来的购货发票,按购货金额和支付的增值税款,贷记“其他货币资金——外埠存款”账户;外埠存款使用结果,将多余的外埠存款转回当地银行时,企业应根据银行的收账通知,转销“其他资币资金——外埠存款”账户,借记“银行存款”账户,贷记“其他货币资金——外埠存款”账户。

二、银行汇票存款

企业为取得银行汇票,按照规定存入银行的款项。企业向银行提交“银行汇票委托书”并将款项交存银行。取得银行汇票时,应当根据银行盖章的委托书存根联进行账务处理,借记“其他货币资金——银行汇票存款”账户,贷记“银行存款”账户;企业使用银行汇票后,应根据发票账单及开户行转来的银行汇票回单等凭证进行账务处理,借记“物资采购”账户“应交税费——应交增值税(进项税额)”账户,贷记“其他货币资金——银行汇票存款”账户;银行汇票使用完毕,如银行汇票因超出付款期限或其他原因未曾使用而退回,则企业收款时,借记“银行存款”账户,贷记“其他货币资金——银行汇票存款”账户。

三、银行本票存款

企业为取得银行本票,向银行提交“银行本票申请书”并交款项交存银行,取得银行本票时,应当根据银行盖章退回的申请书存根联,借记“其他货币资金——银行本票存款”账户,贷记“银行存款”账户;企业使用银行本票后,应根据发票账单等有关凭证,借记“物资采购”“应交税费——应交增值税(进项税额)”等账户,贷记“其他货币资金——银行本票存款”账户。如企业因本票超过付款期等原因未曾使用而要求银行退款时,应根据银行收回本票时盖章退回的一联进账单,借记“银行存款”账户,贷记“其他货币资金——银行本票存款”账户。

四、信用证存款

信用证存款是指采用信用证结算方式的企业为开具信用证而存入银行信用证保证金专户的款项。企业向银行申请开出信用证,用于支付境外供货单位的购货款项。根据开户银行盖章退回的“信用证委托书”回单,借记“其他货币资金——信用证存款”账户,贷记“银行存款”账户;企业在收到境外供货单位信用证结算凭证及所附发票账单,并根据开证行交来的领用证通知书及有关的交易所列明的金额,借记“物资采购”“应交税费——应交增值税(进项税额)”等账户,贷记“其他货币资金——信用证保证金”账户;企业收到未用完的信用证存款余额时,借记“银行存款”账户,贷记“其他货币资金——信用证存款”账户。

五、信用卡存款

企业为取得信用卡而存入银行信用卡专户的款项,企业向银行申领信用卡,按规定填制申请表,并按银行要求交存备用金。银行开立信用卡存款账户并发给信用卡。企业根据银行盖章退回的交存备用金的进账单,借记“其他货币资金——信用卡存款”账户,贷记“银行存款”账户。企业在收到开户银行转来的信用卡存款的付款凭证及所附发票账单,经核对无误后。应进行账务处理,借记“管理费用”等相关费用账户,贷记“其他货币资金——信用卡存款”账户。

六、存出投资款

存出投资款是指企业已存入证券公司但尚未进行短期投资的现金。企业向证券公司划出的资金,应按照实际划出的金额,借记“存出投资款”账户,贷记“银行存款”账户;购买股票、债券等时,按实际发生的金额,借记“交易性金融资产”或“可供出售金融资产”账户,贷记“存出投资款”账户。

习 题

一、单项选择题

1. 出纳除负责现金、银行存款日记账的记录外,可以同时负责的是(   )。

A. 收入、支出、费用的登记工作　　B. 办理银行存款和现金领取

C. 会计档案保管　　D. 债权债务账目的登记工作

2. 下列各项中,不能体现货币资金管理重要性的是(   )。

A. 如果管理不当会造成企业的周转失灵

B. 货币资金是企业的支付手段

C. 容易成为贪污挪用的对象而给企业带来损失

D. 货币资金为任何单位所必需

3. 库存现金支出审批人员可以兼任(   )。

A. 出纳人员　　B. 负责调整银行存款账的人员

C. 支票保管人员　　D. 记账人员

4. 银行结算方法中,属于远期票据的是(   )。

A. 银行汇票　　B. 银行本票　　C. 支票　　D. 商业汇票

5. 以下银行结算方式中,需要通过“其他货币资金”账户核算的是(   )。

A. 银行汇票　　B. 委托收款　　C. 支票　　D. 商业汇票

二、多项选择题

1. 出纳人员不得兼任的工作有(   )。

A. 会计档案保管　　　　B. 现金及银行存款日记账登记
C. 支出费用登记　　　　D. 债权债务登记

2. 根据货币资金的存放地点及其用途的不同,货币资金分为(　　)。
A. 库存现金　　　　B. 备用现金
C. 银行存款　　　　D 其他货币资金
E. 外币资金

3. 货币资金业务不相容岗位主要有(　　)。
A. 货币资金的收付与保管　　　　B. 货币资金支付的审批与执行
C. 货币资金的保管与盘点清查　　　　D. 货币资金的会计记录与审计监督
E. 货币资金支付的审批与审核

4. 企业必须与银行进行银行存款的清查核对,并编制银行存款余额调节表,需调节的款项有(　　)。
A. 银行已经收款入账,而企业尚未收到银行的收款通知
B. 银行已经付款入账,而企业尚未收到银行的付款通知
C. 企业已经收款入账,而银行尚未办理完转账手续因而未收款入账的款项
D. 企业已经付款入账,而银行尚未办理完转账手续因而未付款入账的款项

三、简答题

1. 简述货币资金业务会计制度设计的要求。
2. 简述货币资金持有量的主要影响因素。
3. 简述各种银行结算方式适用的情形。

四、业务题

1. 银河公司2016年5月初,"现金日记账"余额为3 200元,该厂5月份发生下列有关现金的业务:

(1) 5月4日,采购员王力出差,预支差旅费1 000元,付现金。

(2) 5月5日,开出现金支票一张,提款40 000元,备发工资。

(3) 5月5日,以现金支付职工工资40 000元。

(4) 5月9日,王力出差归来,报销差旅费730元,余款270元退回。

(5) 5月30日,现金清查中发现短缺20元,清查核实后,仍无法查明原因。责成出纳员张红赔偿,并于31日收到赔偿款。

要求:编制会计分录并登记现金日记账。

2. 大宏公司向开户银行申请办理银行汇票进行采购业务结算,具体业务如下:

(1) 公司开出汇票委托书并将款项48 000元交存银行取得银行汇票。

(2) 公司用银行汇票办理采购货款的结算,其中货款40 000元,增值税税额6 800元,材料已验收入库。

(3) 结算完毕,昌通公司收到开户银行的收账通知,汇票余款140元已经汇还入账。

(4) 若该汇票因超出付款期限未曾使用,向开户银行申请并退回款项。

要求:编制上述业务的会计分录。

第六章 金融资产

引导案例

2007年中报显示，截至报告期末，有超过三成的公司手握其他上市公司的股票。牛市之中，许多公司因此享受到了额外收益。尤其是将相关投资纳入"交易性金融资产"核算的公司，只要所持股票市值攀升，就会给公司直接带来公允价值变动收益。2007年上半年，长柴股份有限公司实现营业总收入10.79亿元，同比增长8.75%；实现利润总额1.99亿元，同比增长474.76%。利润总额增幅远远超过营业收入增幅。中报显示，公司持有的980多万股福田汽车股票的初始投资成本约1 142.67万元，平均每股约1.16元，而福田汽车2007年6月29日的收盘价为12.93元。仅仅因为福田汽车市价上涨，公司账面由此就多收了1亿多元，占到利润总额的一半多。

该利润的来源可靠吗?

本章内容提要

本章全面论述了金融资产的会计处理方法，包括金融资产的范围、分类，金融资产的确认以及不同分类下的金融资产的初始和后续计量要求。

第一节 金融资产概述

一、金融资产的定义

金融资产属于企业资产的重要组成部分，主要包括库存现金、银行存款、应收账款、应收票据、应收利息、贷款、其他应收款项、股权投资、债权投资、基金投资和衍生金融工具形成的资产等。

本章不涉及以下金融资产的会计处理：①货币资金；②应收账款；③贷款；④长期股权投资。

二、金融资产的分类

企业应当结合自身业务特点、投资策略及风险管理要求，将取得的金融资产在初始确认时分为以下几类：

（1）以公允价值计量且其变动计入当期损益的金融资产。

（2）持有至到期投资。

（3）贷款和应收款项。

（4）可供出售金融资产。

上述分类一经确定，不得随意变更。

第二节　以公允价值计量且其变动计入当期损益的金融资产

一、以公允价值计量且其变动计入当期损益的金融资产的分类

以公允价值计量且其变动计入当期损益的金融资产，可以进一步分为交易性金融资产和直接指定为以公允价值计量且其变动计入当期损益的金融资产。同时，某项金融资产划分为以公允价值计量且其变动计入当期损益的金融资产后，不能再重分类为其他类别的金融资产；其他类别的金融资产也不能再重分类为以公允价值计量且其变动计入当期损益的金融资产。

（一）交易性金融资产

金融资产满足下列条件之一的，应当划分为交易性金融资产：

（1）取得该金融资产的目的，主要是为了近期内出售。例如，企业以赚取差价为目的从二级市场购入的股票、债券、基金等。

（2）属于进行集中管理的可辨认金融工具组合的一部分，且有客观证据表明企业近期采用短期获利方式对该组合进行管理。在这种情况下，即使组合中有某个组成项目持有的期限稍长也不受影响。

（3）属于衍生金融工具。例如，国债期货、远期合同、股指期货等，其公允价值变动大于零时，应将其相关变动金额确认为交易性金融资产，同时计入当期损益。但是，如果衍生工具被企业指定为有效套期关系中的套期工具，那么该衍生金融工具初始确认后的公允价值变动应根据其对应的套期关系（即公允价值套期、现金流量套期）不同，采用相应的方法进行处理。

（二）指定为以公允价值计量且其变动计入当期损益的金融资产

企业不能随意将某项金融资产直接指定为以公允价值计量且其变动计入当期损益的金融资产。通常情况下，只有符合下列条件之一时，才可以在初始确认时指定为以公允价值计量且其变动计入当期损益的金融资产：

（1）该指定可以消除或明显减少由于该金融资产的计量基础不同所导致的相关利得或损失在确认或计量方面不一致的情况。

设立该条件，目的在于通过直接指定为以公允价值计量，并将其变动计入当期损益，以

消除会计上可能存在的不配比现象。

例如，甲金融企业的某金融负债和某金融资产密切相关且均具利率敏感性，该企业如果将金融资产划分为可供出售金融资产，而将相关负债划分为交易性金融负债。在这种情况下，该金融资产期末以公允价值计入所有者权益，而相关的金融负债却以公允价值计量且公允价值变动计入当期损益，由此出现会计计量基础不同导致会计结果不能较好地反映交易实质的情况。如果将该金融资产指定为以公允价值计量且其变动计入当期损益的金融资产，就可以避免上述问题。

（2）企业风险管理或投资策略的正式书面文件已载明，该金融资产组合和金融负债组合，以公允价值为基础进行管理、评价并向关键管理人员报告。

此项条件着重企业日常管理和评价业绩的方式，而不是关注金融工具组合中各组成部分的性质。例如，风险投资机构、证券投资基金或类似会计主体，其经营活动的主要目的在于从投资工具的公允价值变动中获取回报，它们在风险管理或投资策略的正式书面文件中对此也有清楚的说明。

二、以公允价值计量且其变动计入当期损益的金融资产的计量

初始计量时，以公允价值计量且其变动计入当期损益的金融资产初始确认时，应按公允价值计量，相关交易费用应当直接计入当期损益。交易费用包括支付给代理机构、咨询公司、券商等的手续费和佣金及其他必要支出，不包括债券溢价、折价、融资费用、内部管理成本及其他与交易不直接相关的费用。企业为购买金融工具所发生的差旅费等，不属于此处所讲的交易费用。

企业取得以公允价值计量且其变动计入当期损益的金融资产所支付的价款中，包含已宣告但尚未发放的现金股利或已到付息期但尚未领取的债券利息的，应当单独确认为应收股利或应收利息项目。在持有期间取得的利息或现金股利，应当确认为投资收益。

后续计量时，企业应在资产负债表日，将以公允价值计量且其变动计入当期损益的金融资产或金融负债的公允价值变动计入当期损益。

处置该金融资产时，其公允价值与初始入账金额之间的差额应确认为投资收益，同时调整公允价值变动损益。

三、以公允价值计量且其变动计入当期损益的金融资产的会计处理

相关的会计处理如下：

（1）企业取得交易性金融资产，按其公允价值，借记“交易性金融资产——成本”账户，按发生的交易费用，借记“投资收益”账户，按已到付息期但尚未领取的利息或已宣告但尚未发放的现金股利，借记“应收利息”或“应收股利”账户，按实际支付的金额，贷记“银行存款”等账户。

（2）交易性金融资产持有期间被投资单位宣告发放的现金股利，或在资产负债表日按期分期付息，一次还本债券投资的票面利率计算的利息，借记“应收利息”或“应收股利”账户，贷记“投资收益”账户。

（3）资产负债表日，交易性金融资产的公允价值大于其账面余额的差额，借记“交易性

金融资产——公允价值变动”账户，贷记“公允价值变动损益”账户；公允价值小于其账面余额的差额作相反的会计分录。

(4) 出售交易性金融资产，应按实际收到的金额，借记“银行存款”等账户，按该金融资产的账面余额，贷记“交易性金融资产——成本”“交易性金融资产——公允价值变动”账户，按其差额，借记或贷记“投资收益”账户，同时，将原计入该金融资产的公允价值变动的余额转入“投资收益”账户：借记或贷记“公允价值变动损益”账户，贷记或借记“投资收益”账户。

【例 6-1】 2015 年 5 月 16 日，甲公司从深圳证券交易所购入乙公司股票 70 万股，占乙公司有表决权股份的 5%，支付价款以 584 万元，其中包括交易手续费 10 万元，已宣告发放现金股利每股 0.2 元，共 14 万元。甲公司没有在乙公司董事会中派有代表，将其划分为交易性金融资产。

2015 年 6 月 20 日，甲公司收到乙公司发放的 2015 年现金股利 14 万元。

2015 年 6 月 30 日，乙公司股票的收盘价为每股 7.7 元。

2015 年 12 月 31 日，甲公司仍持有乙公司股票；当日，乙公司股票收盘价为每股8.5元。

2016 年 4 月 20 日，乙公司宣告发放 2015 年现金股利 200 万元。

2016 年 5 月 10 日，甲公司收到乙公司发放的 2015 年的现金股利。

2016 年 6 月 18 日，甲公司以每股 9 元的价格将股票全部转让，同时支付证券交易税等交易费用 12 万元。

假定不考虑其他因素，甲公司的会计处理如下：

(1) 2015 年 5 月 16 日，购入乙公司股票 70 万股。

借：交易性金融资产——成本	5 600 000	
投资收益	100 000	
应收股利	140 000	
贷：银行存款		5 840 000

乙公司股票的单位成本＝(584－10－14)÷70＝8.0(元/股)

(2) 2015 年 6 月 20 日，甲公司收到乙公司发放的 2015 年现金股利 14 万元。

借：银行存款(0.20×70.000 0)	140 000	
贷：应收股利		140 000

(3) 2015 年 6 月 30 日，乙公司股票的收盘价为每股 7.7 元，确认乙公司股票公允价值变动＝(7.7－8)×70 万股＝－21(万元)。

借：公允价值变动损益	210 000	
贷：交易性金融资产—公允价值变动		210 000

(4) 2015 年 12 月 31 日，乙公司股票收盘价为每股 8.5 元，确认乙公司股票公允价值变动＝(8.5－7.7)×70 万股＝56(万元)。

借：交易性金融资产—公允价值变动	560 000	
贷：公允价值变动损益		560 000

(5) 2016 年 4 月 20 日,确认乙公司宣告发放 2015 年现金股利 200 万元中甲公司应享有的份额=200×5%=10(万元)。

借:应收股利 100 000

贷:投资收益 100 000

(6) 2016 年 5 月 10 日,甲公司收到乙公司发放的 2015 年的现金股利

借:银行存款 100 000

贷:应收股利 100 000

(7) 2016 年 6 月 18 日出售乙公司股票 70 万股。

借:银行存款 6 180 000

贷:交易性金融资产——成本 5 600 000

——公允价值变动 350 000

投资收益 230 000

乙公司股票出售价格=9 元×70 万股=630(万元)

出售乙公司股票取得的价款=630−12=618(万元)

持有乙公司股票期间公允价值变动计入当期损益的金额=−21+56=35(万元)

出售乙公司股票时的账面余额=560+35=595(万元)

出售乙公司股票的损益=618−595=23(万元)

同时:

借:公允价值变动损益 350 000

贷:投资收益 350 000

【例 6-2】 2015 年 1 月 1 日,甲公司支付价款 1 060 000 元从二级市场购入乙公司发行的债券,其中,已到付息期但尚未领取的利息 25 000 元,交易费用 10 000 元。该债券的面值 1 000 000 元,剩余年限还有 2 年,票面利率为 5%,每半年付息一次。甲公司将其作为交易性金融资产。其他资料如下:

(1) 2015 年 1 月 10 日,收到乙公司债券 2014 年下半年利息 25 000 元;

(2) 2015 年 6 月 30 日,乙公司债券的公允价值为 1 100 000 元(不含利息);

(3) 2015 年 9 月 20 日,收到乙公司 2015 年上半年的利息;

(4) 2015 年 12 月 31 日,乙公司债券的公允价值为 1 080 000 元;

(5) 2016 年 1 月 10 日,收到乙公司 2015 年下半年的利息;

(6) 2016 年 5 月 20 日,通过二级市场出售乙公司债券,取得价款 1 150 000 元。

假定不考虑其他因素,甲公司的账务处理如下:

(1) 2015 年 1 月 1 日,购入债券:

借:交易性金融资产——成本 1 025 000

应收利息 25 000

投资收益 10 000

贷:银行存款 1 060 000

(2) 2015 年 1 月 10 日,收到该债券 2014 年下半年利息 25 000 元。

借:银行存款　　25 000
　贷:应收利息　　25 000

(3) 2015 年 6 月 30 日,确认乙公司债券的公允价值变动为 75 000 元(1 100 000－1 025 000)和投资收益 25 000 元(1 000 000×5%÷2)。

借:交易性金融资产——公允价值变动　　75 000
　贷:公允价值变动损益　　75 000

借:应收利息　　25 000
　贷:投资收益　　25 000

(4) 2015 年 9 月 20 日,收到乙公司 2015 年上半年的利息;

借:银行存款　　25 000
　贷:应收利息　　25 000

(5) 2015 年 12 月 31 日,确认乙公司债券的公允价值变动－20 000 元(1 080 000－1 100 000)和投资收益 25 000 元。

借:公允价值变动损益　　20 000
　贷:交易性金融资产——公允价值变动　　20 000

借:应收利息　　25 000
　贷:投资收益　　25 000

(6) 2016 年 1 月 10 日,收到乙公司 2015 年下半年的利息。

借:银行存款　　25 000
　贷:应收利息　　25 000

(7) 2016 年 5 月 20 日,通过二级市场出售乙公司债券,取得价款 1 150 000 元,确认投资收益 70 000 元(1 150 000－1 080 000),同时把持有期间公允价值变动的金额 55 000 元(75 000－20 000)转入当期的投资收益。

借:银行存款　　1 250 000
　贷:交易性金融资产——成本　　1 025 000
　　　　　　　　　——公允价值变动　　55 000
　　投资收益　　70 000

借:公允价值变动损益　　55 000
　贷:投资收益　　55 000

第三节　持有至到期投资

一、持有至到期投资的定义

持有至到期投资是指到期日固定、回收金额固定或可确定,且企业有明确意图和能力持有至到期的非衍生金融资产。通常情况下，能够划分为持有至到期投资的金融资产，主要是债权性投资，股权投资因其没有固定的到期日，因而不能划分为持有至到期投资。

企业不能将下列非衍生金融资产划分为持有至到期投资：

(1) 在初始确认时即被指定为以公允价值计量且其变动计入当期损益的非衍生金融资产。

(2)在初始确认时即被指定为可供出售的非衍生金融资产。

(3)符合贷款和应收账款定义的非衍生金融资产。

二、持有至到期投资的特征

企业在将金融资产划分为持有至到期投资时，应当注意把握其以下特征。

(一) 到期日固定、回收金额固定或可确定

即相关合同明确了投资者在确定的时间内获得或应收取现金流量(如投资利息和本金等)的金额和时间。首先，从投资者角度看，如果不考虑其他条件，在将某项投资划分为持有至到期投资时可以不考虑可能存在的发行方重大支付风险。其次，由于要求到期日固定，从而权益工具投资不能划分为持有至到期投资。最后，如果符合其他条件，不能由于某债务工具投资是浮动利率投资而不将其划分为持有至到期投资。

(二) 有明确意图将该金融资产持有至到期

“有明确意图持有至到期”是指投资者在取得投资时意图就是明确的，除非遇到一些企业所不能控制、预期不会重复发生且难以合理预计的独立事项，否则将持有至到期。

存在下列情况之一的，表明企业没有明确意图将金融资产投资持有至到期：

(1) 持有该金融资产的期限不确定。

(2) 发生市场利率变化、流动性需要变化、替代投资机会及其投资收益率变化、融资来源和条件变化、外汇风险变化等情况时，将出售该金融资产。但是，无法控制、预期不会重复发生且难以合理预计的独立事项引起的金融资产出售除外。

(3) 该金融资产的发行方可以按照明显低于其摊余成本的金额清偿。

(4) 其他表明企业没有明确意图将该金融资产持有至到期的情况。

(三) 企业有能力将该金融资产持有至到期

“有能力持有至到期”是指企业有足够的财务资源，并不受外部因素影响将投资持有至到期。

存在下列情况之一的，表明企业没有能力将具有固定期限的金融资产投资持有至到期：

(1) 没有可利用的财务资源持续地为该金融资产投资提供资金支持，以使该金融资产投资持有至到期。

(2) 受法律、行政法规的限制，使企业难以将该金融资产投资持有至到期。

(3) 其他表明企业没有能力将具有固定期限的金融资产投资持有至到期的情况。

企业应当于每个资产负债表日对持有至到期投资的意图和能力进行评价，发生变化的，应当将其重分类为可供出售金融资产进行处理。

三、持有至到期投资的计量

持有至到期投资初始确认时，应当按照公允价值和相关交易费用之和作为初始入账金额。实际支付的价款中包括的已到付息期但尚未领取的债券利息，应单独确认为应收项目。

持有至到期投资后续计量时，应当采用实际利率法，按照摊余成本进行计量。

实际利率是指将金融资产或金融负债在预期存续期间或适用的更短期间内的未来现金流量，折现为该金融资产或金融负债当前账面价值所使用的利率。

持有至到期投资初始确认时，应当计算确定其实际利率，并在该持有至到期投资预期存续期间或适用的更短期间内保持不变。

摊余成本是指该金融资产的初始确认金额经下列调整后的结果：

(1) 扣除已偿还的本金。

(2) 加上或减去采用实际利率法将该初始确认金额与到期日金额之间的差额进行摊销形成的累计摊销额。

(3) 扣除已发生的减值损失。

需要说明的是，对于要求采用实际利率法摊余成本进行后续计量的金融资产或金融负债，如果有客观证据表明该金融资产或金融负债按实际利率计算的各期利息收入或利息费用与名义利率计算的相差很小，也可以采用名义利率对摊余成本进行后续计量。

四、持有至到期投资的会计处理

持有至到期投资相关的会计处理如下：

(1) 企业取得的持有至到期投资，应按投资的面值，借记“持有至到期投资——成本”账户，按支付的价款中包含的已到付息期但尚未领取的利息，借记“应收利息”账户，按实际支付的价款，贷记“银行存款”账户，按其差额，借记或贷记“持有至到期投资——利息调整”账户。

(2) 资产负债表日，持有至到期投资为分期付息、一次还本债券投资的，应按票面利率计算确定的应收未收利息，借记“应收利息”账户，按持有至到期投资摊余成本和实际利率计算确定的利息收入，贷记“投资收益”账户，按其差额，借记或贷记“持有至到期投资——利息调整”账户。

持有至到期投资为一次还本付息债券投资的，应按票面利率计算确定的应收未收利息，借记“持有至到期投资——应计利息”账户，按持有至到期投资摊余成本和实际利率计算确定的利息收入，贷记“投资收益”账户，按其差额，借记或贷记“持有至到期投资——利息调整”账户。

(3) 出售持有至到期投资，应按实际收到的金额，借记“银行存款”等账户，按其账面余额，贷记“持有至到期投资——成本”“持有至到期投资——利息调整”“持有至到期投资——应计利息”账户，按其差额，贷记或借记“投资收益”账户。已计提减值准备的，还应同时结转减值准备。

【例 6-3】 2015 年 1 月 1 日，甲公司支付价款 100 万元(含交易费用)从上海证券交易所购入 A 公司同日发行的 5 年期公司债券 12 500 份，债券票面价值总额为 125 万元，票面年利率向为4.72%，于年末支付本年度债券利息(即每年利息为59 000元)，本金在债券到期时一次支付。合同约定，A公司在遇到特殊情况时可以将债券赎回，且不需要为提前赎回支付额外款项。甲公司在购买该债券时，预计A公司不会提前赎回。甲公司有意图也有能力将该债券持有至到期，划分为持有至到期投资。

假定不考虑所得税、减值损失等因素，计算该债券的实际利率 r。

$$59\,000\times(P/A,\ r\ 5)+1\,250\,000\times(P/F,\ r\ 5)=1\,000\,000(\text{元})$$

采用内插法，计算得出：$r=10\%$

利息收入与摊余成本计算，如表6-1所示。

表6-1　利息收入与摊余成本计算表

日期	现金流入(a)	实际利息收入(b)=期初(d)×10%	已收回的本金(c)=(a)-(b)	摊余成本余额(d)=期初(d)-(c)
2015.1.1				1 000 000
2015.12.31	59 000	100 000	-41 000	1 041 000
2016.12.31	59 000	104 100	-45 100	1 086 100
2017.12.31	59 000	108 610	-49 610	1 135 710
2018.12.31	59 000	113 571	-54 571	1 190 281
2019.12.31	59 000	118 719	-59 719	1 250 000
小　计	295 000	545 000	-250 000	1 250 000
2019.12.31	1250 000	—	1 250 000	0
合　计	1545 000	545 000	1 000 000	—

根据表6-1数据，甲公司的有关账务处理如下：

(1) 2015年1月1日，购入A公司债券：

借：持有至到期投资——成本　　1 250 000
　贷：银行存款　　1 000 000
　　持有至到期投资——利息调整　　250 000

(2) 2015年12月31日，确认A公司债券实际利息收入，收到债券利息：

借：应收利息　　59 000
　持有至到期投资——利息调整　　41 000
　贷：投资收益　　100 000

借：银行存款　　59 000
　贷：应收利息　　59 000

(3) 2016年12月31日，确认A公司债券实际利息收入，收到债券利息：

借：应收利息　　59 000
　持有至到期投资——利息调整　　45 100
　贷：投资收益　　104 100

借：银行存款　　59 000
　贷：应收利息　　59 000

（4）2017年12月31日，确认A公司债券实际利息收入，收到债券利息：

借：应收利息　　59 000

　持有至到期投资——利息调整　　49 610

　贷：投资收益　　108 610

借：银行存款　　59 000

　贷：应收利息　　59 000

（5）2018年12月31日，确认A公司债券实际利息收入，收到债券利息：

借：应收利息　　59 000

　持有至到期投资——利息调整　　54 571

　贷：投资收益　　113 571

借：银行存款　　59 000

　贷：应收利息　　59 000

（6）2019年12月31日，确认A公司债券实际利息收入，收到债券利息：

借：应收利息　　59 000

　持有至到期投资——利息调整　　59 719

　贷：投资收益　　118 719

借：银行存款　　59 000

　贷：应收利息　　59 000

借：银行存款　　1 250 000

　贷：持有至到期投资——成本　　1 250 000

【例6-4】 假设[例6-3]甲公司购买的A公司债券不是分次付息，而是到期一次还本付息，且利息不是以复利计算。此时，甲公司所购买的A公司债券的实际利率r计算如下：

$$(59\,000\times 5+1\ 250\,000)\times(p/F,r\,5)=1\,000\,000(\text{元})$$

由此计算得出$r=9.05\%$

据此，调整表6-1中相关数据后，如表6-2所示。

表6-2　　利息收入与摊余成本计算表

日期	现金流入(a)	实际利息收入(b)＝期初(d)＊10%	已收回的本金(c)＝(a)－(b)	摊余成本余额(d)＝期初(d)－(c)
2015.1.1				1 000 000
2015.12.31	0	90 500	－90 500	1 090 500
2016.12.31	0	98 690.25	－98 690.25	1 189 190.25
2017.12.31	0	107 621.72	－107 621.72	1 296 811.97
2018.12.31	0	117 361.48	－117 361.48	1 414 173.45
2019.12.31	295 000	130 826.55	164 173.45	1 250 000
小　计	295 000	545 000	－250 000	1 250 000
2019.12.31	1 250 000	—	1 250 000	0
合　计	1 545 000	545 000	1 000 000	—

根据表 6-2 数据，甲公司的有关账务处理如下：

(1) 2015 年 1 月 1 日，购入 A 公司债券：

借：持有至到期投资——成本　　1 250 000
　贷：银行存款　　1 000 000
　　持有至到期投资——利息调整　　250 000

(2) 2015 年 12 月 31 日，确认 A 公司债券实际利息收入：

借：持有至到期投资——应计利息　　59 000
　　　　　　　　——利息调整　　31 500
　贷：投资收益　　100 000

(3) 2016 年 12 月 31 日，确认 A 公司债券实际利息收入，收到债券利息：

借：持有至到期投资——应计利息　　59 000
　　　　　　　　——利息调整　　39 690.25
　贷：投资收益　　98 690.25

(4) 2017 年 12 月 31 日，确认 A 公司债券实际利息收入，收到债券利息：

借：持有至到期投资——应计利息　　59 000
　　　　　　　　——利息调整　　48 621.72
　贷：投资收益　　107 621.72

(5) 2018 年 12 月 31 日，确认 A 公司债券实际利息收入，收到债券利息：

借：持有至到期投资——应计利息　　59 000
　　　　　　　　——利息调整　　71 826.55
　贷：投资收益　　130 826.55

(6) 2019 年 12 月 31 日，确认 A 公司债券实际利息收入，收到债券利息：

借：持有至到期投资——应计利息　　59 000
　　　　　　　　——利息调整　　71 826.55
　贷：投资收益　　130 826.55

借：银行存款　　1 545 000
　贷：持有至到期投资——成本　　1 250 000
　　　　　　　　　——应计利息　　295 000

第四节 可供出售金融资产

一、可供出售金融资产的定义

可供出售金融资产是指初始确认时即被指定为可供出售的非衍生金融资产，以及除下列各类资产以外的金融资产：①贷款和应收款项；②持有至到期投资；③以公允价值计量且其变动计入当期损益的金融资产。例如，企业购入的在活跃市场上有报价的股票、债券和基金等，没有划分为以公允价值计量且其变动计入当期损益的金融资产或持有至到期投资等金融资产的，可归为此类。

对于在活跃市场上有报价的金融资产，既可能划分为以公允价值计量且其变动计入当期损益的金融资产，也可能划分为可供出售金融资产；如果该金融资产属于有固定到期日、回收金额固定或可确定的金融资产，则该金融资产还可能划分为持有至到期投资。某项金融资产具体应分为哪一类，主要取决于企业管理层的风险管理、投资决策等因素。金融资产的分类应是管理层意图的如实表达。

二、可供出售金融资产的计量

可供出售金融资产应按公允价值进行初始计量，相关交易费用计入初始入账金额。

企业取得可供出售金融资产支付的价款中包含的已到付息期但尚未领取的债券利息或已宣告但尚未发放的现金股利，应单独确认为应收项目。

可供出售金融资产持有期间取得的利息或现金股利，应当计入投资收益。

资产负债表日，可供出售金融资产按公允价值计量，公允价值变动计入所有者权益，可供出售外币股权投资因资产负债表日汇率变动形成的汇兑损益计入所有者权益。

三、可供出售金融资产的会计处理

可供出售金融资产相关的会计处理如下：

（1）企业取得可供出售的金融资产，如果是股票投资的，则应按其公允价值与交易费用之和，借记“可供出售金融资产——成本”账户，按支付的价款中包含的已宣告但尚未发放的现金股利，借记“应收股利”账户，按实际支付的金额，贷记“银行存款”账户。

企业取得的可供出售金融资产是债券投资的，应按债券面值，借记“可供出售金融资产——成本”账户，按支付的价款中包含的已到付息期但尚未领取的利息，借记“应收利息”账户，按实际支付的金额，贷记“银行存款”账户，按其差额，借记或贷记“可供出售金融资产——利息调整”账户。

（2）资产负债表日，可供出售金融资产为分期付息、一次还本债券投资的，应按票面利率计算确定的应收未收利息，借记“应收利息”账户，按可供出售债券的摊余成本和实际利率计算确定的利息收入，贷记“投资收益”账户，按其差额，借记或贷记“可供出售金融资产——利息调整”账户。

可供出售金融资产为一次还本付息债券投资的，应按票面利率计算确定的应收未收利息，借记“可供出售金融资产——应计利息”账户，按可供出售债券的摊余成本和实际利率计算确定的利息收入，贷记“投资收益”账户，按其差额，借记或贷记“可供出售金融资产——利息调整”账户。

（3）资产负债表日，可供出售金融资产的公允价值高于其账面余额的差额，借记“可供出售金融资产——公允价值变动”账户，贷记“其他综合收益”账户；公允价值大于其账面余额的差额做相反的会计分录。

（4）出售可供出售金融资产，应按实际收到的金额，借记“银行存款”账户，按其账面余额，贷记“可供出售金融资产——成本”“可供出售金融资产——公允价值变动”“可供出售金融资产——利息调整”“可供出售金融资产——应计利息”账户，按应从所有者权益中转出的公允价值累计变动额，借记或贷记“其他综合收益”账户，贷记或借记“投资收益”账户。

【例 6-5】 2015 年 5 月 6 日，甲公司支付价款 10 160 000 元（含交易费用 20 000 元和已宣告发放的现金股利 140 000 元），购入乙公司发行的股票 200 000 股，占乙公司有表决权股份的 0.5%。甲公司将其划分为可供出售金融资产。2015 年 5 月 10 日，甲公司收到乙公司发放的现金股利 140 000 元；2015 年 6 月 30 日，该股票市价为每股 52 元。2015 年 12 月 31 日，甲公司仍持有该股票；当日，该股票市价为每股 50 元；2016 年 5 月 9 日，乙公司宣告发放现金股利 40 000 000 元；2016 年 5 月 13 日，甲公司收到乙公司发放的现金股利；2016 年 5 月 20 日，甲公司以每股 49 元的价格将股票全部转让。假定不考虑其他因素，要求编制甲公司的账务处理。

（1）2015 年 5 月 6 日购入乙公司发行的股票 200 000 股：

借：可供出售金融资产——成本	10 020 000	
应收股利	140 000	
贷：银行存款		10 160 000

（2）2015 年 5 月 10 日，甲公司收到乙公司发放的现金股利 140 000 元：

借：银行存款	140 000	
贷：应收股利		140 000

（3）2015 年 6 月 30 日，该股票市价为每股 52 元：

借：可供出售金融资产——公允价值变动	380 000	
贷：其他综合收益		380 000

（4）2015 年 12 月 31 日，甲公司仍持有该股票；当日，该股票市价为每股 50 元：

借：其他综合收益	400 000	
贷：可供出售金融资产——公允价值变动		400 000

（5）2016 年 5 月 9 日，乙公司宣告发放现金股利 40 000 000 元：

借：应收股利	40 000 000	
贷：投资收益		40 000 000

（6）2016 年 5 月 13 日，甲公司收到乙公司发放的现金股利：

借：银行存款	40 000 000	
贷：应收股利		40 000 000

（7）2016 年 5 月 20 日，甲公司以每股 49 元的价格将股票全部转让：

借：银行存款	9 800 000	
投资收益	220 000	
可供出售金融资产——公允价值变动	20 000	
贷：可供出售金融资产——成本		10 020 000

其他综合收益　　　　20 000

【例 6-6】 2011 年 1 月 1 日，甲公司支付价款 100 万元(含交易费用)从上海证券交易所购入 A 公司同日发行的 5 年期公司债券 12 500 份，债券票面价值总额为 1 250 000 元，票面年利率向为 4.72%，于年末支付本年度债券利息(即每年利息为 59 000 元)，本金在债券到期时一次支付。合同约定，A 公司在遇到特殊情况时可以将债券赎回，且不需要为提前赎回支付额外款项。甲公司没有意图持有至到期，划分为可供出售金融资产。

其他资料如下：

(1) 2011 年 12 月 31 日，A 公司债券的公允价值为 1 200 000(元)(不含利息)。

(2) 2012 年 12 月 31 日，A 公司债券的公允价值为 1 300 000(元)(不含利息)。

(3) 2013 年 12 月 31 日，A 公司债券的公允价值为 1 250 000(元)(不含利息)。

(4) 2014 年 12 月 31 日，A 公司债券的公允价值为 1 200 000(元)(不含利息)。

(5) 2015 年 1 月 20 日，通过证券交易所出售了 A 公司债券 12 500 份，取得价款 1 260 000元。

假定不考虑所得税、减值损失等因素，计算该债券的实际利率 r。

$$59\,000\times(P/A,r\,5)+1\,250\,000\times(P/F,r\,5)=1\,000\,000(\text{元})$$

采用内插法，计算得出：$r=10\%$

利息收入与摊余成本计算，如表 6-3 所示。

表 6-3　　利息收入与摊余成本计算表

日期	现金流入(a)	实际利息收入(b)＝期初(d)＊10%	已收回的本金(c)＝(a)－(b)	摊余成本余额(d)＝期初(d)－(d)－(c)	公允价值变动额(e)＝期末(g)－期末(d)－期初(f)	公允价值变动累计金额(f)＝期初(f)＋本期(e)	公允价值(g)
2011.1.1				1 000 000	0	0	1 000 000
2011.12.31	59 000	100 000	－41 000	1 041 000	15 900	15 900	1 200 000
2012.12.31	59 000	104 100	－45 100	1 086 100	54 900	213 900	1 300 000
2013.12.31	59 000	108 610	－49 610	1 135 710	－99 610	114 290	1 250 000
2014.12.31	59 000	113 571	－54 571	1 190 281	－104 571	9 717	1 200 000
2015.1.20	0	69 719	－69 719	1 260 000	－9 719	0	1 260 000
小　计	236 000	496 000	－260 000	1 260 000	0		—
2015.12.31	1 260 000	—	1 260 000	0			
合　计	1 496 000	496 000	1 000 000	0			
2015.12.31	59 000	118 719	－59 719	1 250 000			
小　计	295 000	545 000	－250 000	1 250 000			
2015.12.31	1 250 000	—	1 250 000	0			
合　计	1 545 000	545 000	1 000 000	—			

根据表 6-3 数据，甲公司的有关账务处理如下：

(1) 2011 年1月1 日，购入 A 公司债券：

借:可供出售金融资产——成本 1 250 000
　贷:银行存款 1 000 000
　　可供出售金融资产——利息调整 250 000

(2) 2011 年 12 月 31 日,确认 A 公司债券实际利息收入,收到债券利息:

借:应收利息 59 000
　可供出售金融资产——利息调整 41 000
　贷:投资收益 100 000

借:银行存款 59 000
　贷:应收利息 59 000

借:可供出售金融资产——公允价值变动 159 000
　贷:其他综合收益 159 000

(3) 2012 年 12 月 31 日,确认 A 公司债券实际利息收入,收到债券利息:

借:应收利息 59 000
　可供出售金融资产——利息调整 45 100
　贷:投资收益 104 100

借:银行存款 59 000
　贷:应收利息 59 000

借:可供出售金融资产——公允价值变动 54 900
　贷:其他综合收益 54 900

(4) 2013 年 12 月 31 日,确认 A 公司债券实际利息收入,收到债券利息:

借:应收利息 59 000
　可供出售金融资产——利息调整 49 610
　贷:投资收益 108 610

借:银行存款 59 000
　贷:应收利息 59 000

借:可供出售金融资产——公允价值变动 99 610
　贷:其他综合收益 99 610

(5) 2014 年 12 月 31 日,确认 A 公司债券实际利息收入,收到债券利息:

借:应收利息 59 000
　可供出售金融资产——利息调整 54 571
　贷:投资收益 113 571

借:银行存款 59 000
　贷:应收利息 59 000

借:可供出售金融资产——公允价值变动 104 571
　贷:其他综合收益 104 571

(6) 2015 年 1 月 20 日,确认出售 A 公司债券实现的损益:

借:银行存款　　1 260 000

　贷:可供出售金融资产——成本　　1 250 000

　　　　——公允价值变动　　9 719

　　　　——利息调整　　10 000

借:可供出售金融资产——利息调整　　69 719

　贷:投资收益　　69 719

A公司债券的成本=1 250 000(元)

A公司债券的利息调整余额=－250 000+41 000+45 100+49 610+54 571+69 719=10 000(元)

A公司债券公允价值变动余额=159 000+54 900－99 610－104 571=9 719(元)

同时:

借:其他综合收益　　9 719

　贷:投资收益　　9 719

习　题

一、单项选择题

1. 下列关于金融资产的分类表述中,正确的是(　　)。

A. 在活跃市场上有报价的金融资产应该划分为以公允价值计量且其变动计入当期损益的金融资产

B. 有固定到期日、回收金额固定的金融资产应划分为持有至到期投资

C. 可供出售的金融资产和交易性金融资产持有的目的都是为了近期出售

D. 金融资产的分类应是管理层意图的如实表达,其分类一经确定,不应随意变更

2. 甲公司于2015年7月10日购入某上市公司股票100万股,每股价格24元,实际支付购买价款2 400万元,其中包括已宣告但尚未支付的现金股利120万元;另支付手续费等50万元。甲公司将其作为交易性金融资产核算。2015年12月31日该股票每股价格26元。甲公司2015年对该交易性金融资产应确认的公允价值变动收益为(　　)万元。

A. 150　　B. 200　　C. 270　　D. 320

3. 20×2年6月2日,甲公司自二级市场购入乙公司股票1 000万股,支付价款8 000万元,另支付交易费用16万元。甲公司将购入的乙公司股票划分为可供出售金融资产。20×2年12月31日,乙公司股票的市场价格为每股10元。20×3年8月20日,甲公司以每股11元的价格将所持乙公司股票全部出售。在支付佣金等费用33万元后实际取得价款10 967万元。不考虑其他因素,甲公司出售乙公司股票时应确认的投资收益是(　　)万元。

A. 967　　B. 2 951　　C. 2 984　　D. 3 000

4. 20×6年12月31日,甲公司持有的某项可供出售权益工具投资的公允价值为2 200万元,账面价值为3 500万元。该可供出售权益工具投资前期已因公允价值下降减少账面价值1 500万元。考虑到股票市场持续低迷已超过9个月,甲公司判断该资产发生严重且

非暂时性下跌。甲公司对该金融资产应确认的减值损失金额为(　　)万元。

A. 700　　B. 1 300　　C. 1 500　　D. 2 800

5. 甲企业于2013年1月1日,以680万元的价格购进当日发行的面值为600万元的公司债券。其中债券的买价为675万元,相关税费为5万元。该公司债券票面利率为8%,期限为5年,一次还本付息。企业准备持有至到期。该企业记入“持有至到期投资”科目的金额为(　　)万元。

A. 680　　B. 600　　C. 675　　D. 670

二、多项选择题

1. 如果购入的准备持有至到期投资的债券的实际利率等于票面利率,且不存在交易费用时,下列各项中,会引起持有至到期投资账面价值发生增减变动有(　　)。

A. 计提持有期投资减值准备　　B. 确认分期付息债券的投资利息

C. 确认到期一次付息债券的投资利息　　D. 出售持有至到期投资

2. 下列项目中,属于交易费用的有(　　)。

A. 支付给代理机构的手续费　　B. 支付给券商的佣金

C. 债券溢价　　D. 内部管理成本

3. 下列各项中,某一项金融资产划分为持有至到期投资必须具备的特征有(　　)。

A. 该金融资产到期日固定

B. 该金融资产回收金额固定或可确定

C. 企业有能力将该金融资产持有至到期

D. 企业有明确意图将该金融资产持有至到期

4. 下列可供出售金融资产的表述中,正确的有(　　)。

A. 可供出售的金融资产发生的减值损失应计入当期损益

B. 可供出售金融资产的公允价值变动应计入当期损益

C. 取得可供出售金融资产发生的交易费用应直接计入当期损益

D. 处置可供出售金融资产时,以前期间因公允价值变动计入资本公积的金额应转入当期损益

5. 2013年1月1日,甲公司从活跃市场上购入乙公司同日发行的5年期债券30万份,支付款项(包括交易费用)3000万元,意图持有至到期。该债券票面价值总额为3 000万元,票面年利率为5%,乙公司于每年年初支付上一年度利息。2015年乙公司财务状况出现严重困难,持续经营能力具有重大不确定性,但仍可支付2015年度利息。因急需现金,甲公司于2015年7月1日出售该债券的50%,出售所得价款扣除相关交易费用后的净额为1 300万元。2015年12月31日,预计乙公司债券未来现金流量现值1 200万元(不含将于2016年1月1日收取的债券利息),下列关于甲公司对该债券投资的处理中正确的有(　　)。

A. 持有的乙公司债券投资在2015年12月31日利润表中列示的减值损失金额为300万元

B. 持有的乙公司债券投资在2015年12月31日资产负债表中列示的金额为1 500万元

C. 应将所持乙公司债券剩余部分重分类为可供出售金融资产

D. 持有的乙公司债券投资在2015年12月31日利润表中列示的投资损失金额为125万元

三、业务题

1. 2×16年5月，某公司购入乙公司股票100万股作为交易性金融资产，每股买价10元，另支付交易费用10万元。2×16年6月30日该股票每股市价为9元。2×16年8月10日，乙公司宣告分派现金股利，每股0.10元。8月20日某公司收到分派的现金股利。至12月31日，某公司仍持有该交易性金融资产，期末每股市价为9.3元。2×17年1月3日以每股9.6元出售该交易性金融资产，交易费用为9万元。假定某公司每年6月30日和12月31日对外提供财务报告。

要求：根据上述资料编制会计分录。

2. 2×17年年初，某公司购买了一项债券，剩余年限5年，划分持有至到期投资。买价90万元(折价购入)，另付交易费用5万元，该债券面值110万元，票面利率3.636%，每年按票面利率可收得固定利息4万元。该债券在第五年兑付时可得本金110万元。

要求：根据上述资料编制会计分录。

3. 甲公司为上市金融企业，2014年至2016年期间有关投资如下：

(1) 2014年1月1日，按面值购入100万份乙公司公开发行的分次付息、一次还本债券、款项已用银行存款支付，该债券每份面值100元，票面年利率5%，每年年末支付利息，期限5年，甲公司将该债券投资分类为可供出售金融资产。

2014年6月1日，自公开市场购入1000万股丙公司股票，每股20元，实际支付价款20 000万元。甲公司将该股票投资分类为可供出售金融资产。

(2) 2014年10月，受金融危机影响，丙公司股票价格开始下跌，2014年12月31日丙公司股票收盘价为每股16元。2015年，丙公司股票价格持续下跌，2015年12月31日收盘价为每股10元。

2014年11月，受金融危机影响，乙公司债券价格开始下跌。2014年12月31日乙公司债券价格为每份90元。2015年，乙公司债券价格持续下跌，2015年12月31日乙公司债券价格为每份50元，但乙公司仍能如期支付债券利息。

(3) 2016年宏观经济形势好转，2016年12月31日，丙公司股票收盘价上升至每股18元，乙公司债券价格上升至每份85元。

本题不考虑所得税及其他相关税费。甲公司对可供出售金融资产计提减值的政策是：价格下跌持续时间在1年以上或价格下跌至成本的50%以下(含50%)。

要求：

(1) 编制甲公司取得乙公司债券和丙公司股票时的会计分录。

(2) 计算甲公司2014年因持有乙公司债券和丙公司股票对当年损益或权益的影响金额，并编制相关会计分录。

(3) 计算甲公司编制2015年12月31日对持有的乙公司债券和丙公司股票应确认的减值损失金额，并编制相关会计分录。

(4) 计算甲公司2016年调整乙公司债券和丙公司股票账面价值对当期损益或权益的影响金额，并编制相关会计分录。

第七章　应收款项

引导案例

2016 年 11 月 10 日，四川长虹电器股份有限公司董事会发布“四川长虹关于开展应收账款资产证券化的公告”，拟实施应收账款资产证券化项目，即通过招商证券资产管理有限公司设立“招商融创——四川长虹应收账款资产支持专项计划”(以下简称“专项计划”)，并通过专项计划发行资产支持证券进行融资。招商证券资产管理有限公司作为管理人通过向合格投资者发行资产支持证券的方式募集资金并设立专项计划，专项计划向四川长虹购买基础资产，初次购买金额不超过人民币 11 亿元，其中优先级资产支持证券发售规模占总发售规模的 95%，由合格投资者认购，预期收益率视市场询价情况而定，以簿记建档最终确定的结果为准；次级资产支持证券发售规模占总发售规模的 5%，由四川长虹自己认购，不设预期收益率。优先级资产支持证券票面利率以实际发行利率为准，每半年付息一次，到期一次还本。项目所募集的资金主要用于补充公司运营资金及偿还银行贷款等。

应收账款证券化是一种既能充分发挥应收账款的促销作用，又能控制和降低应收账款成本的管理办法。证券化的实质是融资者将被证券化的金融资产的未来现金流量收益权转让给投资者，而金融资产的所有权可以转让也可以不转让。在国际上，证券化的应收账款已经覆盖了汽车应收款、信用卡应收款、租赁应收款、航空应收款、高速公路收费等极为广泛的领域。

四川长虹的应收账款案例一直是我国会计教学中的经典案例。2004 年 3 月 23 日，长虹发表 2003 年年度报告。该年报披露，截至 2003 年年末，公司应收账款 49.85 亿元人民币，其中美国 APEX 公司的应收账款为 44.46 亿元。长虹已经在 2004 年 12 月 14 日在美国向 APEX 公司提起诉讼，追讨 40 亿元的应收账款。2004 年年末，四川长虹决定为这笔应收账款计提坏账准备约 26 亿元人民币，并发布 2004 年的预亏公告，使得投资者纷纷动摇信心，选择用脚投票。这一案例在中国股票市场引起轰动。但迄今为止四川长虹的应收款项依然高居不下。

这一案例不得不让我们深思，企业过高的应收账款是由什么原因造成的？它能够给企业带来何种好处？应收账款对绝大多数企业来说是难以避免的，对应收账款应该如何管理如何运用？回答这些问题需要我们对应收款项的会计问题进行深入了解。

本章内容提要

1. 企业应收款项的主要项目；

2. 各类应收款项的确认和计量；
3. 应收款项减值的确认和计量。

第一节　应收款项概述

一、应收款项的概念

应收款项是企业在生产经营中，由于销售商品、提供劳务，以及其他的往来款项而形成的债权，它是企业拥有的将来获取现款、商品或劳动的权利，是企业重要的流动资产。

企业需要现金支付其开支，但很少有企业持有充足的现金。在商品经济高度发达的今天，企业、个人之间的交易已经较少采用即时付现的形式，大多交易都是建立在商业信用的基础上而采用赊销方式。这一交易方式使社会经济与贸易更加活跃，但也因此出现了应收款项。应收款项属于企业的一项金融资产。赊销信用模式是商业抢占市场份额的重要手段之一，但由于商业信用受很多主观及客观因素的影响，也伴随应收款项是否能收回的风险。这一风险必须在会计处理中得以考虑，并会计报表中有所反映。

二、应收款项的种类

应收款项主要包括应收账款、应收票据、预付款项、应收股利、应收利息、应收补贴款、其他应收款等。

应收账款是指企业在生产经营过程中因销售商品提供劳务等经济活动，而应向购买单位收取的款项。因此，应收账款是伴随企业的赊销行为发生而形成的一项债权，它的确认与收入的确认密切相关。通常在确认收入的同时，确认应收账款。

应收票据是指企业持有的还没有到期、尚未兑现的票据。应收票据是企业赊销而取得的未来收取货款的权利，这种权利和将来应收取的货款金额以书面文件形式约定下来，因此它受到法律的保护，具有法律上的约束力。在会计实务中，只有具有远期票据性质的商业汇票才通过“应收票据”账户核算。

预付账款是预付给供货单位的购货款或预付给施工单位的工程价款和材料款，通常是债务人用商品、劳务或完工工程来清偿的债权。

应收利息是指短期债券投资实际支付的价款中包含的已计息但尚未领取的债券利息。这部分应收利息不计入短期债券投资初始投资成本中。但若购买债券时实际支付的价款中包含尚未到期的债券利息，则该部分利息计入短期债券投资初始投资成本中，不需要单独核算。

应收股利是指企业因股权投资而应收取的现金股利以及应收其他单位的利润，包括企业购买股票时实际支付的款项中所包括的已宣告发放但尚未领取的现金股利和企业对外投资应分得的现金股利或利润等，但不包括应收的股票股利。

应收补贴款是企业按照国家规定给予的定额补贴款项，如企业按销售量或工作量等，依据国家规定的补贴定额计算并按期给予的定额补贴，应于期末，按应收的或实际收到的补贴金额，计入补贴收入。

其他应收款是企业应收款项的另一重要组成部分，是企业除应收票据、应收账款和预付账款以外的各种应收暂付款项，通常包括暂付款、各种赔款、罚款、押金、应向职工收取的各种垫付款项等。

第二节 应收票据

一、应收票据的概念

应收票据是指企业持有的未到期或未兑现的商业票据。我国《票据法》中规定的票据中的银行汇票、银行本票和支票等均为即期票据，即见票即付的票据，无须通过应收票据处理。而商业汇票是远期票据，因此"应收票据"账户通常用于核算商业汇票。

商业汇票是出票人签发的，委托付款人在指定日期无条件支付确定金额给收款人或者持票人的票据。根据我国现行法律的规定，商业汇票的付款期限不得超过 6 个月，因此企业持有的应收票据是一项短期债权，在资产负债表上列为流动资产。

企业可以对自己持有的商业汇票背书转让。背书即持票人在票据转让给他人时，在票据背面说明有关事项并签章的票据行为。签章人称为背书人，接受票据转让的人称为被背书人。背书人对票据的到期付款承担连带责任。符合条件的商业汇票的持票人，可以持未到期的商业汇票和贴现凭证向银行申请贴现，从而提早获得现金。

二、应收票据的分类

（一）按承兑人分类

应收票据按承兑人分为银行承兑汇票和商业承兑汇票两种。商业承兑汇票是付款人签发并承兑，或由收款人签发交由付款人承兑的汇票。银行承兑汇票是由在承兑银行开立存款账户的存款人出票，由承兑银行承兑的票据。

（二）按票据是否带息分类

按是否带息分，应收票据分为带息票据和不带息票据。带息票据是指商业汇票到期时，承兑人除向收款人或被背书人支付票面金额外，还应按票面金额和票据规定的利息率支付自票据生效日起至票据到期日止的利息的票据。不带息票据是指商业汇票到期时，承兑人只按票面金额向收款人或被背书人支付款项的票据。

三、应收票据的计量

企业开出商业汇票时，应收票据按照商业汇票的面值入账，无论是带息商业汇票还是不带息商业汇票的初始计量都按面值计价。但对于带息商业汇票，还应在持票期间的每个资产负债表日和票据到期日计算票据利息。如约定按日计算，则应以足日为准，在其计算时按算尾不算头的方式确定。例如，4 月 20 日开出的 60 天商业汇票的到期日为 6 月 19 日。如约定按月计算，则以足月为标准，在计算时按到期月份的对日确定，若到期月份无此对日，应按到期月份的最后日确定。例如，10 月 31 日开出的 6 个月商业汇票，到期日应为下年 4 月 30 日。

应收票据的到期价值即商业汇票到期时的全部应支付款项，要根据票据是否带息来确定。若是不带息票据，到期价值就是票面价值即本金。若是带息票据，到期价值为票据面值加上应计利息，计算公式为：

商业汇票的利息＝商业汇票的票面金额×票面利率×票据期限

票据到期价值＝票据面值＋票据利息

上式中的“票面利率”一般指年利率，“票据期限”指自签发日起至到期日（或资产负债表日）止的期限。

例如，4 月 1 日开出的 3 个月期的商业汇票，面值 100 000 元，到期日为 7 月 1 日，若年利率为 6%，则到期利息为：100 000×6%×3/12＝1 500（元），票据到期值为 101 500 元。

四、应收票据的账务处理

为核算商业汇票的取得和兑现情况，企业应设置“应收票据”账户。其借方登记企业收到商业汇票的面值或到期值，贷方登记汇票到期实际收到的金额。

现举例说明应收票据的核算方法：

（1）因销售商品或提供劳务而收到已承兑的商业汇票时：

借：应收票据（票据的面值）

　贷：主营业务收入（不含增值税的收入）

　　应交税金——应交增值税（销项税额）

（2）对于带息应收票据，期末按应收票据面值和确定的票面利率计提利息，并增加应收票据的账面余额。其账务处理为：

借：应收票据

　贷：财务费用

（3）到期收回款项的核算：

若为不带息商业汇票，到期收回时：

借：银行存款

　贷：应收票据

若为带息商业汇票，到期收回时：

借：银行存款

　贷：应收票据

　　财务费用（最后一期利息）

（4）票据到期，付款违约或无力支付票款时，企业收到银行退回的商业承兑汇票及未付票款的通知通知书等，将到期票据的票面金额转入“应收账款”账户。会计处理如下：

借:应收账款
　贷:应收票据

【例 7-1】 甲企业 2016 年 9 月 1 日销售一批产品给 A 企业,货已发出,增值税专用发票注明的销售收入为 500 000 元,增值税额 85 000 元。收到 A 企业交来的银行承兑汇票一张,期限为 6 个月,票面利率 5%。

(1) 收到票据时:

借:应收票据	585 000	
贷:主营业务收入		500 000
应交税费——应交增值税(销项税额)		85 000

(2) 2016 年 12 月 31 日,计提票据利息:

$$票据利息=585\ 000\times5\%\div12\times4=9\ 750(元)$$

借:应收票据	9 750	
贷:财务费用		9 750

(3) 票据到期收回款项:

$$收款金额=585\ 000\times(1+5\%\div12\times6)=599\ 625(元)$$

借:银行存款	599 625	
贷:应收票据		594 750
财务费用		4 875

(4) 如果 A 企业到期无力付款,甲企业应当将带息票据的金额转入“应收账款”账户。会计分录如下:

借:应收账款	599 626	
贷:应收票据		594 750
财务费用		4 875

五、应收票据贴现

(一) 应收票据贴现简介

贴现是融通资金的一种信贷形式。当企业资金出现短缺时,可以将其持有的、未到期的商业汇票向银行办理贴现。银行按贴现率从票据价值中扣取贴现日起到票据到期日止的贴息后,以余额兑付给持票人。票据价值就是票据的到期值,不带息票据为票据的面值,带息票据为票据到期的本利和金额。用应收票据向银行申请贴现时,持票人必须在票据上“背书”。票据到期值与贴现收到金额之间的差额,叫贴息或贴现息,通常记作财务费用。贴息的数额根据票据的到期值按贴现率及贴现期计算。其计算公式为:

贴息=票据到期值×贴现率×贴现期

贴现票据实收金额=票据到期值-贴息

企业收到的贴现款属于背书的应收票据是此项借款的担保品。持票人在票据背书后,如出票人到期拒付，背书人有代偿的责任。就背书人来说，是一项可能发生的负债。在会计上称为“或有负债”。在编制资产负债表时，对于或有负债，应在补充资料中加以列示。

（二）应收票据贴现的会计处理

按照实质重于形式的原则对带追索权和不带追索权两种不同形式的应收票据贴现分别举例说明。由于银行承兑汇票是银行承诺并付款的，到期收不到票款的风险非常小，所以往往贴现行视这类票据是不附追索权的。其经济的实质不是企业的融资行为，而是票据的转让。贴现企业在会计处理上将收到贴现款，借记“银行存款”账户，贷记“应收票据”账户，将差额记入“财务费用”账户。持票人将商业承兑汇票向银行申请贴现时，贴现行会将商业承兑汇票作为附追索权的票据贴现处理。银行附追索权的票据贴现行为，对贴现企业而言经济实质是一种短期融资行为而不是票据所有权的转让。在会计处理上应反映出经济实质，借记“银行存款”账户，贷记“短期借款”账户，将差额记入“财务费用”账户。

【例 7-2】 甲公司 2016 年 4 月 30 日以 4 月 15 日签发 60 天到期、票面利率为 5%、票据面值为 600 000 元的带息应收票据向银行贴现，贴现率为 10%。

相关计算过程如下：

（1）票据到期值＝600 000＋600 000×8%÷360×60＝608 000(元)

（2）计算贴现利息：

贴现日数＝票据期限－已持有票据期限＝60－15＝45(天)

贴现利息＝608 000×10%÷360×45＝7 600(元)

（3）贴现所得＝608 000－7 600＝600 400(元)

（4）会计分录：

若该票据是银行承兑汇票：

借:银行存款　　600 400
　贷:财务费用　　400
　　应收票据　　600 000

若该票据是商业承兑汇票：

借:银行存款　　600 400
　贷:财务费用　　400
　　短期借款　　600 000

贴现商业承兑汇票时，申请贴现的企业对该票据负有到期付款的连带责任，因而在资产负债表中作为或有负债在报表附注中加以披露。

六、应收票据转让

应收票据转让是指持票人因采购或偿还借款等原因，将未到期的商业汇票背书转让给其他单位或个人的业务活动。背书人对于票据的到期付款负有连带责任。

企业将持有的商业汇票背书转让以取得所需物资时，按应计入取得物资成本的金额，借记“材料采购”或“原材料”“库存商品”等账户，按可抵扣的增值税额，借记“应交税费——应交增值税(进项税额)”账户，按商业汇票的票面金额，贷记“应收票据”账户，如有差额，借记或贷记“银行存款”等账户。将持有的应收票据背书转让时，应按票面金额结转。如为带息票据，还应将尚未计提的利息冲减财务费用。

【例 7-3】 甲企业 2016 年 10 月 1 日取得应收票据，票据面值为 10 000 元，票面利率为 6%，6 个月期限；2017 年 2 月 1 日，将该票据背书转让购进原材料，增值税专用发票注明价款为 12 000 元，进项税额为 2 040 元，差额部分通过银行支付。

(1) 2016 年 12 月 31 日计提利息时：

借：应收票据	300	
贷：财务费用(10 000×6%÷12×3)		150

(2) 2017 年 2 月 1 日：

借：原材料等	12 000	
应交税费——应交增值税(进项税额)	2 040	
贷：应收票据(10 000+300)		10 150
财务费用(10 000×6%÷12×1)		50
银行存款		3 840

第三节 应收账款

一、应收账款的概念及初始计量

应收账款企业因销售商品、提供劳务等经营活动，应向购货单位或接受劳务单位收取的款项，应收账款的初始计量包括应向购货方收取的价款、增值税销项税额，以及代购货单位垫付的包装费、运杂费等。一般应收账款的账期较短，利息较少，在实务中具体收款时间也不够确定，因此，其自销售日至付款日之间的货币的时间价值一般忽略不计。为了反映应收账款的增减变动及其结存情况，企业应设置“应收账款”账户。“应收账款”账户用来核算企业因销售商品、提供劳务等经营活动应收取的款项。不单独设置“预收账款”账户的企业，预收的账款也在“应收账款”账户核算。本账户按不同的购货或接受劳务的单位设置明细账户进行明细核算。主要账务处理：

(1) 本账户发生应收账款时，按应收金额，借记本账户，按照实现的营业收入，贷记“主营业务收入”账户等，按专用发票上注明的增值税，贷记“应交税费——应交增值税(销项税额)”账户；收回应收账款时，借记“银行存款”等账户，贷记本账户。

(2) 企业代购货单位垫付的包装费、运杂费，借记本账户，贷记“银行存款”等账户；收回代垫运费时，借记“银行存款”账户，贷记本账户。

(3) 企业接受的债务人用于清偿债务的非现金资产，应按该项非现金资产的公允价值，借记“原材料”“库存商品”“固定资产”“无形资产”等账户，按可抵扣的增值税额，借记“应交税费——应交增值税(进项税额)”账户，按重组债权的账面余额，贷记本账户，按应支付的相关税费和其他费用。

二、商业折扣及现金折扣

（一）商业折扣

商业折扣是指企业根据市场供需情况，或针对不同的顾客，在商品标价上给予的扣除。商业折扣是企业最常用的促销方式之一。企业为了扩大销售、占领市场，对客户给予商业折扣，采用销量越多、价格越低的促销策略，也就是我们通常所说的“薄利多销”策略。企业会计制度规定，企业采用商业折扣方式销售货物的，应按最终成交价格进行商品收入的计量。

【例 7-4】 某企业向 A 销售商品售价为 100 万元，增值税税率 17%，商业折扣 10%。销售时，直接扣除商业折扣后入账。

计算：　应收账款科目余额 100×(1+17%)×(1−10%)=105.3(万元)

主营业务收入 100×(1−10%)=90(万元)

应交税费－应缴增值税(销项税额)=90×17%=15.3(万元)

分录为：

借：应收账款　　105.300 0

　贷：主营业务收入　　900 000

　　应交税费——应交增值税(销项税额)　　15.300 0

（二）现金折扣

现金折扣又称销售折扣，是指为激励顾客尽早付清货款而提供的一种价格优惠。现金折扣的表示方式为：2/10，1/20，n/30(即 10 天内付款，货款折扣 2%；20 天内付款，货款折扣 1%，30 天内全额付款)。对存在现金折扣下应收账款的入账金额有两种处理方法，即总价法和净价法。

1. 总价法

总价法是将应收款项的全额作为应收账款的入账价值，现金折扣发生在销货之后，是一种融资性质的理财费用，因此，销售折扣不得从销售额中减除。当客户在折扣期限内支付了货款而取得的现金折扣视为融资费用，计入财务费用。

2. 净价法

净价法是将扣除现金折扣后的金额作为应收账款的入账价值。净价法将客户取得折扣视为正常和现象，认为客户一般都会提前付款从而取得最大的折扣，若客户超过折扣期付款，销货方则应将取得的折扣款视为向客户提供信贷而获取的收益，冲减财务费用。

我国的会计准则规定，在有现金折扣的条件下企业发生的应收账款，须采用总价法入账，发生的现金折扣作为财务费用处理。

【例 7-5】 某企业销售产品一批，售价(不含税)10 000 元，规定的现金折扣条件为 2/10、n/30，增值税税率为 17%，产品已发出并办妥托收手续。相关会计分录为：

借：应收账款　　11 700

　贷：主营业务收入　　10 000

　　应交税金——应交增值税(销项税额)　　1 700

如果上述货款在 10 天内收到，其会计分录为：

借:银行存款　　11 500
　财务费用　　200
　贷:应收账款　　11 700

如果超过了现金折扣的最后期限,其会计分录为:

借:银行存款　　11 700
　贷:应收账款　　11 700

三、应收账款的抵押和出售

应收账款的抵借和出售是企业利用应收账款进行融资的两种方式。应收账款的抵借并没有转移应收账款这项资产的所有权,企业仍需将其作为自有资产反映在期末报表中,并对其进行正常的坏账处理,对取得的银行借款作为短期借款进行核算。而应收账款出售是指企业将应收账款出售给第三方(如金融机构、投资公司)以筹集资金的行为。应收账款的出售导致应收账款的所有权从企业转让给受让方,企业应该终止确认该项资产。当应收账款的出售作为销售处理时,该项业务减少应收账款的账面余额,同时增加了经营活动的现金流量。但是,大多数应收账款的出售都赋予购买者在收不回账款时对出售者的追索权,从经济实质上说,应收账款出售实际上是以应收账款作抵押取得贷款,并不是真正的销售。

第四节　其他应收款及预付款项

一、其他应收款的概念及内容

其他应收款是指企业除应收票据、应收账款、预收账款以外的其他各种应收及暂付款项。其主要包括:

(1) 应收的各种赔款、罚款。如因企业财产等遭受意外损失而应向有关保险公司收取的赔款等。

(2) 应收出租包装物押金。

(3) 应向职工收取的各种垫付款项,如为职工垫付的水电费、应由职工负担的医药费、房租费等。

(4) 存出保证金,如租入包装物支付的押金。

(5) 其他各种应收、暂付款项。

其他应收款按实际发生的金额入账。

二、其他应收款的核算

(一) 账户设置

"其他应收款"账户用于核算企业除应收票据、应收账款、预付账款等以外的其他各种应收、暂付款项。在“其他应收款”账户下，应按其他应收款的项目分类，并按不同的债务人设置明细账。企业发生其他各种应收、暂付款项时，借记本账户，贷记有关账户；收回或转销各种款项时，借记“库存现金”“银行存款”等账户，贷记本账户。本账户期末余额一般在借方，反映企业尚未收回的其他应收款。

（二）其他应收款的会计处理举例

【例 7-6】 某公司对备用金采购部实行定额备用金制度，由采购部李亮负责管理。本月份发生如下业务：

（1）5 日，支付采购部门 30 000 元作为定额备用金，财务科开出现金支票。

借：其他应收款——备用金（采购部）　30 000
　贷：银行存款　30 000

（2）10 日，李亮交来发票 22 000 元，报销采购部门差旅费支出，财务科以现金补足该定额备用金。

借：管理费用　22 000
　贷：库存现金　22 000

（3）20 日，经批准增加采购部门定额备用金的核定定额 20 000 元，财务部开出现金支票支付。

借：其他应收款——备用金（采购部）　10 000
　贷：库存现金　10 000

（4）30 日，由于机构变动，经批准撤销采购部定额备用金制度，李亮交回购买办公用品支出的普通发票 3 000 元及现金 47 000 元。

借：管理费用　3 000
　　库存现金　47 000
　贷：其他应收款——备用金（采购部）　40 000

三、预付账款

预付账款是指企业按照购货合同的规定，预先支付供应单位的款项。在日常核算中，预付账款一般包括预付的货款、预付的购货定金，付账款按实际付出的金额入账。对购货企业来说，预付账款是一项流动资产。施工企业的预付账款主要包括预付工程款、预付备料款等。企业应设置“预付账款”账户用于核算企业按照合同规定向购货单预付的款项。其借方登记企业因购货而预付的款项，贷方登记收到所购货物时冲减预付账款的金额及退回多付的款项。“预付账款”账户下应按购货单位设置明细账，进行明细核算。预付账款情况不多的企业，也可以将预付的款项，直接记入“应付账款”账户的借方。

【例 7-7】 甲企业有关预付账款的业务如下：

（1）6 月 2 日，甲企业向供应商定购材料一批，按照采购合同支付预付款 100 000 元。

借：预付账款　100 000
　贷：银行存款　100 000

(2) 6月20日，甲企业收到所购材料，增值税专用发票列明价款为85 000元，增值税税额为14 450元。

借：原材料　85 000
　应交税费——应交增值税（进项税额）　14 450
　贷：预付账款　99 450

(3) 退回多付的货款。

借：银行存款　550
　贷：预付账款　550

第五节 应收款项减值

应收账款基于债务人的商业信用，一旦债务人失信，或者出现财务困难、破产、死亡等，就会产生不能如期偿还债务的情况，这使得企业的应收账款普遍存在不能收回的风险。这些无法收回的应收款项就是坏账。因坏账而遭受的损失为坏账损失。应收款项坏账损失的核算方法有直接转销法和备抵法两种。

一、直接转销法

直接转销法是指实际发生坏账时才坏账损失计入当期损益，同时将这项应收账款冲销。实际发生坏账一般是指债务人破产、死亡，或者发生其他无法偿还债务的客观情况。直接转销法下，企业实际发生坏账时，将坏账损失直接计入当期损益，同时冲减应收账款，借记“资产减值损失”账户，贷记“应收账款”账户。小企业可选用直接转销法。

二、备抵法

备抵法是指用一定的方法按期估计坏账损失，形成坏账准备，当其项应收款项实际发生坏账时，将其金额冲销坏账准备。我国会计准则规定，企业应采用备抵法核算坏账损失。

企业采用备抵法核算坏账损失时，应该按期估计坏账损失，主要有以下方法。

（一）应收账款余额百分比法

应收账款余额百分比法是指按期末应收款项余额的一定比例估计坏账损失的方法。即根据会计期末应收款项的余额乘以估计的坏账率，即为当期估计的坏账损失，并据此计提坏账准备。坏账率可以根据以往的数据资料加以确认。

会计期末，企业应提取的坏账准备大于其账面余额的，按其差额提取；应提取的坏账准备小于其账面余额的，按其差额冲回多提的坏账准备。

【例7-8】 某公司2015年开始按应收款余额百分比法计提坏账准备，年末应收账款余额为600 000元，坏账率为5‰，2016年发生坏账损失2 000元，年末应收账款余额为720 000元，2017年年末应收账款余额为200 000元。

2015 年计提坏账准备＝600 000×5‰＝3 000(元)

2016 年计提坏账准备＝720 000×5‰－(3 000－2 000)＝2 600(元)

2017 年计提坏账准备＝200 000×5‰－2 600＝－1 600(元)

2017 年计提坏账准备金额为负数,表示需要冲销坏账准备 1 600 元。

(二) 账龄分析法

账龄分析法是指按应收款项入账时间的长短估计坏账损失的方法。其依据是,一般情况下,款项被拖欠得越久,收回的可能性就越小。账龄分析法的具体做法是将应收账款按拖欠时间的长短划分为若干区段,为每一个区段估计一个坏账损失的百分比,账期越长的应收款项出现坏账的风险就越高,因此,提计坏账准备的比例也越大,从而计算出各个区段上应收账款的余额,然后确定坏账损失的总额。

【例 7-8】 甲企业以应收账款的账龄计提坏账准备,2016 年坏账准备计算表,如表 7-1 所示。

表 7-1　　甲企业 2016 年坏账准备计算表　　单位:元

应收款项账龄	应收款项金额	估计坏账率	坏账准备金额
1 年以内	95 000	1%	950
1～2 年	1 190 000	10%	119 000
2～3 年	224 000	50%	112 000
3 年以上	106 000	100%	106 000
合　计	1 615 000		337 950

(三) 销货百分比法

销货百分比法是指根据赊销金额的一定百分比估计坏账损失的方法。销货百分比法的做法是:首先,根据以往的资料和经验,估计一个坏账损失率;然后,根据企业销售的情况,每发生一笔赊销,就按照坏账损失率提取一个坏账准备。按照这种方法计提坏账准备,不考虑“坏账准备”账户的期初余额。

三、坏账准备的会计处理

企业应当设置“坏账准备”科目核算企业计提的坏账准备。该科目贷方记企业计提的坏账准备,企业当期计提的坏账准备,应借记“资产减值损失”账户,贷记“坏账准备”账户;该账户的借方记企业冲销的坏账准备,借记“坏账准备”账户,贷记“资产减值损失”账户或“应收账款”账户等。坏账准备是应收款项的备抵账户(抵销应收账款),所以它在贷方记增加,借方记减少,余额一般在贷方。

特别注意,当期计提的坏账准备是按相关计提方法计算得出的坏账准备金额,减去期初坏账准备的贷方余额。即:

当期计提的坏账准备＝计算得出的坏账准备金额－期初“坏账准备”账户贷方余额

如果结果为正数,则为本期计提的坏账准备;如果是负数则为本期应冲销的坏账准备。

【例 7-9】 沿用[例 7-8]资料,

(1) 若2015年年底甲企业坏账准备的余额为300 000元，则2016年应计提的坏账准备为37 950元(337 950－300 000)，会计分录为：

借：资产减值损失　　37 950
　贷：坏账准备　　37 950

(2) 2017年，收到法院通知，甲企业的债务人A公司由于经营不善已经破产，其所欠货款计106 000元无法收回，甲企业将确认为坏账：

借：坏账准备　　106 000
　贷：应收账款　　106 000

(3) 2017年年底，甲企业坏账准备计算表，如表7-2所示。

表7-2　甲企业2017年坏账准备计算表

应收款项账龄	应收款项金额	估计坏账率	坏账准备金额
1年以内	328 000	1%	3 280
1～2年	520 000	10%	52 000
2～3年	56 000	50%	28 000
3年以上	47 000	100%	47 000
合　计	951 000		130 280

则2017年年底应计提的坏账准备＝130 280－(337 950－106 000)＝－101 670(元)

则应编制会计分录：

借：坏账准备　　101 670
　贷：资产减值损失　　101 670

因此，2017年年底，“应收账款”账户的账面余额为951 000元，而应收账款的账面价值为820 720元(应收账款的账面价值＝应收账款账面余额－坏账准备余额＝951 000－130 280)。资产负债表中应收账款的金额一般应以账面价值列示。

习　题

一、单项选择题

1. 2017年3月1日，甲公司向乙公司销售商品，乙公司向甲公司开出不带息商业承兑汇票一张，票面金额为300万元，到期日为2008年8月31日。2017年4月1日，甲公司将收到的乙公司开出并承兑的商业承兑汇票向银行贴现，取得贴现款280万元。合同约定，在票据到期日不能从乙公司收到票款时，丙商业银行可向甲公司追偿。假定不考虑其他因素，2017年4月，甲公司该应收票据贴现影响利润总额的金额为(　　)万元。

A. 0　　B. 5　　C. 10　　D. 20

2. 下列各项中，作为其他应收款核算的是(　　)。

A. 备用金　　　　　　　　　　　　B. 租用设备支付的押金

C. 预付的货款　　　　　　　　　　D. 代扣代交的个人所得税

二、计算题

A公司销售一批商品给乙企业，货已发出。增值税专用发票上注明的商品价款为200 000元，增值税销项税额为34 000元。当日收到乙企业签发的不带息商业承兑汇票一张，该票据的期限为3个月。相关销售商品收入符合收入确认条件。相关要求如下：

(1) 编制销售实现时的会计分录。

(2) 假定3个月后，应收票据到期，甲企业收回款项234 000元，存入银行，编制相关的会计分录。

(3) 如果甲企业在该票据到期前向银行贴现，且银行拥有追索权，假定甲企业贴现获得现金净额312 660元，编制相关的会计分录。

第八章 存　　货

引导案例

甲公司2012年5月11日在创业板上市，当年7月16日公告半年报称，报告期净利润下降约95%，其中二季度亏损近1500万元。8月23日公告称，预计前三季度净利润下滑91%～94%。同日，甲公司通过一则董事会会议公告，传达了一条重要信息：公司董事会已经通过变更存货计价方法，将原来的“先进先出法”变更为“加权平均法”，原因是采用了新的财务系统SAP(ERP)，该系统要求必须采用加权平均法计价。上市后业绩迅速变脸已经引起投资者诟病，这次以财务软件无能为由变更会计处理方法，背后究竟隐藏着什么？

本章内容提要

主要包括存货概述、存货收入及发出的核算、存货的期末计量。

第一节 存货概述

一、存货的概念与确认条件

(一) 存货的概念

存货是指企业在日常活动中持有以备出售的产成品或商品、处在生产过程中的在产品、在生产过程或提供劳务过程中耗用的材料、物料等。存货区别于固定资产等非流动资产的最基本的特征是，企业持有存货的最终目的是为了出售，包括可供直接销售的产成品、商品，以及需要进一步加工后出售的原材料等。企业的存货通常包括以下内容：

(1) 原材料是指企业在生产过程中经加工改变其形态或性质并构成产品主要实体的各种原料及主要材料、辅助材料、外购半成品（外购件）、修理用备件（备品备件）、包装材料、燃料等。为建造固定资产等各项工程而储备的各种材料，虽然同属于材料，但是，由于用于建造固定资产等各项工程不符合存货的定义，因此不能作为企业的存货进行核算。

(2) 在产品是指企业正在制造尚未完工的产品，包括正在各个生产工序加工的产品和已加工完毕但尚未检验或已检验但尚未办理入库手续的产品。

(3) 半成品是指经过一定生产过程并已检验合格交付半成品仓库保管,但尚未制造完工成为产成品,仍需进一步加工的中间产品。

(4) 产成品是指工业企业已经完成全部生产过程并验收库,可以按照合同规定的条件送交订货单位,或者可以作为商品对外销售的产品。企业接受外来原材料加工制造的代制品和为外单位加工修理的代修品,制造和修理完成验收入库后,应视同企业的产成品。

(5) 商品是指商品流通企业外购或委托加工完成验收入库用于销售的各种商品。

(6) 周转材料是指企业能够多次使用,但不符合固定资产定义的材料,如为了包装本企业商品而储备的各种包装物,各种工具、管理用具、玻璃器皿、劳动保护用品以及在经营过程中周转使用的容器等低值易耗品建造承包商的钢模板、木模板、脚手架等其他周转材料。但是,周转材料符合固定资产定义的,应当作为固定资产处理。

(二) 存货的确认条件

存货必须在符合定义的前提下,同时满足下列两个条件,才能予以确认。

1. 与该存货有关的经济利益很可能流入企业

企业在确认存货时,需要判断与该项存货相关的经济利益是否很可能流入企业。在会计实务中,主要通过判断与该项存货所有权相关的风险和报酬是否转移到了企业来确定。通常情况下,取得存货的所有权是与存货相关的经济利益很可能流入本企业的一个重要标志。例如,根据销售合同已经售出(取得现金或收取现金的权利)的存货,其所有权已经转移,与其相关的经济利益已不能再流入本企业,此时,即使该项存货尚未运离本企业,也不能再确认为本企业的存货。又如,委托代销商品,由于其所有权并未转移至受托方,因而委托代销的商品店仍应当确认为委托企业存货的一部分。总之,企业在判断与存货相关的经济利益能否流入企业时,主要应结合该项存货所有权的归属情况进行分析确定。

2. 该存货的成本能够可靠地计量

作为企业资产的组成部分,要确认为存货,企业就必须能够对其成本进行可靠计量。存货的成本能够可靠计量必须以取得确凿可靠的证据为依据,并且具有可检验性。如果存货成本不能可靠计量,则不能确认为一项存货。例如,企业承诺的订货合同,由于并未实际发生,不能可靠确定其成本,因此就不能确认为购买企业的存货。又如,企业预计发生的制造费用,由于并未实际发生,不能可靠地确认其成本,因此不能计入产品成本。

第二节 收入及发出存货的核算

一、收入存货的核算

企业取得存货应当按照成本进行计量。存货成本包括采购成本、加工成本和使存货达到目前场所和状态所发生的其他成本三个组成部分。由于存货的取得方式是多种多样的,而在不同的取得方式下,存货的成本的具体构成内容并不完全相同。因此,存货的实际取得成本应结合存货的具体取得方式分别确定,并作为存货入账的证据。企业存货的取得主要是通过外购和自制两个途径。

（一）外购存货

1. 外购存货的成本

企业外购存货主要包括原材料和商品。外购存货的成本即存货的采购成本，是指企业物资从采购到入库前所发生的全部支出，包括购买价款、相关税费、运输费、装卸费、保险费以及其他可归属于存货采购成本的费用。

商品流通企业在采购商品过程中发生的运输费、装卸费、保险费以及其他可归属于存货采购成本的费用等进货费用，应计入所购商品成本。在实务中，企业也可以将发生的运输费、装卸费、保险费以及其他可归属于存货采购成本的费用等进货费用先进行归集，期末按照所购商品的存销情况进行分摊。对于已销售商品的进货费用，计入主营业务成本；对于未售商品的进货费用，计入期末存货成本。商品流通企业采购商品的进货费用金额较小的，可以在发生时直接计入当期销售费用。

2. 外购存货的会计处理

企业外购的存货，由于距离地点远近的不同、货款结算方式的不同等原因，可能形成货款结算和存货验收入库不是同步完成的情形；同时，外购存货的结算方式可能是现金采购、赊购、预付款采购等。因此，企业外购的存货应根据具体情况，分别进行会计处理。本章以下例题如无特别说明，均假定企业（公司）采用实际成本法对存货进行日常核算。

（1）存货验收入库和货款结算同步完成。在存货验收入库和货款结算同时完成的情况，企业应于支付货款或开出承兑商业汇票，并且存货验收入库后，根据发票账单等结算凭证确定存货采购成本，并作如下会计分录：

借：原材料

　　应交税费——应交增值税（进项税额）

　贷：银行存款、应付票据等

【例 8-1】 甲公司为增值税一般纳税人，5 月 10 日从上海某企业购入钢材一批，取得的增值税专用发票上注明的钢材价款为 100 000 元，增值税额为 17 000 元，发票等结算单证已收到，货款及税款已通过银行付讫。材料已到达并如数验收入库。根据上述材料，甲公司应作如下会计分录：

借：原材料	100 000	
应交税费——应交增值税（进项税额）	17 000	
贷：银行存款		117 000

（2）货款已结算但存货尚在运输途中。对于已经付款或已开出承兑商业汇票，但存货尚未达到或者尚未验收入库的采购业务，企业应根据发票账单等结算凭证作如下会计凭证：

支付款项或开出商业汇票时：

借：在途物资

　　应交税费——应交增值税（进项税额）

　贷：银行存款（应付票据）

收到材料并验收入库时：

借：原材料、周转材料、库存商品等
　贷：在途物资

【例 8-2】 甲公司为增值税一般纳税人，5 月 10 日从上海某企业购入钢材一批，取得的增值税专用发票上注明的钢材价款为 100 000 元，增值税税额为 17 000 元，发票等结算单证已收到，货款及税款已通过银行付讫。另用转账支票支付运杂费 3 000 元，其中，运费为 2 000元（运费可抵扣的增值税按照 7%计算）。材料尚在运输途中。根据上述材料，甲公司应作如下账务处理：

支付货款时（材料尚在途中）：

$$增值税进项税额=17\,000+2\,000\times 7\%=17\,140(元)$$
$$原材料采购成本=100\,000+(3\,000-2\,000\times 7\%)=102\,860(元)$$

借：在途物资	102 860	
应交税费——应交增值税（进项税额）	17 140	
贷：银行存款（应付票据）		120 000

收到材料并验收入库时：

借：原材料	102 860	
贷：在途物资		102 860

(3) 存货已验收入库但结算凭证尚未达到。对于存货已到达并验收入库，但发票账单等结算凭证未到而未支付货款的采购业务，平时可不作账务处理，月内收到发票账单等结算凭证时，按正常账务处理。如到月末仍未收到发票账单的，应于月末按存货的暂估价值入账，下月月初再用红字做同样的会计分录冲销原来的暂估价值，待收到发票账单时，再按正常购货业务进行账务处理。有关账务处理如下：

收到材料等货款时，按暂估价值作出如下会计分录：

借：原材料、周转材料、库存商品等
　贷：应付账款——暂估应付账款

此月月初，用红字冲回暂估价值，作如下会计分录：

借：原材料、周转材料、库存商品等（红字）
　贷：应付账款——暂估应付账款（红字）

【例 8-3】 甲公司为增值税一般纳税人，5 月 10 日，从上海某企业购入钢材一批，材料已运达企业并已验收入库，但发票账单等结算凭证尚未达到。月末时，该材料的结算凭证仍未到达，甲公司对该批材料估价 120 000 元。6 月 12 日，结算凭证到达企业，取得的增值税专用发票上注明的钢材价款为 100 000 元，增值税额为 17 000 元，货款及税款已通过银行付讫。根据上述材料，甲公司应作如下账务处理：

5 月 10 日，材料运达企业并验收入库时，暂不作账务处理。

5 月 31 日，按暂估价值入账：

借:原材料 120 000
  贷:应付账款——暂估应付账款 120 000

6月1日,用红字冲销暂估价值时:

借:原材料 (20 000)
  贷:应付账款——暂估应付账款 (120 000)

6月12日,收到结算凭证并支付货款时:

借:原材料 100 000
  应交税费——应交增值税(进项税额) 17 000
  贷:银行存款 117 000

(4) 采用预付货款方式购入存货。在采用预付货款方式购入存货的情况下,企业应根据交易或事项的发生情况作如下账务处理:

预付货款时,作如下会计分录:

借:预付账款或应付账款(实际预付金额)
  贷:银行存款

购入货物并验收入库时,应按照发票账单等结算凭证确定的存货成本,作如下会计分录:

借:原材料、周转材料、库存商品等(确定的采购成本)
  应交税费——应交增值税(进行税额)
  贷:预付账款

预付货款不足,补付货款时,应按不服的金额作如下的会计分录:

借:预付账款
  贷:银行存款

如供货方退回多付的预付账款,则做如下会计分录:

借:银行存款
  贷:预付账款

【例8-4】 甲公司为增值税一般纳税人,3月10日向乙公司预付货款100 000元,采购原材料一批,乙公司于4月12日交付所购材料,并开来增值税专用发票,材料价款为200 000元,增值税额为34 000元。4月13日,甲公司通过银行转账补足货款。根据上述材料,甲公司应作如下账务处理:

3月10日,预付货款时:

借:预付账款——乙公司 100 000
  贷:银行存款 100 000

4月12日,购入材料并验收入库时:

借:原材料 200 000
  应交税费——应交增值税(进行税额) 34 000
  贷:预付账款——乙公司 234 000

4月13日，补足货款时：

借：预付账款——乙公司　134 000
　贷：银行存款　134 000

(5) 采用赊购方式购入存货。在采用赊购方式购入存货的情况下，企业应于货物入库后，按发票账单等结算凭证确定的存货成本。有关账务处理如下：

购入货物并验收入库时，作如下会计分录：

借：原材料、周转材料、库存商品等（确定的采购成本）
　　应交税费——应交增值税（进项税额）
　贷：应付账款

偿付货款时，根据实际支付的货款金额作如下会计分录：

借：应付账款等
　贷：银行存款
　　财务费用（享有的现金折扣）

【例8-5】 甲公司为增值税一般纳税人，6月10日从上海某企业购入钢材一批，取得的增值税专用发票上注明的钢材价款为100 000元，增值税额为17 000元，原材料已到达并如数验收入库。但货款尚未支付，信用期为1个月。根据上述材料，甲公司应作如下会计分录：

6月10日，购入原材料：

借：原材料　100 000
　　应交税费——应交增值税（进行税额）　17 000
　贷：应付账款　117 000

7月10日，支付货款时：

借：应付账款——乙公司　117 000
　贷：银行存款　117 000

3. *外购存货发生短缺的会计处理*

外购存货由于各种原因会使实收数量和应收数量不符，其差额即在途消耗。企业购进存货发生的在途消耗应根据不同情况分别做账务处理：

运输途中的合理损耗，应计入购入存货的成本中；属于供货单位或运输机构赔偿的部分，应由责任人补足存货或赔偿货款，不计入存货的采购成本；属于自然灾害、被盗等非常原因造成的存货损毁，应先转入“待处理财产损溢”账户核算；待报经批准处理后，将扣除保险公司及有关责任人赔偿后的净损失，计入当期损益（营业外支出）；尚未查明原因的存货短缺，先转入“待处理财产损溢”账户结算；待查明原因后，再按上述要求进行会计处理。上列短缺存货涉及增值税的，也应进行相应的处理。

【例8-6】 甲公司为增值税一般纳税人，外购钢材一批，价款为100 000元，增值税税额17 000元税款已支付，材料尚在运输途中。材料运到验收入库时，发现短缺10 000元的材料。后查明原因，其中20%属于合理损耗，40%应由运输机构赔偿，另40%属于非常损失，其中保险公司理赔 3 000 元。

(1) 购买材料时,应作如下会计分录:

借:在途物资	100 000	
应交税费——应交增值税(进项税额)	17 000	
贷:银行存款		117 000

(2) 材料入库时,应作如下会计分录:

借:原材料	90 000	
待处理财产损溢——待处理流动资产损溢	10 000	
贷:在途物资		100 000

(3) 查明原因处理短缺材料时,应作如下会计分录:

借:原材料	2 000	
其他应收款——运输公司	4 680	
——保险公司	3 000	
营业外支出	1 680	
贷:待处理财产损溢——待处理流动资产损溢		10 000
应交税费——应交增值税(进项税额转出)		1 360

(4) 收到相关赔偿时,作如下会计分录:

借:银行存款	7 680	
贷:其他应收款——运输公司		4 680
——保险公司		3 000

(二) 加工取得的存货

1. 自制存货的成本及会计处理

企业通过进一步加工取得的存货,主要包括产成品、在产品、半成品、委托加工物资等,其成本由采购成本、加工成本构成。某些存货还包括使存货达到目前场所和状态所发生的其他成本,如可直接认定的产品设计费用等。企业通过进一步加工取得的存货的成本中采购成本是由所使用或消耗的原材料采购成本转移而来的,因此,计量加工取得的存货成本,重点是要确定存货的加工成本。

存货加工成本由直接人工和制造费用构成,其实质是企业在进一步加工存货的过程中追加发生的生产成本,因此,不包括直接由材料存货转移来的价值。其中,直接人工是指企业在生产产品过程中,直接从事产品生产的工人的职工薪酬。直接人工和间接人工的划分依据通常是生产工人是否与所生产产品直接相关(即可否直接确定其服务的产品对象)。制造费用是指企业为生产产品和提供劳务而发生的各项间接费用。制造费用是一项间接生产成本,包括企业生产部门(如生产车间)管理人员的职工薪酬、折旧费、办公费、水电费、机物料消耗、劳动保护费、季节性和修理期间的停工损失等。

企业对自制存货的成本,应设置"生产成本"账户进行核算,并按成本计算对象设置明细账。企业发生的应计入产品成本的费用均应记入"生产成本"账户,待该产品验收入库后,再按确定的实际成本转入"库存商品"账户等。

2. 委托加工存货的成本及会计处理

委托加工存货的成本，一般包括加工过程中实际消耗的原材料或半成品成本、加工费、运输费、装卸费等，以及按规定应计入加工成本的税金。这里的税金主要是指增值税和消费税等。

（三）其他方式取得存货的成本

企业取得存货的其他方式主要包括投资者投资、非货币性资产交换、债务重组、企业合并以及存货盘盈等。

1. 投资者投入存货的成本

投资者投入存货的成本，应当按照投资合同或协议约定的价值确定，但合同或协议约定价值不公允的除外。在投资合同或协议约定价值不公允的情况下，按照该项存货的公允价值作为其入账价值。

2. 通过非货币性资产交换、债务重组、企业合并等方式取得的存货的成本

企业通过非货币性资产交换、债务重组、企业合并等方式取得的存货，其成本应当分别按照《企业会计准则第7号——非货币性资产交换》《企业会计准则第12号——债务重组》和《企业会计准则第20号——企业合并》等的规定确定。但是，其后续计量和披露应当执行《企业会计准则第1号——存货》（以下简称存货准则）的规定。

3. 盘盈存货的成本

盘盈的存货应按其重置成本作为入账价值，并通过“待处理财产损溢”账户进行会计处理，按管理权限报经批准后，冲减当期管理费用。

【例8-7】 甲公司在财产清查过程中盘盈K材料1 000千克，实际单位成本60元，经查属于材料收发计量方面的错误。甲公司应编制的会计分录为：

（1）批准处理前：

借：原材料　　60 000
　贷：待处理财产损溢——待处理流动资产损溢　　60 000

（2）批准处理后：

借：待处理财产损溢——待处理流动资产损溢　　60 000
　贷：管理费用　　60 000

二、发出存货的计量

（一）发出存货成本的计量方法

企业应当根据各类存货的实物流转方式、企业管理的要求、存货的性质等实际情况，合理地选择发出存货成本的计算方法，以合理确定当期发出存货的实际成本。

对于性质和用途相似的存货，应当采用相同的成本计算方法确定发出存货的成本。企业在确定发出存货的成本时，可以采用个别计价法、先进先出法、月末一次加权平均法和移动加权平均法等方法。现行会计准则不允许采用后进先出法确定发出存货的成本。

1. 个别计价法

个别计价法又称个别认定法、具体辨认法、分批实际法，其特征是注重所发出存货具体

项目的实物流转与成本流转之间的联系，逐一辨认各批发出存货和期末存货所属的购进批别或生产批别，分别按其购入或生产时所确定的单位成本计算各批发出存货和期末存货的成本。

【例 8-8】 假定 A 企业 2015 年 8 月份某种商品存货的入库、发出和结存的资料，如表 8-1 所示。

表 8-1　　**某存货收、发、存明细表**　　单位：元

日期	摘要	收入			发出			结存		
		数量	单价	金额	数量	单价	金额	数量	单价	金额
8/1	期初结存							520	1	520
8/4		300	1.2	360				820		
8/10	购入				600			220		
8/15	发出	450	1.1	495				670		
8/19	购入				400			270		
8/21	发出	230	1.2	276				500		
	购入									
8/31	合计	980		1 131	1 000			500		

经确认，8 月 10 发出 600 件中，有 400 件是期初结存的，有 200 件是 8 月 4 日购入的；8 月 19 日发出的 400 件均是 8 月 15 日购入的存货，则：

本期发出存货总成本＝400×1＋200×1.2＋400×1.1＝1 080(元)

期末存货成本＝120×1＋100×1.2＋50×1.1＋230×1.2＝571(元)

2. 先进先出法

先进先出法是以先购入的存货应先发出(销售或耗用)这样一种存货实物流转假设为前提，对发出存货进行计价。采用这种方法，先购入的存货成本在后购入存货成本之前转出，据此确定发出存货和期末存货的成本。

【例 8-9】 根据前述表 8-1 的资料采用先进先出法计算登记的某存货明细账，如表 8-2 所示。

表 8-2　　**先进先出法下某存货收、发、存明细表**　　单位：元

日期	摘要	收入			发出			结存		
		数量	单价	金额	数量	单价	金额	数量	单价	金额
8/1	期初结存							520	1	520
8/4	购入	300	1.2	360				520 300	1 1.2	520 360
8/10					520 80	1 1.2	520 96	220	1.2	264
8/15	购入	450	1.1	495				220 450	1.2 1.1	264 495
8/19	发出				220 180	1.2 1.1	264 198	270	1.1	297

(续表)

日期	摘要	收入			发出			结存		
		数量	单价	金额	数量	单价	金额	数量	单价	金额
8/21	购入	230	1.2	276				270 230	1.1 1.2	297 276
8/31	本期发生额及期末余额	980		1 131	1 000		1 078	270 230	1.1 1.2	297 276

3. 月末一次加权平均法

月末一次加权平均法是指以当月全部进货数量加上月初存货数量作为权数，去除当月全部进货成本加上月初存货成本，计算出存货的加权平均单位成本，以此为基础计算当月发出存货的成本和期末存货的成本的一种方法。

存货单位成本＝[存货月初库存存货＋∑(本月某批进货×本月某批)]÷(月初库存存货数量＋本月各批进货数量之和)

本月发出存货的成本＝本月发出存货的数量×存货单位成本

本月月末库存存货成本＝月末库存存货的数量×存货单位成本

【例 8-10】 根据表 8-1 的资料，计算：

月末一次加权平均单位成本＝(520×1＋300×1.2＋450×1.1＋230×1.2)÷(520＋300＋450＋230)＝1.10

本期发出存货的成本＝1 000×1.1＝1 100(元)

期末结存存货的成本＝500×1.1＝550(元)

4. 移动加权平均法

移动加权平均法是指以每次进货的成本加上原有库存存货的成本，除以每次进货数量与原有库存存货的数量之和，据以计算加权平均单位成本，作为在下次进货前计算各次发出存货成本的依据。计算公式如下：

存货单位成本＝(原有库存存货的实际成本＋本次进货的实际成本)÷(原有库存存货数量＋本次进货数量)

本次发出存货的成本＝本次发出存货数量×本次发货前的存货单位成本

本月月末库存存货成本＝月末库存存货的数量×本月月末存货单位成本

【例 8-11】 根据表 8-1 的资料，采用移动平均法计算登记的存货明细账，如表 8-3 所示。

表 8-3 **移动平均法下某存货收、发、存明细表** 单位：元

日期	摘要	收入			发出			结存		
		数量	单价	金额	数量	单价	金额	数量	单价	金额
8/1	期初结存							520	1	520
8/4	购入	300	1.2	360				820	1.07	880
8/10					600	1.07	642	220	1.07	238

(续表)

日期	摘要	收入			发出			结存		
		数量	单价	金额	数量	单价	金额	数量	单价	金额
8/15	购入	450	1.1	495				670	1.09	733
8/19	发出				400	1.09	436	270	1.09	297
8/21	购入	230	1.2	276				500	1.15	573
8/31	本期发生额及期末余额	980		1 131	1 000		1 078	500	1.15	573

其中:8月4日购入后存货的平均单位成本为:

$$(520\times1+300\times1.2)\div(520+300)=1.07(\text{元})$$

8月15日购入后存货的平均单位成本为:

$$(220\times1.07+450\times1.1)\div(220+450)=1.09(\text{元})$$

(二) 存货成本的结转

企业销售存货,应当将已售存货的成本结转为当期损益,计入营业成本。这就是说,企业在确认存货销售收入的当期,应当将已经销售存货的成本结转为当期营业成本。

存货为商品、产成品的,企业应采用进先出法、移动加权平均法、月末一次加权平均法和个别计价法确定已销售商品的实际成本。存货为非商品存货的,如材料等,应将已出售的材料的实际成本予以结转,计入当期其他业务成本。这里所讲的材料销售不构成企业的主营业务。如果材料销售构成了企业的主营业务,则该材料为企业的商品存货,而不是非商品存货。

对已售存货计提了存货跌价准备,还应结转已计提的存货跌价准备,冲减当期主营业务成本或其他业务成本,实际上是按已售产成品或商品的账面价值结转主营业务成本或其他业务成本。企业按存货类别计提存货跌价准备的,也应按比例结转相应的存货跌价准备。

企业的周转材料(如包装物和低值易耗品)符合存货定义和确认条件的,按照使用次数分次计入成本费用。金额较小的,可在领用时一次计入成本费用,以简化核算,但为加强实物管理,应当在备查簿上进行登记。

第三节 期末存货的计量

一、存货期末计量原则

资产负债表日,存货应当按照成本与可变现净值孰低计量。

当存货成本低于可变现净值时,存货按成本计量;当存货成本高于可变现净值时,存货按可变现净值计量,同时按照成本高于可变现净值的差额计提存货跌价准备,计入当期损益。

成本与可变现净值孰低计量的理论基础主要是使存货符合资产的定义,且符合谨慎性原则的要求。当存货的可变现净值下跌至成本以下时,表明该存货会给企业带来的未来经济利益低于其账面成本，因而，应将这部分损失从资产价值中扣除，计入当期损益。否则，存货的可变现净值低于成本时，如果仍然以其成本计量，就会出现虚计资产的现象。

二、存货的可变现净值

可变现净值是指在日常活动中，存货的估计售价减去至完工时估计将要发生的成本、估计的销售费用以及相关税费后的金额。

（一）可变现净值的基本特征

1. 确定存货可变现净值的前提是企业在进行日常活动

如果企业不是在进行正常的生产经营活动，比如企业处于清算过程，那么不能按照存货准则的规定确定存货的可变现净值。

2. 可变现净值为存货的预计未来净现金流入，而不是简单地等于存货的售价或合同价

企业预计的销售存货现金流量，并不完全等于存货的可变现净值。存货在销售过程中可能发生的销售费用和相关税费，以及为达到预定可销售状态还可能发生的加工成本等相关支出，构成现金流入的抵减项目。企业预计的销售存货现金流量，扣除这些抵减项目后，才能确定存货的可变现净值。

3. 不同存货可变现净值的构成不同

（1）产成品、商品和用于出售的材料等直接用于出售的商品存货，在正常生产经营过程中，应当以该存货的估计售价减去估计的销售费用和相关税费后的金额，确定其可变现净值。

（2）需要经过加工的材料存货，在正常生产经营过程中，应当以所生产的产成品的估计售价减去至完工时估计将要发生的成本、估计的销售费用和相关税费后的金额，确定其可变现净值。

【例 8-12】 甲企业年末结存 A 材料一批，其账面成本 100 万元，市场销售价格为 90 万元。预计将该材料生产出产成品（尚无订货合同）而发生的加工成本为 40 万元，该产品市场售价是 160 万元，估计发生的销售费用及相关税金为 8 万元。要求：确定该材料期末是否计提跌价准备。

预计可变现净值＝160－40－8＝112（万元）
账面成本＝100（万元）

计算结果表明：该批原材料的预计可变现净值大于账面成本，不需要计提跌价准备。

【例 8-13】 甲企业年末结存 B 材料一批，其账面成本 100 万元，市场销售价格为 90 万元。预计将该材料生产出产成品（尚无订货合同）而发生的加工成本为 45 万元，该产品市场售价是 135 万元，估计发生的销售费用及相关税金为 7 万元。要求：确定该材料期末是否计提跌价准备。

预计可变现净值＝135－45－7＝63（万元）
账面成本＝100（万元）

计算结果表明：该批原材料的预计可变现净值小于账面成本，需要计提跌价准备。

(二)确定存货的可变现净值时应考虑的因素

企业在确定存货的可变现净值时,应当以取得的确凿证据为基础,并且考虑持有存货的目的、资产负债表日后事项的影响等因素。

1. 确定存货的可变现净值应当以取得确凿证据为基础

确定存货的可变现净值必须建立在取得确凿证据的基础上。这里所讲的"确凿证据",是指对确定存货的可变现净值和成本有直接影响的客观证明。

(1)存货成本的确凿证据。存货的采购成本、加工成本和其他成本及以其他方式取得存货的成本,应当以取得外来原始凭证、生产成本账簿记录等作为确凿证据。

(2)存货的可变现净值的确凿证据。存货可变现净值的确凿证据,是指对确定存货的可变现净值有直接影响的确凿证据,如产成品或商品的市场销售价格、与产成品或商品相同或类似商品的市场销售价格、销售方提供的有关资料和生产成本资料等。

2. 确定存货的可变现净值应当考虑持有存货的目的

由于企业持有存货的目的不同,确定存货可变现净值的计算方法也不同。如用于出售的存货和用于继续加工的存货,其可变现净值的计算就不相同,因此,企业在确定存货的可变现净值时,应考虑持有存货的目的。企业持有存货的目的,通常可以分为:

(1)持有以备出售的存货,如商品、产成品,其中又分为有合同约定的存货和没有合同约定的存货。

(2)将在生产过程或提供劳务过程中耗用的存货,如材料等。

3. 确定存货的可变现净值应当考虑资产负债表日后事项等的影响

确定存货的可变现净值应当考虑资产负债表日后事项等的影响,应当以最可靠的证据估计的售价并考虑持有存货的目的,资产负债表日至财务报告批准报出日之间存货售价发生波动的,如有确凿证据表明企业对资产负债表日存货已经存在的情况提供了新的或进一步的证据,则在确定存货可变现净值时应当给予考虑,否则,不应予以考虑。

三、存货期末计量的具体方法

(一)存货估计售价的确定

对于企业有的各类存货,在确定其可变现净值时,最关键的问题是确定估计售价。

企业应当区别如下情况确定存货的估计售价:

(1)为执行销售合同或者劳务合同而持有的存货,通常应当以产成品或商品的合同价格作为其可变现净值的计算基础。如果企业与购买方签订了销售合同(或劳务合同,下同),并且销售合同订购的数量等于企业持有存货的数量,在这种情况下,在确定与该项销售合同直接相关存货的可变现净值时,应当以销售合同价格作为其可变现净值的计算基础。也就是说,如果企业就其产成品或商品签订了销售合同,则该批产成品或商品的可变现净值应当以合同价格作为计算基础;如果企业销售合同所规定的标的物还没有生产出来,但持有专门用于该标的物生产的原材料,其可变现净值也应当以合同价格作为计算基础。

(2)如果企业持有存货的数量多于销售合同订购数量,超出部分的存货可变现净值应当以产成品或商品的一般销售价格(即市场销售价格)作为计算基础。

(3)如果企业持有存货的数量少于销售合同订购数量,实际持有与该销售合同相关的存货应以销售合同所规定的价格作为可变现净值的计算基础。如果该合同为亏损合同，还应同时按照《企业会计准则第 13 号——或有事项》的规定处理。

（4）没有销售合同约定的存货（不包括用于出售的材料），其可变现净值应当以产成品或商品一般销售价格（即市场销售价格）作为计算基础。

（5）用于出售的材料等，通常以市场价格作为其可变现净值的计算基础。这里的市场价格是指材料等的市场销售价格。如果用于出售的材料存在销售合同约定，应按合同价格作为其可变现净值的计算基础。

【例 8-14】 有一客户 10 月 1 日向甲企业签订了一份不可撤销的销售合同，订购甲企业某产品 12 台，每台价格 30 万元（不含增值税，下同），客户于明年 1 月 20 日提货。本年年末，甲企业结存该产品 14 台，每台账面单位成本 28 万元，市场销售价格每台 27 万元，估计每台发生销售费用及相关税费 0.1 万元，要求：确定该产品本年年末是否计提跌价准备。

第一种情况：有销售合同的库存商品的期末计价：

有销售合同的库存商品年末可变现净值＝12×(30－0.1)＝358.8(万元)

有销售合同的库存商品年末账面成本＝12×28＝336(万元)

所以，有销售合同的库存商品年末账面成本小于年末可变现净值，年末不需计提跌价准备。

第二种情况：无销售合同的库存商品的期末计价：

无销售合同的库存商品年末可变现净值＝2×(27－0.1)＝53.8(万元)

有销售合同的库存商品年末账面成本＝2×28＝56(万元)

所以，无销售合同的库存商品年末账面成本大于年末可变现净值，年末需要计提跌价准备 2.2 万元（56－53.8）。

（二）材料存货的期末计量

材料存货的期末价值应当以所生产的产成品的可变现净值与成本的比较为基础加以确定。

（1）对于为生产而持有的材料等，如果用其生产的产成品的可变现净值预计高于成本，则该材料仍然应当按照成本计量。这里的“材料”，是指原材料、在产品、委托加工材料等。“可变现净值高于成本”中的成本是指产成品的生产成本。

（2）如果材料价格的下降表明产成品的可变现净值低于成本，则该材料应当按可变现净值计量，按其差额计提存货跌价准备。

（三）计提存货跌价准备的方法

（1）企业通常应当按照单个存货项目计提存货跌价准备。

企业在计提存货跌价准备时通常应当以单个存货项目为基础。在企业采用计算机信息系统进行会计处理的情况下，完全有可能做到按单个存货项目计提存货跌价准备。在这种方式下，企业应当将每个存货项目的成本与其可变现净值逐一进行比较，按较低者计量存货，并且按成本高于可变现净值的差额，计提存货跌价准备。这就要求企业应当根据管理要求和存货的特点，明确规定存货项目的确定标准。比如，将某一型号和规格的材料作为一个存货项目，将某一品牌和规格的商品作为一个存货项目等。

（2）对于数量繁多、单价较低的存货，可以按照存货类别计提存货跌价准备。

如果某一类存货的数量繁多并且单价较低，企业可以按存货类别计量成本与可变现净值，即按存货类别的成本的总额与可变现净值的总额进行每个存货类别均取较低者确定存货期末价值。

（3）与在同一地区生产和销售的产品系列相关、具有相同或类似最终用途或目的，且难以与其他项目分开计量的存货，可以合并计提存货跌价准备。

存货具有相同或类似最终用途或目的，并在同一地区生产和销售，意味着存货所处的经济环境、法律环境、市场环境等相同，具有相同的风险和报酬。因此，在这种情况下，可以对该存货进行合并计提存货跌价准备。

【例 8-15】 甲企业 2015 年 12 月 31 日库存商品共有两大类 6 个品种，如表 8-4 所示。

表 8-4

甲企业 2015 年 12 月 31 日库存商品

库存商品		成本 （数量×单位成本）	可变现净值 （数量×单位净值）	成本与可变现净值孰低		
				单项比较	分类比较	总额比较
类别 1	A 项	4 000	5 000	4 000	13 700	
	B 项	4 500	6 500	4 500		
	C 项	5 200	4 100	4 100		
	小计	13 700	15 600			
类别 2	D 项	6 000	5 700	5 700	20 200	
	E 项	7 100	6 300	6 300		
	F 项	8 000	8 200	8 000		
	小计	21 100	20 200			
存货总额	34 800	35 800	32 600	33 900	34 800	

从表 8-4 中可以看出，不同的应用方法期末存货的价值是不同的：采用单项比较法，期末存货账面价值是 32 600 元；采用分类比较法，期末存货账面价值为 33 900 元；采用总额比较法，期末存货账面价值是 34 800 元。我国《企业会计准则》规定，企业通常应当按照单个存货项目计提存货跌价准备。对于数量繁多，单价较低的存货，可以按照存货类别计提存货跌价准备。与同一地区生产和销售的产品系列相关、具有相同或类似最终用途或目的，且难以与其他项目分开计量的存货，可以合并计提存货跌价准备。企业一旦确定选用哪一种方法，应前后各期保持一致，不得随意变更。

（4）存货存在下列情形之一的，通常表明存货的可变现净值低于成本。

第一，该存货的市场价格持续下跌，并且在可预见的未来无回升的希望。

第二，企业使用该项原材料生产的产品的成本大于产品的销售价格。

第三，企业因产品更新换代，原有库存原材料已不适应新产品的需要，而该原材料的市场价格又低于其账面成本。

第四，因企业所提供的商品或劳务过时或消费者偏好改变而使市场的需求发生变化，导致市场价格逐渐下跌。

第五，其他足以证明该项存货实质上已经发生减值的情形。

（5）存货存在下列情形之一的，通常表明存货的可变现净值为零。

第一，已霉烂变质的存货。

第二，已过期且无转让价值的存货。

第三，生产中已不再需要，并且已无使用价值和转让价值的存货。

第四，其他足以证明已无使用价值和转让价值的存货。

需要注意的是，资产负债表日，同一项存货中一部分有合同价格约定、其他部分不存在合同价格的，应当分别确定其可变现净值，并与其相对应的成本进行比较，分别确定存货跌价准备的计提或转回的金额，由此计提的存货跌价准备不得相互抵销。

（四）存货跌价准备转回的处理

（1）资产负债表日，企业应当确定存货的可变现净值。企业确定存货的可变现净值，应当以资产负债表日的状况为基础确定，既不能提前确定存货的可变现净值，也不能延后确定存货的可变现净值，并且在每一资产负债表日都应当重新确定存货的可变现净值。

（2）企业的存货在符合条件的情况下，以转回计提的存货跌价准备。存货跌价准备转回的条件是以前减记存货价值的影响因素已经消失，而不是在当期造成存货可变现净值高于成本的其他影响因素。

（3）当符合存货跌价准备转回的条件时，应在原已计提的存货跌价准备的金额内转回。即在对该项存货、该类存货或该合并存货已计提的存货跌价准备的金额内转回。转回的存货跌价准备与计提该准备的存货项目或类别应当存在直接对应关系，但转回的金额以将存货跌价准备余额冲减至零为限。

【例 8-16】 A企业采用成本与可变现净值孰低法进行存货计价，并且用备抵法进行账务处理。2014年年末，A类存货账面成本为10万元，预计可变现净值为8万元；2015年年末，该类种存货的成本不变，由于市场价格有所回升，使得该类存货预计可变现净值有所恢复，预计可变现净值为9.5万元；2016年年末，该类存货的成本仍然是10万元，可变现净值已恢复到原账面成本以上。则A企业的会计处理为：

（1）2014年年末：

借：资产减值损失——计提的存货跌价准备	20 000	
贷：存货跌价准备		20 000

（2）2015年年末：

借：存货跌价准备	15 000	
贷：资产减值损失——计提的存货跌价准备		15 000

（3）2016年年末：

借：存货跌价准备	5 000	
贷：资产减值损失——计提的存货跌价准备		5 000

（五）存货跌价准备的结转

企业计提了存货跌价准备，如果其中有部分存货已经销售，则企业在结转销售成本时，应同时结转对其已计提的存货跌价准备。对于因债务重组、非货币性资产交换转出的存货，也应同时结转已计提的存货跌价准备。如果按存货类别计提存货跌价准备的，应当按照发生销售、债务重组、非货币性资产交换等而转出的存货成本占该存货未转出前该类别存货成本的比例，结转相应的存货跌价准备。

四、存货盘亏或毁损的处理

存货发生的盘亏或毁损，应作为待处理财产损溢进行核算。按管理权限报经批准后，根据造成存货盘亏或毁损的原因，分别以下情况进行处理：

（1）属于计量收发差错和管理不善等原因造成的存货短缺，应先扣除残料价值、可以收回的保险赔偿和过失人赔偿，将净损失计入管理费用。

（2）属于自然灾害等非常原因造成的存货毁损，应先扣除处置收入（如残料价值）、可以收回的保险赔偿和过失人赔偿，将净损失计入营业外支出。

因非正常原因导致的存货盘亏或毁损，按规定不能抵扣的增值税进项税额应当予以转出。

【例 8-17】 甲公司在财产清查中发现盘亏 K 材料 500 千克，实际单位成本为 200 元，经查属于一般经营损失。假定不考虑相关税费。甲公司应编制如下会计分录：

（1）批准处理前：

借：待处理财产损溢——待处理流动资产损溢　　100 000
　贷：原材料　　100 000

（2）批准处理后：

借：管理费用　　100 000
　贷：待处理财产损溢——待处理流动资产损溢　　100 000

【例 8-18】 甲公司在财产清查中发现毁损 L 材料 500 千克，实际单位成本为 200 元，根据保险责任范围及保险合同规定，应由保险公司赔偿 60 000 元，残料已办理入库手续，价值 10 000 元。假定不考虑相关税费。甲公司应编制如下会计分录：

（1）批准处理前：

借：待处理财产损溢——待处理流动资产损溢　　100 000
　贷：原材料　　100 000

（2）批准处理后：

借：其他应收款——保险公司　　60 000
　　原材料　　10 000
　　营业外支出　　30 000
　贷：待处理财产损溢——待处理流动资产损溢　　100 000

习　题

一、单项选择题

1. 甲公司为制造企业，其在日常经营活动中发生的下列费用或损失，应当计入存货成本的是(　　)。

A. 仓库保管人员的工资

B. 季节性停工期间发生的制造费用

C. 存货在采购入库后领用前所发生的仓储费用

D. 采购运输过程中因自然灾害发生的损失

2. 甲公司库存A产成品的月初数量为1 000台,月初账面余额为8 000万元;A在产品的月初数量为400台,月初账面余额为600万元。当月为生产A产品耗用原材料、发生直接人工和制造费用共计15 400万元,其中包括因台风灾害而发生的停工损失300万元。当月,甲公司完成生产并入库A产成品2 000台,销售A产成品2 400台。当月末甲公司库存A产成品数量为600台,无在产品。甲公司采用月末一次加权平均法按月计算发出A产成品的成本。不考虑其他因素,甲公司A产成品当月月末的账面余额为(　　)万元。

A. 4 710　　B. 4 740　　C. 4 800　　D. 5 040

3. 20×3年年末,甲公司库存A原材料账面余额为200万元,数量为10吨。该原材料全部用于生产按照合同约定向乙公司销售的10件B产品。合同约定:甲公司应于20×4年5月1日前向乙公司发出10件B产品,每件售价为30万元(不含增值税)。将A原材料加工成B产品尚需发生加工成本110万元,预计销售每件B产品尚需发生相关税费0.5万元。20×3年年末,市场上A原材料每吨售价为18万元,预计销售每吨A原材料尚需发生相关税费0.2万元。20×3年年初,A原材料未计提存货跌价准备。不考虑其他因素,甲公司20×3年12月31日对A原材料应计提的存货跌价准备是(　　)万元。

A. 5　　B. 10　　C. 15　　D. 20

4. A公司发出存货采用加权平均法结转成本,按单项存货计提存货跌价准备,存货跌价准备在结转成本时结转。A公司2×15年年初结存甲产品1 200件,实际成本360万元,已计提存货跌价准备30万元。2×15年A公司未发生任何与甲产品有关的进货,甲产品当期售出400件。2×15年12月31日,A公司对甲产品进行检查时发现,库存甲产品均无不可撤销合同,其市场销售价格为每件0.26万元,预计销售每件甲产品还将发生销售费用及相关税金0.005万元。则A公司2×15年年末对甲产品计提的存货跌价准备金额为(　　)万元。

A. 6　　B. 16　　C. 26　　D. 36

5. 甲公司(增值税一般纳税人)2016年12月31日A库存商品的账面余额为220万元,已计提存货跌价准备30万元。2017年1月20日,甲公司将上述商品全部对外出售,售价为200万元,增值税销项税额为34万元,收到款项存入银行。2017年1月20日甲公司出售A商品影响利润总额的金额为(　　)万元。

A. 10　　B. −20　　C. 44　　D. 14

二、多项选择题

1. 下列资产中,符合存货的定义,应作为企业的存货进行核算的有(　　)。

A. 在途物资　　B. 委托加工物资　　C. 工程物资　　D. 发出商品

2. 下列各项与存货相关的费用中,应计入存货成本的有(　　)。

A. 材料采购过程中发生的保险费　　B. 材料入库前发生的挑选整理费

C. 材料入库后发生的储存费用　　　D. 材料采购过程中发生的装卸费用

3. 下列各项中,企业在判断存货成本与可变现净值孰低时,可作为存货成本确凿证据的有(　　)。

A. 销售合同价格　　　B. 生产成本资料

C. 生产预算资料　　　D. 生产成本账簿记录

4. 下列关于存货会计处理的表述中,正确的有(　　)。

A. 存货采购过程中发生的合理损耗计入存货采购成本

B. 存货跌价准备通常应当按照单个存货项目计提也可分类计提

C. 债务人因债务重组转出存货时不结转已计提的相关存货跌价准备

D. 发出原材料采用计划成本核算的应于资产负债表日调整为实际成本

5. 甲公司从事土地开发与建设业务,2015 年 7 月 1 日,甲公司以出让方式取得一宗土地使用权,实际成本为 14 000 万元,预计使用年限为 70 年。2016 年 5 月 15 日,甲公司在该地块上开始建设一住宅小区,建成后对外出售。至 2016 年 12 月 31 日,住宅小区尚未完工,共发生开发成本 12 000 万元(不包括土地使用权成本)。甲公司下列会计处理中错误的有(　　)。

A. 住宅小区所在地块的土地使用权取得时按照实际成本确认为无形资产

B. 住宅小区 2016 年 12 月 31 日作为存货列示,并按照 12 000 万元计量

C. 住宅小区所在地块的土地使用权在建设期间的摊销金额不计入住宅小区开发成本

D. 住宅小区 2016 年 12 月 31 日作为在建工程列示,并按照 26 000 万元计量

三、业务题

1. 甲企业为增值税一般纳税人,增值税税率为 17%。原材料采用实际成本核算,原材料发出采用月末一次加权平均法计价。运输费不考虑增值税。

2017 年 4 月,与 A 材料相关的资料如下:

(1) 1 日,“原材料——A 材料”科目余额 20 000 元(共 2 000 千克,其中含 3 月末验收入库但因发票账单未到而以 2 000 元暂估入账的 A 材料 200 千克)。

(2) 5 日,收到 3 月末以暂估价入库 A 材料的发票账单,货款 1 800 元,增值税额 306 元,对方代垫运输费 400 元,全部款项已用转账支票付讫。

(3) 8 日,以汇兑结算方式购入 A 材料 3 000 千克,发票账单已收到,货款 36 000 元,增值税额 6 120 元,运输费用 1 000 元。材料尚未到达,款项已由银行存款支付。

(4) 11 日,收到 8 日采购的 A 材料,验收时发现只有 2 950 千克。经检查,短缺的 50 千克确定为运输途中的合理损耗,A 材料验收入库。

(5) 18 日,持银行汇票 80 000 元购入 A 材料 5 000 千克,增值税专用发票上注明的货款为 49 500 元,增值税额 8 415 元,另支付运输费用 2 000 元,材料已验收入库,剩余票款退回并存入银行。

(6) 21 日,基本生产车间自制 A 材料 50 千克验收入库,总成本为 600 元。

(7) 30 日,根据“发料凭证汇总表”的记录,4 月份基本生产车间为生产产品领用 A 材料 6 000 千克,车间管理部门领用 A 材料 1 000 千克,企业管理部门领用 A 材料 1 000 千克。

要求：

(1) 计算甲企业4月份发出A材料的单位成本。

(2) 根据上述资料，编制甲企业4月份与A材料有关的会计分录。

(“应交税费”科目要求写出明细科目和专栏名称)

2. 某企业某存货收、发、存情况表，如表8-5所示。

表8-5 **某存货收、发、存明细表** 单位：元

日期	摘要	收入			发出			结存		
		数量	单价	金额	数量	单价	金额	数量	单价	金额
8/1	期初结存							800	1.5	1 200
8/4	购入	500	1.6	800						
8/10					700					
8/15	购入	550	1.7	935						
8/19	发出				900					
8/21	购入	460	1.8	828						
8/31	本期发生额及期末余额	1 510		2 563	1 600			710		

要求：分别采用先进先出法、全月一次加权平均法和移动平均法计算发出存货和期末结存存货的成本。

3. 同江股份有限公司(以下称为“长江公司”)是一家生产电子产品的上市公司，为增值税一般纳税企业。

(1) 2016年12月31日，同江公司期末存货有关资料，如表8-6所示。

表8-6 **同江公司期末存货有关资料**

存货品种	数量	单位成本(万元)	账面余额(万元)	备注
甲产品	280台	15	4 200	
乙产品	500台	3	1 500	
丙产品	1 000台	1.7	1 700	
丁配件	400件	1.5	600	用于生产丙产品
合计			8 000	

(2) 2016年12月31日，甲产品市场销售价格为每台13万元，预计销售费用及税金为每台0.5万元。2016年12月31日，乙产品市场销售价格为每台3万元。同江公司已经与某企业签订一份不可撤销的销售合同，约定在2009年2月10日向该企业销售乙产品300台，合同价格为每台3.2万元。乙产品预计销售费用及税金为每台0.2万元。

2016年12月31日，丙产品市场销售价格为每台2万元，预计销售费用及税金为每台0.15万元。2016年12月31日，丁配件的市场销售价格为每件1.2万元。现有丁配件可用于生产400台丙产品，用丁配件加工成丙产品后预计丙产品单位成本为1.75万元。

(3) 2015年12月31日，甲产品和丙产品的存货跌价准备余额分别为800万元和150

万元,对其他存货未计提存货跌价准备;2016 年销售甲产品和丙产品分别结转存货跌价准备 200 万元和 100 万元。同江公司按单项存货、按年计提跌价准备。

要求:计算同江公司 2016 年 12 月 31 日应计提或转回的存货跌价准备,并编制相关的会计分录。

第九章 长期股权投资

引导案例

保利房地产(集团)股份有限公司(600048)2012年年报的会计估计变更中披露:根据财政部2014年发布的《企业会计准则第2号——长期股权投资》的规定,对被投资单位不具有控制、共同控制或重大影响,并且在活跃市场中没有报价、公允价值不能可靠计量的"长期股权投资"应按照《企业会计准则第22号——金融工具确认及计量》进行处理。因此,公司变更了对上述被投资单位的核算方式,由长期股权投资成本法核算变为按可供出售金融资产核算,并按要求追溯调整期初数,涉及金额53 555.42万元,从"长期股权投资"账户转出计入"可供出售金融资产",有关调整对会计报表会产生什么影响?

本章内容提要

本章主要内容包括长期股权投资概述、长期股权投资的成本法、权益法以及长期股权投资的处置及减值。

第一节 长期股权投资概述

一、长期股权投资的概念

长期股权投资是指企业对被投资单位实施控制或具有重大影响的权益性投资,以及对其合营企业的权益性投资。

从投资角度来看,由长期股权投资形成的投资企业与被投资企业的关系,可以分为控制、共同控制、重大影响等几个种类。控制性投资是指企业持有的能够对被投资单位实施控制的权益性投资,即对子公司投资。共同控制性投资是指企业持有的能够与其他合营方共同对被投资单位实施共同控制的权益性投资,即对合营企业投资。重大影响性投资是指企业持有的能够对被投资单位具有重大影响的权益性投资,即对联营企业投资。无控制、共同控制或重大影响性投资是指企业持有的对被投资单位不具有控制、共同控制或重大影响,并且在活跃市场中没有报价、公允价值不能可靠计量的权益性投资。一般情况下,投资企业持有被投资企业50%以上的股份时，企业可以控制被投资企业。投资企业持有被投资企业20%～50%的股份时，投资企业对被投资企业具有重大影响。不同种类的长期股权投资关系，其会计处理方式也不同。

二、长期股权投资的初始计量

长期股权投资在取得时，应按初始成本入账。但视企业合并形成的长期股权投资和除企业合并外形成的长期股权投资而有所不同。其中，企业合并形成的长期股权投资的初始计量，又随同一控制下企业合并形成的长期股权投资和非同一控制下企业合并形成的长期股权投资而有所不同。

（一）形成控股合并的长期股权投资

企业合并是指将两个或两个以上单独的企业合并形成一个报告主体的交易或事项。控股合并是指一个企业取得了另一个企业的控制权。企业合并可分为同一控制下的企业合并和非同一控制下的企业合并两大类。

1. 形成同一控制下控股合并的长期股权投资

合并方以支付现金、转让非现金资产或承担债务方式作为合并对价的，应当在合并日按照取得被合并方所有者权益账面价值的份额作为长期股权投资的初始投资成本，借记“长期股权投资”账户；按应享有被投资单位已宣告但尚未发放的现金股利或利润，借记“应收股利”账户，按支付的合并对价的账面价值，贷记有关资产或借记有关负债账户。长期股权投资的初始投资成本与支付的现金、转让的非现金资产及所承担债务账面价值之间的差额，应当调整资本公积（资本溢价或股本溢价）；资本公积（资本溢价或股本溢价）的余额不足冲减的，调整留存收益。也就是说，如果为贷方差额，就贷记“资本公积——资本溢价或股本溢价”账户；如果为借方差额，应借记“资本公积——资本溢价或股本溢价”账户，资本公积（资本溢价或股本溢价）不足冲减的，应借记“盈余公积”“利润分配——未分配利润”账户。

合并方以发行股票的方式作为合并对价的份额，合并方应当在合并日按取得被合并方所有者权益在最终控制方合并财务报表中的账面价值的份额，借记“长期股权投资”账户，按应享有被投资单位已宣告但尚未发放的现金股利或利润，借记“应收股利”账户，按发行权益性证券的面值，贷记“股本”账户，如为贷方差额，贷记“资本溢价或股本溢价”账户；如为借方差额，应借记“资本公积——资本溢价或股本溢价”账户，资本公积（资本溢价或股本溢价）不足冲减的，借记“盈余公积”“利润分配——未分配利润”账户。

【例9-1】 2016年5月15日，甲公司向统一集团内的乙公司的原股东定向增发600万股普通股（每股面值为1元，市值4.5元），取得一公司100%的股权，并于当日起能够对乙公司实施控制。合并后，乙公司仍维持其独立法人资格继续经营。两公司在企业合并前采用的会计政策相同。合并日，乙公司的账面所有者权益的总额为700万元。

乙公司在合并后仍维持其独立法人资格继续经营，合并日甲公司应确认对乙公司的长期股权投资，其账面处理为：

借：长期股权投资——乙公司	7 000 000
贷：股本	6 000 000
资本公积——股本溢价	1 000 000

2. 形成非同一控制下控股合并的长期股权投资

非同一控制下的企业合并是指参与合并的各方在合并前后不受同一方或相同的多方最终控制的企业合并。与同一控制下的企业合并相比，非同一控制下的企业合并是合并各方通过市场进行公平交易的企业合并行为。

非同一控制下的控股合并中，购买方应当按照确定的企业合并成本作为长如股权投资的初始投资成本。企业合并成本包括购买方付出的资产、发生或承担的负债、发行的权益性证券的公允价值之和。

具体进行会计处理时，对于形成非同一控制下控股合并的长期股权投资，应在购买日按企业合并成本(不含应自被投资单位收取的现金股利或利润)，借记“长期股权投资”账户，按享有被投资单位已宣告但尚未发放的现金股利或利润，借记“应收股利”账户，按支付合并对价的账面价值，贷记有关资产或借记有关负债账户，按其差额，贷记“营业外收入”或“投资收益”等账户，或借记“营业外支出”“投资收益”等账户。按发生的直接相关费用，借记“管理费用”账户，贷记“银行存款”等账户。

非同一控制下控股合并涉及以库存商品等作为合并对价的，应按库存商品的公允价值，贷记“主营业务收入”或“其他业务收入”账户，并同时结转相关的成本。可供出售金融资产持有期间公允价值变动形成的其他综合收益应一并转入投资收益，借记“其他综合收益”账户，贷记“投资收益”账户。

【例 9-2】 A 公司于 2016 年 2 月 25 日取得 B 公司 60%的股权。为核实 B 公司的资产价值，A 公司聘请专业资产评估机构对 B 公司的资产进行评估，支付评估费用 200 万元。合并中，A 公司支付的有关资产在购买日的账面价值与公允价值，如表 9-1 所示。

本例中因 A 公司与 B 公司在合并前不存在任联方关系，应作为非同一控制下的控股合并处理。

表 9-1　　A 公司支付的有关资产在购买日的账面价值与公允价值　　单位:万元

项目	账面原价	累计摊销	账面价值	公允价值
土地使用权	7 000	1 200	5 800	6 000
专利技术	5 000	800	4 200	4 500
银行存款	3 000	3 000	3 000	
合计	15 000	2 000	13 000	13 500

A 公司对于形成控股合并的对 B 公司的长期股权投资，应按确定的企业合并成本作为其初始投资成本。A 公司应进行如下账务处理：

借:长期股权投资	135 000 000
累计摊销	20 000 000
贷:无形资产	120 000 000
银行存款	30 000 000
营业外收入	5 000 000
借:管理费用	2 000 000
贷:银行存款	2 000 000

【例 9-3】 甲公司 2017 年 4 月 1 日与乙公司原投资者 A 公司签订协议，甲公司和乙公司不属于同一控制下的公司。甲公司以存货和承担 A 公司的短期还贷款义务换取 A 持有的乙公司股权，2016 年 7 月 1 日合并日乙公司可辨认净资产公允价值为 1 000 万元，甲公司取得 70%的份额。甲公司投出存货的公允价值为 500 万元，增值税税额 85 万元，账面成本 400 万元，承担归还贷款义务 200 万元。则会计处理如下：

借：长期股权投资	7 850 000	
贷：短期借款		2 000 000
主营业务收入		5 000 000
应交税费——应交增值税（销项税额）		850 000
借：主营业务成本	4 000 000	
贷：库存商品		4 000 000

（二）企业合并以外的其他方式取得的长期股权投资

1. 以支付现金取得的长期股权投资

应当按照实际支付的购买价款作为长期股权投资的初始投资成本，包括与取得长期股权投资直接相关的费用、税金及其他必要支出。但所支付价款中包含的被投资单位已宣告但尚未发放的现金股利或利润应作为应收项目核算，不构成取得长期股权投资的成本。

【例 9-4】 2016 年 4 月 1 日，甲公司从证券市场上购入丁公司发行在外 1 000 万股股票作为长期股权投资，每股 8 元（含已宣告但尚未发放的现金股利 0.5 元），实际支付价款 8 000万元，另支付相关税费 40 万元。甲公司的会计处理如下：

借：长期股权投资	75 400 000	
应收股利	5 000 000	
贷：银行存款		80 400 000

2. 以发行权益性证券方式取得的长期股权投资

其成本为所发行权益性证券的公允价值，但不包括应自被投资单位收取的已宣告但尚未发放的现金股利或利润。

为发行权益性证券支付给有关证券承销机构等的手续费、佣金等与权益性证券发行直接相关的费用，不构成取得长期股权投资的成本，应自权益性证券的溢价发行收入中扣除，权益性证券的溢价收入不足冲减的，应冲减盈余公积和未分配利润。

【例 9-5】 A 公司通过增发 6 000 万股本公司普通股（每股面值 1 元）取得非关联方 B 公司 20%的股权，所增发股份的公允价值为 10 400 万元，为增发该部分股票，A 公司支付了 200 万元的佣金和手续费。不考虑其他因素则：

A 公司的会计处理如下：

借：长期股权投资	102 000 000	
贷：股本		60 000 000
资本公积——股本溢价		42 000 000

3. 投资者投入的长期股权投资

应当按照投资合同或协议约定的价值作为初始投资成本，但合同或协议约定的价值不公允的除外。

【例9-6】 2007年8月1日,A公司接受B公司投资,B公司将持有的对C公司的长期股权投资投入A公司。B公司持有的对C公司的长期股权投资的账面余额为800万元,未计提减值准备。A公司和B公司投资合同约定的价值为1 000万元,A公司的注册资本为5 000万元,B公司投资持股比例为20%。A公司的会计处理如下:

借:长期股权投资	10 000 000	
贷:实收资本		10 000 000

第二节 长期股权投资的成本法

长期股权投资在持有期间,根据投资企业对被投资单位的影响程度进行划分,应当分别采用成本法及权益法进行核算。

一、成本法的适用范围

投资方持有的对子公司投资应当采用成本法核算,投资方为投资性主体且子公司不纳入其合并财务报表的除外。

二、成本法的会计处理

(一)长期股权投资的取得

除企业合并形成的长期股权投资以外,以支付现金取得的长期股权投资,应当按照实际支付的购买价款作为初始投资成本。企业所发生的与取得长期股权投资直接相关的费用、税金及其他必要支出应计入长期股权投资的初始投资成本。

企业取得长期股权投资,实际支付的价款或对价中包含的已宣告但尚未发放的现金股利或利润,作为应收项目处理,不构成长期股权投资的成本。

长期股权投资取得时,应按照初始投资成本计价。支付现金、非现金资产等其他方式取得的长期股权投资,借记“长期股权投资”账户,贷记“银行存款”等账户。如果实际支付的价款中包含有已宣告但尚未发放的现金股利或利润,借记“应收股利”账户,贷记“银行存款”账户。

(二)持有期间被投资单位宣告发放现金股利或利润

当被投资单位宣告发放现金股利时,投资方按投资持股比例计算的份额,借记“应收股利”账户,贷记“投资收益”账户。

(三)长期股权投资的处置

处置长期股权投资时,按实际取得的价款与长期股权投资账面价值的差额确认为投资损益,并应同时结转已计提的长期股权投资减值准备。也就是,企业处置长期股权投资时,应按实际收到的金额,借记“银行存款”等账户,按原已计提减值准备,借记“长期股权投资减值准备”账户，按该项长期股权投资的账面余额，贷记“长期股权投资”账户，按尚未领取的现金股利或利润，贷记“应收股利”账户，按其差额，贷记或借记“投资收益”账户。

【例 9-7】 2016 年 6 月 10 日，甲公司以 1 000 万元收购乙公司 60%的股权，甲公司取得该部分股权后，派出人员参与乙公司的财务和生产经营决策，2016 年 9 月 30 日，乙公司宣告分派现金股利，甲公司按照其持有比例确定可分回 200 万元；2016 年 10 月 3 日，将该投资出售，价款为 1 500 万元。

甲公司对乙公司的长期股权投资应进行的账务处理为：

借：长期股权投资	10 000 000	
贷：银行存款		10 000 000
借：应收股利	2 000 000	
贷：投资收益		2 000 000
借：银行存款	15 000 000	
贷：长期股权投资		10 000 000
投资收益		5 000 000

第三节　长期股权投资的权益法

一、权益法的定义及其适用范围

权益法是指投资以初始投资成本计量后，在投资持有期间，根据被投资单位所有者权益的变动，投资企业按应享有(或应分担)被投资企业所有者权益的份额调整其投资账面价值的方法。

投资企业对被投资单位具有共同控制或重大影响的长期股权投资，即对合营企业投资及联营企业投资，应当采用权益法核算。共同控制是指按照相关约定对某项安排所共同的控制，并且该安排的相关活动必须经过分享控制权的参与方一致同意后才能决策。重大影响是指投资方对被投资方的财务和经营政策有参与决策的权力，但并不能够控制或者与其他方一起共同控制这些政策的制定。

二、权益法的会计处理

初始投资或追加投资时，按照初始投资成本或追加投资的投资成本，增加长期股权投资的账面价值。初始投资时，比较初始投资成本与投资时应享有被投资单位可辨认净资产公允价值的份额，前者大于后者的，不调整长期股权投资的账面价值；前者小于后者的，应当按照两者之间的差额调整长期股权投资的账面价值，同时计入取得投资的当期损益。持有投资期间，随着被投资单位所有者权益的变动相应调整增加或减少长期股权投资的账面价值。

会计处理时，在“长期股权投资”账户下，设置“成本”“损益调整”“其他权益变动”等明细账户。

（一）初始投资成本的调整

长期股权投资的初始投资成本大于投资时应享有被投资单位可辨认净资产公允价值份额的，不调整长期股权投资的初始投资成本；长期股权投资的初始投资成本小于投资时应享有被投资单位可辨认净资产公允价值份额的，应按其差额，借记“长期股权投资——成本”账户，贷记“营业外收入”账户。

【例 9-8】 A 公司以银行存款 1 000 万元取得 B 公司 30%的股权，取得投资时被投资单位可辨认净资产的公允价值为 3 000 万元。

（1）如 A 公司能够对 B 公司施加重大影响，则 A 公司应进行的会计处理为：

借：长期股权投资——B 公司（投资成本）　　10 000 000
　贷：银行存款　　10 000 000

注：商誉 100 万元（1 000－3 000×30%）体现在长期股权投资成本中。

（2）如投资时 B 公司可辨认净资产的公允价值为 3 500 万元，则 A 公司应进行的处理为：

借：长期股权投资——B 公司（投资成本）　　10 000 000
　贷：银行存款　　10 000 000

借：长期股权投资——B 公司（投资成本）　　500 000
　贷：营业外收入　　500 000

（二）损益调整

1. 账面价值的确认

投资企业取得长期股权投资后，应当按照应享有或应分担的被投资单位实现的净损益的份额，确认投资损益并调整长期股权投资的账面价值。投资企业按照被投资单位宣告分派的利润或现金股利计算应分得的部分，相应减少长期股权投资的账面价值。

在被投资单位账面净利润的基础上，应考虑以下因素的影响进行适当的调整：

（1）被投资单位采用的会计政策及会计期间与投资企业不一致的，应按投资企业的会计政策及会计期间对被投资单位的财务报表进行调整。

（2）以取得投资时被投资单位固定资产、无形资产的公允价值为基础计提的折旧额或摊销额，以及以投资企业取得投资时的公允价值为基础计算确定的资产减值准备金额等对被投资单位净利润的影响。

【例 9-9】 甲投资企业于 2016 年 1 月 1 日取得对联营企业 30%的股权，取得投资时被投资单位的固定资产公允价值为 500 万元，账面价值为 300 万元，固定资产的预计使用年限为 10 年，净残值为零，按照直线法计提折旧。被投资单位 2016 年度利润表中净利润为 300 万元，其中被投资单位当期利润表中已按其账面价值计算扣除的固定资产折旧费用为 30 万元，按照取得投资时固定资产的公允价值计算确定的折旧费用为 50 万元，不考虑所得税影响。

按该固定资产的公允价值计算的净利润为 280 万元（300－20），投资企业按照持股比例计算确认的当期投资收益应为 84 万元（280×30%）。则甲投资企业的会计处理为：

借:长期股权投资——损益调整 840 000
　贷:投资收益 840 000

2. 取得现金股利或利润的处理

按照权益法核算的长期股权投资,投资企业自被投资单位取得的现金股利或利润,应抵减长期股权投资的账面价值。在被投资单位宣告分派现金股利或利润时,借记“应收股利”账户,贷记“长期股权投资(损益调整)”账户。

3. 超额亏损的确认

投资企业确认被投资单位发生的净亏损,应当以长期股权投资的账面价值以及其他实质上构成对被投资单位净投资的长期权益减记至零为限,投资企业负有承担额外损失义务的除外。其他实质上构成对被投资单位净投资的长期权益,通常是指长期应收项目。比如,企业对被投资单位的长期债权,该债权没有明确的清收计划,且在可预见的未来期间不准备收回的,实质上构成对被投资单位的净投资。

在确认应分担被投资单位发生的亏损时,应当按照以下顺序进行处理:

(1) 冲减长期股权投资的账面价值(冲长期股权投资——损益调整明细账)。

(2) 长期股权投资的账面价值不足以冲减的,应当以其他实质上构成对被投资单位净投资的长期权益账面价值为限继续确认投资损失,冲减长期应收项目等的账面价值。

(3) 经过上述处理,按照投资合同或协议约定企业仍承担额外义务的,应按预计承担的义务确认预计负债,计入当期投资损失。

(4) 除上述情况仍未确认的应分担被投资单位的损失,应在账外备查登记。

被投资单位以后期间实现盈利的,企业扣除未确认的亏损分担额后,应按与上述相反的顺序处理,减记已确认预计负债的账面余额、恢复其他实质上构成对被投资单位净投资的长期权益及长期股权投资的账面价值,同时确认投资收益。

【例 9-10】 甲企业持有乙企业 40%的股权2015 年 12 月 31 日投资的账面价值为4 000 万元。乙企业 2016 年亏损 6 000 万元。假定取得投资时点被投资单位各资产公允价值等于账面价值,双方采用的会计政策、会计期间相同。

则甲公司的会计处理为:

借:投资收益 24 000 000
　贷:长期股权投资——损益调整 24 000 000

则:甲企业 2016 年应确认投资损失 2 400 万元,长期股权投资账面价值降至 1 600 万元。

上述如果乙企业当年度的亏损额为 12 000 万元,当年度甲企业应分担损失 4 800 万元,长期股权投资账面价值减至零。如果甲企业账上有应收乙企业长期应收款 1 600 万元,则应进一步确认损失。

借:投资收益 40 000 000
　贷:长期股权投资　　损益调整 40 000 000

借:投资收益 8 000 000
　贷:长期应收款 8 000 000

注意:除按上述顺序已确认的投资损失外仍有额外损失的,应在账外备查登记。

4. 其他综合收益、资本公积变动

投资企业对于被投资单位除净损益以外所有者权益的其他变动,应当调整长期股权投资的账面价值并计入其他综合收益或资本公积。

在持股比例不变的情况下,被投资单位除净损益以外所有者权益的其他变动,企业按持股比例计算应享有的份额,借记或贷记"长期股权投资"账户,贷记或借记"其他综合收益""资本公积——其他资本公积"等账户。

【例 9-11】 A 公司对 C 公司的投资占其有表决权资本的比例为 40%,C 公司 2016 年 8 月 20 日将自用房地产转换为采用公允价值模式计量的投资性房地产,该项房地产在转换日的公允价值大于其账面价值的差额为 100 万元。

A 公司的会计处理如下:

借:长期股权投资——C 公司(其他权益变动)　400 000
　贷:其他综合收益　400 000

【例 9-12】 A 企业持有 B 企业 30%的股份,能够对 B 企业施加重大影响。当期 B 企业因持有的可供出售金融资产公允价值的变动计入其他综合收益的金额为 1 800 万元,除该事项外,B 企业当期实现的净损益为 9 600 万元。假定 A 企业与 B 企业适用的会计政策、会计期间相同,投资时 B 企业有关资产、负债的公允价值与其账面价值亦相同,双方当期及以前期间未发生任何内部交易。则 A 企业的会计处理为:

借:长期股权投资——损益调整　28 800 000
　　　　　　　——其他权益变动　5 400 000
　贷:投资收益　28 800 000
　　　其他综合收益　5 400 000

第四节　长期股权投资核算方法的转换、处置及减值

一、长期股权投资核算方法的转换

长期股权投资在持有期间,当追加投资或减少投资的情况发生时,投资企业对被投资企业的影响程度也随之改变,可能导致其核算需要由一种方法转换为另外一种方法。

(一) 成本法转换为权益法

因持股比例下降由成本法改为权益法。具体调整项为:首先,按处置或收回投资的比例结转应终止确认的长期股权投资。在此基础上,当剩余的长期股权投资的成本大于按剩余持股比例计算的应享有原取得投资时被投资单位可辨认净资产公允价值的份额,不调整长期股权投资的账面价值;当剩余的长期股权投资的成本小于按剩余持股比例计算的应享有原取得投资时被投资单位可辨认净资产公允价值的份额,调整长期股权投资的账面价值

和留存收益。

对于原取得投资后至转变为权益法期初被投资单位实现净损益中(扣除已发放及已宣告发放的现金股利及利润)应享有份额的，调整长期股权投资和留存收益(以前年度损益)；对于处置投资当期期初至处置投资之日被投资单位实现的净损益中享有的份额，调整当期损益(当年损益)；其余原因导致被投资单位所有者权益变动中应享有的份额，调整长期股权投资和资本公积或其他综合收益等。

【例 9-13】 A 公司原持有 B 公司 60%的股权，其账面余额为 6 000 万元，未计提减值准备。20×6 年 12 月 6 日，A 公司将其持有的对 B 公司长期股权投资中的 1/3 出售给某企业，出售取得价款 3 600 万元，当日被投资单位可辨认净资产公允价值总额为 16 000 万元。A 公司原取得 B 公司 60%股权时，B 公司可辨认净资产公允价值总额为 9 000 万元(假定公允价值与账面价值相同)。自 A 公司取得对 B 公司长期股权投资后至部分处置投资前，B 公司实现净利润 5 000 万元。假定 B 公司一直未进行利润分配。除所实现净损益外，B 公司未发生其他计入资本公积的交易或事项。假定 A 公司按净利润的 10%提取盈余公积。在出售 20%的股权后，A 公司对 B 公司的持股比例为 40%，在被投资单位董事会中派有代表，但不能对 B 公司生产经营决策实施控制。对 B 公司长期股权投资应由成本法改为按照权益法核算。

则 A 公司的会计处理为：

(1) 确认长期股权投资处置损益：

借:银行存款	36 000 000	
贷:长期股权投资		20 000 000
投资收益		16 000 000

(2) 调整长期股权投资账面价值。剩余长期股权投资的账面价值为 4 000 万元，与原投资时应享有被投资单位可辨认净资产公允价值份额之间的差额 400 万元(4 000－9 000×40%)为商誉，该部分商誉的价值不需要对长期股权投资的成本进行调整。

(3) 处置投资以后按照持股比例计算享有被投资单位自购买日至处置投资日期间实现的净损益为 2 000 万元(5 000×40%)，应调整增加长期股权投资的账面价值，同时调整留存收益。企业应进行以下账务处理：

借:长期股权投资	20 000 000	
贷:盈余公积		2 000 000
利润分配——未分配利润		18 000 000

(二) 公允价值计量或权益法转为成本法

因追加投资原因导致原持有的分类为以公允价值计量且其变动计入当期损益的金融资产，或分类为可供出售金融资产，以及对联营企业或合营企业的投资转变为对子公司投资的，长期股权投资账面价值的调整应当按照本章第一节的有关规定处理。

(三) 公允价值计量转为权益法核算

投资企业对原持有的被投资单位的股权不具有控制、共同控制或重大影响，按照金融工具确认和计量准则进行会计处理的，因追加投资等原因导致持股比例增加，使其能够对被投资单位实施共同控制或重大影响而转按权益法核算的，应在转换日，按照原股权的公允价值加上为取得新增投资而应支付对价的公允价值，作为改按权益法核算的初始投资成本；原股权投资于转换日的公允价值与账面价值之间的差额，以及原计入其他综合收益的累计公允价值变动转入改按权益法核算的当期损益。

在此基础上，比较初始投资成本与获得被投资单位共同控制或重大影响时应享有被投资单位可辨认净资产公允价值份额之间的差额，前者大于后者的，不调整长期股权投资的账面价值；前者小于后者的，差额调整长期股权投资的账面价值，并计入当期营业外收入。

【例 9-14】 甲公司于 20×5 年 2 月取得乙公司 10%股权，对乙公司不具有控制、共同控制和重大影响，甲公司将其分类为可供出售金融资产，投资成本为 900 万元，取得时乙公司可辨认净资产公允价值总额为 8 400 万元(假定公允价值与账面价值相同)。20×6 年 3 月 1 日，甲公司又以 1 800 万元取得乙公司 12%的股权，当日乙公司可辨认净资产公允价值总额为 12 000 万元。取得该部分股权后，按照乙公司章程规定，甲公司能够派人参与乙公司的财务和生产经营决策，对该项长期股权投资转为采用权益法核算。

假定甲公司在取得对乙公司 10%的股权后，双方未发生任何内部交易。乙公司通过生产经营活动实现的净利润为 900 万元，未派发现金股利或利润。除所实现净利润外，未发生其他所有者权益变动事项。20×6 年 3 月 1 日，甲公司对乙公司投资原 10%股权的公允价值为 1 300 万元，原计入其他综合收益的累计公允价值变动收益为 120 万元。

本例中，20×6 年 3 月 1 日，甲公司对乙公司投资原 10%股权的公允价值为 1 300 万元，账面价值为 1 020 万元(900＋120)，差额计入损益；同时，因追加投资改按权益法核算，原计入其他综合收益的累计公允价值变动收益 120 万元转入损益。

甲公司对乙公司增持后，持股比例改为 22%，初始投资成本为 3 100 万元(1 300＋1 800)，应享有乙公司可辨认净资产公允价值份额为 2 640 万元(12 000×22%)，前者大于后者 460 万元，不调整长期股权投资的账面价值。

借：长期股权投资	31 000 000	
贷：银行存款		18 000 000
可供出售金融资产		10 200 000
投资收益		2 800 000
借：其他综合收益	1 200 000	
贷：投资收益		1 200 000

(四) 权益法转为公允价值计量

投资企业原持有的被投资单位的股权对其具有共同控制重大影响，因部分处置等原因导致持股比例下降不再对被投资单位实施共同控制或重大影响的，应于失去共同控制或重大影响时，该按金融工具确认和计量准则的规定对剩余股权进行会计处理。即对剩余股权在改按公允价值计量时，公允价值与其原账面价值之间的差额计入当期损益。同时，原采用权益法核算的相关其他综合收益应当在终止采用权益法核算时，采用与被投资单位直接处置相关资产或负债相同的基础进行会计处理；因被投资单位除净损益、其他综合收益和利润分配以外的其他所有者权益变动而确认的所有者权益，应当在终止采用权益法时全部转入当期损益。

【例 9-15】 甲公司持有乙公司 30%的有表决权股份，能够对乙公司施加重大影响，对该股权投资采用权益法核算。20×8 年 10 月，甲公司将该项投资中的 50%出售给非关联方，取得价款 1 800 万元。相关股权划转手续于当日完成。甲公司持有乙公司剩余 15%股权，无法再对乙公司施加重大影响，转为可供出售金融资产。股权出售日，剩余股权的公允价值为 1 800 万元。

出售该股权时，长期股权投资的账面价值为 3 200 万元，其中投资成本 2 600 万元，损益调整为 300 万元，因被投资单位的可供出售金融资产的累计公允价值变动享有部分为 200 万元，除净损益、其他综合收益和利润分配外的其他所有者权益变动为 100 万元。不考虑相关税费等其他因素影响。

甲公司的会计处理如下：

（1）确认有关股权投资的处置损益。

借：银行存款	18 000 000	
贷：长期股权投资		16 000 000
投资收益		2 000 000

（2）由于终止采用权益法核算，将原确认的相关其他综合收益全部转入当期损益。

借：其他综合收益	2 000 000	
贷：投资收益		2 000 000

（3）由于终止采用权益法核算，将原计入资本公积的其他所有者权益变动全部转入当期损益。

借：资本公积——其他资本公积	1 000 000	
贷：投资收益		1 000 000

（4）剩余股权投资转为可供出售金融资产，当天公允价值为 1 800 万元，账面价值为 1 600万元，两者差异计入当期投资收益。

借：可供出售金融资产	18 000 000	
贷：长期股权投资		16 000 000
投资收益		2 000 000

（五）成本法转公允价值计量

投资企业原持有被投资单位的股份达到控制，其后因部分处置等原因导致持股比例下降，不能再对被投资单位实施控制的，应将剩余股权改按金融工具确认和计量准则的要求进行会计处理，并于丧失控制权日将剩余股权按公允价值重新计量，公允价值与其账面价值的差额计入当期损益。

【例 9-16】 甲公司持有乙公司 60%股权并能控制乙公司，投资成本为 1 200 万元，按成本法核算。20×8 年 5 月 12 日，甲公司出售所公司股权的 90%给非关联方，所得价款为 1 800 万元，剩余 6%股权于丧失控制权日的公允价值为 200 万元，甲公司将其分类为以公允价值计量且其变动计入当期损益的金融资产中的交易性金融资产。假定不考虑其他因素，甲公司于丧失控制权日的会计处理如下：

（1）出售股权。

借：银行存款　　18 000 000
　贷：长期股权投资　　10 800 000
　　投资收益　　7 200 000

（2）剩余股权的处理。

借：交易性金融资产　　2 000 000
　贷：长期股权投资　　1 200 000
　　投资收益　　800 000

二、长期股权投资的处置

处置长期股权投资，其账面价值与实际取得价款的差额，应当计入当期损益（投资收益）。

采用权益法核算的长期股权投资，因被投资单位除净损益以外所有者权益的其他变动而计入所有者权益的，处置该项投资时应当将原计入所有者权益的部分按相应比例转入当期损益（投资收益）。

【例9-17】 A企业原持有B企业40%的股权，20×6年12月20日，A企业决定出售10%的B企业股权，出售时A企业账面上对B企业长期股权投资的构成为：投资成本1 800万元，损益调整480万元，可转入损益的其他综合收益100万元，其他权益变动200万元。出售取得价款705万元。

（1）A企业确认处置损益的账务处理为：

借：银行存款　　7 050 000
　贷：长期股权投资　　6 450 000
　　投资收益　　600 000

（2）除应将实际取得价款与出售长期股权投资的账面价值进行结转，确认出售损益以外，还应将原计入其他综合收益或资本公积的部分按比例转入当期损益。

借：资本公积——其他资本公积　　500 000
　　其他综合收益　　250 000
　贷：投资收益　　750 000

三、长期股权投资的减值

长期股权投资在按照规定进行核算确定其账面价值的基础上，如果存在减值迹象的，应当按照相关准则的规定计提减值准备。其中，对子公司、联营企业及合营企业的投资，应当按照《企业会计准则第8号——资产减值》的规定确定其可收回金额及应予计提的减值准备。

上述有关长期股权投资的减值准备在提取以后，均不允许转回。

习 题

一、单项选择题

1. 2×14 年 1 月 1 日，甲公司支付银行存款 3 000 万元取得乙公司 20%股权，能够对乙公司施加重大影响，当日乙公司可辨认净资产公允价值(等于账面价值)为 14 500 万元。2×15 年 1 月 1 日甲公司以一项无形资产作为对价取得同一集团内另一企业控股的乙公司 40%股权，甲公司能够对乙公司实施控制。其中，该项无形资产的账面价值为 5 000 万元，公允价值为 6 000 万元。2×15 年 1 月 1 日，乙公司在最终控制方合并财务报表中的净资产账面价值为 17 000 万元，可辨认净资产公允价值为 18 000 万元。2×14 年度乙公司因可供出售金融资产公允价值上升增加其他综合收益 1 000 万元，实现净利润 1 500 万元，甲公司与乙公司未发生过内部交易，无其他所有者权益变动。甲、乙公司一直同受最终控制方的控制。假定上述交易不属于一揽子交易。不考虑其他因素，甲公司 2×15 年 1 月 1 日进一步取得股权投资时应确认的资本公积是(　　)万元。

A. 700　　B. 1 000　　C. 1 200　　D. 1 700

2. 甲公司 2×15 年 7 月 1 日与乙公司的控股股东 A 公司签订股权转让协议，定向增发本公司 500 万股普通股股票(每股面值 1 元)给 A 公司，A 公司以其所持有乙公司 80%的股权作为支付对价，并于当日办理了股权登记和转让手续。经评估确定，乙公司 2×15 年 7 月 1 日的可辨认净资产公允价值为 16 000 万元。甲公司为定向增发普通股股票，支付佣金和手续费 100 万元；对乙公司资产进行评估发生评估费用 6 万元。相关款项已通过银行存款支付。

2×15 年 7 月 1 日，甲公司普通股股票收盘价为每股 16.6 元。甲公司向 A 公司定向发行普通股股票后，取得了对乙公司的控制权。甲公司与 A 公司在交易前不存在任何关联方关系。不考虑其他因素，甲公司取得乙公司该股权时应确认的资本公积金额是(　　)万元。

A. 7 694　　B. 7 700　　C. 7 800　　D. 7 806

3. 甲、乙公司为同属某集团公司控制的两家子公司。2×15 年 2 月 26 日，甲公司以账面价值 3 000 万元、公允价值 3 600 万元的库存商品为对价，自集团公司处取得对乙公司 60%的股权并能够控制乙公司，相关手续已办理；当日乙公司所有者权益在其最终控制方合并财务报表中的账面价值为 5 200 万元、可辨认净资产公允价值为 6 200 万元。2×15 年 3 月 29 日，乙公司宣告发放 2×14 年度现金股利 500 万元。不考虑税费等其他因素，上述交易或事项影响甲公司 2×15 年利润表利润总额的金额是(　　)万元。

A. 300　　B. 500　　C. 600　　D. 900

4. 甲公司持有乙公司 30%的股权，能够对乙公司施加重大影响。20×2 年度乙公司实现净利润 8 000 万元，当年 6 月 20 日，甲公司将成本为 600 万元的商品以 1 000 万元的价格出售给乙公司，乙公司将其作为管理用固定资产并于当月投入使用，预计使用 10 年，净残值为零，采用年限平均法计提折旧。不考虑其他因素，甲公司在其20×2年度的个别财务报表中应确认对乙公司投资的投资收益为(　　)万元。

A. 2 100　　B. 2 280　　C. 2 286　　D. 2 400

5. 甲公司于2014年取得乙公司40%股权，实际支付价款为3 500万元，投资时乙公司可辨认净资产公允价值为8 000万元(各项可辨认资产、负债的公允价值与账面价值相同)。甲公司能够对乙公司施加重大影响。

甲公司投资后至2015年年末，乙公司累计实现净利润1 000万元，未作利润分配；因可供出售金融资产公允价值变动增加其他综合收益50万元。

乙公司2016年度实现净利润800万元，其中包括因向甲公司借款而计入当期损益的利息费用80万元。2016年度甲公司对乙公司长期股权投资应确认的投资收益是(　　)万元。

A. 240　　B. 288　　C. 320　　D. 352

二、多项选择题

1. 下列各项涉及交易费用会计处理的表述中，正确的有(　　)。

A. 购买子公司股权发生的手续费直接计入当期损益

B. 定向增发普通股支付的券商手续费直接计入当期损益

C. 购买交易性金融资产发生的手续费直接计入当期损益

D. 购买持有至到期投资发生的手续费直接计入当期损益

2. 甲公司20×3年1月2日取得乙公司30%的股权，能够对乙公司施加重大影响，下列交易或事项中，会对甲公司20×3年个别财务报表中确认对乙公司投资收益产生影响的有(　　)。

A. 乙公司股东大会通过发放股票股利的议案

B. 甲公司将成本为50万元的产品以80万元出售给乙公司作为固定资产

C. 投资时甲公司投资成本小于应享有乙公司可辨认净资产公允价值的份额

D. 乙公司将账面价值200万元的专利权作价360万元出售给甲公司作为无形资产

3. 2017年1月2日，甲公司以货币资金取得乙公司30%的股权，初始投资成本为4 000万元；当日，乙公司可辨认净资产公允价值为14 000万元，与其账面价值相同。甲公司取得投资后即派人参与乙公司的生产经营决策，但未能对乙公司形成控制。乙公司2017年实现净利润1 000万元。假定不考虑所得税等其他因素，2017年甲公司下列各项与该项投资相关的会计处理中，正确的有(　　)。

A. 确认商誉200万元　　B. 确认营业外收入200万元

C. 确认投资收益300万元　　D. 确认资本公积200万元

E. 确认留存收益200万元

4. 甲公司2016年1月2日取得乙公司30%的股权，并与其他投资方共同控制乙公司，甲公司、乙公司2016年发生的下列交易或事项中，会对甲公司2016年个别财务报表中确认对乙公司投资收益产生影响的有(　　)。

A. 甲公司将成本为50万元的产品以80万元出售给乙公司作为固定资产

B. 乙公司股东大会通过发放股票股利的议案

C. 乙公司将账面价值200万元的专利权作价360万元出售给甲公司作为无形资产

D. 投资时甲公司投资成本小于应享有乙公司可辨认净资产公允价值

5. 甲公司2×13年取得乙公司40%股权，实际支付价款为3 500万元，投资时乙公司可辨认净资产公允价值为9 000万元(各项可辨认资产、负债的公允价值与账面价值相同)。甲公司能够对乙公司施加重大影响。甲公司投资后至2×14年年末，乙公司累计实现净利润1 800万元，未作利润分配；乙公司因接受其他股东资本性投入增加资本公积100万元，除此之外无其他所有者权益变动；甲、乙公司未发生内部交易；甲公司对乙公司的股权投资未发生减值。不考虑其他因素，下列各项关于甲公司对乙公司长期股权投资会计处理的表述中，不正确的有(　　)。

A. 对乙公司长期股权投资的初始投资成本按3 600万元计量

B. 取得成本与投资时应享有乙公司可辨认净资产公允价值份额之间的差额计入当期损益

C. 2×14年年末甲公司对乙公司长期股权投资的账面价值为4 260万元

D. 投资后因乙公司接受其他股东的资本性投入增加资本公积100万元应调整对乙公司长期股权投资账面价值并计入其他综合收益

三、业务题

1. A公司20×7年1月1日，以银行存款1 500万元购入C公司80%的股份，并准备长期持有，采用成本法核算。

要求：完成上述业务的会计分录。

2. A公司以银行存款1 000万元取得B公司30%的股权，取得投资时被投资单位可辨认净资产的公允价值为3 000万元。

要求：

(1) 如A公司能够对B公司施加重大影响，完成A公司应进行的会计处理。

(2) 如投资时B公司可辨认净资产的公允价值为3 500万元，完成A公司应进行的会计处理。

3. 甲公司20×7年3月1日～20×9年1月5日发生下列与长期股权投资有关的经济业务：

(1) 甲公司20×7年3月1日从证券市场上购入乙公司发行在外30%的股份并准备长期持有，从而对乙公司能够施加重大影响，实际支付款项2 000万元(含已宣告但尚未发放的现金股利60万元，另支付相关税费10万元)。20×7年3月1日，乙公司可辨认净资产公允价值为6 600万元。

(2) 20×7年3月20日收到现金股利。

(3) 20×7年12月31日乙公司可出售金融资产的公允价值增加使乙公司其他综合收益增加了200万元。

(4) 20×7年乙公司实现净利润510万元，其中1月份和2月份共实现净利润100万元，假定乙公司除一台设备外，其他资产的公允价值与账面价值相等。该设备20×7年3月1日的账面价值为400万元，公允价值为520万元，采用年限平均法计提折旧，预计尚可使用年限为10年。

(5) 20×8年3月10日,乙公司宣告分派现金股利100万元。

(6) 20×8年3月25日,收到现金股利。

(7) 20×8年乙公司实现净利润612万元。

(8) 20×9年1月5日,甲公司将持有乙公司5%的股份对外转让,收到款项390万元存入银行。转让后持有乙公司25%的股份,对乙公司仍具有重大影响。

要求:

(1) 编制上述有关业务的会计分录。

(2) 计算20×9年1月5日出售部分股份后长期股权投资的账面价值。

第十章 固定资产

引导案例

保利房地产(集团)股份有限公司(600048)2012年年报的会计估计变更中披露:结合公司的经验和固定资产实际情况,为了能够更加公允、恰当地反映公司的财务状况和经营成果,使固定资产折旧年限与其实际使用寿命更加接近,2012年经公司第三届董事会第十七次会议审议决定,公司从2012年1月1日起调整部分类别固定资产的折旧年限,具体调整情况为:运输工具:原折旧年限为10年,原折旧率为9.6%,调整后折旧年限为5~10年,调整后折旧率为9.6%~19.2%;电子及办公设备:原折旧年限为5年,原折旧率为19.2%,调整后折旧年限为3~5年,调整后折旧率为19.2%~32%;其他设备:原折旧年限为5年,原折旧率为19.2%,调整后折旧年限为3~8年,调整后折旧率为12%~32%。固定资产折旧年限的变更对会计报表会产生什么影响?

本章内容提要

本章主要内容包括固定的定义、特征、确认条件、初始计量、折旧及其核算以及固定资产的处置、盘亏等。

第一节 固定资产特征及确认条件

一、固定资产定义及特征

固定资产是指同时具有下列特征的有形资产:①为生产商品、提供劳务、出租或经营管理而持有的;②使用寿命超过一个会计年度。从固定资产的定义看,固定资产具有以下三个特征:①为生产商品、提供劳务、出租或经营管理而持有,企业持有固定资产的目的是为了生产商品、提供劳务、出租或经营管理,即企业持有的固定资产是企业的劳动工具或手段,而不是用于出售的产品。②使用寿命超过一个会计年度。固定资产的使用寿命,是指企业使用固定资产的预计期间,或者该固定资产所能生产产品或提供劳务的数量。③固定资产是有形资产。固定资产具有实物特征,这一特征将固定资产与无形资产区别开来。有些无形资产可能同时符合固定资产的其他特征,如无形资产为生产商品、提供劳务而持有,使用寿命超过一个会计年度，但是由于其没有实物形态，所以不属于固定资产。

二、固定资产的确认条件

固定资产在符合定义的前提下，应当同时满足以下两个条件，才能加以确认。

（一）与该固定资产有关的经济利益很可能流入企业

资产最重要的特征是预期会给企业带来经济利益。企业在确认固定资产时，需要判断与该项固定资产有关的经济利益是否很可能流入企业。如果与该项固定资产有关的经济利益很可能流入企业，并同时满足固定资产确认的其他条件，那么，企业应将其确认为固定资产；否则不应将其确认为固定资产。

（二）该固定资产的成本能够可靠地计量

成本能够可靠地计量是资产确认的一项基本条件。企业在确定固定资产成本时必须取得确凿证据，但是，有时需要根据所获得的最新资料，对固定资产的成本进行合理的估计。比如，企业对于已达到预定可使用状态但尚未办理竣工决算的固定资产，需要根据工程预算、工程造价或者工程实际发生的成本等资料，按估计价值确定其成本，办理竣工决算后，再按照实际成本调整原来的暂估价值。

三、固定资产的初始计量

固定资产的初始计量是指确定固定资产的取得成本。取得成本包括企业为购建某项固定资产达到预定可使用状态前所发生的一切合理的、必要的支出。在实务中，企业取得固定资产的方式是多种多样的，包括外购、自行建造、投资者投入以及非货币性资产交换、债务重组、企业合并和融资租赁等，取得的方式不同，其成本的具体构成内容及确定方法也不尽相同。

（一）外购的固定资产

企业外购固定资产的成本，包括购买价款、相关税费、使固定资产达到预定可使用状态前所发生的可归属于该项资产的运输费、装卸费、安装费和专业人员服务费等。

外购固定资产是否达到预定可使用状态，需要根据具体情况进行分析判断。如果购入不需安装的固定资产，购入后即可发挥作用，因此，购入后即可达到预定可使用状态。如果购入需安装的固定资产，只有安装调试后，达到设计要求或合同规定的标准，该项固定资产才可发挥作用，才意味着达到预定可使用状态。

1. 不需要安装的固定资产

不需要安装的固定资产取得成本为企业实际支付的购买价款、包装费、运杂费、保险费、专业人员服务费和相关税费（不含可抵扣的增值税进项税额）等，其账务处理为：按应计入固定资产成本的金额，借记“固定资产”账户，贷记“银行存款”“其他应付款”“应付票据”等账户。

【例 10-1】 甲企业购入一台不需要安装的设备，增值税专用发票上价款为 30 000 元，进项税额为 5 100 元，发生了运输费共 3 000 元，上述价款通过银行转账支付（除特殊说明外，本章例题中的公司均为增值税一般纳税人）。甲公司账务处理如下：

借：固定资产　　32 670
　应交税费——应交增值税（进项税额）（5 100+3 000×11%）　　5 430
　贷：银行存款　　38 100

2. 需要安装的固定资产

需要安装的固定资产取得成本是在不需要安装的固定资产取得成本的基础上，加上安装调试成本等，其账务处理为：按应计入固定资产成本的金额，先记入“在建工程”账户，安装完毕交付使用时再转入“固定资产”账户。

【例 10-2】 20×6 年 2 月 1 日，乙公司购入一台需要安装的生产用机器设备，取得的增值税专用发票上注明的设备价款为 300 000 元，增值税进项税额为 51 000 元，支付的运输费为 3 000 元，款项已通过银行支付；安装设备时，领用本公司原材料一批，价值 30 000 元，购进该批原材料时支付的增值税进项税额为 5 100 元；支付安装工人的工资为 5 000 元。假定不考虑其他相关税费。

乙公司的账务处理如下：

（1）支付设备价款、增值税、运输费合计为 354 000 元：

借：在建工程——××设备　　302 670
　应交税费——应交增值税（进项税额）（51 000+3 000×11%）　　51 330
　贷：银行存款　　354 000

（2）领用本公司原材料、支付安装工人工资等费用合计为 35 000 元：

借：在建工程——××设备　　35 000
　贷：原材料　　30 000
　　应付职工薪酬　　5 000

（3）设备安装完毕达到预期可使用状态：

借：固定资产——××设备　　337 790
　贷：在建工程——××设备　　337 790

3. 分期付款购置固定资产

当购置固定资产的价款超过正常信用期限内付款，实际上具有融资性质，购入的固定资产的成本不应以各期付款额之和确定，而应以各期付款额的现值之和确定。固定资产购买价款的现值应当按照各期付款额的现值之和确定。各期实际支付的价款之和与其现值之间的差额，应当在信用期内采用实际利率法进行摊销，摊销金额除满足借款费用资本化条件的应当计入固定资产成本外其余应当在信用期间内确认为财务费用，计入当期损益。其账务处理为：借记“固定资产”或“在建工程”等账户，按应支付的金额，贷记“长期应付款”账户，按其差额，借记“未确认融资费用”账户。

【例 10-3】 假定甲企业在 20×6 年 1 月 1 日从乙企业购入 F7936 传输机作为固定资产使用，该机器已收到，不需要安装。购货合同约定，F7936 传输机的总价款为 600 万元（不考虑增值税），分 3 年支付，20×6 年 12 月 31 日支付 300 万元，20×7 年 12 月 31 日支付 200 万元，20×8 年 12 月 31 日支付 100 万元。假定 A 公司 3 年的折现率为 10%。

（1）购买价款的现值为：

固定资产入账价值 $=3\,000\,000\div(1+10\%)+2\,000\,000\div(1+10\%)^2+1\,000\,000\div(1+10\%)^3$
$=5\,131\,480.09$(元)

20×6 年 1 月 1 日甲公司的账务处理如下：

借:在建工程——F7936 传输机　　5 131 480.09
　未确认融资费用　　868 519.91
　贷:长期应付款——乙公司　　6 000 000.00

(2) 确认信用期间未确认融资费用的分摊额,如表 10-1 所示。

表 10-1　　未确认融资费用分摊表

20×7 年 1 月 1 日

日　期	分期付款额	确认的融资费用	应付本金减少额	应付本金额
①	②	③=期初⑤×10%	④=②-③	期末⑤=期初⑤-④
20×6 年 1 月 1 日				5 131 480.09
20×6 年 12 月 31 日	3 000 000	513 148.01	2 486 851.99	2 644 628.10
20×7 年 12 月 31 日	2 000 000	264 462.81	1 735 537.19	909 090.91
20×8 年 12 月 31 日	1 000 000	90 909.09	909 090.91	0.00
合计	6 000 000	868 519.91	5 131 480.09	0.00

(3) 20×6 年 12 月 31 日：

借:财务费用　　513 148.01
　贷:未确认融资费用　　513 148.01

借:长期应付款　　3 000 000
　贷:银行存款　　3 000 000

(4) 20×7 年 12 月 31 日：

借:财务费用　　264 462.81
　贷:未确认融资费用　　264 462.81

借:长期应付款　　2 000 000
　贷:银行存款　　2 000 000

(5) 20×8 年 12 月 31 日：

借:财务费用　　90 909.09
　贷:未确认融资费用　　90 909.09

借:长期应付款　　1 000 000
　贷:银行存款　　1 000 000

(二) 自行建造的固定资产

自行建造固定资产的成本,由建造该项资产达到预定可使用状态前所发生的必要支出构成,包括工程物资成本、人工成本、交纳的相关税费、应予资本化的借款费用以及应分摊的间接费用等。

企业自行建造固定资产包括自营建造和出包建造两种方式。两种方式下固定资产建造期间发生的支出内容有所不同。

1. 自营建造的固定资产

自营建造的固定资产是指企业自行组织工程物资采购，自行组织施工人员从事工程施工的固定资产建造方式。自营建造固定资产的成本应按照直接材料、直接人工、直接机械施工费等计量。

企业自营建造固定资产过程中的工程物资的核算通过设置"工程物资"总账账户进行。该账户核算企业为在建工程准备的各种物资的成本，包括工程用材料、尚未安装的设备以及未生产准备的工具器具等，按照实际支付的买价、运输费、保险费等相关税费作为实际成本，并按照各种专项物资的种类进行明细核算。企业购入为工程准备的物资时，借记该账户，贷记"银行存款""其他应付款"等账户。领用工程物资时，借记"在建工程"账户，贷记该科目。工程完工后，剩余的工程物资转为本企业存货的，按其实际成本或计划成本进行结转，借记"原材料"等账户，贷记该账户。建设期间发生的工程物资盘亏、报废及毁损，减去残料价值以及保险公司、过失人等赔款后的净损失，计入所建工程项目的成本，借记"在建工程"账户，贷记"工程物资"账户；盘盈的工程物资或处置净收益，冲减所建工程项目的成本。工程完工后发生的工程物资盘盈、盘亏、报废、毁损，计入当期损益。

建造固定资产领用工程物资、原材料或库存商品，应按其实际成本转入所建工程成本。自营方式建造固定资产应负担的职工薪酬、辅助生产部门为之提供的水、电、运输等劳务，以及其他必要支出等也应计入所建工程项目的成本，借记"在建工程"账户贷记相应账户，如"工程物资""原材料""应付职工薪酬""生产成本——辅助生产成本"等。符合资本化条件，应计入所建造固定资产成本的借款费用，借记该账户，贷记"长期借款""应付利息"等账户。

【例 10-4】 甲公司 20×6 年 1～5 月自营一台生产流水线。暂不考虑税费因素。

甲公司发生的经济业务如下：

(1) 20×6 年 1 月 5 日，购入工程物资付款 500 000 元，货款已通过银行转账支付。

(2) 20×6 年 1～5 月，工程领用工程物资实际成本 500 000 元。

(3) 20×6 年 1～5 月，通过银行共支付工程生产人员工资 50 000 元

(4) 5 月 31 日，流水线建造完成，交付使用，成本合计 550 000 元。

甲公司自建固定资产会计分录如下：

(1) 2016 年 1 月 5 日：

借：工程物资	500 000	
贷：银行存款		500 000

(2) 2016 年 1～5 月：

借：在建工程	500 000	
贷：工程物资		500 000

(3) 2016 年 1～5 月：

借：在建工程	50 000	
贷：应付职工薪酬		50 000

借:应付职工薪酬　　50 000

　贷:银行存款　　50 000

(4) 流水线建造完成:

借:固定资产　　550 000

　贷:在建工程　　550 000

2. 出包建造的固定资产

出包建造的固定资产是指企业将建造固定资产的任务出包给建造承包商,由建造承包商组织建造完成固定资产的建造方式。在出包方式下,企业通过招标方式将工程项目发包给建造承包商,由建造承包商(即施工企业)组织工程项目施工。企业要与建造承包商签订建造合同,企业是建造合同的甲方,负责筹集资金和组织管理工程建设,通常称为建设单位,建造承包商是建造合同的乙方,负责建筑安装工程施工任务。企业建造规定资产通产采用出包的方式。

企业以出包方式建造固定资产,其成本由建造该项固定资产达到预定可使用状态前所发生的必要支出构成,包括发生的建筑工程支出、安装工程支出以及需分摊计入各固定资产价值的待摊支出。建筑工程、安装工程支出,如人工费、材料费、机械使用费等由建造承包商核算。对于发包企业而言,建筑工程支出、安装工程支出是构成在建工程成本的重要内容,发包企业按照合同规定的结算方式和工程进度定期与建造承包商办理工程价款结算,结算的工程价款计入在建工程成本。待摊支出是指在建设期间发生的,不能直接计入某项固定资产价值,而应由所建造固定资产共同负担的相关费用,包括为建造工程发生的管理费、可行性研究费、临时设施费、公证费、监理费、应负担的税金、符合资本化条件的借款费用、建设期间发生的工程物资盘亏、报废及毁损净损失以及负荷联合试车费等。企业为建造固定资产通过出让方式取得土地使用权而支付的土地出让金不计入在建工程成本,应确认为无形资产(土地使用权)。

在出包方式下,"在建工程"账户主要是企业与建造承包商办理工程价款的结算账户,企业支付给建造承包商的工程价款,作为工程成本通过"在建工程"账户核算。企业应按合理估计的工程进度和合同规定结算的进度款,借记"在建工程——建筑工程——××工程""在建工程——安装工程——××工程"账户,贷记"银行存款""预付账款"等账户。工程完成时,按合同规定补付的工程款,借记"在建工程"账户,贷记"银行存款"等账户。企业将需安装设备运抵现场安装时,借记"在建工程——在安装设备——××设备"账户,贷记"工程物资——××设备"账户;企业为建造固定资产发生的待摊支出,借记"在建工程——待摊支出"账户,贷记"银行存款""应付职工薪酬""长期借款"等账户。

然后,进行相应的账务处理,借记"固定资产"账户,贷记"在建工程——建筑工程""在建工程——安装工程""在建工程——待摊支出"等账户。

【例 10-5】 甲公司以出包方式建造房屋一处,预付工程款 300 000 元,工程完工结算,根据竣工工程结算表,须补付工程价款 50 000 元。

甲公司编制分录如下:

(1) 预付工程款:

借:在建工程——建筑工程(某房屋) 300 000
　贷:银行存款 300 000

(2) 补付工程价款:

借:在建工程——建筑工程(某房屋) 50 000
　贷:银行存款 50 000

(3) 根据竣工工程结算表,结转工程成本:

借:固定资产 350 000
　贷:在建工程——建筑工程(某房屋) 350 000

3. 其他方式取得的固定资产的成本

(1) 投资者投入的固定资产。投资者投入固定资产的成本,应当按照投资合同或协议约定的价值确定,但合同或协议约定价值不公允的除外。在投资合同或协议约定价值不公允的情况下,按照该项固定资产的公允价值作为入账价值。

(2) 非货币性资产交换换入的固定资产。企业除了可以通过以上外购、自行建造、投资者投入等方式取得固定资产外,还可以通过非货币性资产交换的方式取得固定资产。企业通过非货币性资产交换所换入的固定资产,应当以换出资产的公允价值加上应支付的相关税费,作为入账价值。

(3) 盘盈固定资产的成本。盘盈的固定资产,作为前期差错处理,在按管理权限报经批准处理前,应先通过"以前年度损益调整"科目核算。

4. 存在弃置费用的固定资产

对于特殊行业的特定固定资产,确定其初始成本时,还应考虑弃置费用。弃置费用通常是指根据国家法律和行政法规、国际公约等规定,企业承担的环境保护和生态恢复等义务所确定的支出,如核电站核设施等的弃置和恢复环境义务。

弃置费用的金额与其现值比较通常较大,需要考虑货币时间价值,对于这些特殊行业的特定固定资产,按照现值计算确定应计入固定资产成本的金额和相应的预计负债。由此,弃置费用通过逐年计提固定资产折旧的方式得到相应的积累和补偿。一般工商企业的固定资产发生的报废清理费用不属于弃置费用,应当在发生时作为固定资产处置费用处理。

【例 10-6】 甲公司于 20×6 年 1 月 1 日购入一套需要安装的油气装置,实际支付购买价款 600 000 元。同日,甲公司发生安装费用 20 000 元,款项以银行存款支付,油气装置投入使用。该油气装置预计使用寿命为 20 年。由于该油气装置极具腐蚀性,对当地生态环境将产生一定的影响,根据国家法律规定,家公司应当在该项油气装置使用期满后将其拆除,并对由此造成的环境污染进行整治,预计届时将会发生相应的弃置费用 50 000 元。甲公司取得该油气装置时,使用的折现率为 10%。假定不考虑相关税费,甲公司对该油气装置取得业务的分析和处理如下:

(1) 计算固定资产的初始入账成本:

弃置费用的现值=50 000×(P/F, 10%, 20)=50 000×0. 148 6=7 430(元)

固定资产的初始入账成本=600 000+20 000+7 430=62 7430(元)

甲公司于20×6年1月1日取得并安装汽油装置时，应编制如下会计分录：

借：在建工程　　600 000
　贷：银行贷款　　600 000

借：在建工程　　20 000
　贷：银行贷款　　20 000

甲公司于20×6年1月1日结转固定资产取得成本时：

借：固定资产　　627 430
　贷：在建工程　　620 000
　　预计负债　　7 430

(2) 计算弃置费用第1年和第2年应负担的利息费用。

弃置费用第1年应负担的利息费用＝7 430×10%＝743(元)

弃置费用第2年应负担的利息费用＝(7 430＋743)×10%＝817(元)

甲公司于20×6年12月31日应计第1年弃置费用的利息费用：

借：财务费用　　743
　贷：预计负债　　743

甲公司于20×7年12月31日应计第2年弃置费用的利息费用：

借：财务费用　　817
　贷：预计负债　　817

以后年度，甲公司应按照与以上第1年和第2年相同的方法计算废弃费用的利息费用。

第二节　固定资产的后续计量

一、固定资产的折旧

(一) 固定资产折旧的定义

企业在取得固定资产后，应对固定资产计提折旧。固定资产折旧是指在固定资产的使用寿命内，按照确定的方法对应计折旧额进行的系统分摊。应计折旧额是指应当计提折旧的固定资产的原价扣除其预计净残值后的金额。如果已对固定资产计提减值准备，还应当扣除已计提的固定资产减值准备累计金额。

(二) 影响固定资产折旧的因素

1. 固定资产原价

固定资产原值是指固定资产的成本，或固定资产的初始入账成本。显然，固定资产原值越大，折旧数额也越大。

2. 固定资产使用寿命

固定资产的使用寿命是指企业使用固定资产的预计期间，或者该固定资产所能生产产品或提供劳务的数量。固定资产使用寿命越长，每个会计期间或者每单位产品或劳务分担的折旧数额越小。企业确定固定资产使用寿命时，应当考虑下列因素：

(1) 该项资产预计生产能力或实物产量。

(2) 该项资产预计有形损耗，是指固定资产在使用过程中，由于正常使用和自然力的作用而引起的使用价值和价值的损失，如设备使用中发生磨损、房屋建筑物受到自然侵蚀等。

(3) 该项资产预计无形损耗，是指由于科学技术的进步和劳动生产率的提高而带来的固定资产价值上的损失，如因新技术的出现而使现有的资产技术水平相对陈旧、市场需求变化使其所生产的产品过时等。

(4) 法律或者类似规定对该项资产使用的限制。某些固定资产的使用寿命可能受法律或类似规定的约束。如对于融资租赁的固定资产，能够合理确定租赁期届满时将会取得租赁资产所有权的，应当在租赁资产使用寿命内计提折旧；如果无法合理确定租赁期届满时能够取得租赁资产所有权的，应当在租赁期与租赁资产使用寿命两者中较短的期间内计提折旧。

3. 预计净残值

预计净残值，是指假定固定资产预计使用寿命已满并处于使用寿命终了时的预期状态，企业目前从该项资产处置中获得的扣除预计处置费用后的金额。固定资产预计净残值越大，折旧数额越小。

4. 固定资产减值准备

固定资产减值准备，是指固定资产已计提的固定资产减值准备累计金额。固定资产计提减值准备后，应当在剩余使用寿命内根据调整后的固定资产账面价值(固定资产账面余额扣减累计折旧和累计减值准备后的金额)和预计净残值重新计算，确定折旧率和折旧额。固定资产减值准备的数额越大，折旧数额越小。

(三) 固定资产折旧范围

企业应当对所有的固定资产计提折旧，但应注意以下几点：

(1) 对于已经提足折旧的固定资产，不论能否继续使用，均不再计提折旧。所谓已经提足折旧，是指已经提足该项固定资产的应计折旧额。

(2) 提前报废的固定资产不再计提折旧。

(3) 固定资产应当按月计提折旧，并根据用途计入相关资产的成本或者当期损益。固定资产应自达到预定可使用状态时开始计提折旧，终止确认时或划分为持有待售非流动资产时停止计提折旧。为了简化核算，当月增加的固定资产，当月不计提折旧，从下月起计提折旧；当月减少的固定资产，当月仍计提折旧，从下月起不计提折旧。

(四) 固定资产折旧方法

固定资产的折旧方法是指企业将固定资产应计折旧额在固定资产使用寿命内进行系统分摊的方法。企业应当根据与固定资产有关的经济利益的预期实现方式，合理选择折旧方法。可选用的折旧方法包括年限平均法、工作量法、双倍余额递减法和年数总和法等。企业选用不同的固定资产折旧方法，将影响固定资产使用寿命期间内不同时期的折旧费用,因此,固定资产的折旧方法一经确定,不得随意变更。如需变更应当符合《企业会计准则——固定资产》第十九条的规定。

1. 年限平均法

年限平均法又称直线法,是指将固定资产的应计折旧额均衡地分摊到固定资产预计使用寿命内的一种方法。采用这种方法计算的每期折旧额均相等。计算公式如下:

$$年折旧额=\frac{固定资产应计折旧额}{预计使用年限}$$

$$=\frac{固定资产原价-预计净残值}{预计使用年限}$$

$$=\frac{年折旧额}{12}$$

实际工作中,固定资产的折旧额通常通过折旧率乘以固定资产原价计算得到。由此,年限平均法下折旧额的基本计算公式为:

$$年折旧额=\frac{1-预计净残值率}{预计使用年限}\times 100\%$$

$$月折旧额=\frac{年折旧率}{12}$$

$$月折旧额=固定资产原价\times 月折旧率$$

采用年限平均法计算固定资产折旧虽然比较简便,但它也存在着一些明显的局限性。首先,固定资产在不同使用年限提供的经济效益是不同的。一般来讲,固定资产在其使用前期工作效率相对较高,所带来的经济利益也就多;而在其使用后期,工作效率一般呈下降趋势,因而,所带来的经济利益也就逐渐减少。年限平均法不予考虑,明显是不合理的。其次,固定资产在不同的使用年限发生的维修费用也不一样。固定资产的维修费用将随着其使用时间的延长而不断增加,而年限平均法也没有考虑这一因素。

当固定资产各期负荷程度相同时,各期应分摊相同的折旧费,这时采用年限平均法计算折旧是合理的。但是,如果固定资产各期负荷程度不同,采用年限平均法计算折旧时,则不能反映固定资产的实际使用情况,计提的折旧额与固定资产的损耗程度也不相符。

【例 10-7】 甲公司 20×6 年 1 月 1 日通过自建方式完成一条流水线,初始入账成本为 50 万元,预计使用年限为 10 年,预计经残值率为 4%。在年限平均法下,甲公司计算该项固定资产的折旧额如下:

$$年折旧率=\frac{1-4\%}{10}\times 100\%=9.6\%$$

$$月折旧率=\frac{9.6\%}{12}=0.8\%$$

$$月折旧额=500\,000\times 0.8\%=4\,000(元)$$

2. 工作量法

工作量法是根据实际工作量计算每期应提折旧额的一种方法。这种方法假定固定资产的价值随着其使用程度而消耗,因此,固定资产应计折旧总额应平均分摊于固定资产提

供的各个工作量中。不同的固定资产,其工作量可以有不同的表现形式。计算公式如下:

$$单位工作量折旧额=\frac{固定资产应计折旧额}{预计总工作量}$$

$$=\frac{固定资产原价\times(1-预计净残值率)}{预计总工作量}$$

$$固定资产月折旧额=固定资产当月实际工作量\times单位工作量折旧额$$

【例 10-8】 甲公司 20×6 年 1 月 1 日通过自建方式完成一条流水线,初始入账成本为 50 万元。该流水线预计可生产产品产量为 5 万个,该流水线设备实际生产产品产量为6 000 个,预计净残值率为 4%。20×6 年 1 月的折旧额为:

$$单位工作量折旧额=\frac{500\,000\times(1-4\%)}{50\,000}=0.96(元/个)$$

$$20\times6 年 1 月该项固定资产折旧额=6\,000\times0.96=5\,760(元)$$

3. 双倍余额递减法

双倍余额递减法是指在不考虑固定资产预计净残值的情况下,根据每期期初固定资产原价减去累计折旧后的金额(即固定资产净值)和双倍的直线法折旧率计算固定资产折旧的一种方法。在双倍余额递减法下,由于最初不考虑固定资产预计净产值的因素,因此在计算固定资产折旧数额时,应当注意不能使固定资产净值低于预计净残值。

计算公式如下:

$$年折旧率=\frac{2}{预计使用年限}\times100\%$$

$$月折旧率=\frac{年折旧率}{12}$$

$$月折旧率=(固定资产原值-累计折旧)\times月折旧率$$

$$=固定资产净值\times月折旧率$$

通常,在其折旧年限到期前两年内,将固定资产净值扣除预计净残值后的余额平均摊销。

【例 10-9】 甲公司 20×6 年 1 月 1 日通过自建方式完成一条流水线,初始入账成本为 50 万元,预计使用年限为 5 年,预计经残值率为 4%。甲公司按双倍余额递减法对该流水线计提折旧如下:

$$预计净残值=500\,000\times4\%=20\,000(元)$$

表 10-2 **双倍余额递减法下个年折旧额计算表** 金额单位:元

年次	年折旧率 (1)=2/5×100%	年折旧额 (2)=期初(4)×(1)	累计折旧额 (3)=期初(3)+(2)	账面净额 (4)=500 000-(3)
取得时				500 000
第 1 年	40%	200 000	200 000	300 000
第 2 年	40%	120 000	320 000	180 000
第 3 年	40%	72 000	392 000	108 000

（续表）

年次	年折旧率 (1)＝2/5×100%	年折旧额 (2)＝期初(4)×(1)	累计折旧额 (3)＝期初(3)＋(2)	账面净额 (4)＝500 000－(3)
第4年	—	44 000 *	436 000	64 000
第5年	—	44 000 *	480 000	20 000
合计		480 000		

* (108 000－20 000)÷2＝44 000(元)

4. 年数总和法

年数总和法又称年限合计法，是指将固定资产的原价减去预计净残值的余额乘以一个以固定资产尚可使用寿命为分子、以预计使用寿命逐年数字之和为分母的逐年递减的分数计算每年的折旧额的方法。计算公式如下：

$$年折旧率=\frac{尚可使用年限}{预计可使用年限的年数之和}\times 100\%$$

$$月折旧率=\frac{年折旧率}{12}$$

$$月折旧额=(固定资产原值-预计净残值)\times 月折旧率$$

双倍余额递减法和年数总和法都是加速折旧法。与双倍余额递减法相比，在年数总和法下，各年的折旧额逐年递减，但各年计算折旧的基数相同，即都是应计折旧额。在双倍余额递减法下，各年的折旧额相同，即都是直线法折旧率的2倍，但各年计算这就得基数逐年递减，即各年年初的固定资产账面价值。

【例 10-10】 甲公司20×6年1月1日通过自建方式完成一条流水线，初始入账成本为50万元，预计使用年限为5年，预计净残值率为4%。甲公司按年数总和法对该台机器计提折旧，各年折旧额的计算如下：

预计净残值＝500 000×4%＝20 000(元)

应计折旧额＝500 000－20 000＝480 000(元)

表 10-3　　年数总和法下各年折旧额计算表　　金额单位：元

年次	应计折旧额 (1)＝480 000	尚可使用年限 (2)	年折旧率 (3)	年折旧额 (4)＝(3)×(1)	累计折旧额 (5)＝期初(5)＋(4)
取得时	480 000				
第1年	480 000	5	5/15 *	160 000	160 000
第2年	480 000	4	4/15	128 000	288 000
第3年	480 000	3	3/15	96 000	384 000
第4年	480 000	2	2/15	64 000	448 000
第5年	480 000	1	1/15	32 000	480 000

* 预计可使用年限之和＝1＋2＋3＋4＋5＝15

（五）固定资产折旧的会计处理

企业按月计提的固定资产折旧，为核算固定资产折旧的业务，企业应当设置“累计折旧”账户。该账户应当根据固定资产的用途计入相关资产的成本或者当期损益。

(1) 企业基本生产车间所使用的固定资产,其计提的折旧应计入制造费用。

(2) 企业管理部门所使用的固定资产,其计提的折旧应计入管理费用。

(3) 企业销售部门所使用的固定资产,其计提的折旧应计入销售费用。

(4) 自行建造固定资产过程中使用的固定资产,其计提的折旧应计入在建工程成本。

(5) 经营租出的固定资产,其计提的折旧额应计入其他业务成本。

(6) 未使用的固定资产,其计提的折旧应计入管理费用。

【例 10-11】 甲公司于 20×6 年 9 月份固定资产计提折旧情况如下:

生产车间使用的固定资产计提折旧 100 000 元,管理部门使用的固定资产计提折旧 35 000元,销售部门使用的固定资产计提折旧 28 000 元。甲公司折旧会计分录为:

借:制造费用	100 000
管理费用	35 000
销售费用	28 000
贷:累计折旧	163 000

二、固定资产的后续支出

固定资产的后续支出是指固定资产使用过程中发生的更新改造支出、修理费用等。后续支出的处理原则为:符合固定资产确认条件的,应当计入固定资产成本,同时将被替换部分的账面价值扣除;不符合固定资产确认条件的,应当计入当期损益。

(一) 资本化的后续支出

固定资产资本化支出是指固定资产在使用过程中发生的符合固定资产确认条件的后续支出。固定资产改建、扩建等更新改造发生的支出通常符合固定资产确认条件,属于资本化后续支出。固定资产发生可资本化的后续支出时,企业一般应将该固定资产的原价、已计提的累计折旧和减值准备转销,将固定资产的账面价值转入在建工程,并在此基础上重新确定固定资产原价。当固定资产转入在建工程,应停止计提折旧。在固定资产发生的后续支出完工并达到预定可使用状态时,再从在建工程转为固定资产,并按重新确定的固定资产原价、使用寿命、预计净残值和折旧方法计提折旧。固定资产发生的可资本化的后续支出,通过“在建工程”科目核算。

【例 10-12】 甲公司于 20×6 年 1 月 1 日决定对一条生产线进行技术改造,以提高生产能力。该生产线原价 50 万元,已计提累计折旧为 19 万元,固定资产账面价值为 31 万元(50－19)。20×6 年 1 月 31 日完成了对这条生产线的改造工程,达到预定可使用状态共发生支出 32 万元,全部以银行存款支付。该生产线改建工程达到一定可使用状态后,大大提高了生产能力,预计将使用寿命延长为 10 年,假定预计净残值为账面价值的 4%;折旧方法为年限平均法。

(1) 将固定资产转入改建工程:

借:在建工程——××生产线	310 000
累计折旧	190 000
贷:固定资产——××生产线	500 000

(2) 20×6 年 1 月 1 日至 20×6 年 1 月 31 日发生的改建费用支出：

借：在建工程——××生产线	320 000
贷：银行存款	320 000

(3) 20×6 年 1 月 31 日，工程完工，生产线达到预定可使用状态：

固定资产入账价值＝310 000＋320 000＝630 000(元)

借：固定资产——××生产线	630 000
贷：在建工程——××生产线	630 000

(4) 20×6 年 1 月不应计提的折旧。

(二) 费用化的后续支出

费用化后续支出是指固定资产在使用过程中发生的不符合固定资产确认条件的后续支出。与固定资产有关的修理费用等后续支出，应当根据不同情况分别在发生时计入当期管理费用或销售费用。一般情况下，固定资产投入使用之后，由于固定资产磨损、各组成部分耐用程度不同，可能导致固定资产的局部损坏，为了维护固定资产的正常运转和使用，充分发挥其使用效能，企业将对固定资产进行必要的维护。固定资产的日常修理费用在发生时应直接计入当期损益。企业生产车间(部门)和行政管理部门等发生的固定资产修理费用等后续支出，计入管理费用；企业设置专设销售机构的，其发生的与专设销售机构相关的固定资产修理费用等后续支出，计入销售费用。企业固定资产更新改造支出不满足固定资产确认条件的，在发生时应直接计入当期损益。

【例 10-13】 甲公司于 2017 年 1 月 1 日对行销售部门使用的机器设备进行日常维护，共支出 2 000 元，通过银行转账支付。会计分录为：

借：销售费用	2 000
贷：银行存款	2 000

第三节 固定资产的处置

一、固定资产处置的概念

固定资产处置是指企业因各种原因而安排固定资产退出生产经营活动的固定资产终止确认行为。固定资产在满足下列条件之一时，应予以终止确认。

1. 该固定资产处于处置状态

固定资产处置包括固定资产的出售、转让、报废或毁损、对外投资、非货币性资产交换、债务重组等。处于处置状态的固定资产不再用于生产商品、提供劳务、出租或经营管理，因此不再符合固定资产的定义，应予终止确认。

2. 该固定资产预期通过使用或处置不能产生经济利益

固定资产的确认条件之一是"与该固定资产有关的经济利益很可能流入企业"，如果一项固定资产预期通过使用或处置不能产生经济利益，那么，它就不再符合固定资产的定义和确认条件，应予终止确认。

二、固定资产处置的账务处理

为核算固定资产处置的业务，企业应设置"固定资产清理"总账账户。该账户核算企业因出售、转让、报废或毁损、对外投资、非货币性资产交换、债务重组等原因而转出的固定资产价值以及在清理过程中发生的费用等。

具体会计处理过程如下所述。

1. 固定资产转入清理

固定资产转入清理时，按固定资产账面价值，借记"固定资产清理"账户，按已计提的累计折旧，借记"累计折旧"账户，按已计提的减值准备，借记"固定资产减值准备"账户，按固定资产账面余额，贷记"固定资产"账户。

2. 发生的清理费用

固定资产清理过程中发生的有关费用以及应支付的相关税费，借记"固定资产清理"账户，贷记"银行存款""应交税费"等账户。

3. 出售收入和残料等的处理

企业收回出售固定资产的价款、残料价值和变价收入等，应冲减清理支出。按实际收到的出售价款以及残料变价收入等，借记"银行存款""原材料"等账户，贷记"固定资产清理""应交税费——应交增值税"等账户。

4. 保险赔偿的处理

企业计算或收到的应由保险公司或过失人赔偿的损失，应冲减清理支出，借记"其他应收款""银行存款"等账户，贷记"固定资产清理"账户。

5. 清理净损益的处理

固定资产清理完成后的净损失，属于生产经营期间正常的处理损失，借记"营业外支出——处置非流动资产损失"账户，贷记"固定资产清理"账户；属于生产经营期间由于自然灾害等非正常原因造成的，借记"营业外支出——非常损失"账户，贷记"固定资产清理"账户。固定资产清理完成后的净收益，借记"固定资产清理"账户，贷记"营业外收入"账户。

【例 10-14】 甲公司于 2016 年 9 月 10 日报废一台使用期满的机器设备，设备原价为 50 万元，已计提折旧 45 万元，已计提减值准备 2 万元，固定资产账面净值为 3 万元(50－45－2)。报费是获得残料变价收入 5 000 元，款项存入银行；同时发生清理费用 1 000 元，以银行存款支付。暂不考虑相关税费因素。甲公司应编制会计分类如下：

(1) 将报废固定资产转入固定资产清理：

借：固定资产清理	30 000
累计折旧	450 000
固定资产减值准备	20 000
贷：固定资产	500 000

（2）收到出售固定资产残料的收入时：

借：银行存款　　5 000

　贷：固定资产清理　　5 000

（3）支付固定资产清理费用时：

借：固定资产清理　　1 000

　贷：银行存款　　1 000

（4）结转报废固定资产发生的净损失 26 000 元(30 000－5 000＋1 000)：

借：营业外支出——非流动资产处置损失　　26 000

　贷：固定资产清理　　26 000

三、持有待售的固定资产

同时满足下列条件的非流动资产(包括固定资产)应当划分为持有待售：一是企业已经就处置该非流动资产做出决议；二是企业已经与受让方签订了不可撤销的转让协议；三是该项转让将在 1 年内完成。

企业对于持有待售的固定资产，应当调整该项固定资产的预计净残值，使该项固定资产的预计净残值能够反映其公允价值减去处置费用后的金额，但不得超过符合持有待售条件时该项固定资产的原账面价值，原账面价值高于预计净残值的差额，应作为资产减值损失计入当期损益。企业应当在报表附注中披露持有待售的固定资产名称、账面价值、公允价值、预计处置费用和预计处置时间等。持有待售的固定资产不计提折旧，按照账面价值与公允价值减去处置费用后的净额孰低进行计量。

四、固定资产盘亏的会计处理

固定资产是一种价值较高、使用期限较长的有形资产，因此，对于管理规范的企业而言，盘盈、盘亏的固定资产较为少见。企业应当健全制度，加强管理，定期或者至少于每年年末对固定资产进行清查盘点，以保证固定资产核算的真实性和完整性。如果清查中发现固定资产损益的应及时查明原因，在期末结账前处理完毕。

固定资产盘亏造成的损失，应当计入当期损益。企业在财产清查中盘亏的固定资产，按盘亏固定资产的账面价值，借记“待处理财产损溢——待处理固定资产损溢”账户，按已计提的累计折旧，借记“累计折旧”账户，按已计提的减值准备，借记“固定资产减值准备”账户，按固定资产原价，贷记“固定资产”账户。按管理权限报经批准后处理时，按可收回的保险赔偿或过失人赔偿，借记“其他应收款”账户，按应计入营业外支出的金额，借记“营业外支出——盘亏损失”账户，贷记“待处理财产损溢”账户。

【例 10-15】 甲公司于 20×6 年 6 月 30 日进行固定资产清查时盘亏车间生产用固定资产，账面价值为 2 000 元，原价为 3 000 元，已计提折旧 1 000 元。经批准，应由负责人赔偿 1 000 元，其余由公司支付，转入营业外支出，暂不考虑相关税费。会计分录处理如下：

（1）盘亏固定资产时：

借：待处理财产损溢 2 000

累计折旧 1 000

贷：固定资产 3 000

（2）经批准转销固定资产时：

借：营业外支出——盘亏损失 1 000

其他应收款 1 000

贷：待处理财产损溢 2 000

习 题

一、单项选择题

1. 甲公司为增值税一般纳税人。2×17 年 2 月 28 日，甲公司购入一台需安装的生产设备，以银行存款支付设备价款 120 万元，增值税进项税额 20.4 万元。3 月 6 日，甲公司以银行存款支付装卸费 0.6 万元。4 月 10 日，设备开始安装，在安装过程中，甲公司发生安装人员工资 0.8 万元；领用原材料一批，该批原材料的成本为 6 万元，相应的增值税进项税额为 1.02 万元，市场价格（不含增值税）为 6.3 万元。设备于 2×17 年 6 月 20 日完成安装，达到预定可使用状态。该设备预计使用 10 年，预计净残值为零，甲公司采用年限平均法计提折旧。不考虑其他因素，甲公司该设备 2×17 年应计提的折旧是（　　）万元。

A. 6.37　　B. 6.39　　C. 6.42　　D. 7.44

2. 2×15 年 1 月 1 日，甲公司与乙公司签订一项购货合同，甲公司从乙公司购入一台需要安装的特大型设备。合同约定，甲公司采用分期付款方式支付价款。该设备价款共计 9 000 万元，在 2×15 年至 2×17 年的 3 年内每年年末支付 3 000 万元。2×15 年 1 月 1 日，设备如期运抵甲公司并开始安装，发生运杂费和相关税费 100 万元，已用银行存款付讫。2×15 年 12 月 31 日，设备达到预定可使用状态，发生安装费 200 万元，已用银行存款付讫。假定甲公司的折现率为 6%，购买价款的现值为 8 019 万元。不考虑增值税等其他因素，甲公司该台特大型设备在 2×15 年 12 月 31 日资产负债表中列示的金额是（　　）万元。

A. 8 319　　B. 8 800.14　　C. 8 019　　D. 8 700.14

3. 甲公司计划出售一项固定资产，该固定资产于 2×17 年 6 月 30 日被划分为持有待售固定资产，公允价值为 320 万元，预计处置费用为 5 万元。该固定资产购买于 2×10 年 12 月 11 日，原值为 1 000 万元，预计净残值为零，预计使用寿命为 10 年，采用年限平均法计提折旧，取得时已达到预定可使用状态。不考虑其他因素，该固定资产 2×17 年 6 月 30 日应予列报的金额是（　　）万元。

A. 315　　B. 320　　C. 345　　D. 350

4. 2×11 年 11 月 20 日，甲公司购进一台需要安装的 A 设备，取得的增值税专用发票上注明的设备价款为 950 万元，可抵扣增值税进项税额为 161.5 万元，款项已通过银行支付。安装 A 设备时，甲公司领用原材料 36 万元（不含增值税额），支付安装人员工资 14 万元。2×11 年 12 月 30 日，A 设备达到预定可使用状态。A 设备预计使用年限为 5 年，预计净残值率为 5%，甲公司采用双倍余额递减法计提折旧。不考虑其他因素，甲公司 2×14 年度对 A 设备计提的折旧额是(　　)万元。

A. 136.8　　B. 144　　C. 187.34　　D. 190

5. 甲公司为增值税一般纳税人，该公司 2×16 年 5 月 10 日购入需安装设备一台，价款为 500 万元，可抵扣增值税进项税额为 85 万元。为购买该设备发生运输途中保险费 20 万元。设备安装过程中，领用材料 50 万元，相关增值税进项税额为 8.5 万元；支付安装工人工资 12 万元。该设备于 2×16 年 12 月 30 日达到预定可使用状态。甲公司对该设备采用年数总和法计提折旧，预计使用 10 年，预计净残值为零。假定不考虑其他因素，20×7 年该设备应计提的折旧额为(　　)万元。

A. 102.18　　B. 103.64　　C. 105.82　　D. 120.64

二、多项选择题

1. 甲公司以出包方式建造厂房，建造过程中发生的下列支出中，应计入所建造厂房成本的有(　　)。

A. 支付给第三方监理公司的监理费

B. 为取得土地使用权而缴纳的土地出让金

C. 建造期间进行试生产发生的负荷联合试车费用

D. 建造期间因可预见的不可抗力导致暂停施工发生的费用

2. 为遵守国家有关环保的法律规定，2×15 年 1 月 31 日，甲公司对 A 生产设备进行停工改造，安装环保装置。至 1 月 31 日，A 生产设备的成本为 18 000 万元，已计提折旧 9 000 万元，未计提减值准备。3 月 25 日，新安装的环保装置达到预定可使用状态并交付使用，共发生成本 600 万元。A 生产设备预计使用 16 年，已使用 8 年，安装环保装置后还可使用 8 年；环保装置预计使用 5 年。A 生产设备(包括环保装置)按年限平均法计提折旧，预计净残值为零。下列各项关于甲公司 A 生产设备改造工程及其后会计处理的表述中，正确的有(　　)。

A. A 生产设备在安装环保装置期间停止计提折旧

B. 环保装置达到预定可使用状态后按 A 生产设备剩余使用年限计提折旧

C. 甲公司 2×15 年度 A 生产设备(包括环保装置)应计提的折旧为 1 027.50 万元

D. 环保装置达到预定可使用状态后 A 生产设备按环保装置预计使用年限计提折旧

3. 下列各项中，应计入在建工程项目成本的有(　　)。

A. 在建工程试运行收入

B. 建造期间工程物资盘盈净收益

C. 建造期间工程物资盘亏净损失

D. 为在建工程项目取得的财政专项补贴

4. 下列资产中，不需要计提折旧的有(　　)。

A. 已划分为持有待售的固定资产

B. 以公允价值模式进行后续计量的已出租厂房

C. 因产品市场不景气尚未投入使用的外购机器设备

D. 已经完工投入使用但尚未办理竣工决算的自建厂房

5. 下列固定资产中,企业应当计提折旧且应将所计提的折旧额记入“管理费用”账户的有( )。

A. 以经营租赁方式出租的机器设备

B. 生产车间使用的机器设备

C. 行政管理部门使用的办公设备

D. 厂部的办公设备

E. 未使用的厂房

三、业务题

1. 甲公司为增值税一般纳税人,适用的增值税税率为17%。2×15年1月,甲公司为自建一幢办公楼购入工程物资5 000万元,支付的增值税额为850万元,全部用于工程建设。甲公司在办公楼的建造过程中,领用本公司前期购入的生产用原材料一批,该批原材料成本为200万元,购进该批原材料时支付的增值税进项税额为34万元;领用本公司生产的产品一批,实际成本为800万元,税务部门核定的计税价格为1 000万元。为建造该办公楼确认职工薪酬300万元,支付其他费用146万元。上述支出全部以银行存款支付。2×15年年末,工程完工并达到预定可使用状态。

要求:完成甲公司的账务处理。

2. 2×15年4月21日,甲公司为降低采购成本,向乙公司一次购进了3套不同型号且具有不同生产能力的设备A、B和C。甲公司为该批设备共支付货款500万元,增值税额85万元,装卸费2万元,全部以银行存款支付。假定设备A、B和C均满足固定资产的定义及其确认条件,公允价值分别为156万元、234万元、130万元。

要求:不考虑其他相关税费,完成甲公司的账务处理。

3. 甲公司2×15年9月21日购置一台不需安装即可投入使用的固定资产。固定资产入账价值为600万元,预计使用寿命为5年,预计净残值为9.6万元。

要求:分别采用双倍余额递减法与年数总和法计算甲公司每年计提的折旧额。

第十一章　无形资产

引导案例

吉利并购Volvo在国内引起了巨大轰动，其目的之一是获得Volvo的自主知识产权。2010年3月28日21:20，当地时间15:20，瑞典哥德堡，吉利集团董事长李书福和福特汽车公司首席财务官Lewis Booth签署了最终股权收购协议。吉利以18亿美元成功收购瑞典沃尔沃轿车公司100%股权，包括了9个系列产品、3个最新平台、2 400多个全球网络、人才和品牌以及重要的供应商体系。吉利并购沃尔沃这段酝酿已久的"跨国联姻"终于尘埃落定。

吉利汽车自2001年开始生产汽车以来一直坚持走自主开发的汽车之路，无形资产等核心资产的发展鉴于国内汽车行业起步较晚等限制因素一直发展较慢，但是在此次合并后有了很大的增长：无形资产占非流动资产的比例从2009年12月31日的16.25%增长为2011年12月31日的20.98%；占总资产的比例从2009年12月31日的5.695%增长为2011年12月31日的8.05%；无形资产的存量由2009年12月31日的1 069 679元增长为2011年12月31日的2 221 745元，其增幅达107.7%。吉利并购Volvo，其无形资产这一核心资产无论是从存量上还是从占总资产这一比例上都有了质的飞跃，这个飞跃单单凭借吉利汽车自身的积累显然是不可能实现的，这归功于吉利并购Volvo的并购决策，这也说明决策分析的并购动因已成功实现。

本章内容提要

本章主要内容包括无形资产概述、无形资产的摊销、核算及无形资产的处置。

第一节　无形资产概述

一、无形资产的特征

无形资产是指企业拥有或者控制的没有实物形态的可辨认的非货币性资产，通常包括专利权、非专利技术、商标权、著作权、特许权、土地使用权等。无形资产具有以下特征。

(一) 由企业拥有或者控制并能为其带来未来经济利益的资源

预计能为企业带来未来经济利益是作为一项资产的本质特征，无形资产也不例外。通常情况下，企业拥有或者控制的无形资产，是指企业拥有该项无形资产的所有权，且该项无形资产能够为企业带来未来经济利益。但在某些情况下并不需要企业拥有其所有权，如果企业有权获得某项无形资产产生的经济利益，同时又能约束其他人获得这些经济利益，则说明企业控制了该无形资产，或者说控制了该无形资产产生的经济利益，并受法律的保护。

(二) 无形资产不具有实物形态

无形资产通常表现为某种权利、某项技术或是某种获取超额利润的综合能力。它们不具有实物形态，无形资产为企业带来经济利益很大程度上是通过自身所具有的技术等优势为企业带来未来经济利益，不具有实物形态是无形资产区别于其他资产的特征之一。

(三) 无形资产具有可辨认性

要作为无形资产进行核算，该资产必须是能够区别于其他资产可单独辨认的，如企业持有的专利权、非专利技术、商标权、土地使用权、特许权等。符合以下条件之一，则认为其具有可辨认性：一是能够从企业中划分或者分离出来，并能够单独或者与相关合同、资产或负债一起，用于出售、转移、授予许可、租赁或者交换。二是源自合同性权利或其他法定权利，无论这些权利是否可以从企业或其他权利和义务中转移或者分离。

(四) 属于非货币性资产

非货币性资产与货币性资产相对应。货币性资产是指企业持有的货币资金以及在未来可以收到固定或可确定货币金额的资产，如库存现金、银行存款、应收账款等。非货币性资产是指除货币性资产以外的其他资产。无形资产由于没有发达的交易市场，一般不容易转化成现金，在持有过程中为企业带来未来经济利益的情况不确定，不属于以固定或可确定的金额收取的资产，属于非货币性资产。

二、无形资产的核算内容

(一) 专利权

专利权是指国家专利主管机关依法授予发明创造专利申请人，对其发明创造在法定期限内所享有的专有权利，包括发明专利权、实用新型专利权和外观设计专利权。发明专利权的期限为20年，实用新型专利权和外观设计专利权的期限为10年，均自申请日起计算。

(二) 非专利技术

非专利技术也称专有技术，是指不为外界所知、在生产经营活动中已采用了的、不享有法律保护的、可以带来经济效益的各种技术和诀窍。非专利技术一般包括工业专有技术、商业贸易专有技术、管理专有技术等。非专利技术并不是专利法的保护对象，非专利技术用自我保密的方式来维持其独占性，具有经济性、机密性和动态性等特点。

(三) 商标权

商标是用来辨认特定的商品或劳务的标记。商标权是指专门在某类指定的商品或产品上使用特定的名称或图案的权利。经商标局核准注册的商标为注册商标，包括商品商标、服务商标和集体商标、证明商标；商标注册人享有商标专用权，受法律保护。注册商标的有效期为10年,自核准注册之日起计算。注册商标有效期满,需要继续使用的,应当在期满前6个月内申请续展注册;在此期间未能提出申请的,可以给予6个月的宽展期。宽展期满仍未提出申请的,注销其注册商标。每次续展注册的有效期为10年。

(四) 著作权

著作权又称版权,是指作者对其创作的文学、科学和艺术作品依法享有的某些特殊权利。著作权包括作品署名权、发表权、修改权和保护作品完整权,还包括复制权、发行权、出租权、展览权、表演权、放映权、广播权、信息网络传播权、摄制权、改编权、翻译权、汇编权以及应当由著作权人享有的其他权利。著作权人包括作者和其他依法享有著作权的公民、法人或者其他组织。著作权属于作者,创作作品的公民是作者。由法人或者其他组织主持,代表法人或者其他组织意志创作,并由法人或者其他组织承担责任的作品,法人或者其他组织视为作者。作者的署名权、修改权、保护作品完整权的保护期不受限制。公民的作品,其发表权、复制权、发行权、出租权、展览权、表演权、放映权、广播权、信息网络传播权、摄制权、改编权、翻译权、汇编权以及应当由著作权人享有的其他权利的保护期,为作者终生及其死亡后50年,截至作者死亡后第50年的12月31日;如果是合作作品,截至最后死亡的作者死亡后第50年的12月31日。

(五) 特许权

特许权又称经营特许权、专营权,是指企业在某一地区经营或销售某种特定商品的权利或是一家企业接受另一家企业使用其商标、商号、技术秘密等的权利。通常有两种形式,一种是由政府机构授权,准许企业使用或在一定地区享有经营某种业务的特权,如水、电、邮电通信等专营权、烟草专卖权等等;另一种指企业间依照签订的合同,有限期或无限期使用另一家企业的某些权利,如连锁店分店使用总店的名称等。通常在特许权转让合同中规定了特许权转让的期限、转让人和受让人的权利和义务。转让人一般要向受让人提供商标、商号等使用权,传授专有技术,并负责培训营业人员,提供经营所必需的设备和特殊原料。受让人则需要向转让人支付取得特许权的费用,开业后则按营业收入的一定比例或其他计算方法支付享用特许权费用。

(六) 土地使用权

土地使用权是指国家准许某企业在一定期间内对国有土地享有开发、利用、经营的权利。根据我国土地管理法的规定,我国土地实行公有制,任何单位和个人不得侵占、买卖或者以其他形式非法转让。企业取得土地使用权的方式大致有行政划拨取得、外购取得(如以缴纳土地出让金方式取得)及投资者投资取得等几种。通常情况下,作为投资性房地产或者作为固定资产核算的土地,按照投资性房地产或者固定资产核算;以缴纳土地出让金等方式外购的土地使用权、投资者投入等方式取得的土地使用权,作为无形资产核算。

三、无形资产的确认条件与初始计量

(一) 无形资产的确认条件

无形资产应当在符合定义的前提下,同时满足以下两个确认条件时,才能予以确认:一是与该资产有关的经济利益很可能流入企业;二是该无形资产的成本能够可靠地计量。企业在判断无形资产产生的经济利益是否很可能流入时，应当对无形资产在预计使用寿命内可能存在的各种经济因素做出合理估计，并且应当有明确的证据支持。成本能够可靠地计量是资产确认的一项基本条件。

(二) 无形资产的初始计量

1. 外购的无形资产成本

外购的无形资产，其成本包括购买价款、相关税费以及直接归属于使该项资产达到预定用途所发生的其他支出。其中，直接归属于使该项资产达到预定用途所发生的其他支出包括使无形资产达到预定用途所发生的专业服务费用、测试无形资产是否能够正常发挥作用的费用等。但为引入新产品进行宣传发生的广告费、管理费用及其他间接费用以及无形资产已经达到预定用途以后发生的费用不应计入无形资产成本。

如果购入的无形资产超过正常信用条件延期支付价款，实质上具有融资性质的，应按所取得无形资产购买价款的现值计量其成本，现值与应付价款之间的差额作为未确认的融资费用，在付款期间内按照实际利率法确认为利息费用。

为核算无形资产的业务，企业应设置"无形资产"总账账户。该账户核算企业持有的无形资产的成本。

【例 11-1】 某企业 2016 年 12 月 31 日购入一项专利权，购买价款为 180 万元，相关税费为 10 万元，为宣传该专利生产的产品支付广告费 10 万元。则该企业的会计处理为：

借：无形资产——专利权	1 900 000	
贷：银行存款		1 900 000
借：销售费用	100 000	
贷：银行存款		100 000

【例 11-2】 20×5 年 1 月 1 日，大华公司购入一项管理用无形资产，双方协议采用分期付款方式支付价款，合同价款为 1 000 万元，自 20×5 年 12 月 31 日起，每年年末付款 200 万元，5 年付清。假定银行同期贷款利率为 5%。另以现金支付相关税费 20 万元。该项无形资产购入当日即达到预定用途，预计使用寿命为 10 年，采用直线法摊销，预计净残值为零。假定不考虑其他相关因素[已知(P/A, 5%, 5)=4.329 5]。

表 11-1 　　**未确认融资费用摊销表** 　　金额单位：万元

年份	融资余额	利率	本年利息 (融资余额×利率)	付款	还本 (付款额-利息)	未确认融资费用
0	865.9					134.1
1	709.19	5%	43.3	200	156.71	90.81
2	544.65	5%	35.46	200	164.54	55.35
3	371.88	5%	27.23	200	172.77	28.12
4	190.48	5%	18.59	200	181.41	9.52
5	0	5%	9.52	200	190.48	0
合计			134.1	1 000	865.9	

则大华公司的会计处理为：

无形资产的现值＝1 000×20%×4.3295＝865.9(万元)

未确认融资费用＝1 000－865.9＝134.1(万元)

借:无形资产	8 659 000	
未确认融资费用	1 341 000	
贷:长期应付款		10 000 000

20×5 年年末付款时:

借:长期应付款	2 000 000	
贷:银行存款		2 000 000
借:财务费用	433 000	
贷:未确认融资费用		433 000

20×6 年年末付款时:

借:长期应付款	2 000 000	
贷:银行存款		2 000 000
借:财务费用	354 600	
贷:未确认融资费用		354 600

20×7 年年末付款时:

借:长期应付款	2 000 000	
贷:银行存款		2 000 000
借:财务费用	272 300	
贷:未确认融资费用		272 300

20×8 年年末付款时:

借:长期应付款	2 000 000	
贷:银行存款		2 000 000
借:财务费用	185 900	
贷:未确认融资费用		185 900

20×9 年年末付款时:

借:长期应付款	2 000 000	
贷:银行存款		2 000 000
借:财务费用	95 200	
贷:未确认融资费用		95 200

2. 投资者投入的无形资产成本

投资者投入的无形资产成本,应按照投资合同或协议约定的价值确定无形资产的取得成本。如果投资合同或协议约定价值不公允的,应按无形资产的公允价值作为无形资产初始成本入账。

【例 11-3】 2016 年 6 月 15 日,甲股份有限公司接受乙公司以专利权进行投资。该专利权的账面价值为 4 200 万元，双方协议约定的价值为 4 400 万元（协议约定价值公允），占甲股份有限公司注册资本的 20%。则甲公司的会计处理为：

借：无形资产——专利权	44 000 000	
贷：实收资本		44 000 000

3. 通过非货币性资产交换取得的无形资产成本

企业通过非货币性资产交换取得的无形资产，包括以投资、存货、固定资产或无形资产换入的无形资产等。非货币性资产交换具有商业实质且公允价值能够可靠计量的，其初始入账成本应当按照公允价值进行计量；在不能同时满足以上按公允价值计量的两个条件时，取得的无形资产应当按照账面价值进行计量。

4. 通过债务重组取得的无形资产成本

通过债务重组取得的无形资产，是指企业作为债权人取得的债务人用于偿还债务的非现金资产，且企业作为无形资产管理的资产。通过债务重组取得的无形资产成本，应当以其公允价值入账。

第二节 内部研究开发支出的确认和计量

一、研究与开发阶段的区分

对于企业自行进行的研究开发项目，应当区分研究阶段与开发阶段分别进行核算。关于研究阶段与开发阶段的具体划分，企业应当根据自身实际情况以及相关信息加以判断。

（一）研究阶段

研究是指为了获取并理解新的科学或技术知识等进行的独创性的有计划的调查。研究活动的例子包括：意在获取知识而进行的活动；研究成果或其他知识的应用研究、评价和最终选择；材料、设备、产品、工序、系统或服务替代品的研究；以及新的或经改进的材料、设备、产品、工序、系统或服务的可能替代品的配制、设计、评价和最终选择等。

研究阶段基本上是探索性的，是为了进一步的开发活动进行资料及相关方面的准备，已经进行的研究活动将来是否会转入开发，开发后是否会形成无形资产等均具有较大的不确定性。在这一阶段一般不会形成阶段性成果。

（二）开发阶段

开发是指在进行商业性生产或使用前，将研究成果或其他知识应用于某项计划或设计，以生产出新的或具有实质性改进的材料、装置、产品等。开发活动的例子包括：生产前或使用前的原型和模型的设计、建造和测试；含新技术的工具、夹具、模具和冲模的设计；不具有商业性生产经济规模的试生产设施的设计、建造和运营；新的或经改造的材料、设备、产品、工序、系统或服务所选定的替代品的设计、建造和测试等。

相对于研究阶段而言，开发阶段应当是已完成研究阶段的工作，在很大程度上具备了形成一项新产品或新技术的基本条件。

二、研究与开发支出的确认

(一) 研究阶段支出

考虑到研究阶段的探索性及其成果的不确定性,企业无法证明其能够带来未来经济利益的无形资产的存在,因此,对于企业内部研究开发项目,研究阶段的有关支出,应当在发生时全部费用化,计入当期损益(管理费用)。

(二) 开发阶段支出

考虑到进入开发阶段的研发项目往往形成成果的可能性较大,因此,如果企业能够证明开发支出符合无形资产的定义及相关确认条件,则可将其确认为无形资产。具体来讲,对于企业内部研究开发项目,开发阶段的支出同时满足了下列条件的才能资本化,确认为无形资产,否则应当计入当期损益(管理费用)。

(1) 完成该无形资产以使其能够使用或出售在技术上具有可行性。企业在判断无形资产的开发在技术上是否具有可行性时,应当以目前阶段的成果为基础,并提供相关证据和材料,证明企业进行开发所必需的技术条件等已经具备,不存在技术上的障碍或其他不确定性。例如,企业已经完成了全部计划、设计和测试活动,这些活动是使资产能够达到设计规划书中的功能、特征和技术所必需的活动,或经过专家鉴定等。

(2) 具有完成该无形资产并使用或出售的意图。企业研发项目形成成果以后,是对外出售,还是自己使用并从使用中获得经济利益,应当由企业管理层的意图而定。企业管理层应当能够说明其开发无形资产的目的,并具有完成该项无形资产开发并使其能够使用或出售的可能性。

(3) 无形资产产生经济利益的方式,包括能够证明运用该无形资产生产的产品存在市场或无形资产自身存在市场,无形资产将在内部使用的,应当证明其有用性。如果有关的无形资产在形成以后,主要是用于生产新产品,企业应当对运用该无形资产生产的产品的市场情况进行可靠预计,应当能够证明所生产的产品存在市场,并能够带来经济利益的流入;如果有关的无形资产开发以后主要是用于对外出售的,则企业应当能够证明市场上存在对该类无形资产的需求,其开发以后存在外在的市场可以出售并能够带来经济利益的流入;如果无形资产开发以后,不是用于生产产品,也不是用于对外出售,而是在企业内部使用的,则企业应能够证明其对企业的有用性。

(4) 有足够的技术、财务资源和其他资源支持,以完成该无形资产的开发,并有能力使用或出售该无形资产。这一条件主要包括:①为完成该项无形资产的开发具有技术上的可靠性。开发无形资产并使其形成成果在技术上的可靠性,是继续开发活动的关键。因此,必须有确凿证据证明企业继续开发该项无形资产有足够的技术支持和技术能力。②财务资源和其他资源支持。财务和其他资源支持是能够完成该项无形资产开发的经济基础,因此,企业必须能够证明可以取得无形资产开发所必需的财务和其他资源,以及获得这些资源的相关计划。③能够证明企业可以取得无形资产开发所必需的技术、财务和其他资源,以及获得这些资源的相关计划等。如企业自有资金不足以提供支持的,应当能够证明存在外部其他方面的资金支持,如银行等金融机构声明愿意为该无形资产的开发提供所需资金等。④有能力使用或出售该项无形资产以取得收益。

(5) 归属于该无形资产开发阶段的支出能够可靠地计量。企业对于开发活动所发生的支出应单独核算。例如,直接发生的开发人员的薪酬、材料费以及相关设备折旧费等。在企业同时从事多项开发活动的情况下,所发生的支出同时用于支持多项开发活动的,应按照合理的标准在各项开发活动之间进行分配;无法合理分配的,应予费用化计入当期损益,不计入开发活动的成本。

(三) 无法区分研究阶段和开发阶段的支出

无法区分研究阶段和开发阶段的支出,应当在发生时费用化,计入当期损益(管理费用)。

三、内部开发的无形资产的计量

内部开发活动形成的无形资产的成本,由可直接归属于该资产的创造、生产并使该资产能够以管理层预定的方式运作的所有必要支出组成。可直接归属成本包括:开发该无形资产时耗费的材料、劳务成本 、注册费、在开发该无形资产过程中使用的其他专利权和特许权的摊销、按照借款费用 的处理原则可以资本化的利息费用 等。在开发无形资产过程中发生的,除上述可直接归属于无形资产开发活动之外的其他销售费用、管理费用等间接费用 ,无形资产达到预定用途前发生的可辨认的无效和初始运作损失,为运行该无形资产发生的培训支出等不构成无形资产的开发成本。

值得强调的是,内部开发无形资产的成本仅包括在满足资本化条件的时点至无形资产达到预定用途前发生的支出总和,对于同一项无形资产在开发过程中达到资本化条件之前已经费用化计入当期损益的支出不再进行调整。

四、内部研究开发费用的会计处理

企业自行开发无形资产发生的研发支出 ,不满足资本化条件的,借记“研发支出——费用化支出”账户,满足资本化条件的,借记“研发支出——资本化支出”账户,贷记“原材料”“银行存款”“应付职工薪酬 ”等账户。

研究开发项目达到预定用途形成无形资产的,应按“研发支出——资本化支出”账户的余额,借记“无形资产”账户,贷记“研发支出——资本化支出”账户。

期末,应将不符合资本化条件的研发支出转入当期管理费用,借记“管理费用”账户,贷记“研发支出——费用化支出”账户;将符合资本化条件但尚未完成的开发费用继续保留在“研发支出”账户中,待开发项目达到预定用途形成无形资产时,再将其发生的实际成本转入无形资产。

外购或以其他方式取得的、正在研发过程中应予资本化的项目,应按确定的金额,借记“研发支出——资本化支出”账户,贷记“银行存款”等账户。以后发生的研发支出,应当比照上述原则进行会计处理。

【例 11-4】 20×9 年 1 月 1 日,甲公司的董事会批准研发某项新型技术,该公司董事会认为,研发该项目具有可靠的技术和财务等资源的支持,并且一旦研发成功将降低该公司的生产成本。2×10 年 1 月 31 日,该项新型技术研发成功并已经达到预定用途。研发过程中所发生的直接相关的必要支出情况如下:

(1) 20×9 年度发生材料费用 900 万元,人工费用 450 万元,计提专用设备折旧 75 万元,以银行存款支付其他费用 300 万元,总计 1 725 万元,其中,符合资本化条件的支出为 750 万元。

(2) 2×10 年 1 月 31 日前发生材料费用 80 万元,人工费用 50 万元,计提专用设备折旧 5 万元,其他费用 2 万元,总计 137 万元。

甲公司经董事会批准研发某项新型技术,并认为完成该项新型技术无论从技术上,还是财务等方面都能够得到可靠的资源支持,一旦研发成功将降低公司的生产成本,并且有确凿证据予以支持。因此,符合条件的开发费用可以资本化。

甲公司在开发该项新型技术时,累计发生了 1 862 万元的研究与开发支出,其中符合资本化条件的开发支出为 887 万元,符合“归属于该无形资产开发阶段的支出能够可靠地计量”的条件。

则:甲公司的账务处理为:

(1) 20×9 年度发生研发支出:

借:研发支出——××技术——费用化支出　　9 750 000
　　　　　——资本化支出　　7 500 000
　贷:原材料　　9 000 000
　　应付职工薪酬　　4 500 000
　　累计折旧　　750 000
　　银行存款　　3 000 000

(2) 20×9 年 12 月 31 日,将不符合资本化条件的研发支出转入当期管理费用:

借:管理费用——研究费用　　9 750 000
　贷:研发支出——××技术——费用化支出　　9 750 000

(3) 2×10 年 1 月份发生研发支出:

借:研发支出——××技术——资本化支出　　1 370 000
　贷:原材料　　800 000
　　应付职工薪酬　　500 000
　　累计折旧　　50 000
　　银行存款　　20 000

(4) 2×10 年 1 月 31 日,该项新型技术已经达到预定用途:

借:无形资产——××技术　　8 870 000
　贷:研发支出——××技术——资本化支出　　8 870 000

第三节　无形资产的后续计量

一、无形资产使用寿命的确定

无形资产初始确认和计量后,在其后使用该项无形资产期间内应以成本减去累计摊销额和累计减值损失后的余额计量。需要强调的是，确定无形资产在使用过程中的累计摊销额，基础是估计其使用寿命，只有使用寿命有限的无形资产才需要在估计的使用寿命内采用系统合理的方法进行摊销，对于使用寿命不确定的无形资产，每年进行减值测试。

无形资产准则规定，企业应当于取得无形资产时分析判断其使用寿命。无形资产的使用寿命如为有限的，应当估计该使用寿命的年限或者构成使用寿命的产量等类似计量单位数量；无法预见无形资产为企业带来未来经济利益期限的，应当视为使用寿命不确定的无形资产。

（一）估计无形资产使用寿命应考虑的因素

无形资产的后续计量是以其使用寿命为基础的。无形资产的使用寿命包括法定寿命和经济寿命两个方面，有些无形资产的使用寿命受法律、规章或合同的限制，称为法定寿命。如我国法律规定发明专利权的有效期为20年，商标权的有效期为10年。有些无形资产如永久性特许经营权、非专利技术等的寿命则不受法律或合同的限制。经济寿命是指无形资产可以为企业带来经济利益的年限。由于受技术进步、市场竞争等因素的影响，无形资产的经济寿命往往短于法定寿命，因此，在估计无形资产的使用寿命时，应当综合考虑各方面相关因素的影响，合理确定无形资产的使用寿命。

确定无形资产的经济使用寿命，通常应考虑以下因素：该资产通常的产品寿命周期，以及可获得的类似资产使用寿命的信息；技术、工艺等方面的现实情况及对未来发展的估计；以该资产生产的产品或服务的市场需求情况；现在或潜在的竞争者预期采取的行动；为维持该资产产生未来经济利益的能力预期的维护支出及企业预计支付有关支出的能力；对该资产的控制期限，对该资产使用的法律或类似限制，如特许使用期间、租赁期间等；与企业持有的其他资产使用寿命的关联性等。

（二）无形资产使用寿命的确定

源自合同性权利或其他法定权利取得的无形资产，其使用寿命不应超过合同性权利或其他法定权利的期限。例如，企业以支付土地出让金方式取得一块土地的使用权，如果企业准备持续持有，在50年期间内没有计划出售，该块土地使用权预期为企业带来未来经济利益的期间为50年。如果合同性权利或其他法定权利能够在到期时因续约等延续，当有证据表明企业续约不需要付出重大成本时，续约期才能够包括在使用寿命的估计中。下列情况一般说明企业无须付出重大成本即可延续合同性权利或其他法定权利：有证据表明合同性权利或法定权利将被重新延续，如果在延续之前需要第三方同意，则还需有第三方将会同意的证据；有证据表明为获得重新延续所必需的所有条件相对于企业的未来经济利益不具有重要性。如果企业在延续无形资产持有期间时付出的成本与预期流入企业的未来经济利益相比具有重要性，本质上来看是企业获得了一项新的无形资产。

没有明确的合同或法律规定的无形资产，企业应当综合各方面情况，如聘请相关专家进行论证或与同行业的情况进行比较以及企业的历史经验等，来确定无形资产为企业带来未来经济利益的期限，如果经过这些努力确实无法合理确定无形资产为企业带来经济利益期限，再将其作为使用寿命不确定的无形资产。例如，企业通过公开拍卖取得一项出租车运营许可，按照所在地规定，以现有出租运营许可为限，不再授予新的运营许可，而且在旧的出租车报废以后，其运营许可可用于新的出租车。企业估计在有限的未来，其将持续经营出租车行业。对于该运营许可，其为企业带来未来经济利益的期限从目前情况看无法可靠估计，应视为使用寿命不确定的无形资产。

(三) 无形资产使用寿命的复核

企业至少应当于每年年度终了，对无形资产的使用寿命进行复核，如果有证据表明无形资产的使用寿命不同于以前的估计，由于合同的续约或无形资产应用条件的改善，延长了无形资产的使用寿命，对于使用寿命有限的无形资产应改变其摊销年限，并按照《企业会计准则第 28 号——会计政策、会计估计变更和差错更正》进行处理。

对于使用寿命不确定的无形资产，如果有证据表明其使用寿命是有限的，应当按照《企业会计准则第 28 号——会计政策、会计估计变更和差错更正》进行处理，并按照无形资产准则中关于使用寿命有限无形资产的处理原则进行处理。

二、无形资产摊销

使用寿命有限的无形资产，应在其预计的使用寿命内采用系统合理的方法对应摊销金额进行摊销。其中应摊销金额是指无形资产的成本扣除残值后的金额。

(一) 摊销期和摊销方法

无形资产的摊销期自其可供使用时(即其达到预定用途)开始至终止确认时止。在无形资产的使用寿命内系统地分摊其应摊销金额，存在多种方法，主要包括直线法、生产总量法等。对某项无形资产摊销所使用的方法应依据从资产中获取的预期未来经济利益的预计消耗方式来选择，并一致地运用于不同会计期间。例如，受技术陈旧因素影响较大的专利权和专有技术等无形资产，可采用类似固定资产加速折旧的方法进行摊销；有特定产量限制的特许经营权或专利权，应采用产量法进行摊销。

持有待售的无形资产不进行摊销，按照账面价值与公允价值减去处置费用后的净额孰低进行计量。

【例 11-5】 某股份有限公司从外单位购得一项商标权，支付价款 3 000 万元，款项已支付，该商标权的使用寿命为 10 年，不考虑残值的因素，以直线法摊销预期实现经济利益的方式。账务处理如下：

借：无形资产——商标权	3 000	
贷：银行存款		3 000
借：管理费用(30 000 000÷10)	300	
贷：累计摊销		300

无形资产的摊销一般应计入当期损益，但如果某项无形资产是专门用于生产某种产品的，其所包含的经济利益是通过转入到所生产的产品中体现的，无形资产的摊销费用应构成产品成本的一部分。

(二) 残值的确定

无形资产的残值一般为零，除非有第三方承诺在无形资产使用寿命结束时愿意以一定的价格购买该项无形资产，或者存在活跃的市场，通过市场可以得到无形资产使用寿命结束时的残值信息，并且从目前情况看，在无形资产使用寿命结束时，该市场还可能存在的情况下，可以预计无形资产的残值。

【例 11-6】 某企业取得一项专利技术，法律保护期间为 20 年，企业预计运用该专利生产的产品在未来 15 年内会为企业带来经济利益。就该项专利技术而言，第三方向企业承诺在 5 年内以其取得之日公允价值的 60%购买该项专利权，从企业管理层目前的持有计划来看，准备在 5 年内将其出售给第三方，该项专利技术应在企业持有其 5 年内摊销，残值为该专利在取得之日公允价值的 60%。

无形资产的残值意味着在其经济寿命结束之前企业预计将会处置该无形资产，并且从该处置中取得利益。估计无形资产的残值应以资产处置时的可收回金额为基础，此时的可收回金额是指在预计出售日，出售一项使用寿命已满且处于类似使用状况下同类无形资产预计的处置价格(扣除相关税费)。残值确定以后，在持有无形资产的期间，至少应于每年年末进行复核，预计其残值与原估计金额不同的，应按照会计估计变更进行处理。如果无形资产的残值重新估计以后高于其账面价值的，无形资产不再摊销，直至残值降至低于账面价值时再恢复摊销。

(三) 使用寿命不确定的无形资产

根据可获得的情况判断，有确凿证据表明无法合理估计其使用寿命的无形资产，才能作为使用寿命不确定的无形资产。企业不得随意判断使用寿命不确定的无形资产。按照无形资产准则规定，对于使用寿命不确定的无形资产，在持有期间内不需要摊销，如果期末重新复核后仍为不确定的，应当在每个会计期间进行减值测试，严格按照《企业会计准则第 8 号——资产减值》的规定，需要计提减值准备的，相应计提有关的减值准备。

三、无形资产的减值

无形资产在资产负债表日存在可能发生减值的迹象时，其可收回金额低于账面价值的，企业应当将该无形资产的账面价值减记至可收回金额，减记的金额确认为减值损失，计入当期损益，借记“资产减值损失”账户，同时计提相应的资产减值准备，贷记“无形资产减值准备”账户。无形资产减值损失一经确认，在以后会计期间不得转回。

【例 11-7】 2012 年 12 月 31 日，市场上某项新技术生产的产品销售势头较好，已对甲公司产品的销售产生重大不利影响。甲公司外购的类似专利技术的账面价值为 80 万元，剩余摊销年限为 4 年，经减值测试，该专利技术的可收回金额为 75 万元。由于甲公司该专利技术在资产负债表日的账面价值为 80 万元，可收回金额为 75 万元，可收回金额低于其账面价值。应按其差额 5 万元计提减值准备。甲公司应做如下会计处理：

借：资产减值损失——计提的无形资产减值准备	50 000	
贷：无形资产减值准备		50 000

第四节 无形资产的处置

无形资产的处置，主要是指无形资产对外出租、出售，或者是无法为企业带来未来经济利益时，应予转销并终止确认。

一、无形资产出租

企业让渡无形资产使用权并收取租金，在满足收入确认条件的情况下，应确认相关的收入和费用。

出租无形资产取得租金收入时，借记“银行存款”等账户，贷记“其他业务收入”等账户；摊销出租无形资产的成本和发生与转让有关的各种费用支出时，借记“其他业务成本”“税金及附加”等账户，贷记“累计摊销”“应交税费”等账户。

【例 11-8】 20×9 年 1 月 1 日，甲公司将某商标权出租给乙公司使用，租期为 4 年，每年收取租金 50 000 元。甲公司在出租期间内不再使用该商标权。该商标权系甲公司 20×8 年 1 月 1 日购入的，初始入账价值为 600 000 元，预计使用年限为 5 年，采用直线法摊销。假定不考虑相关税费并按年摊销。

甲公司的账务处理为：

(1) 每年取得租金：

借：银行存款	50 000	
贷：其他业务收入——出租商标权		50 000

(2) 按年对该商标权进行摊销：

借：其他业务成本——商标权摊销	120 000	
贷：累计摊销		120 000

二、无形资产出售

企业出售无形资产，表明企业放弃该无形资产的所有权，应将所取得的价款与该无形资产账面价值的差额作为资产处置利得或损失，计入当期损益。但是，值得注意的是，企业出售无形资产确认其利得的时点，应按照收入确认中的相关原则进行确定。

出售无形资产时，应按实际收到的金额，借记“银行存款”等账户；按已计提的累计摊销额，借记“累计摊销”账户；原已减值减值准备的，借记“无形资产减值准备”账户；按其账面余额，贷记“无形资产”账户；按其差额，贷记“营业外收入——处置非流动资产利得”账户或借记“营业外支出——处置非流动资产损失”账户。

【例 11-9】 甲企业出售一项商标权，所得价款为 400 000 元(不考虑其他税费)。该商标权成本为 1 000 000 元，出售时已摊销金额为 600 000 元，已计提的减值准备为100 000元。

甲企业的账务处理为：

借：银行存款	400 000	
累计摊销	600 000	
无形资产减值准备——商标权	100 000	
贷：无形资产——商标权		1 000 000
营业外收入——处置非流动资产利得		10 000

三、无形资产报废

如果无形资产预期不能为企业带来未来经济利益，例如，某无形资产已被其他新技术所替代或超过法律保护期，不能再为企业带来经济利益的，则不再符合无形资产的定义，应将其报废并予以转销，其账面价值转作当期损益。

转销时，应按已计提的累计摊销额，借记“累计摊销”账户，按已计提的减值准备，借记“无形资产减值准备”账户，按无形资产账面余额，贷记“无形资产”账户，按其差额，借记“营业外支出”账户。

【例 11-10】 甲企业原拥有一项非专利技术，采用直线法进行摊销，预计使用期限为10年。现该项非专利技术已被内部研发成功的新技术所替代，并且根据市场调查，用该非专利技术生产的产品已没有市场，预期不能再为企业带来任何经济利益，故应当予以转销。转销时，该项非专利技术的成本为3 000 000元，已摊销6年，累计摊销1 800 000元，累计计提减值准备800 000元，该项非专利技术的残值为零。假定不考虑其他相关因素。

甲企业的账务处理为：

借：累计摊销	1 800 000	
无形资产减值准备——专利权	800 000	
营业外支出——处置非流动资产损失	400 000	
贷：无形资产——专利权		3 000 000

习　题

一、单项选择题

1. 下列各项中，制造企业应确认为无形资产的是(　　)。

A. 自创的商誉

B. 企业合并产生的商誉

C. 内部研究开发项目研究阶段发生的支出

D. 以缴纳土地出让金方式取得的土地使用权

2. 2017年2月5日，甲公司以1 800万元的价格从产权交易中心竞价获得一项专利权，另支付相关税费90万元。为推广由该专利权生产的产品，甲公司发生宣传广告费用25万元、展览费15万元，上述款项均用银行存款支付。甲公司取得该项无形资产的入账价值为(　　)万元。

A. 1 800　　B. 1 890　　C. 1 930　　D. 1 905

3. 2017年1月1日，A公司购入一项管理用无形资产，双方协议采用分期付款方式支付价款，合同价款为1 600万元，每年年末付款400万元，4年付清。假定银行同期贷款年利率为6%，另以现金支付相关税费13.96万元。该项无形资产购入当日即达到预定用途，预计使用寿命为10年,无残值,采用直线法摊销。已知4年期利率为6%的年金现值系数为3.465 1,假定不考虑其他因素,该项无形资产的有关事项影响2015年度损益的金额为(　　)万元。(计算结果保留两位小数)

A. 223.16　　B. 140　　C. 213.96　　D. 353.96

4. 甲公司自20×7年1月10日开始自行研究开发无形资产,12月31日达到预定用途。其中,研究阶段发生职工薪酬30万元、计提专用设备折旧40万元;进入开发阶段后,相关支出符合资本化条件前发生的职工薪酬30万元、计提专用设备折旧30万元,符合资本化条件后发生职工薪酬100万元、计提专用设备折旧200万元。假定不考虑其他因素,甲公司20×7年对上述研发支出进行的下列会计处理中,正确的是(　　)。

A. 确认管理费用70万元,确认无形资产360万元

B. 确认管理费用30万元,确认无形资产400万元

C. 确认管理费用130万元,确认无形资产300万元

D. 确认管理费用100万元,确认无形资产330万元

5. 下列关于无形资产初始计量的表述中,不正确的是(　　)。

A. 接受捐赠取得的无形资产按公允价值计量

B. 通过债务重组取得的无形资产按公允价值计量

C. 外购取得的无形资产按购买发生的实际成本计量

D. 自行研究开发取得的无形资产按实际发生的研发成本计量

二、多项选择题

1. 按照企业会计准则规定,下列各项中,不应作为无形资产入账的有(　　)。

A. 无形资产达到预定用途前发生的可辨认的无效和初始运作损失

B. 广告费

C. 为运行该无形资产发生的培训支出

D. 开发无形资产时耗费的材料、劳务成本、注册费等符合资本化条件的支出

2. 20×2年1月1日,甲公司从乙公司购入一项无形资产,由于资金周转紧张,甲公司与乙公司协议以分期付款方式支付款项。协议约定:该无形资产作价2 000万元,甲公司每年年末付款400万元,分5年付清。假定银行同期贷款利率为5%,5年期5%利率的年金现值系数为4.3295。不考虑其他因素,下列甲公司与该无形资产相关的会计处理中,正确的有(　　)。

A. 20×2年财务费用增加86.59万元

B. 20×3年财务费用增加70.92万元

C. 20×2年1月1日确认无形资产2 000万元

D. 20×2年12月31日长期应付款列报为2 000万元

3. 下列交易事项中,会影响企业当期营业利润的有(　　)。

A. 出租无形资产取得租金收入

B. 出售无形资产取得出售收益

C. 使用寿命有限的管理用无形资产的摊销

D. 使用寿命不确定的无形资产计提的减值

4. 北方公司为从事房地产开发的上市公司，2008 年 1 月 1 日外购位于甲地块上的一栋写字楼，作为自用办公楼，甲地块的土地使用权能够单独计量；2008 年 3 月 1 日购入乙地块和丙地块，分别用于开发对外出售的住宅楼和写字楼，至 2009 年 12 月 31 日，该住宅楼和写字楼尚未开发完成；2009 年 1 月 1 日购入丁地块，作为办公区的绿化用地，至 2009 年 12 月 31 日，丁地块的绿化已经完成，假定不考虑其他因素，下列各项中，北方公司 2009 年 12 月 31 日不应单独确认为无形资产(土地使用权)的有(　　)。

A. 甲地块的土地使用权

B. 乙地块的土地使用权

C. 丙地块的土地使用权

D. 丁地块的土地使用权

5. 下列各项中，会引起无形资产账面价值发生增减变动的有(　　)。

A. 对无形资产计提减值准备

B. 企业内部研究开发项目研究阶段的支出

C. 摊销无形资产成本

D. 转让无形资产所有权

E. 企业内部用于研究开发项目开发阶段的支出不满足无形资产确认条件的部分

三、业务题

1. 某公司正在研究和开发一项新工艺，20×5 年 1～10 月发生的各项研究、调查、试验等费用 100 万元，20×5 年 10～12 月发生材料人工等各项支出 60 万元，在 20×5 年 9 月末，该公司已经可以证实该项新工艺必然开发成功，并满足无形资产确认标准。20×6 年 1～6 月又发生材料费用、直接参与开发人员的工资、场地设备等租金和注册费等支出 240 万元。20×6 年 6 月末该项新工艺完成，达到了预定可使用状态。

要求：完成相关的会计处理分录(以万元为单位)。

2. 甲股份有限公司 2011～2017 年无形资产业务有关的资料如下：

(1) 2011 年 12 月 1 日，以银行存款 300 万元购入一项无形资产(不考虑相关税费)，该无形资产的预计使用年限为 10 年。

(2) 2015 年 12 月 31 日，预计该无形资产的可收回金额为 142 万元，该无形资产发生减值后，原预计使用年限不变。

(3) 2016 年 12 月 31 日，预计该无形资产的可收回金额为 129.8 万元，调整该无形资产减值准备后，原预计使用年限不变。

(4) 2017 年 4 月 1 日。将该无形资产对外出售，取得价款 130 万元并收存银行(不考虑相关税费)。

要求：

(1) 编制购入该无形资产的会计分录。

(2) 计算 2015 年 12 月 31 日该无形资产的账面净值。

(3) 编制 2015 年 12 月 31 日该无形资产计提减值准备的会计分录。

(4) 计算 2016 年 12 月 31 日该无形资产的账面净值。

(5) 编制 2016 年 12 月 31 日调整该无形资产减值准备的会计分录。

（6）计算 2017 年 3 月 31 日该无形资产的账面净值。

（7）计算该无形资产出售形成的净损益。

（8）编制该无形资产出售的会计分录。

（答案中的金额单位用万元表示）

第十二章　投资性房地产

引导案例

20×1 年 12 月 31 日甲公司购入一栋办公楼，实际取得成本为 3 000 万元。该办公楼预计使用年限为 20 年，预计净残值为零，采用年限平均法计提折旧。因公司迁址，20×4 年 6 月 30 日甲公司与乙公司签订租赁协议。该协议约定：甲公司将上述办公楼租赁给乙公司，租赁期开始日为协议签订日，租赁 2 年，年租金 150 万元，每半年支付一次。租赁协议签订日该办公楼的公允价值为 2 800 万元。甲公司对投资性房地产采用公允价值模式进行后续计量。20×4 年 12 月 31 日，该办公楼的公允价值为 2 200 万元，出于报表的考虑，该公司将该办公楼的计量从 20×5 年 1 月 1 日期改成了成本模式进行计量。该计量模式的变更符合会计准则的要求吗?

本章内容提要

本章主要内容包括投资性房地产的定义及特征、确认及初始计量、与投资性房地产有关的后续支出、投资性房地产后续计量、投资性房地产的转换和处置。

第一节　投资性房地产概述

一、投资性房地产的定义及特征

投资性房地产是指为赚取租金或资本增值，或者两者兼有而持有的房地产。房地产是土地和房屋及其权属的总称。在我国，土地归国家或集体所有，企业只能取得土地使用权。因此，房地产中的土地是指土地使用权。房屋是指土地上的房屋等建筑物及构筑物。

投资性房地产主要有以下特征。

1. 房地产投资是一种经营性活动

投资性房地产的主要形式是出租建筑物、出租土地使用权，这实质上属于一种让渡资产使用权行为。房地产租金就是让渡资产使用权取得的使用费收入，是企业为完成其经营目标所从事的经营性活动以及与之相关的其他活动形成的经济利益的总流入。

2. 投资性房地产在用途、状态、目的等方面区别于作为生产经营场所的房地产和用于销售的房地产

企业持有的房地产除了用作自身管理、生产经营活场所和对外销售之外，出现了将房地产用于赚取租金或增值收益的活动，甚至是个别企业的主营业务。这就需要将投资性房地产单独作为一项资产核算和反映，与自用的厂房、办公楼等房地产和作为存货（已建完工商品房）的房地产加以区别，从而更加清晰地反映企业所持有房地产的构成情况和盈利能力。

企业在首次执行投资性房地产准则时，应当根据投资性房地产的定义对企业资产进行重新分类，凡是符合投资性房地产定义和确认条件的建筑物和土地使用权，应当归为投资性房地产。

3. 投资性房地产有两种后续计量模式

企业通常应当采用成本模式对投资性房地产进行后续计量，只有在满足特定条件的情况下，即有确凿证据表明其所有投资性房地产的公允价值能够持续可靠取得的，才可以采用公允价值模式进行后续计量。但是，同一企业只能采用一种模式对所有投资性房地产进行后续计量，不得同时采用两种计量模式进行后续计量。

二、投资性房地产的范围

投资性房地产的范围包括：已出租的土地使用权、持有并准备增值后转让的土地使用权、已出租的建筑物。.

（一）属于投资性房地产的项目

(1) 已出租的土地使用权，是指企业通过出让或转让方式取得的、以经营租赁方式出租的土地使用权。但是，对于以经营租赁方式租入土地使用权再转租给其他单位的，不能确认为投资性房地产。

(2) 持有并准备增值后转让的土地使用权，是指企业取得的、准备增值后转让的土地使用权。按照国家有关规定认定的闲置土地，不属于持有并准备增值后转让的土地使用权，也就不属于投资性房地产。

(3) 已出租的建筑物是指企业拥有产权并以经营租赁方式出租的建筑物，包括自行建造或开发活动完成后用于出租的建筑物以及正在建造或开发过程将来用于出租的建筑等。

企业在判断和确认已出租的建筑物时，应当把握以下几点：

(1) 用于出租的建筑物是指企业拥有产权的建筑物，企业以经营租赁方式租入再转租的建筑物不属于投资性房地产。.

(2) 已出租的建筑物是企业已经与其他方签订了租赁协议，约定以经营租赁方式出租的建筑物。一般应自租赁协议规定的租赁期开始日起，经营租出的建筑物才属于已出租的建筑物。

(3) 企业将建筑物出租，按租赁协议向承租人提供的相关辅助服务在整个协议中不重大的，应当将该建筑物确认为投资性房地产。例如，企业将其办公楼出租，同时向承租人提供维护、保安等日常辅助服务，企业应当将其确认为投资性房地产。

（二）不属于投资性房地产

1. 自用房地产

自用房地产是指为生产商品、提供劳务或者经营管理而持有的房地产。例如，企业出租给本企业职工居住的宿舍，虽然也收取租金，但间接为企业自身的生产经营服务，因此具有自用房地产的性质。

2. 作为存货的房地产

作为存货的房地产通常是指房地产开发企业在正常经营过程中销售的或为销售而正在开发的商品房和土地。

在实务中，存在某项房地产部分自用或作为存货出售、部分用于赚取租金或资本增值的情形：如某项投资性房地产不同用途的部分能够单独计量和出售的，应当分别确认为固定资产、无形资产、存货和投资性房地产。例如，甲房地产开发商建造了一栋商住两用楼盘，一层出租给一家大型超市，已签订经营租赁合同；其余楼层均为普通住宅，正在公开销售中。这种情况下，如果一层商铺能够单独计量和出售，应当确认为甲企业的投资性房地产，其余楼层为甲企业的存货，即开发产品。

第二节　投资性房地产的确认和初始计量

一、投资性房地产的确认和初始计量

（一）投资性房地产的确认条件和特点

1. 投资性房地产的确认条件

投资性房地产只有在符合定义的前提下，同时满足下列条件的，才能予以确认：

(1) 与该投资性房地产有关的经济利益很可能流入企业。

(2) 该投资性房地产的成本能够可靠地计量。

2. 投资性房地产的确认时点

(1) 对已出租的土地使用权、已出租的建筑物，其作为投资性房地产的确认时点一般为租赁期开始日，即土地使用权、建筑物进入出租状态、开始赚取租金的日期。

(2) 但对企业持有以备经营出租的空置建筑物或在建建筑物，董事会或类似机构做出书面决议，明确表明将其用于经营出租且持有意图短期内不再发生变化的，即使尚未签订租赁协议，也应视为投资性房地产。这里的“空置建筑物”，是指企业新购入、自行建造或开发完工但尚未使用的建筑物，以及不再用于日常生产经营活动且经整理后达到可经营出租状态的建筑物。对持有并准备增值后转让的土地使用权，其作为投资性房地产的确认时点为企业将自用土地使用权停止自用、准备增值后转让的日期。

（二）外购投资性房地产的初始计量

投资性房地产应当按照成本进行初始计量。

1. 外购投资性房地产的确认和初始计量

在采用成本模式计量下，外购的土地使用权和建筑物，按照取得时的实际成本进行初始计量，借记“投资性房地产”科目，贷记“银行存款”等科目。取得时的实际成本包括购买价款、相关税费和可直接归属于该资产的其他支出。企业购入的房地产，部分用于出租(或资本增值)、部分自用，用于出租(或资本增值)的部分应当予以单独确认的，应按照不同部分的公允价值占公允价值总额的比例将成本在不同部分之间进行分配。

在采用公允价值模式计量下，外购的投资性房地产应当按照取得时的实际成本进行初始计量，其实际成本的确定与采用成本模式计量的投资性房地产一致。企业应当在“投资性房地产”科目下设置“成本”和“公允价值变动”两个明细科目，按照外购的土地使用权和建筑物发生的实际成本，记入“投资性房地产——成本”科目。

2. 自行建造投资性房地产的确认和初始计量

在采用成本模式计量下，自行建造投资性房地产，其成本由建造该项资产达到预定可使用状态前发生的必要支出构成，包括土地开发费、建筑成本、安装成本、应予以资本化的借款费用、支付的其他费用和分摊的间接费用等。建造过程中发生的非正常性损失，直接计入当期损益，不计入建造成本。按照建造过程中发生的成本，借记“投资性房地产”科目，贷记“银行存款”等科目。

企业自行建造房地产达到预定可使用状态后一段时间才对外出租或用于资本增值的，应当先将自行建造的房地产确认为固定资产、无形资产或存货，自租赁期开始日或用于资本增值之日开始，从固定资产、无形资产或存货转换为投资性房地产。

3. 非投资性房地产转换为投资性房地产的确认和初始计量

非投资性房地产转换为投资性房地产，实质上是因房地产用途发生改变而对房地产进行的重新分类。转换日通常为租赁期开始日。房地产转换的计量将在“投资性房地产的转换和处置”中进行介绍。

(三) 投资性房地产初始确认的会计处理

企业采用成本模式计量投资性房地产的，应设置“投资性房地产”账户，用来核算取得的投资性房地产成本。成本计量模式下还应设置“投资性房地产累计折旧(摊销)”与“投资性房地产减值准备”账户，分别核算投资性房地产的折旧(摊销)与减值。按照确定的成本借记“投资性房地产——××项目”账户，贷记“银行存款”等账户；如果是自行建造的房地产还应同时结转土地使用权的账面价值，借记“投资性房地产——××项目——成本”账户，贷记“无形资产——土地使用权”账户。

企业采用公允价值模式计量投资性房地产的，“投资性房地产”账户下应设置“成本”和“公允价值变动”两个明细账户。其中“成本”明细账户用来核算投资性房地产的成本的增减变动；“公允价值变动”明细账户用来核算持有至期间投资性房地产公允价值的增减变动。企业不再设置“投资性房地产累计折旧(摊销)”账户与“投资性房地产——减值准备”账户。

采用公允价值模式计量投资性房地产的，应在取得投资性房地产时，按照确定的成本借记“投资性房地产——××项目——成本”账户，贷记“银行存款”等账户；如果是自行建造的房地产还应同时结转土地使用权的账面价值，借记“投资性房地产——××项目——

成本”账户，贷记“无形资产——土地使用权”账户。

【例 12-1】 2016 年甲公司计划购入一栋写字楼用于对外出租。3 月 15 日，甲公司与乙企业签订经营租赁合同，约定自写字楼购买日起将这栋写字楼出租给乙企业，租赁期 5 年。6 月 1 日，甲公司实际购入写字楼并出租给乙企业，甲公司共支付 1 800 万元，甲公司规投资性房地产采用成本模式进行计量。假设不考虑其他因素，甲公司购入写字楼时的账务处理如下：

借：投资性房地产——××项目　　18 000 000
　贷：银行存款　　18 000 000

【例 12-2】 承[例 12-1]，假设甲公司的投资性房地产采用公允价值模式进行计量的条件，并采用公允价值模式进行计量。则甲公司购入写字楼时的账务处理如下：

借：投资性房地产——××项目——成本　　18 000 000
　贷：银行存款　　18 000 000

二、与投资性房地产有关的后续支出

(一) 资本化的后续支出

与投资性房地产有关的后续支出，满足投资性房地产确认条件的，应当计入投资性房地产成本。例如，企业为了提高投资性地产的使用效能，往往需要对投资性房地产进行改建、扩建而使其更加坚固耐用，或者过装修而改善其室内装潢，改扩建或装修支出满足确认条件的，应当将其资本化。企业对某项投资性房地产进行改扩建等再开发且将来仍作为投资性房地产的，在再开发期间应继续将其作为投资性房地产，再开发期间不计提折旧或摊销。

【例 12-3】 2016 年 3 月，甲公司经营租赁给乙企业的一栋办公楼租赁合同即将到期。甲公司对投资性房地产采用成本计量模式进行后续计量，盖办公楼的原价为 4 000 万元，累计折旧为 1 000 万元，为了提高办公楼的租金收入，甲公司决定在租赁期满后对办公楼进行装修，并与丙企业签订了经营租赁合同，约定自装修完工时将办公楼出租给丙企业。3 与 31 日，与乙企业的租赁合同到期，随即对办公室进行装修。12 月 31 日，办公室装修完工，共发生支出 200 万元，当日按照租赁合同出租给丙企业。假设甲公司对投资性房地产采用成本模式进行后续计量。假定甲公司发生的装修支出符合资本化条件，应当计入投资性房地产的成本。

根据上述资料，甲公司的有关账务处理如下：

(1) 2016 年 3 月 31 日，投资性房地产转入改建时：

借：投资性房地产——在建　　30 000 000
　　　　　　　　——累计折旧　　10 000 000
　贷：投资性房地产　　40 000 000

(2) 装修期间发生相关支出：

借：投资性房地产——在建　　2 000 000
　贷：银行存款等　　2 000 000

(3) 装修完工时：

借:投资性房地产　　32 000 000
　贷:投资性房地产——在建　　32 000 000

【例 12-4】 承[例 12-3],假设甲公司对投资性房地产采用公允价值模式进行后续计量。3 月 31 日,办公楼的账面余额为 4 600 万元,其中:成本 4 000 万元,累计公允价值变动 600 万元。其他条件不变。甲公司有关办公楼装修的账务处理如下:

(1) 2016 年 3 月 31 日,投资性房地产转入改建时:

借:投资性房地产——在建　　46 000 000
　贷:投资性房地产——成本　　40 000 000
　　　　　　　——公允价值变动　　6 000 000

(2) 装修期间发生相关支出:

借:投资性房地产——在建　　2 000 000
　贷:银行存款等　　2 000 000

(3) 装修完工时:

借:投资性房地产——成本　　48 000 000
　贷:投资性房地产——在建　　48 000 000

(二) 费用化的后续支出

与投资性房地产有关的后续支出,不满足投资性房地产确认条件的,应当在发生时计入当期损益。例如,企业对投资性房地产进行日常维护发生一些支出。企业在发生投资性房地产费用化的后续支出时,借记“其他业务成本”等账户,贷记“银行存款”等账户。

第三节　投资性房地产后续计量

投资性房地产后续计量,通常应当采用成本模式,只有满足特定条件的情况下才可以采用公允价值模式。但是,同一企业只能采用一种模式对所有投资性房地产进行后续计量,不得同时采用两种计量模式。

一、采用成本模式进行后续计量的投资性房地产

(1) 采用成本模式进行后续计量的投资性房地产,对投资性房地产的具体会计处理同固定资产或无形资产相同,即按期(月)计提折旧或摊销。借记“其他业务成本”等账户,贷记“投资性房地产累计折旧(摊销)”账户。

(2) 取得租金收入时,借记“银行存款”等账户,贷记“其他业务收入”等账户。

(3) 投资性房地产存在减值迹象的,还应当适用资产减值的有关规定。经减值测试后确定发生减值的,应当计提减值准备借记“资产减值损失”账户,贷记“投资性房地产减值准备”账户。已经计提减值准备的投资性房地产的价值又得以恢复,不得转回。

【例 12-5】 甲公司将一栋写字楼出租给乙公司使用,确认为投资性房地产,采用成本

模式进行后续计量，假设这栋办公楼的成本为72 000 000元，按照年限平均法计提折旧，使用寿命为20年，预计净残值为零。经营租赁合同约定，乙公司每月等额支付甲公司租金400 000元。则甲公司的会计处理如下：

（1）每月计提折旧：

每月计提的折旧＝（72 000 000÷20）÷12＝300 000（元）

借：其他业务成本——出租写字楼折旧　　300 000
　贷：投资性房地产累计折旧　　300 000

（2）每月确认租金收入：

借：银行存款（或其他应收款）　　400 000
　贷：其他业务收入——出租写字楼租金收入　　400 000

二、采用公允价值模式进行后续计量的投资性房地产

（一）采用公允价值模式计量投资性房地产的条件

（1）投资性房地产所在地有活跃的房产交易市场。所在地，通常指投资性房地产所在的城市。对于大中型城市，应当为投资性房地产所在的城区。

（2）企业能够从活跃的房地产交易市场上取得同类或类似房地产的市场价格及其他相关信息，从而对投资性房地产的公允价值作出合理的估计。

企业存在确凿证据表明其投资性房地产的公允价值能够持续可靠取得的，可以对投资性房地产采用公允价值模式进行后续计量。企业选择公允价值模式，就应当对其所有投资性房地产采用公允价值模式进行后续计量，不得对一部分投资性房地产采用成本模式进行后续计量，对另一部分投资性房地产采用公允价值模式进行后续计量。

（二）采用公允价值模式计量的会计处理

投资性房地产采用公允价值模式进行后续计量的，不计提折旧或摊销，应当以资产负债表日的公允价值计量。

资产负债表日，投资性房地产的公允价值高于其账面余额的差额，借记“投资性房地产——公允价值变动”账户，贷记“公允价值变动损益”账户；公允价值低于其账面余额的差额作相反的会计分录。取得的租金收入，借记“银行存款”等账户，贷记“其他业务收入”等账户。

【例12-6】 甲公司从事房地产经营开发。2015年8月，甲公司与丙企业签订了租赁协议，将开发的一栋精装修的写字楼于2016年1月1日开发完成的同时开始租赁给丙公司，租赁期为10年。2016年1月1日，该写字楼开发完成并交付给丙公司使用，写字楼的造价为8 000万元。2016年12月31日，该写字楼的公允价值为8 400万元。假设甲公司对投资性房地产采用公允机制模式进行后续计量。

根据上述资料，甲公司的有关账务处理如下：

（1）2016年1月1日，甲公司卡法王城并出租给丙公司时：

借：投资性房地产——××项目——成本　　80 000 000
　贷：开发成本　　80 000 000

(2) 2016 年 12 月 31 日,按照公允价值调整账面价值:

借:投资性房地产——××项目——公允价值变动　　4 000 000
　贷:公允价值变动损益　　4 000 000

三、投资性房地产后续计量模式的变更

为保证会计信息的可比性,企业对投资性房地产的计量模式一经确定,不得随意变更。只有在房地产市场比较成熟、能够满足采用公允价值模式条件的情况下,才允许企业对投资性房地产从成本模式计量变更为公允价值模式计量。

成本模式转为公允价值模式的,应当作为会计政策变更处理,并按计量模式变更时公允价值与账面价值的差额调整期初留存收益。企业变更投资性房地产计量模式,符合《企业会计准则第 3 号——投资性房地产》规定的,应当按照计量模式变更日投资性房地产的公允价值,借记"投资性房地产——成本"账户,按照已计提的折旧或摊销,借记"投资性房地产累计折旧(摊销)"账户,原已计提减值准备的,借记"投资性房地产减值准备"账户,按照原账面余额,贷记"投资性房地产"账户,按照公允价值与其账面价值之间的差额,贷记或借记"利润分配——未分配利润""盈余公积"等账户。

已采用公允价值模式计量的投资性房地产,不得从公允价值模式转为成本模式。

【例 12-7】 20×6 年 12 月 31 日,甲企业支付 9 000 万元购入一栋写字楼对外出租,每年于 12 月 31 日收取当年的租金 100 万元,采用成本模式进行后续计量。预计使用年限为 30 年,预计净残值为零。20×9 年 1 月 1 日,假设甲企业持有的投资性房地产满足采用公允价值模式条件,甲企业决定采用公允价值模式对该写字楼进行后续计量。20×9 年 1 月 1 日,该写字楼的原价为 9 000 万元,已计提折旧 600 万元,账面价值为 8 400 万元,公允价值为 9 500 万元。甲企业按净利润的 10%计提盈余公积。假定除上述对外出租的写字楼外,甲企业无其他的投资性房地产。

甲企业的账务处理如下:

借:投资性房地产——成本　　95 000 000(变更日的公允价值)
　投资性房地产累计折旧　　6 000 000
　贷:投资性房地产　　90 000 000(原价)
　　利润分配——未分配利润　　9 900 000
　　盈余公积　　1 100 000

第四节　投资性房地产的转换和处置

一、投资性房地产的转换

(一) 投资性房地产转换形式和转换日

1. 房地产转换形式

房地产的转换,是因房地产用途发生改变而对房地产进行的重新分类。这里所说的房地

产转换，是针对房地产用途发生改变而言，而不是后续计量模式的转变。企业必须有确凿证据表明房地产用途发生改变，才能将投资性房地产转换为非投资性房地产或者将非投资性房地产转换为投资性房地产，如自用的办公楼改为出租等。这里的确凿证据包括两个方面，一是企业董事会或类似机构应当就改变房地产用途形成正式的书面决议；二是房地产因用途改变而发生实际状态上的改变，如从自用状态改为出租状态。房地产转换形式主要包括：

(1) 投资性房地产开始自用，相应地由投资性房地产转换为固定资产或无形资产。投资性房地产开始自用是指企业将原来用于赚取租金或资本增值的房地产改为用于生产商品、提供劳务或者经营管理。例如，企业将出租的厂房收回，并用于生产本企业的产品。又如，从事房地产开发的企业将出租的开发产品收回，作为企业的固定资产使用。

(2) 作为存货的房地产，改为出租，通常是指房地产开发企业将其持有的开发产品以经营租赁的方式出租，相应地由存货转换为投资性房地产。

(3) 自用土地使用权停止自用，用于赚取租金或资本增值，相应地由无形资产转换为投资性房地产。

(4) 自用建筑物停止自用，改为出租，相应地由固定资产转换为投资性房地产。

(5) 房地产企业将用于经营出租的房地产重新开发用于对外销售，从投资性房地产转为存货。

2. 投资性房地产转换日的确定

转换日是指房地产的用途发生改变、状态相应发生改变的日期。转换日的确定标准主要包括：

(1) 投资性房地产开始自用，转换日是指房地产达到自用状态，企业开始将房地产用于生产商品、提供劳务或者经营管理的日期。

(2) 投资性房地产转换为存货，转换日为租赁期届满、企业董事会或类似机构作出书面决议明确表明将其重新开发用于对外销售的日期。

(3) 作为存货的房地产改为出租，或者自用建筑物或土地使用权停止自用改为出租，转换日通常为租赁期开始日。租赁期开始日是指承租人有权行使其使用租赁资产权利的日期。

(二) 投资性房地产转换为非投资性房地产

1. 采用成本模式进行后续计量的投资性房地产转换为自用房地产

企业将原本用于赚取租金或资本增值的房地产改用于生产商品、提供劳务或者经营管理，投资性房地产相应地转换为固定资产或无形资产。例如，企业将出租的厂房收回，并用于生产本企业的产品。在此种情况下，转换日为房地产达到自用状态，企业开始将房地产用于生产商品、提供劳务或者经营管理的日期。

企业将投资性房地产转换为自用房地产，应当按该项投资性房地产在转换日的账面余额、累计折旧或摊销、减值准备等，分别转入“固定资产”“累计折旧”“固定资产减值准备”等账户；按投资性房地产的账面余额，借记“固定资产”或“无形资产”账户，贷记“投资性房地产”账户；按已计提的折旧或摊销，借记“投资性房地产累计折旧(摊销)”账户，贷记“累计折旧”或“累计摊销”账户；原已计提减值准备的，借记“投资性房地产减值准备”账户，贷记“固定资产减值准备”或“无形资产减值准备”账户。

【例 12-8】 20×8 年 8 月 1 日，甲企业将出租在外的厂房收回，开始用于本企业生产商品。该项房地产账面价值为 3 765 万元，其中，原价 5 000 万元，累计已提折旧 1 235 万元，假设甲企业采用成本计量模式，则甲公司的会计处理为：

借：固定资产	50 000 000
投资性房地产累计折旧（摊销）	12 350 000
贷：投资性房地产	50 000 000
累计折旧	12 350 000

2. 采用公允价值模式进行后续计量的投资性房地产转为自用房地产

企业将采用公允价值模式计量的投资性房地产转换为自用房地产时，应当以其转换当日的公允价值作为自用房地产的账面价值，公允价值与原账面价值的差额计入当期损益。转换日，按该项投资性房地产的公允价值，借记“固定资产”或“无形资产”账户，按该项投资性房地产的成本，贷记“投资性房地产——成本”账户，按该项投资性房地产的累计公允价值变动，贷记或借记“投资性房地产——公允价值变动”账户，按其差额，贷记或借记“公允价值变动损益”账户。

【例 12-9】 20×8 年 10 月 15 日，甲企业因租赁期满，将出租的写字楼收回，开始作为办公楼用于本企业的行政管理。20×8 年 10 月 15 日，该写字楼的公允价值为 4 800 万元；该项房地产在转换前采用公允价值模式计量，原账面价值为 4 750 万元，其中，成本为 4 500 万元，公允价值变动为增值 250 万元。

甲企业的账务处理如下：

借：固定资产	48 000 000
贷：投资性房地产——成本	45 000 000
投资性房地产——公允价值变动	2 500 000
公允价值变动损益	500 000

（三）投资性房地产转换为存货的会计处理

1. 采用成本模式进行后续计量的投资性房地产转换为存货

房地产开发企业将用于经营出租的房地产重新开发用于对外销售的，从投资性房地产转换为存货。这种情况下，转换日为租赁期届满、企业董事会或类似机构作出书面决议明确表明将其重新开发用于对外销售的日期。企业将投资性房地产转换为存货时，应当按照该项房地产在转换日的账面价值，借记“开发产品”账户，按照已计提的折旧或摊销，借记“投资性房地产累计折旧（摊销）”账户，原已计提减值准备的，借记“投资性房地产减值准备”账户，按其账面余额，贷记“投资性房地产”账户。

【例 12-10】 某企业的投资性房地产采用成本计量模式。2017 年 1 月 1 日，该企业将一项投资性房地产转换为存货。该投资性房地产的账面余额为 100 万元，已提折旧 20 万元，已经计提的减值准备为 10 万元。则该企业的会计处理为：

借：开发产品	700 000
投资性房地产累计折旧	200 000
投资性房地产减值准备	100 000
贷：投资性房地产	1 000 000

2. 采用公允价值模式进行后续计量的投资性房地产转换为存货

企业将采用公允价值模式计量的投资性房地产转换为存货时，应当以其转换当日的公允价值作为存货的账面价值，公允价值与原账面价值的差额计入当期损益。转换日，按该项投资性房地产的公允价值，借记“开发产品”等账户，按该项投资性房地产的成本，贷记“投资性房地产——成本”账户；按该项投资性房地产的累计公允价值变动，贷记或借记“投资性房地产——公允价值变动”账户；按其差额，贷记或借记“公允价值变动损益”账户。

【例 12-11】 2014 年 10 月 15 日，甲企业因租赁期满，将出租的写字楼收回，并做出书面决议，将该写字楼重新开发对外销售，即由投资性房地产转换为存货。20×8 年 10 月 15 日，该写字楼的公允价值为 4 800 万元；该项房地产在转换前采用公允价值模式计量，原账面价值为 4 750 万元，其中，成本为 4 500 万元，公允价值变动为增值 250 万元。

甲企业的账务处理如下：

借：开发产品	48 000 000
贷：投资性房地产——成本	45 000 000
投资性房地产——公允价值变动	2 500 000
公允价值变动损益	500 000

(四) 非投资性房地产转换为投资性房地产

1. 非投资性房地产转换为采用成本模式进行后续计量的投资性房地产

(1) 作为存货的房地产转换为投资性房地产。作为存货的房地产转换为投资性房地产，通常是指房地产开发企业将其持有的开发产品以经营租赁的方式出租，存货相应地转换为投资性房地产。这种情况下，转换日通常为房地产的租赁期开始日。租赁期开始日是指承租人有权行使其使用租赁资产权利的日期。一般而言，对于企业自行建造或开发完成但尚未使用的建筑物，如果企业董事会或类似机构正式作出书面决议，明确表明其自行建造或开发产品用于经营出租、持有意图短期内不再发生变化的，应视为存货转换为投资性房地产，转换日为企业董事会或类似机构做出书面决议的日期。

企业将作为存货的房地产转换为采用成本模式计量的投资性房地产，应当按该项存货在转换日的账面价值，借记“投资性房地产”账户，原已计提跌价准备的，借记“存货跌价准备”账户，按其账面余额，贷记“开发产品”等账户。

【例 12-12】 2017 年 3 月 10 日，甲房地产开发公司与乙企业签订了租赁协议，将其开发的一栋写字楼出租给乙企业。租赁期开始日为 2017 年 4 月 15 日。2017 年 4 月 15 日，该写字楼的账面余额 45 000 万元，存货跌价准备的余额是 3 000 万元。该投资性房地产采用成本模式进行后续计量。则甲房地产开发公司的会计处理为：

借：投资性房地产	420 000 000
存货跌价准备	30 000 000
贷：开发产品(账面余额)	450 000 000

(2) 自用房地产转换为投资性房地产。企业将原本用于日常生产商品、提供劳务或者经营管理的房地产改用于出租，通常应于租赁期开始日，按照固定资产或无形资产的账面价值，将固定资产或无形资产相应地转换为投资性房地产。对不再用于日常生产经营活动

且经整理后达到可经营出租状况的房地产，如果企业董事会或类似机构正式做出书面决议，明确表明其自用房地产用于经营出租且持有意图短期内不再发生变化的，应视为自用房地产转换为投资性房地产，转换日为企业董事会或类似机构正式做出书面决议的日期。

企业将自用土地使用权或建筑物转换为以成本模式计量的投资性房地产时，应当按该项建筑物或土地使用权在转换日的原价、累计折旧、减值准备等，分别转入“投资性房地产”“投资性房地产累计折旧（摊销）”“投资性房地产减值准备”账户，按其账面余额，借记“投资性房地产”账户，贷记“固定资产”或“无形资产”账户，按已计提的折旧或摊销，借记“累计摊销”或“累计折旧”账户，贷记“投资性房地产累计折旧（摊销）”账户，原已计提减值准备的，借记“固定资产减值准备”或“无形资产减值准备”账户，贷记“投资性房地产减值准备”账户。

【例 12-13】 某企业的投资性房地产采用成本计量模式。2017 年 1 月 1 日，该企业将一项投资性房地产转换为固定资产。该投资性房地产的账面余额为 100 万元，已提折旧 20 万元，已经计提的减值准备为 10 万元。则该企业的会计处理为：

借：固定资产	1 000 000	
投资性房地产累计折旧	200 000	
投资性房地产减值准备	100 000	
贷：投资性房地产		1 000 000
累计折旧		200 000
固定资产减值准备		100 000

2. 非投资性房地产转换为采用公允价值进行后续计量的投资性房地产

（1）作为存货的房地产转换为投资性房地产。企业将作为存货的房地产转换为采用公允价值模式计量的投资性房地产，应当按该项房地产在转换日的公允价值入账，借记“投资性房地产——成本”账户，原已计提跌价准备的，借记“存货跌价准备”账户；按其账面余额，贷记“开发产品”等账户。同时，转换日的公允价值小于账面价值的，按其差额，借记“公允价值变动损益”账户；转换日的公允价值大于账面价值的，按其差额，贷记“其他综合收益”账户。当该项投资性房地产处置时，因转换计入其他综合收益的部分应转入当期损益。

【例 12-14】 2017 年 3 月 10 日，甲房地产开发公司与乙企业签订了租赁协议，将其开发的一栋写字楼出租给乙企业。租赁期开始日为 2017 年 4 月 15 日。2017 年 4 月 15 日，该写字楼的账面余额 45 000 万元，公允价值为 47 000 万元。2017 年 12 月 31 日，该项投资性房地产的公允价值为 48 000 万元。则甲房地产开发公司的会计处理为：

① 2017 年 4 月 15 日：

借：投资性房地产——成本	470 000 000	
贷：开发产品		450 000 000
其他综合收益		20 000 000

② 2017 年 12 月 31 日：

借：投资性房地产——公允价值变动	10 000 000	
贷：公允价值变动损益		10 000 000

（2）自用房地产转换为投资性房地产。企业将自用房地产转换为采用公允价值模式计

量的投资性房地产，应当按该项土地使用权或建筑物在转换日的公允价值，借记“投资性房地产——成本”账户，按已计提的累计摊销或累计折旧，借记“累计摊销”或“累计折旧”账户；原已计提减值准备的，借记“无形资产减值准备”“固定资产减值准备”账户；按其账面余额，贷记“固定资产”或“无形资产”账户。同时，转换日的公允价值小于账面价值的，按其差额，借记“公允价值变动损益”账户；转换日的公允价值大于账面价值的，按其差额，贷记“其他综合收益”账户。当该项投资性房地产处置时，因转换计入其他综合收益的部分应转入当期损益。

【例12-15】 2017年6月，甲企业打算搬迁至新建办公楼，由于原办公楼处于商业繁华地段，甲企业准备将其出租，以赚取租金收入。2017年10月30日，甲企业完成了搬迁工作，原办公楼停止自用，并与乙企业签订了租赁协议，将其原办公楼租赁给乙企业使用，租赁期开始日为2017年10月30日，租赁期限为3年。2017年10月30日，该办公楼原价为5亿元，已提折旧14 250万元，公允价值为35 000万元。假设甲企业采用公允价值模式计量。

则甲企业的会计处理为：

借：投资性房地产——成本	350 000 000	
公允价值变动损益	7 500 000	
累计折旧	142 500 000	
贷：固定资产		500 000 000

二、投资性房地产的处置

当投资性房地产被处置，或者永久退出使用且预计不能从其处置中取得经济利益时，应当终止确认该项投资性房地产。

企业可以通过对外出售或转让的方式处置投资性房地产取得收益。对于那些由于使用而不断磨损直到最终报废，或者由于遭受自然灾害等非正常原因发生毁损的投资性房地产应当及时进行清理。此外，企业因其他原因，如非货币性交易等而减少投资性房地产也属于投资性房地产的处置。企业出售、转让、报废投资性房地产或者发生投资性房地产毁损，应当将处置收入扣除其账面价值和相关税费后的金额计入当期损益。

(一) 采用成本模式计量的投资性房地产的处置

处置采用成本模式进行后续计量的投资性房地产时，应当按实际收到的金额，借记“银行存款”等账户，贷记“其他业务收入”账户；按该项投资性房地产的账面价值，借记“其他业务成本”账户，按其账面余额，贷记“投资性房地产”账户，按照已计提的折旧或摊销，借记“投资性房地产累计折旧(摊销)”账户，原已计提减值准备的，借记“投资性房地产减值准备”账户。

(二) 采用公允价值模式计量的投资性房地产的处置

处置采用公允价值模式计量的投资性房地产，应当按实际收到的金额，借记“银行存款”等账户，贷记“其他业务收入”账户；按该项投资性房地产的账面余额，借记“其他业务成本”账户，按其成本，贷记“投资性房地产——成本”账户，按其累计公允价值变动，贷记或借记“投资性房地产——公允价值变动”账户。

按照已计提的折旧或摊销，借记“投资性房地产累计折旧（摊销）”科目，原已计提减值准备的，借记“投资性房地产减值准备”科目，同时结转投资性房地产累计公允价值变动，若存在原转换日计入其他综合收益的金额，也一并结转。

【例 12-16】 恒通公司 2014 年 1 月 1 日外购一建筑物，购买价款 1 000 万元，该建筑用于出租，作为投资性房地产核算。年租金 40 万元，每年年初收取。该公司采用公允价值模式对其进行后续计量。2014 年 12 月 31 日该建筑物的公允价值为 1 040 万元，2015 年 12 月 31 日该建筑物的公允价值为 1 020 万元；2016 年 1 月 1 日恒通公司出售该建筑物，取得出售价款 1 060 万元，不考虑相关税费。

恒通公司处置时的会计处理如下：

（1）确认收入：

借：银行存款	10 600 000	
贷：其他业务收入		10 600 000

（2）结转成本：

借：其他业务成本	10 200 000	
贷：投资性房地产——成本		10 000 000
——公允价值变动		200 000
借：公允价值变动损益	200 000	
贷：其他业务成本		200 000

习 题

一、单项选择题

1. 甲公司以 1 400 万元取得土地使用权并自建 3 栋同样设计的厂房，其中一栋作为投资性房地产用于经营租赁，3 栋厂房工程已经完工，全部成本合计 6 000 万元，完工当日土地使用权账面价值为 1 200 万元，假定不考虑其他因素，租赁期开始日该投资性房地产的初始成本是（　　）万元。

A. 3 600　　B. 7 200　　C. 2 400　　D. 2 000

2. 甲公司对投资性房地产采用成本模式进行后续计量。自 20×1 年 1 月 1 日起，甲公司将一项投资性房地产出租给某单位，租期为 4 年，每年收取租金 650 万元。该投资性房地产原价为 12 000 万元，预计使用年限为 40 年，预计净残值为零；至 20×1 年 1 月 1 日已使用 10 年，累计折旧 3 000 万元。20×1 年 12 月 31 日，甲公司在对该投资性房地产进行减值测试时，发现该投资性房地产的可收回金额为 8 800 万元。假定不考虑相关税费，该投资性房地产对甲公司 20×1 年利润总额的影响金额为（　　）万元。

A. 250　　B. 350　　C. 450　　D. 650

3. 关于投资性房地产后续计量模式的转换，下列说法中正确的是（　　）。

A. 成本模式转为公允价值模式的，应当作为会计估计变更

B. 已采用公允价值模式计量的投资性房地产,不得从公允价值模式转为成本模式

C. 已采用成本模式计量的投资性房地产,不得从成本模式转为公允价值模式

D. 企业对投资性房地产的计量模式可以随意变更

4. 甲公司2014年至2017年发生以下交易或事项:

2014年12月31日购入一栋办公楼,实际取得成本为3 000万元。该办公楼预计使用年限为20年,预计净残值为零,采用年限平均法计提折旧。因公司迁址,2017年6月30日甲公司与乙公司签订租赁协议。该协议约定:甲公司将上述办公楼租赁给乙公司,租赁期开始日为协议签订日,租期2年,年租金150万元,每半年支付一次。租赁协议签订日该办公楼的公允价值为2 800万元。

甲公司对投资性房地产采用公允价值模式进行后续计量。2017年12月31日,该办公楼的公允价值为2 200万元。下列各项关于甲公司上述交易或事项会计处理的表述中,正确的是(　　)。

A. 出租办公楼应于2017年计提折旧150万元

B. 出租办公楼应于租赁期开始日确认其他综合收益175万元

C. 出租办公楼应于租赁期开始日按其原价3 000万元确认为投资性房地产

D. 出租办公楼2017年取得的75万元租金应冲减投资性房地产的账面价值

5. 20×7年2月5日,甲公司资产管理部门建议管理层将一闲置办公楼用于出租。

20×7年2月10日,董事会批准关于出租办公楼的议案,并明确出租办公楼的意图在短期内不会发生变化。当日,办公楼成本为3 200万元,已计提折旧为2 100万元,未计提减值准备,公允价值为2 400万元。甲公司采用公允价值模式对投资性房地产进行后续计量。

20×7年2月20日,甲公司与承租方签订办公楼租赁合同,租赁期为自20×7年3月1日起2年,年租金为360万元。办公楼20×7年12月31日的公允价值为2 600万元,20×8年12月31日的公允价值为2 640万元。20×9年3月1日,甲公司收回租赁期届满的办公楼并对外出售,取得价款2 800万元。甲公司20×9年度因出售办公楼而应确认的损益金额是(　　)万元。

A. 160　　B. 400　　C. 1 460　　D. 1 700

二、多项选择题

1. 下列各项中,属于投资性房地产的有(　　)。

A. 已出租的建筑物

B. 待出租的建筑物

C. 已出租的土地使用权

D. 以经营租赁方式租入后再转租的建筑物

E. 企业持有并准备增值后转让的土地使用权

2. 下列各项关于土地使用权会计处理的表述中,正确的有(　　)。(2010年)

A. 为建造固定资产购入的土地使用权确认为无形资产

B. 房地产开发企业为开发商品房购入的土地使用权确认为存货

C. 用于出租的土地使用权及其地上建筑物一并确认为投资性房地产

D. 用于建造厂房的土地使用权摊销金额在厂房建造期间计入在建工程成本

E. 土地使用权在地上建筑物达到预定可使用状态时与地上建筑物一并确认为固定资产

3. 投资性房地产的后续计量从成本模式转为公允价值模式的,变更日投资性房地产的公允价值高于其账面价值的差额对下列财务报表项目产生影响的有(　　)。

A. 其他综合收益

B. 盈余公积

C. 未分配利润

D. 公允价值变动损益

4. 自用房地产转换为采用公允价值模式计量的投资性房地产,转换日该房地产公允价值大于账面价值的差额,正确的会计处理有(　　)。

A. 计入其他综合收益

B. 计入期初留存收益

C. 计入营业外收入

D. 计入公允价值变动损益

5. 下列各项中,不应计入发生当期损益的有(　　)。

A. 开发无形资产时发生的符合资本化条件的支出

B. 以公允价值计量的投资性房地产持有期间公允价值的变动

C. 经营用固定资产转为持有待售时其账面价值小于公允价值减去处置费用后的金额

D. 建设期间工程物资发生的报废及毁损净损失

三、业务题

1. 2×13 年 2 月 5 日,甲公司资产管理部门建议管理层将一栋闲置办公楼用于出租。2×13 年2 月 10 日,董事会批准关于出租办公楼的方案并明确出租办公楼和意图在短期内不会发生变化。当日,办公楼的成本为 3 200 万元,已计提折旧为 2 100 万元,未计提减值准备,公允价值为 2 400 万元,甲公司采用公允价值模式对投资性房地产进行后续计量。2×13 年2 月 20 日,甲公司与承租方签订办公楼租赁合同,租赁期为自 2×13 年 3 月 1 日起 2 年,年租金为 360 万元。办公楼 2×13 年 12 月 31 日的公允价值为 2 600 万元,2×14 年 12 月 31 日的公允价值为 2 640 万元。2×15 年 3 月 1 日,甲公司收回租赁期届满的办公楼并对外出售,取得价款 2 800 万元。

要求:根据上述资料完成会计分录,并计算甲公司 2×15 年度因出售办公楼而应确认的损益金额。

2. 20×6 年 6 月 30 日,甲公司与乙公司签订租赁合同,合同规定甲公司将一栋自用办公楼出租给乙公司,租赁期为 1 年,年租金为 200 万元。当日,出租办公楼的公允价值为 8 000万元,账面价值为 2 500 万元。20×6 年 12 月 31 日,该办公楼的公允价值为 9 000 万元。20×7 年 6 月 30 日,甲公司收回租赁期届满的办公楼并对外出售,取得价款 9 500 万元。甲公司采用公允价值模式对投资性房地产进行后续计量,不考虑其他因素。

要求:根据上述交易或事项作出会计分录,并计算对甲公司 20×7 年度损益的影响金额。

3. 甲为一家房地产开发企业,20×7 年 3 月 10 日,甲企业与乙企业签订了租赁协议,将其开发的一栋写字楼出租给乙企业使用，租赁期开始日为20×7年4月15日。20×7年4月15日，该写字楼的账面余额45 000万元，公允价值为47 000万元。20×7年12月31日，该项投资性房地产的公允价值为48 000万元。20×8年6月租赁期届满，企业收回该项投资性房地产，并以55 000万元出售，出售款项已收讫。甲企业采用公允价值模式计量，不考虑相关税费。

要求：根据上述资料完成会计分录。

第十三章　负　　债

引导案例

秦池酒厂是山东省临朐县的一家白酒企业。2006 年和 2007 年，“秦池”分别以 6 666 万元和 3.2 亿元蝉联央视广告“标王”。然而，这两个“标王”带给“秦池”的却是截然不同的命运。

假如你是经营者，2006 年获得巨大成功之后，你会如何经营“秦池”？

本章内容提要

负债是指过去交易或事项形成的，预期会导致经济利益流出企业的现时义务。会计上，一般按其流动性分为流动负债与非流动负债。本章主要讨论流动负债的核算和非流动负债的核算。

第一节　负债概述

一、负债的特征

我国会计准则对负债的定义是企业过去的交易或事项形成的，预期会导致经济利益流出企业的现时义务。

现时义务是指企业在现行条件下已承担的义务。未来发生的交易或事项形成的义务，不属于现时义务，不应当确认为负债。从这一定义看，其基本特征包括以下几个方面：

(1) 负债是由企业过去的交易或事项形成的，企业签订的合同等未来承诺事项不是负债的核算内容。

(2) 负债是一种现时义务，不属于现时义务的不确认为负债。

(3) 负债的清偿，其结果是导致经济利益流出企业。

(4) 负债应能用货币确切计量，有明确的时间要素。

二、负债的确认与分类

根据《会计准则》第二十三条规定，负债的确认必须同时满足以下条件：

(1) 与该义务有关的经济利益很可能流出企业。

(2) 未来流出的经济利益的金额能够可靠计量。

符合负债定义和负债确认条件的项目，应当列入资产负债表；符合负债定义，但不符合负债确认条件的项目，不能列入资产负债表。

会计上对负债一般以流动性与负债的性质为标志进行分类。

(一) 按流动性分

按流动性为标志，负债可分为流动负债与非流动负债两大类。

流动负债一般是指在1年内必须清偿的债务，满足以下条件之一时，应归入流动负债：

(1) 预计在一个正常营业周期内清偿。

(2) 主要以交易为目的持有。

(3) 自资产负债表日起1年内到期应予以清偿。

(4) 企业无权自主地将清偿推迟至资产负债表日后1年以上。

非流动负债是指不满足流动负债条件的负债项目。

流动负债包括的内容主要有：短期借款、应付票据、应付账款、预收账款、应付职工薪酬、应付股利、应交税金、其他暂收应付款和1年内到期的长期借款等。

非流动负债包括的内容主要有：长期借款、应付债券、长期应付款、预计负债等。

(二) 按负债性质分

按负债的性质为标志，负债可分为金融负债与非金融负债两大类。

金融负债是指由于金融工具的应用而形成的负债，主要是指短期借款、应付票据、长期借款、应付债券等。

非金融负债是指金融负债以外的负债，主要是指应付职工薪酬、应付股利、应交税金等。

第二节　流动负债的核算

一、短期借款

短期借款是指企业向银行或其他金融机构借入的偿还期在1年以下的各种款项。为了总括反映短期借款的形成与偿还情况，会计上专门设置“短期借款”账户，对其进行会计核算。

企业取得短期借款时，按实际借入金额记入其贷方，偿还时记入其借方，余额一般在贷方表示尚未归还的借款。短期借款一般按债权人及借款种类进行明细分类核算。

短期借款产生的利息费用，原则上应按权责发生制进行预提，列入“应付利息”账户核算，不通过“短期借款”账户。计提时，借记“财务费用”账户，贷记“应付利息”账户。

二、以公允价值计量且其变动计入当期损益的金融负债

(1) 金融负债是金融工具的组成部分，金融负债分为以公允价值计量且其变动计入当

期损益的金融负债和其他金融负债。

(2) 以公允价值计量且其变动计入当期损益的金融负债,可分为交易性金融负债和直接指定为以公允价值计量且其变动计入当期损益的金融负债。

(3) 交易性金融负债。满足以下条件之一的金融负债,应当划分为交易性金融负债:承担该金融负债的目的,主要是为了近期内出售或回购;属于进行集中管理的可辨认金融工具组合的一部分,且有客观证据表明企业近期采用短期获利方式对该组合进行管理;属于衍生工具。

(4) 企业初始确认金融负债,应当按照公允价值计量。对于以公允价值计量且其变动计入当期损益的金融负债,相关交易费用应当直接计入当期损益;对于其他类别的金融资产或金融负债,相关交易费用应当计入初始确认金额。金融资产就是股票、债券。金融负债类似原来的应付短期债券。应付短期债券一发行:

借:银行存款
　贷:短期债券

这时买卖双方可能有一个约定,有赎回的问题,所以,这种金融负债交易是比较活跃的。平时说的应付账款、应付票据、其他应付款、长期应付款等(不含非货币性交易或债务重组)一给钱就解了,而且时间是固定的,而以公允价值计量且其变动计入当期损益的金融负债有一个投机成分,包括交易性金融负债和直接指定为以公允价值计量且其变动计入当期损益的金融负债。

三、应付票据

开出并承兑的商业承兑汇票如果不能如期支付的,票据到期的时候,将应付票据账面价值转入"应付账款"账户。

银行承兑汇票,如果票据到期企业无力支付到期银行承兑汇票,企业是举新债还旧债:

借:应付票据
　贷:短期借款

因为是流动负债,应付账款一般按应付金额入账,而不按到期应付金额的现值入账。

四、职工薪酬

(一) 职工薪酬的概念

职工薪酬是指企业为获得职工提供的服务而给予各种形式的报酬及其他相关支出。职工薪酬的概念涵盖了职工在职期间和离职后提供给职工的全部货币性薪酬和非货币性薪酬,既包括提供给职工本人的薪酬,也包括提供给职工配偶、子女或其他被赡养人的福利等。在理解职工薪酬时,应分别确定职工的范围和薪酬的范围。

1. 职工的范围

本处的职工包括:

(1) 与企业订立正式劳动合同的所有人员,含全职、兼职和临时职工。

(2) 虽未与企业订立正式劳动合同,但由企业正式任命的人员,如董事会成员、监事会成员和内部审计委员会成员等。

(3) 在企业的计划、领导和控制下，虽与企业未订立正式劳动合同，或企业未正式任命的人员，但为企业提供了类似服务，也纳入本准则的职工范畴。

2. 薪酬的范围

薪酬既包括货币性薪酬，也包括非货币性薪酬。非货币性薪酬主要为非货币性福利，通常包括企业以自己的产品或其他有形资产发放给职工作为福利，向职工无偿提供自己拥有的资产使用、为职工无偿提供类似医疗保健服务等。应注意的是，企业对职工的股份支付本质上也属于职工薪酬，但其具有期权性质，由《企业会计准则第 11 号——股份支付》准则进行规范。

(二) 职工薪酬的组成内容

(1) 职工工资、奖金、津贴和补贴，即按国家统计局规定的构成工资总额的内容。

(2) 职工福利费，由企业根据工资总额的一定比例计算确定。应该注意的是，由于各种劳动保障可以直接计入成本费用，而不由职工福利费列支，职工福利费的计提标准不一定是工资总额的 14%，而是按照企业的实际情况计提。

(3)“五险一金”，即医疗保险费、养老保险费、失业保险费、工伤保险费和生育保险费以及住房公积金，它们由企业根据工资总额的一定比例计算确定。其中，养老保险费包括基本养老保险费和补充养老保险费，基本养老保险费是企业根据国家规定的基准和比例计算，向社会保险经办机构缴纳的养老保险费；补充养老保险费是企业根据《企业年金试行办法》《企业年金基金管理试行办法》等相关规定，向有关单位缴纳的养老保险费。

以商业保险形式提供给职工的各种保险待遇也属于职工薪酬，应当按照本准则进行确认、计量和列报。

(4) 工会经费和职工教育经费。

(5) 非货币性福利。

(6) 因解除与职工的劳动关系给予的补偿(辞退福利)。

(7) 其他与获得职工提供的服务相关的支出。

(三) 职工薪酬核算

企业在职工为其提供服务的会计期间，除解除劳动关系补偿(即辞退福利)全部计入当期费用(管理费用)以外，其他职工薪酬均应根据职工提供服务的受益对象，将应确认的职工薪酬(包括货币性薪酬和非货币性福利)计入相关资产成本或当期费用，同时确认为应付职工薪酬负债：应由生产产品、提供劳务负担的职工薪酬，计入产品成本或劳务成本；应由在建工程、无形资产负担的职工薪酬，计入建造固定资产或无形资产成本；除上述两点之外其他职工薪酬，计入当期损益。如企业管理人员，计入管理费用；专设销售人员的职工薪酬计入销售费用。具体核算如下所述。

1. 计提工资、福利费等的会计处理

为了核算企业职工薪酬的提取、缴纳和结存情况，企业应设置“应付职工薪酬”科目。该科目的贷方核算企业根据职工提供服务的受益对象提取的各项职工薪酬，借方核算企业支付的和按规定缴纳的职工薪酬，以及从职工薪酬中扣还的各种款项(代垫的家属药费、个人所得税)等，该科目的期末贷方余额，反映企业应付职工薪酬的结余。

【例 13-1】 甲企业有关职工薪酬情况如下：

(1) 计提和发放工资。甲企业本期应付的职工工资总额为 7.5 万元，其中生产产品的工人工资为 5 万元，企业管理人员工资为 1 万元，在建工程人员工资为 4 000 元，产品销售人员工资为 0.6 万元，新产品研发人员工资(非资本化部分)为 0.5 万元。

借：生产成本	50 000	
管理费用	10 000	
在建工程	4 000	
销售费用	6 000	
研发支出	5 000	
贷：应付职工薪酬——工资		75 000

发放工资：

借：应付职工薪酬——工资	75 000	
贷：银行存款(现金)		75 000

(2) 计提福利费。假设该企业按 14%的比例计提职工福利费。

借：生产成本(50 000×14%)	7 000	
管理费用	1 400	
在建工程	560	
销售费用	840	
研发支出	700	
贷：应付职工薪酬——职工福利(75 000×14%)		10 500

(3) 按工资 10%计提住房公积金(企业负担部分)。该企业职工住房公积金由企业负担 50%，职工个人负担 50%。企业为职工缴纳的住房公积金，按职工工资总额的 10%确定，职工个人负担部分由企业代扣代缴。

企业应计提住房公积金＝75 000×10%＝7 500(元)，按受益对象进行分配如下：

借：生产成本	5 000	
管理费用	1 000	
在建工程	400	
销售费用	600	
研发支出	500	
贷：应付职工薪酬——住房公积金(75 000×10%)		7 500

本期交纳住房公积金时：

借：应付职工薪酬——住房公积金(企业负担 7 500＋个人负担 7 500)	15 000	
贷：银行存款		15 000

2. 对于非货币福利的会计处理

(1) 企业以其自产产品作为非货币性福利发放给职工的，应当根据受益对象，按照该产品的公允价值，计入相关资产成本或当期损益，同时确认应付职工薪酬。

【例 13-2】 甲公司为一家空调生产企业，共有职工 250 名，其中，生产空调的生产工人

200 人，生产车间技术人员、管理人员 20 人，企业管理人员 30 人。2017 年 4 月，公司以自己生产的 A 型号空调作为福利发放给公司每名职工。A 型号空调的单位生产成本为 1 000 元，售价为每台 1 550 元，甲公司适用的增值税税率为 17%。

按空调的公允价值计提应付职工薪酬，计入成本费用：

借：生产成本(200×1 550×1.17)	362 700
制造费用(20×1 550×1.17)	36 270
管理费用(30×1 550×1.17)	54 405
贷：应付职工薪酬(价＋税)(250×1 550×1.17)(空调的含税公允价值)	453 375

发放空调，确认收入：

借：应付职工薪酬	453 375
贷：主营业务收入(250×1 550)	387 500
应交税费——应交增值税(销项税额)	65 875
借：主营业务成本	250 000
贷：库存商品 (250×1 000)	250 000

【例 13-3】 甲公司外购了每件不含税价格为 500 元的家具作为福利发放给公司每名职工。公司购买的家具已开具了增值税专用发票，增值税税率为 17%。

按家具的公允价值计提应付职工薪酬，计入成本费用：

借：生产成本	117 000
制造费用	11 700
管理费用	17 550
贷：应付职工薪酬(250 人×500×1.17)	146 250
借：应付职工薪酬	146 250
贷：银行存款	146 250

注：因该存货未入库直接发放，不存在进项税额转出；如果是已经入库，并作进项税额抵扣，则应作进项税额转出。

(2) 无偿向职工提供住房等资产使用的，应当根据受益对象，将住房每期应计提的折旧计入相关资产成本或费用。

【例 13-4】 甲公司为远途上班的生产一线工人免费提供职工集体宿舍，该集体宿舍楼每月计提折旧 1 000 元。

借：制造费用	1 000
贷：应付职工薪酬	1 000
借：应付职工薪酬	1 000
贷：累计折旧	1 000

(3) 租赁住房等资产供职工无偿使用的，应当根据受益对象，将每期应付的租金计入相关资产成本或费用。难以认定受益对象的非货币性福利，直接计入管理费用和应付职工薪酬。

【例 13-5】 甲公司为其高级管理人员、高级工程师及科研人员租赁几套公寓住宅免费使用，公司每月需支付租金共计 15 000 元。由于为上述人员发生的 15 000 元租金费用，无法认定受益对象，则按规定直接计入管理费用。

借：管理费用 15 000

贷：应付职工薪酬 15 000

支付租金时：

借：应付职工薪酬 15 000

贷：银行存款 15 000

3. 辞退福利的核算

(1) 辞退福利的概念。在企业与职工签订的劳动合同未到期之前，企业由于种种原因需要提前终止劳动合同而辞退员工，根据劳动合同，企业需要提供一笔资金作为对被辞退员工的补偿。辞退福利通常采取在解除劳动关系时一次性支付补偿的方式，也有通过提高退休后养老金或其他离职后福利标准的方式，或者将职工薪酬的工资部分支付到辞退后未来某一期间。

辞退福利包括两方面内容：一是在职工劳动合同尚未到期前，不论职工本人是否愿意，企业决定解除与职工的劳动关系而给予的补偿，职工没有选择继续在职的权利；二是在职工劳动合同尚未到期前，为鼓励职工自愿接受裁减而给予的补偿，职工有选择继续在职或接受补偿离职的权利。针对这两种情况，会计处理上也有所不同(一个是确定的，一个是预计的)。

(2) 辞退福利的确认。确认的条件：在同时满足下列两个条件时，企业应当确认由于辞退福利而产生的应付职工薪酬，同时计入当期损益：

企业已经制定正式的解除劳动关系计划或提出自愿裁减建议，并即将实施。

企业不能单方面撤回解除劳动关系计划或自愿裁减建议。

确认时应注意的问题：

正式的辞退计划或建议应当由企业与职工代表大会或工会组织达成一致意见后，经过董事会或类似权力机构批准。

如果企业的辞退计划和裁减建议还在制定和讨论中，未最后经过董事会或类似机构批准的情况下，对该项辞退福利不能确认。

该计划或建议应当包括准备辞退的职工所在部门、职位及数量，根据有关规定按工作类别或职位确定的辞退补偿金额，以及实施辞退的时间。

企业的辞退计划和裁减建议必须制定得较为完整，已具有可操作性，这是评判能否即将实施的标准。

企业在制定辞退计划和提出裁减建议时就可以确认预计负债，同时计入当期损益，而不需要等到实际支付补偿款时再进行确认。

要求企业不能单方面撤回辞退计划或裁减建议，是因为只有辞退计划或裁减建议具有不可撤销性，才能保证会计确认和计量具有可靠性，否则在会计上无法对该项辞退福利进行确认和计量。

辞退福利的支付应全部计入当期费用。因为该笔款项的支付，并不是职工为企业提供了服务，而是企业要辞退职工，而被辞退职工不能再给企业带来经济利益，也就不能计入资产成本。

实质性辞退工作一般应当在1年内实施完毕，但因付款程序等原因使部分付款推迟到1年后支付的，视同符合确认条件。

(3) 辞退福利的计量。对于强制的辞退，应当根据辞退计划条款规定的拟解除劳动关系的职工数量、每一职位的辞退补偿标准等，计提应付职工薪酬。

企业对于自愿接受裁减的建议，应当预计将会接受裁减建议的职工数量，根据预计的职工数量和每一职位的辞退补偿标准等，计提应付职工薪酬。

【例13-6】 甲公司于2017年年末由于市场销售情况不佳，决定辞退没有家庭负担的5名员工，每人补偿2.5万元。则甲公司的账务处理是：

借：管理费用　　125 000

　贷：应付职工薪酬——解除职工劳动关系补偿　　125 000

【例13-7】 乙公司由于市场销售情况不佳，制定了一项辞退计划，拟从2017年1月1日起，企业将以职工自愿方式选择是否接受裁减。辞退计划的详细内容均已与职工沟通，并达成一致意见。辞退计划已于2016年12月10日经董事会正式批准，并将于下一个年度内实施完毕。该辞退计划中的补偿标准，如表13-1所示。

表13-1　辞退计划的补偿标准

职位	工龄	每人补偿标准
中层管理干部	1～10年	5万元
	10～20年	10万元
	20～30年	15万元
车间生产工人	1～10年	2.5万元
	10～20年	6万元
	20～30年	10万元

根据《企业会计准则13号——或有事项》中有关预计负债的最佳估计数的确定方法，计算该项辞退福利的负债金额。假定在本例中，工龄在1～10年的中层管理干部中接受辞退的数量及发生概率，如表13-2所示。

表13-2　工龄在1～10年的中层管理干部中接受辞退的数量及发生概率

接受辞退的职工数量	发生的概率	最佳估计数
5人	50%	2.5
6人	20%	1.2
8人	30%	2.4
合　计		6.1

则企业应确认工龄在1～10年的中层管理干部中预计的辞退福利金额＝预计辞退人数6.1×补偿标准5＝30.5(万元)。同理，可以预计出中层管理干部中10～20年、20～30年的补偿金额；可以预计出车间生产工人的补偿金额。假设所有辞退人员预计的补偿金额为300万元，则2016年年末账务处理如下：

借:管理费用 3 000 000

贷:应付职工薪酬——解除职工劳动关系补偿 3 000 000

五、应交增值税的核算

增值税纳税人可分为一般纳税人和小规模纳税人,现对核算要点分别归纳如下所述。

(一) 一般纳税人

1. 增值税是就货物(生产销售货物和进口货物)或应税劳务的增值部分征收的一种税。

增值税按月缴纳,计算如下:

应交增值税=当期销项税额—当期进项税额

2. 科目设置

一般纳税人在“应交税金”账户下设置“应交增值税”和“未交增值税”两个明细账户。“应交增值税”明细科目下设“进项税额”“已交税金”“销项税额”“出口退税”“进项税额转出”“出口抵减内销产品应纳税额”“转出未交增值税”“转出多交增值税”等专栏。

3. 进项税额的处理

进项税额分为可以抵扣的进项税额和不得抵扣的进项税额,分别处理如下:

(1) 可以抵扣的进项税额有三个来源:取得了增值税专用发票、取得了完税凭证、计算得出。可以抵扣的进项税额应价税分离入账,见下例。

【例 13-8】 甲公司于 2017 年 6 月 2 日购入原材料一批,取得的增值税专用发票上注明的价款为 50 万元,增值税额为 8.5 万元,货款已用银行存款付清,材料已验收入库,则甲公司账务处理如下:

借:原材料 500 000

应交税费——应交增值税(进项税额) 85 000

贷:银行存款 585 000

(2) 不得抵扣的进项税额主要有购进的货物用于非应税项目、购进的货物用于免税项目、购进的货物用于集体福利和个人消费。如果进项税额不得抵扣,应价税合一入账,见下例。

【例 13-9】 甲公司于 2017 年 6 月 10 日购入一台健身设备,取得的增值税专用发票上注明的价款为 25 万元,增值税额为 4.25 万元,货款已用银行存款付清,设备已验收投入使用,则甲公司账务处理如下:

借:固定资产——健身设备 292 500

贷:银行存款 292 500

(3) 如果购进的货物原定用于生产经营,进项税额已作抵扣,但其后因改变了原生产经营用途或发生了非常损失,相应的进项税额不得抵扣,则已作抵扣的进项税额应作转出处理,见下例。

【例 13-10】 甲公司于 2017 年 6 月 12 日购入库存商品一批用于对外销售,取得的增值税专用发票上注明的价款为 5 万元,增值税额为 0.85 万元,货款已用银行存款付清,商品已验收入库,则甲公司账务处理如下:

借:库存商品 50 000
　应交税费——应交增值税(进项税额) 8 500
　贷:银行存款 58 500

月底公司因对厂房维修,领用本次购进的材料。

借:在建工程 58 500
　贷:原材料 50 000
　　应交税金——应交增值税(进项税款转出) 8 500

(4) 销项税额的处理。销项税额可由一般销售和视同销售产生:

一般销售时,根据不含税销售额和税率计算销项税额,账务处理如下:

借:银行存款
　贷:主营业务收入
　　应交税费——应交增值税(销项税额)

视同销售,需要计算销项税额;但原会计制度下的视同销售,在新准则中已经作为销售处理了,如用原材料进行投资,应按照非货币性资产交换准则进行处理,确认其他业务收入。

(5) 缴纳增值税。缴纳增值税分两种情况:一种是正常缴纳,即本月增值税在下月10日前缴纳;另一种是预交,如本月预交一次,下月10日前结清。预交增值税通过"应交税费——应交增值税(已交税金)"账户核算,正常缴纳增值税通过"应交税费——未交增值税"账户核算。现对缴纳增值税的各种情形举例如下:

【例13-11】 假设2017年9月18日预交本月增值税50万元,则会计处理是:

借:应交税费——应交增值税(已交税金) 500 000
　贷:银行存款 500 000

9月30日,已知本月销项税额为250万元,进项税额为192.5万元,则本月应交增值税57.5万元;因已预交50万元,下月初尚需交7.5万元,账务处理是:

借:应交税费——应交增值税(转出未交增值税) 75 000
　贷:应交税费——未交增值税 75 000

10月10日前缴纳时:

借:应交税费——未交增值税 75 000
　贷:银行存款 75 000

【例13-12】 假设2017年9月18日预交本月增值税50万元,则会计处理是:

借:应交税费——应交增值税(已交税金) 500 000
　贷:银行存款 500 000

9月30日,已知本月销项税额为240元,进项税额为192.5万元,则本月应交增值税47.5万元;因已预交50万元,多交2.5万元应转出,账务处理是:

借:应交税费——未交增值税 25 000
　贷:应交税费——应交增值税(转出多交增值税) 25 000

(注意:多交的2.5万元可抵下月应交增值税。)

【例 13-13】 假设如果 2017 年 9 月 18 日预交本月增值税 50 万元，9 月 30 日，已知本月销项税额为 187.5 万元，进项税额为 192.5 万元，则本月应交增值税为－5 万元，即下月可留抵进项税额 5 万元；因已预交 50 万元，多交 50 万元应转出，账务处理是：

借：应交税费——未交增值税　500 000
　贷：应交税费——应交增值税（转出多交增值税）　500 000

（注意：多交的 50 万元可抵下月应交增值税）

综上所述，“应交税费——应交增值税”账户期末贷方没有余额，借方可能有余额，表示下月可留抵的进项税额；“应交税费——未交增值税”账户贷方余额表示应交的增值税，借方余额表示多交的增值税。

（二）小规模纳税人

1. 科目设置

小规模纳税人核算增值税，应设置“应交税费——应交增值税”账户。

2. 税额计算

（1）购进货物时其支付的增值税额不能抵扣，应计入购入货物的成本：

借：原材料
　贷：银行存款

（2）销售货物时按不含税价格计算应交增值税：

工业企业小规模纳税人，征收率为 3%。假设取得含税收入 50 万元，编制会计分录如下：

借：银行存款　500 000
　贷：主营业务收入　[50/(1+3%)]　485 436.89
　　应交税费——应交增值税[50/(1+3%)×3%]　14 563.11

商品流通企业小规模纳税人，征收率为 3%。假设取得含税收入 50 万元，编制会计分录如下：

借：银行存款　500 000
　贷：主营业务收入[50/(1+3%)]　485 436.89
　　应交税费——应交增值税[50/(1+3%)×3%]　14 563.11

六、其他税种的核算

（一）消费税

1. 产品销售

（1）将应税消费品对外销售，缴纳的消费税直接记入“营业税金及附加”科目。

（2）用应税消费品对外投资、在建工程等方面，按规定缴纳的消费税计入有关成本。

2. 委托方委托加工应税消费品

（1）将委托加工的应税消费品收回后直接用于销售的，应将代收代缴的消费税计入委托加工消费品的成本。

(2) 将委托加工应税消费品收回后用于连续生产应税消费品,将按规定准予抵扣的消费税,记入"应交税费——应交消费税"科目的借方。

(二) 资源税

1. 资源税概念

资源税是对在我国境内开发矿产品或者生产盐的单位和个人征收的税种。

2. 资源税的列支去向

(1) 企业销售应税矿产品应交的资源税,记入"营业税金及附加"账户。

(2) 企业自产自用的应税产品应交的资源税记入"生产成本""制造费用"账户。

(3) 收购未税矿产品代扣代缴的资源税计入收购矿产品的成本。

(4) 外购液体盐加工固体盐的相关资源税,购入液体盐缴纳的资源税可以抵扣,记入"应交税费——应交资源税"科目的借方;企业加工成固体盐后,在销售时,应交资源税记入"营业税金及附加"账户。

(三) 土地增值税

土地增值税按照转让房地产所取得的增值额和规定的税率计算征收,通过"应交税费——应交土地增值税"账户核算。对于兼营房地产业务的企业,缴纳土地增值税记入"其他业务成本"账户核算;转让固定资产应交的土地增值税,记入"固定资产清理"账户。

(四) 房产税、土地使用税、车船税和印花税

房产税、土地使用税、车船税、印花税均计入管理费用;印花税不通过"应交税费"账户核算。

(五) 城市维护建设税

城建税按应交增值税、应交营业税、应交消费税的一定比例(如 7%)交纳;企业按规定计算应交的城建税,记入"营业税金及附加"账户核算。

(六) 耕地占用税

企业缴纳耕地占用税,借记"在建工程"账户,贷记"银行存款"账户,不通过"应交税金"账户核算。

第三节 非流动负债

一、长期借款

长期借款是指企业从银行或其他金融机构借入的期限在 1 年以上(不含 1 年)的各种借款。

企业借入各种长期借款,按实际收到的款项,借记"银行存款"账户,按借款本金,贷记"长期借款— 本金"账户,按借、贷双方之间的差额,借记"长期借款——利息调整"账户。(注:一般情况下,实际收到的款项与本金是一致的,不存在利息调整)

在资产负债表日，企业应按长期借款的摊余成本和实际利率计算确定的利息费用，借记“在建工程”“财务费用”“制造费用”等账户，按借款本金和合同利率计算确定的应付未付利息，贷记“应付利息”账户，按其差额，贷记“长期借款——利息调整”账户。（注：一般情况下，摊余成本就是借入的本金，借款利率就是实际利率）

应付利息＝本金×名义利率×期限

利息费用＝长期借款摊余成本×实际利率

企业归还长期借款，按归还的借款本金，借记“长期借款——本金”账户，按转销的利息调整金额，贷记“长期借款——利息调整”账户，按实际归还的款项，贷记“银行存款”账户，按借贷双方之间的差额，借记“在建工程”“财务费用”“制造费用”等账户。

【例 13-14】 甲公司于 2017 年 1 月 1 日从工行借入 50 万元，借期 2 年，年利率 6%，利息按年在年末支付。

(1) 2017 年 1 月 1 日，借入时：

借：银行存款	500 000	
贷：长期借款——本金		500 000

(2) 2017 年 12 月末支付利息时：

借：财务费用等	30 000	
贷：银行存款		30 000

(3) 2018 年年末还本付息时：

借：长期借款——本金	500 000	
财务费用	30 000	
贷：银行存款		530 000

二、应付债券

(一) 一般公司债券

1. 公司债券的发行

企业发行债券有溢价发行、折价发行和平价发行。企业发行债券时，如果发行费用大于发行期间冻结资金所产生的利息收入，按发行费用减去发行期间冻结资金所产生的利息收入后的差额，根据发行债券所筹集资金的用途，分别计入财务费用或相关资产成本。如果发行费用小于发行期间冻结资金所产生的利息收入，按发行期间冻结资金所产生的利息收入减去发行费用后的差额，视同发行债券的溢价收入，在债券存续期间于计提利息时摊销，分别计入财务费用或相关资产成本。

企业发行债券时，按实际收到的款项，借记“银行存款”“库存现金”等账户，按债券票面价值，贷记“应付债券——面值”账户，按实际收到的款项与票面价值之间的差额，贷记或借记“应付债券——利息调整”账户。

2. 利息调整的摊销（期末计提利息）

利息调整应在债券存续期间内采用实际利率法进行摊销。实际利率法是指按照应付债券的实际利率计算其摊余成本及各期利息费用的方法；实际利率是指将应付债券在债券存续期间的未来现金流量，折现为该债券当前账面价值所使用的利率。

资产负债表日，对于分期付息、一次还本的债券，企业应按应付债券的摊余成本和实际利率计算确定的债券利息费用，借记"在建工程""制造费用""财务费用"等账户，按票面利率计算确定的应付未付利息，贷记"应付利息"账户，按其差额，借记或贷记"应付债券——利息调整"账户。

对于一次还本付息的债券，应于资产负债表日按摊余成本和实际利率计算确定的债券利息费用，借记"在建工程""制造费用""财务费用"等账户，按票面利率计算确定的应付未付利息，贷记"应付债券——应计利息"账户，按其差额，借记或贷记"应付债券——利息调整"账户。

3. 债券的偿还

企业发行的债券通常分为到期一次还本付息或一次还本、分期付息两种。采用一次还本付息方式的，企业应于债券到期支付债券本息时，借记"应付债券——面值""应付债券——应计利息"账户，贷记"银行存款"账户。采用一次还本、分期付息方式的，在每期支付利息时，借记"应付利息"账户，贷记"银行存款"账户；债券到期偿还本金并支付最后一期利息时，借记"应付债券——面值""在建工程""财务费用""制造费用"等账户，贷记"银行存款"账户，按借贷双方之间的差额，借记或贷记"应付债券——利息调整"账户。

【例 13-15】 2017 年 12 月 31 日，甲公司经批准发行 5 年期一次还本、分期付息的公司债券 5 000 000 元，债券利息在每年 12 月 31 日支付，票面利率为年利率 6%。假定债券发行时的市场利率为 5%。甲公司该批债券实际发行价格为 5 216 350 元。

甲公司根据上述资料，采用实际利率法和摊余成本计算确定的利息费用，如表 13-3 所示。

表 13-3 利息费用计算表

付息日期	应付利息 (本+息)	利息费用	摊销的利息调整 (归还的本)	应付债券摊余成本 (本金)
2017 年 12 月 31 日				5 216 350.00
2018 年 12 月 31 日	300 000.00	260 817.50	39 182.50	5 177 167.50
2019 年 12 月 31 日	300 000.00	258 858.38	41 141.63	5 136 025.88
2020 年 12 月 31 日	300 000.00	256 801.29	43 198.71	5 092 827.17
2021 年 12 月 31 日	300 000.00	254 641.36	45 358.64	5 047 468.53
2022 年 12 月 31 日	300 000.00	252 531.47 *	47 468.53 *	5 000 000.00

* 尾数调整。

根据以上资料，甲公司的账务处理如下：

(1) 2017 年 12 月 31 日，发行债券：

借：银行存款　　5 216 350

　贷：应付债券——面值　　5000 000

　　　　　　——利息调整(溢价)　　216 350

(2) 2018 年 12 月 31 日，计算利息费用：

借：财务费用等　　260 817.50

　应付债券——利息调整(溢价摊销)　　39 182.50

　贷：应付利息　　300 000

2019 年、2020 年、2021 年确认利息费用的会计处理同 2018 年。

(3) 2022 年 12 月 31 日,归还债券本金及最后一期利息费用:

借:财务费用等	252 531.47
应付债券——面值	5 000 000.00
——利息调整	47 468.53
贷:银行存款	5 300 000.00

(二) 可转换公司债券

(1) 企业发行的可转换公司债券,应当在初始确认时将其包含的负债成分和权益成分进行分拆,将负债成分确认为应付债券,将权益成分确认为资本公积。在进行分拆时,应当先对负债成分的未来现金流量进行折现,确定负债成分的初始确认金额,再按发行价格总额扣除负债成分初始确认金额后的金额,确定权益成分的初始确认金额。发行可转换公司债券发生的交易费用,应当在负债成分和权益成分之间按照各自的相对公允价值进行分摊。企业应按实际收到的款项,借记"银行存款"等账户,按可转换公司债券包含的负债成分面值,贷记"应付债券——可转换公司债券(面值)"账户,按权益成分的公允价值,贷记"资本公积——其他资本公积"账户,按借贷双方之间的差额,借记或贷记"应付债券——可转换公司债券(利息调整)"账户。

(2) 对于可转换公司债券的负债成分,在转换为股份前,其会计处理与一般公司债券相同,即按照实际利率和摊余成本确认利息费用,按照面值和票面利率确认应付债券,差额作为利息调整。可转换公司债券持有者在债券存续期间内行使转换权利,将可转换公司债券转换为股份时,对于债券面额不足转换 1 股股份的部分,企业应当以现金偿还。

(3) 可转换公司债券持有人行使转换权利,将其持有的债券转换为股票,按可转换公司债券的余额,借记"应付债券——可转换公司债券(面值、利息调整)"账户,按其权利成分的金额,借记"资本公积——其他资本公积"账户,按股票面值和转换的股数计算的股票面值总额,贷记"股本"账户,按其差额,贷记"资本公积——股本溢价"账户。如用现金支付不可转换股票的部分,还应贷记"库存现金""银行存款"等科目。

【例 13-16】 甲公司经批准于 2017 年 1 月 1 日按面值发行 5 年期一次还本付息的可转换公司债券 100 000 000 元,款项已收存银行,债券票面年利率为 6%。债券发行 1 年后可转换为普通股股票,初始转股价为每股 5 元,股票面值为每股 1 元。

2018 年 1 月 1 日,债券持有人将持有的可转换公司债券全部转换为普通股股票(假定按当日可转换公司债券的账面价值计算转股数),甲公司发行可转换公司债券时二级市场上与之类似的没有转换权的债券市场利率为 9%。甲公司的账务处理如下:

(1) 2017 年 1 月 1 日发行可转换公司债券:

借:银行存款	100 000 000
应付债券——可转换公司债券(利息调整)	11 671 800
贷:应付债券——可转换公司债券(面值)	100 000 000
资本公积——其他资本公积	11 671 800

可转换公司债券负债成分的公允价值 $=100\,000\,000\times0.6499+100\,000\,000\times6\%\times3.8897$

$=88\,328\,200$(元)

[注：$0.6499=1\div(1+9\%)^5$；$3.8897=1\div(1+9\%)+1\div(1+9\%)^2+1\div(1+9\%)^3+1\div(1+9\%)^4+1\div(1+9\%)^5$]

可转换公司债券权益成分的公允价值＝100 000 000－88 328 200＝11 671 800(元)

(2) 2017 年 12 月 31 日，确认利息费用：

借：财务费用等	7 949 538
贷：应付债券——可转换公司债券(应计利息)(100 000 000×6%)	6 000 000
——可转换公司债券(利息调整)	1 949 538

(3) 2018 年 1 月 1 日，债券持有人行使转换权：

转换的股份数＝(100 000 000＋6 000 000＋1 949 538)÷5＝21 589 907.6(股)

不足 1 股的部分支付现金 0.6 元。

借：应付债券——可转换公司债券(面值)	100 000 000.00
——可转换公司债券(应计利息)	6 000 000.00
资本公积——其他资本公积	11 671 800.00
贷：股本	21 589 907
应付债券——可转换公司债券(利息调整)	9 722 262.00
资本公积——股本溢价	86 359 630.4
库存现金	0.60

习 题

一、单项选择题

1. 发行一般公司债券时发生的发行费用应记入(　　)科目。

A. “管理费用”　B. “销售费用”　C. “应付债券”　D. “财务费用”

2. 债券的票面利率高于市场利率时发行的债券为(　　)。

A. 折价发行　B. 溢价发行　C. 面值发行　D. 平价发行

3. 甲企业为增值税一般纳税人，适用的增值税税率为 17%。2017 年 5 月，将购入的一批价值 100 万元的原材料改变使用用途，其中 30 万元的原材料用于免税项目，15 万元的原材料用于非应税项目，40 万元的原材料用于集体福利和个人消费，15 万元的原材料用于对外投资，则该批原材料当月转出的进项税税额为(　　)万元。

A. 17　B. 5.1　C. 14.45　D. 7.65

4. 甲公司为一般纳税人，适用的增值税税率为 17%。年末将 20 台本企业自产的空调作为福利发给本企业职工，该空调的生产成本为 1 000 元/台，市场售价为 2 000 元/台(不含增值税)。则甲公司实际发放时应计入应付职工薪酬借方的金额为(　　)元。

A. 40 000　B. 23 400　C. 43 400　D. 46 800

5. 企业开出并承兑的商业承兑汇票如果不能如期支付，应在票据到期并未签发新的票据时，将应付票据账面余额转入(　　)。

A. 应收账款　　B. 应付账款　　C. 坏账损失　　D. 短期借款

二、多项选择题

1. 下列行为中，按税法要求应作视同销售处理的项目有(　　)。

A. 将自产产品用于在建工程

B. 将自产产品对外无偿捐赠

C. 将自产产品作为福利分配给职工

D. 将外购原材料用于在建工程

2. 企业发生的下列税费中，应当计入企业当期损益的有(　　)。

A. 增值税　　B. 个人所得税

C. 城市维护建设税　　D. 企业所得税

3. 甲企业为增值税一般纳税人，适用的增值税税率为17%。2017年5月，将购入的一批价值100万元的原材料改变使用用途，其中30万元的原材料用于免税项目，15万元的原材料用于非应税项目，40万元的原材料用于集体福利和个人消费，15万元的原材料用于对外投资，则该批原材料当月转出的进项税额为(　　)万元。

A. 17　　B. 5.1　　C. 14.45　　D. 7.65

4. 以下属于核算流动负债的账户有(　　)。

A. "预收账款"　　B. "短期借款"　　C. "应付职工薪酬"　D. "长期借款"

三、多项选择题

1. 下列关于可转换公司债券的表述中，正确的有(　　)。

A. 可转换公司债券到期必须转换为股份

B. 可转换公司债券在未转换成股份前，要按期计提利息，并摊销溢折价

C. 可转换公司债券在转换成股份后，仍然要按期计提利息，但无须摊销溢折价

D. 可转换公司债券转换为股份时，按债券的账面价值和尚未支付的利息(如有)结转，不确认转换损益

2. 东方公司为增值税一般纳税人，适用的增值税税率为17%，材料采用实际成本进行日常核算。该公司2016年8月份发生如下涉及增值税的业务：

(1) 用原材料对外进行长期投资，双方协议按成本作价。该批原材料的成本和计税价格均为30万元。

(2) 建造办公楼领用原材料一批，该批原材料实际成本为20万元。

(3) 因自然灾害导致仓库着火，毁损原材料一批，该批原材料的实际成本为5万元。

(4) 用银行存款缴纳本月增值税1万元。

不考虑其他因素，下列关于上述交易或事项的增值税处理说法中，不正确的有(　　)。

A. 业务(1)长期股权投资的入账价值为35.1万元

B. 业务(2)应确认收入和增值税销项税额

C. 业务(3)应作进项税额转出0.85万元

D. 业务(4)计入应交税费——应交增值税(已交税金)

3. 下列各项，应通过"长期应付款"账户核算的有(　　)。

A. 以分期付款方式购入固定资产发生的应付款

B. 以分期付款方式购入无形资产发生的应付款

C. 具有融资性质的延期付款购买资产

D. 应付经营租入固定资产的租赁费

4. 2017 年 1 月 1 日，甲公司为留住人才，将以每套 60 万元的价格购买并按照固定资产入账的 10 套公寓，以每套 30 万元的价格出售给公司高级管理人员。出售合同中未规定职工服务年限，不考虑相关税费。则下列有关该事项的表述中，正确的有（ ）。

A. 因该事项影响损益的金额是 300 万元

B. 因该事项确认长期待摊费用 300 万元

C. 因该事项减少固定资产账面价值 600 万元

D. 因该事项确认应付职工薪酬 300 万元

5. 甲企业为增值税一般纳税人，购进的生产、经营用货物日后被用于（ ），即改变用途时，应将相应的增值税额记入“应交税费——应交增值税（进项税额转出）”账户的贷方。

A. 非增值税应税项目

B. 集体福利

C. 分配给股东

D. 个人消费

6. 下列关于收取手续费方式销售商品受托方的账务处理，正确的有（ ）。

A. 收到代销商品时，借记“受托代销商品”账户，贷记“受托代销商品款”账户

B. 实际销售代销商品，借记“银行存款”账户，贷记“应付账款”账户，“应交税费——应交增值税（销项税额）”账户

C. 收到增值税专用发票时，借记“应交税费——应交增值税（进项税额）”账户，“受托代销商品款”账户，贷记“应付账款”“受托代销商品”账户

D. 收到增值税专用发票时，借记“应交税费——应交增值税（进项税额）”账户，“受托代销商品”账户，贷记“应付账款”“受托代销商品款”账户

7. 企业缴纳的下列税费中，直接通过“管理费用”账户核算的有（ ）。

A. 房产税 B. 车船税 C. 土地使用税 D. 耕地占用税

8. 下列关于金融负债的表述，正确的有（ ）。

A. 金融负债在初始确认时划分为以公允价值计量且其变动计入当期损益的金融负债，不能重新分类为其他金融负债

B. 企业回购金融负债一部分的，应当在回购日按照继续确认部分和终止确认部分的公允价值的相对比例，将该金融负债整体的账面价值进行分配

C. 以公允价值计量且其变动计入当期损益的金融负债，包括交易性金融负债和直接指定为以公允价值计量且其变动计入当期损益的金融负债

D. 企业对于以公允价值计量且其变动计入当期损益的金融负债，应当设置“交易性金融负债”账户核算其公允价值

三、业务题

1. 某企业 2016 年发生下列经济业务：

(1) 1月1日向银行借入800 000元，用于某项工程，期限5年，年利率10%(实际利率与合同利率一致)，合同规定到期一次还本，每年年末计提利息，1月1日实际支付。该工程从2016年年初开始，将于2016年年末完工，假设工程建造期间计提的利息费用均符合资本化条件。

(2) 经批准于4月1日按面值发行每张面值100元，票面利率为8%(实际利率与票面利率一致)，期限5年的债券10 000张，该债券为到期一次还本付息债券，发行收入已收到并存入银行(不考虑发行费用)。该企业发行债券筹集资金当期全部用于某建设项目。该企业按年计提债券利息。该项目将于2018年完工，假设项目建设期间计提的利息费用均符合资本化条件。

要求：

(1) 编制取得长期借款及计提2016年利息的会计分录。

(2) 编制债券发行及计提2016年利息的会计分录。(应付债券要求写出明细账户，金额单位用元表示)

2. 甲公司为增值税一般纳税人，适用的增值税税率为17%。2016年10月的交易或事项如下：

(1) 对行政管理部门使用的设备进行日常维修，应付企业内部维修人员工资6万元。

(2) 为公司总部下属25位部门经理每人配备汽车一辆免费使用，假定每辆汽车每月计提折旧0.4万元。

(3) 月末，分配职工工资850万元，其中，直接生产产品人员工资625万元，车间管理人员工资75万元，企业行政管理人员工资100万元，专设销售机构人员工资50万元。

(4) 将本公司生产的液晶电视作为福利发放给职工，其中生产工人100名，行政、管理人员20名，销售人员50名。每台电视的市场销售价格为1万元，实际成本为0.7万元。

(5) 按规定计算代扣代交职工个人所得税4万元。

(6) 以现金支付职工王某生活困难补助5万元。

(7) 从应付李经理的工资中，扣回上月代垫的应由其本人负担的医疗费4万元。

要求：编制甲公司2016年10月上述交易或事项(1)～(7)的会计分录。(“应交税费”科目要求写出明细科目和专栏名称，答案中的金额单位用万元表示)

第十四章 所有者权益

引导案例

甲股份公司是由5个股东共同出资组建的保健品公司,其注册资本1 000万元。股东A出资400万元,占注册资本的40%,其中,现金出资200万元,另以一项产品专利权出资,经评估作价200万元;股东B出资额为300万元,占注册资本的30%;股东C、D、E的出资额分别为100万元,各占注册资本的10%。经过几年的经营,公司的所有者权益已增至1 500万元。今年年初,股东B的同学F拟加入公司,经股东会决议,双方商定,股东B转让10%的股份给同学F,同学F出资150万元,占注册资本的10%。

根据以上资料思考以下问题:

1. 何为所有者权益?它包括哪些内容?

2. 股东C、D、E的出资额分别为100万元,同学F也占注册资本的10%,为何出资150万元?

3. 公司实现的税后利润与各股东的出资有何关系?

本章内容提要

本章主要阐述所有者权益的概念、特征及内容;实收资本的核算内容及会计处理;资本公积的核算内容及会计处理;留存收益的核算内容及其会计处理。

所有者权益是所有者在企业资产中享有的经济利益,其金额为资产减去负债后的余额。企业所有者权益包括实收资本、资本公积和留存收益。实收资本是指投资人投入企业的资本。由于企业组织形式不同,实收资本的会计核算方法也有所区别;资本公积是指由投资者投入但不能构成实收资本,或从其他来源取得,由所有者享有的资金,它属于所有者权益的范畴;留存收益是企业从历年实现的利润中提取或留存于企业的内部积累,它来源于企业的生产经营活动所实现的利润,包括盈余公积和未分配利润两部分。

第一节 所有者权益概述

一、所有者权益的含义及其特征

(一) 所有者权益的含义

我国2006年2月15日颁布并于2007年1月1日施行的《企业会计准则——基本准

则》规定:所有者权益是指企业资产扣除负债后由所有者享有的剩余权益。公司的所有者权益又称为股东权益。它是一种在索偿权方面次于债权人索偿权的"剩余收益"。

(二) 所有者权益的基本特征

所有者权益具有以下基本特征。

1. 所有者权益实质上是一种剩余权益

从会计角度讲,所有者权益是企业的投资者对企业总资产扣除负债后的剩余资产的要求权,这种要求权表现为企业正常营运时所有者应享有的份额,或者企业在破产清算时所有者能够获得的剩余资产。也就是说,债权人对企业资产的要求权优先于所有者权益。当企业进行清算时,资产在支付了破产、清算费用后将优先用于偿还负债,如有剩余资产,才能在投资者之间按出资比例进行分配。

2. 所有者权益是投资者投入的可供企业长期使用的资源

在企业持续经营的情况下,除非发生减资、清算,一般不能提前撤回投资。因此,所有者投入的资本构成了企业长期性(在持续经营假设的前提下,甚至可以假定资金具有永久性)的资本来源。值得注意的是,投资者可以转让所有权,即将所有者拥有的对企业的投资转让给另一个投资者。

3. 所有者权益包括所有者的投入资本、企业的资产增值及经营利润

从构成要素看,所有者的投入资本既是企业实收资本的唯一来源,也是企业资本公积(溢价或超面值投入的资本)的最主要来源。作为企业的终极所有者,所有者还是企业资产增值的当然受益者。至于企业的经营利润,根据风险和报酬对应原则,这是所有者作为承担全部经营风险和投资风险的一种回报。

4. 所有者权益是一个涵盖了任何企业组织形式的净资产的广义概念

具体到某一特定形式的企业组织,所有者权益便以不同形式出现。在独资企业和合伙企业,所有者权益以"业主资本"的形式出现;而在有限责任公司和股份有限公司,所有者权益则主要以"投入资本"(股本、资本公积)和"留存收益"的形式出现。股份有限公司和有限责任公司与独资企业和合伙企业之间最主要的差别体现在所有者权益方面。在独资企业和合伙企业,只需为业主或各个合伙人设置一个资本账户和提款账户,用于记录资本和损益的增减变动情况。法律法规并没有要求独资企业和合伙企业把资本与盈利区别开来,但对于股份有限公司和有限责任公司,情况则有所不同。在这两类公司中,股东权益(即公司的所有者权益)的会计处理受公司法等法律法规的限制,公司必须对所有投入的资本和赚取的利润严格区分。此外,为了保护债权人的合法权益,多数国家的公司法往往还对股份有限公司和有限责任公司的利润分配和歇业清算以及股份有限公司买回自己发行的股份(库藏股份)等有关事宜作出严格的限制。

二、所有者权益的内容及其确认

《企业会计准则——基本准则》规定:所有者权益的来源包括所有者投入的资本、直接计入所有者权益的利得和损失、留存收益等。

直接计入所有者权益的利得和损失,是指不应计入当期损益、会导致所有者权益发生增减变动的、与所有者投入资本或者向所有者分配利润无关的利得或者损失。利得是指由

企业非日常活动所形成的、会导致所有者权益增加的、与所有者投入资本无关的经济利益的流入；损失是指由企业非日常活动所发生的、会导致所有者权益减少的、与向所有者分配利润无关的经济利益的流出。

留存收益是企业从净利润中留存企业的积累资金，包括盈余公积和未分配利润。它是企业生产经营活动所产生的利润在缴纳所得税后由留在企业的部分形成的。留存收益是企业历年经营所得净收益留存于企业尚未分配出去的部分，是企业通过经营活动实现的资本增值，在性质上与所有者投入的资本一样属于所有者权益。

投资者投入企业的资本，通过企业的生产经营活动，不仅要保持原投资的完整，而且要实现资本增值，即获取盈利。企业的盈利扣除按国家规定计算缴纳的所得税后，称之为净利润。净利润可按照协议、合同或章程的规定，在企业的所有者之间进行分配，作为企业所有者的投资所得；但也可以出于某种考虑将部分净利润留于企业，如增加资本、扩大营业规模、留作意外准备、添置福利设施等，作为股东原始投入资本的补充。这样，企业净利润就成为留存收益的主要来源。

从理论上讲，企业的净利润全部属于企业的所有者。为了约束企业过量分配，国家要求企业留有一定积累，以利于持续经营、维护债权人利益以及改善职工福利生活条件等。因此，在会计核算上应将留存收益分为两大部分，其中，指定用途的部分成为盈余公积，它由法定盈余公积和任意盈余公积组成；未指定用途的部分，成为未分配利润，它可供企业以后年度弥补亏损、分派股利或转作盈余公积之用。

(一) 所有者权益的内容

1. 实收资本(股本)

企业的实收资本是指投资者按照企业章程，或合同、协议的约定，向企业缴付的出资额。实收资本可具体分为国家投入资本、法人投入资本、个人投入资本和外商投入资本。投资者投入企业的资本，既可以是货币投资，也可以是实物投资或无形资产投资。

2. 资本公积

资本公积是指企业收到投资者的超出其在企业注册资本(股本)中所占份额的投资，以及直接计入所有者权益的利得和损失。一般是由投入资本中的特殊事项引起的所有者权益的增加，不便或不能归属于具体的投资者。资本公积是一切所有者的共同权益，属于资本性质，是企业资本的一种储备形式。资本公积项目主要包括资本溢价(或股本溢价)和其他资本公积。资本溢价是指企业投资者投入的资金超过其在注册资本中所占份额的部分；其他资本公积是指除上述各项资本公积以外所形成的资本公积。

资本公积按规定程序批准后可以转增实收资本(或股本)。

3. 盈余公积

盈余公积是指企业按照规定的一定比例从税后利润中提取的有特定用途的积累资金，包括法定盈余公积和任意盈余公积。法定盈余公积是指企业按照公司法规定的10%比例从净利润中提取的盈余公积；任意盈余公积是指企业经股东大会或类似机构批准按照规定的比例从净利润中提取的盈余公积。

4. 未分配利润

未分配利润是企业留于以后年度分配的利润或待分配利润，是未划定用途的税后利润，可供企业以后各期分配利润或分派股利之用。未分配利润的数额等于企业当年实现的税后利润加上年初未分配利润，减去当年提取的盈余公积以及本年向投资者分配利润后的余额。盈余公积可用于弥补亏损或用于转增资本。

(二) 所有者权益的确认

所有者权益体现的是所有者在企业中的剩余索取权。因此，所有者权益的确认主要依赖于其他要素，尤其是资产和负债要素的确认；其金额的确认也主要取决于资产和负债的计量。

第二节　实收资本

一、实收资本概述

实收资本是指投资者作为资本投入企业中的各种资产的价值，所有者向企业投入的资本，在一般情况下无须偿还，企业可以长期周转使用。

实收资本按照投入资产的形式不同，可以分为货币投资、实物投资和无形资产投资。投资者既可以采用以货币资金的方式出资，也可以采用固定资产、材料物资等实物资产的方式出资，还可以用无形资产的方式出资，如以专利权、土地使用权、非专利技术出资等。根据我国《公司法》规定，对作为出资的实物、工业产权、非专利技术或土地使用权，必须进行评估作价，核实财产，不得高估或低估作价。

二、实收资本(或股本)的核算

(一) 投入资本的核算账户

一般来说，实收资本通过“实收资本”账户核算，“实收资本”是所有者权益类账户。“实收资本”账户的贷方反映企业实际收到的投资者缴付的资本；借方反映企业按法定程序减资时所减少的注册资本数额；余额在贷方表示企业实际收到的资本额。“实收资本”账户按投资者设置明细账。企业除通过“实收资本”总分类账户和明细账户进行实收资本核算外，还须设置股东名册，详细登记股东姓名或名称、住所以及出资额等。

(二) 投入资本的账务处理

实收资本是所有者权益的主体和基础。由于企业组织形式不同，所有者投入资本的账务处理方法也有所不同。

1. 有限责任公司投入资本的核算

有限责任公司是指由两个以上股东共同出资，每个股东以其所认缴的出资额对公司承担有限责任，公司以其全部资产对债务承担责任的企业法人。其所有者权益应划分为实收资本、资本公积和留存收益三部分。实收资本是指股东在企业注册资本中的实缴数额，一般情况下不得变更。资本公积和留存收益则可以根据企业的具体情况灵活运用，如转增资本以及弥补亏损等。

初建有限责任公司时，各投资者按照合同、协议或公司章程投入企业的资本，应全部记入“实收资本”账户，企业的实收资本应等于企业的注册资本。在企业增资扩股时，如有新投资者介入，新介入的投资者缴纳的出资额大于其按约定比例计算的其在注册资本中所占的份额部分，应记入“资本公积”账户。

除了接受投资外，有限责任公司还可以以资本公积、盈余公积转为资本的方式增加实收资本。

(1) 现金投资的核算。投资人以现金投入的资本，应以实际收到或者存入其开户银行的金额作为实收资本入账。

【例 14-1】 丰科公司收到股东投入货币资金 3 000 000 元，款项已收妥入账。其会计处理为：

借：银行存款	3 000 000	
贷：实收资本		3 000 000

(2) 非现金资产投资的核算。投资者除了以货币资金投资外，也有可能以实物资产和无形资产投资。接受的实物资产和无形资产投资，应当按照投资合同或协议约定的价值作为实收资本入账，同时借记“原材料”“固定资产”“无形资产”等账户。

【例 14-2】 长海公司由 B、C、D 三个公司共同投资设立，按出资协议，B 公司以现金出资 3 000 000 元；C 公司投入原材料一批，价值为 2 000 000 元，增值税额为 340 000 元；D 公司以一套全新设备出资，价值为 300 000 元，增值税额为 51 000 元，同时以一项专有技术出资，协议约定价值为 800 000 元。该公司接受投资时的会计处理为：

借：银行存款	3 000 000	
原材料	2 000 000	
应交税费——应交增值税(进项税额)	391 000	
固定资产	300 000	
无形资产	800 000	
贷：实收资本——B 公司		3 000 000
——C 公司		2 340 000
——D 公司		1 151 000

(3) 外币投资。企业接受外币投资时，收到的外币资产应作为资产登记入账，同时，增加实收资本。在我国，一般企业以人民币为记账本位币，在收到外币资产时需将外币资产价值折合为人民币记账。在将外币资产折合为人民币记账时，按收到出资额当日的汇率折算。

【例 14-3】 甲外商投资企业收到外商投入的外币 1 000 000 美元，收到投资当日的汇率为 1 ∶ 6.25。其会计处理为：

借：银行存款——美元户	6 250 000	
贷：实收资本		6 250 000

(4) 中外合作企业返还投资。企业(中外合作经营)在合作期间归还投资者的投资，应在实收资本设置“已归还投资”明细账户进行核算。中外合作经营企业依照有关法律、法规的规定，在合作期间归还投资者投资，对已归还的投资应当在“实收资本——已归还投资”账户核算。

【例 14-4】 乙中外合作企业归还股东投资 4 000 000 元，会计处理为：

借：实收资本——已归还投资　　4 000 000
　贷：银行存款　　4000 000

2. 股份有限公司投入资本的核算

股份有限公司以发行股票方式筹集的资本通过“股本”账户核算，对既发行普通股又发行优先股的企业，“股本”账户下应分设明细账户对普通股和不同类型的优先股分别登记。股票的转让只变更股东，而不改变股本总额，因此，只需在股东名册中记载，而无须在股本账户中记录。

“股本”是所有者权益类账户，股份有限公司必须在核定的股份总额的范围内发行股票，公司因发行股票、可转换债券调换成股票、发放股票股利等原因取得股本时记入该账户贷方，按法定程序报经批准减少注册资本时，公司在实际发还股款时记入该账户的借方，“股本”科目贷方余额表示公司所拥有的股本总额。公司发行股票时，在收到现金等资产时，按实际收到的金额借记“库存现金”“银行存款”账户，按股票面值和核定的股份总数的乘积计算的金额贷记“股本”账户。

股票发行的价格既可以按票面金额，也可以超过票面金额，但不能低于票面金额。公司发行股票取得的收入与股本总额往往不一致，公司发行股票取得的收入大于股本总额的，称为溢价发行；小于股本总额的，称为折价发行；等于股本总额的，称为面值发行。我国不允许企业折价发行股票。在采用发行股票的情况下，企业应将相当于股票面值的部分记入“股本”账户，其余部分在扣除手续费、佣金等发行费用后记入“资本公积”账户。

【例 14-5】 丙股份公司发行普通股 1 000 万股，同时发行优先股 500 万股，普通股和优先股的每股面值均为 1 元，上述两种股票均按面值发行，全部股款已收妥入账。其会计处理为：

借：银行存款　　15 000 000
　贷：股本——普通股　　10 000 000
　　　　——优先股　　5 000 000

【例 14-6】 丁股份公司发行普通股 1 000 万股，每股面值为 1 元，发行价为每股 4 元，支付发行费用 700 000 元，全部股款已收妥入账。其会计处理为：

借：银行存款　　39 300 000
　贷：股本——普通股　　10 000 000
　　资本公积——股本溢价　　29 300 000

3. 实收资本(或股本)减少的核算

企业实收资本减少的原因一般有两种：一是资本过剩；二是企业发生重大亏损而需要减资本。企业因资本过剩而减资，一般要发还股款。有限责任公司和一般企业发还投资的数额，借记“实收资本”账户，贷记“银行存款”等账户。

股份公司采用收购本公司股票方式减资的，按股票面值和注销股数计算的股票面值总额，借记“股本”账户，按户注销库存股的账面余额，贷记“库存股”账户，按其差额，借记“资本公积——股本溢价”账户，股本溢价不足冲减的，应借记“盈余公积”“利润分配——未分配利润”账户；购回股票支付的价款低于面值总额的，应按股票面值总额，借记“股本”账户，按所注销库存股的账面余额，贷记“库存股”账户，按其差额，贷记“资本公积——股本溢价”账户。

【例 14-7】 A 公司收购本公司股票方式减资，以每股 8 元的价格购回 2013 年 3 月 10 日发行的面值为 7 元的普通股 1 000 万股。全部价款以银行存款支付。其会计处理为：

（1）回购时：

借：库存股	80 000 000	
贷：银行存款		80 000 000

（2）注销时：

借：股本——普通股	70 000 000	
资本公积——普通股溢价	10 000 000	
贷：库存股		80 000 000

第三节　资本公积

一、资本公积概述

资本公积是指由投资者投入但不能构成实收资本，或从其他来源取得，由所有者享有的资金，它属于所有者权益的范畴。资本公积一般来源于企业经营盈利以外的那部分积累，包括资本溢价和其他资本公积。

资本公积可以依法用于转增资本，但不得作为投资利润和股利进行分配。资本公积由全体股东享有，资本公积在转增资本时，按各个股东在实收资本中所占的投资比例计算的金额，分别转增各个股东的投资金额。

二、资本公积的会计核算

资本公积核算主要包括资本溢价（或股本溢价）、其他资本公积和资本公积转增资本（股本）等三方面内容的核算。

（一）资本公积的核算账户

企业的资本公积通过“资本公积”账户核算，“资本公积”是所有者权益类账户，各种原因引起资本公积增加时记入“资本公积”账户贷方，用资本公积转增资本时记入“资本公积”账户借方，该账户的贷方余额反映企业资本公积实有数额。“资本公积”账户按资本公积的类别分设“资本溢价（或股本溢价）”“其他资本公积”两个明细账户。

（二）资本溢价（或股本溢价）的核算

1. 资本溢价的内涵与产生的原因

资本溢价是指有新的投资者加入时，其出资额超过其在公司注册资本中所享有的份额。对于新成立的公司，投资者的投资一般全部作为实收资本入账。投资者按出资份额享有权利并承担义务。但处于正常经营状态的公司接受新投资时，为了维护原有投资者的权益，缴付的出资额通常要大于作为实收资本入账的数额，之间的差额即为资本溢价。对于股份有限公司则表现为股本溢价，是指股份有限公司溢价发行股票，实际收到的款项超过股票面值总额的数额。

资本溢价(或股本溢价)产生的原因主要有两方面：

(1) 企业在创建时的资金投入和企业已走向经营正轨时期的资金投入，即使在数量上相当，但其盈利能力不同。企业创立时，从投入资金到取得投资回报，要经过筹建、试生产经营、为产品寻找市场、开辟市场等过程，并且这种投资具有风险性，在这个过程中资本利润率很低；企业正常生产经营后，资本利润率会高于企业初创阶段。而这高于初创阶段的资本利润率是以初创时必要的资本垫支带来的，企业创办者为此付出了代价。所以，新加入的投资者要付出大于原有投资者的出资额，才能取得与原投资者相同的投资比例。

(2) 不仅原有投资从质量上发生了变化，从数量上也发生了变化。企业每年从实现的利润中形成的留存收益属于所有者权益，根据"同股同权，同股同利"的原则，新加入的投资者要与原投资者共享这部分留存收益。所以，应要求其付出大于原有投资者的出资额，才能取得与原有投资者相同的投资比例。

2. 资本溢价(或股本溢价)的核算

新投资者投入的资本，按其投资比例计算的部分记入"实收资本"账户，超出部分则记入"资本公积"账户。

【例 14-8】 A公司的注册资本1 200万元，经甲、乙两位股东同意B公司投资320万元，经协商在B公司的出资额中，240万元为实收资本，另外投资超出的80万元作为资本公积。账务处理为：

借：银行存款	3 200 000	
贷：实收资本——B公司		2 400 000
资本公积——资本溢价		800 000

在股票溢价发行的情况下，作为股本入账的数额按面值计算，溢价部分作为资本公积单独反映。企业发行股票取得的收入，股票面值部分记入"股本"账户，超面额部分按发行股票所得扣除发行手续费、佣金等发行费用后计入资本公积，在"资本公积——股本溢价"明细账户核算。在采用面值发行股票的情况下，应将发行收入全部记入"股本"账户，支付的股票发行费用作为财务费用处理。

【例 14-9】 C股份公司发行普通股100万股，每股面值10元，发行价格为每股50元。在股票发行过程中，直接支付并从发行收入中扣除的手续费、宣传费、印刷费等费用共计500 000元。其股票发行业务的会计处理为：

该公司发行股票实际收到的价款=(50×1 000 000－500 000)元=49 500 000(元)

应记入"资本公积"账户的金额=[(50－10)×1 000 000－500 000]元=39 500 000(元)

借：银行存款	49 500 000	
贷：股本——普通股		10 000 000
资本公积——股本溢价		39 500 000

(三) 其他资本公积的核算

其他资本公积是指除上述各项资本公积以外形成的资本公积，其中，主要是直接计入所有者权益的利得和损失。

1. 权益法核算的长期股权投资

长期股权投资采用权益法核算的，在持股比例不变的情况下，被投资单位除净损益以外所有者权益的其他变动，企业按持股比例计算应享有的份额，借记或贷记“长期股权投资——其他权益变动”账户，贷记或借记“资本公积——其他资本公积”账户。

处置采用权益法核算的长期股权投资，还应结转原计入资本公积的相关金额，借记或贷记“资本公积——其他资本公积”账户，贷记或借记“投资收益”账户。

【例 14-10】 甲股份公司对 A 企业的投资采用权益法核算，控股 40%。2015 年 7 月 A 企业资本公积增加 160 000 元。A 企业所得税税率为 25%。甲股份公司的会计处理为：

$$160\,000\times(1-25\%)\times40\%=48\,000(\text{元})$$

借:长期股权投资——股票投资	48 000	
贷:资本公积——其他资本公积		48 000

2. 可供出售金融资产

将持有至到期投资重分类为可供出售金融资产，或将可供出售金融资产重分类为持有至到期投资的，按照“持有至到期投资”“可供出售金融资产”等科目的相关规定进行处理，相应调整资本公积。将可供出售金融资产重分类为采用成本或摊余成本计量的金融资产的，对于原计入资本公积的相关金额，还应分别不同情况进行处理：

有固定到期日的，应在该项金融资产的剩余期限内，在资产负债表日，按采用实际利率法计算确定的摊销金额，借记或贷记“资本公积——其他资本公积”账户，贷记或借记“投资收益”账户；没有固定到期日的，应在处置该项金融资产时，借记或贷记“资本公积——其他资本公积”账户，贷记或借记“投资收益”账户。

可供出售金融资产的后续计量，按照“可供出售金融资产”账户的相关规定进行处理，相应调整资本公积。

(四) 资本公积转增资本的核算

资本公积的主要用途即转增资本。企业按法定程序并按规定将资本公积中的有关内容转增资本，属于所有者权益内部结构的变化，并未改变所有者权益总额，一般也不会改变每位投资者在所有者权益总额中所占的份额。经股东大会或类似机构决议，用资本公积转增资本，借记“资本公积——资本溢价或股本溢价”账户，贷记“实收资本”或“股本”账户。

【例 14-11】 A 公司将资本公积 800 000 元转增资本。在原来的注册资本中，B、C、D、E 四位投资者的投资比例分别为 24%、37.5%、18.5%和 20%，资本公积转增资本后每位投资者增加的实收资本数额分别为 192 000 元、300 000 元、148 000 元和 160 000 元。该公司按法定程序办完增资手续后作如下会计处理：

借:资本公积	800 000	
贷:实收资本——B公司		192 000
——C公司		300 000
——D公司		148 000
——E公司		160 000

第四节 盈余公积

一、盈余公积的概念

盈余公积是企业来源于生产经营活动的那部分积累,属于具有特定用途的留存收益。按照公司法的规定,企业净利润的分配顺序,首先必须按规定提取盈余公积,然后才能在出资者之间进行分配,这是公司制企业区分非公司制企业的一个显著特征。因为,作为对债务只承担有限责任的企业法人,只规定最低限度的出资额显然是不够的,还必须对盈利的分配作出限制,迫使企业在向出资者分配利润之前,提取一定数额的盈余公积金,以便为企业的扩大再生产提供积累资金,并为维护债权人利益和应付企业的经营风险提供资金上的保障。

二、盈余公积的核算内容

不同性质的企业,盈余公积的构成有所不同。一般企业和股份有限公司的盈余公积包括以下两种:

(1) 法定盈余公积,是指企业按照法律规定的比例从净利润中提取的盈余公积。

(2) 任意盈余公积,是指企业经股东大会或类似机构批准确定的比例从净利润中提取的盈余公积。

法定盈余公积和任意盈余公积的区别在于各自计提的依据不同。前者以国家的法律和行政规章为依据提取;后者则由企业自行决定提取。

盈余公积的提取实际上是对企业当期实现的净利润向投资者分配利润的一种限制。提取盈余公积本身就属于利润分配的一部分,一经提取形成盈余公积后,在一般情况下不得用于向投资者分配利润和股利。

盈余公积是企业从税后利润中提取的各种公积金。为了核算反映盈余公积的形成和使用情况,应设置"盈余公积"账户,其贷方反映按规定提取的盈余公积数;借方反映实际支出数额;其余额在贷方,反映盈余公积的累计数。由于法定盈余公积和任意盈余公积有着不同的用途,所以应分设明细账进行核算。

三、盈余公积的核算

(一) 盈余公积形成的核算

企业提取法定盈余公积和任意盈余公积时,通过"盈余公积"科目及其相关明细科目的贷方核算。企业提取盈余公积的过程属于净利润的分配过程,同时还应通过"利润分配"账户及其相关明细账户核算。因此,提取盈余公积时,借记"利润分配"账户及其相应明细账户,贷记"盈余公积"账户及相应明细账户。

【例 14-12】 海岑公司的税后利润为 5 000 000 元,分别按 10%和 7%的比例提取法定盈余公积、任意盈余公积。其会计处理为：

法定盈余公积提取额＝5 000 000 元×10％＝500 000(元)

任意盈余公积提取额＝5 000 000 元×7％＝350 000(元)

借:利润分配——提取法定盈余公积	500 000	
——提取任意盈余公积	350 000	
贷:盈余公积——法定盈余公积		500 000
——任意盈余公积		350 000

(二) 盈余公积使用的核算

1. 盈余公积弥补亏损

企业发生的亏损，可以用以后 5 年内实现的税前利润弥补。对按规定不能用税前利润弥补的亏损，则必须用以后的税后利润弥补或用盈余公积弥补。企业未弥补的亏损表现为“利润分配——未分配利润”账户借方余额，因此，用盈余公积弥补亏损，应在借记“盈余公积”账户的同时，贷记“利润分配”账户。但在账务处理时，并不直接贷记“利润分配”账户下的“未分配利润”明细账户，而是记入“其他转入”明细账户的贷方，结转“利润分配”账户时再从“其他转入”明细账户的借方转入“未分配利润”明细账户的贷方。

【例 14-13】 蓝领公司任意盈余公积 7 200 000 元，弥补以前年度亏损，其会计处理为：

借:盈余公积——任意盈余公积	7 200 000	
贷:利润分配——盈余公积补亏		7 200 000

年终结转“利润分配”账户时

借:利润分配——盈余公积补亏	7 200 000	
贷:利润分配——未分配利润		7 200 000

2. 盈余公积转增资本

与资本公积相同，企业按规定办理增资手续后，可将法定盈余公积和任意盈余公积转作实收资本或股本。有限责任公司按原有股东的投资比例结转；股份有限公司按原有股份比例派送新股或增加每股面值。但法定盈余公积转增资本后，此项留存的公积金不得少于注册资本的 25％。盈余公积转增资本对企业的资产、负债及所有者权益总额均不产生影响，只改变所有者权益内部的结构。

经股东大会或类似机构决议，用盈余公积弥补亏损或转增资本，借记“盈余公积”账户，贷记“利润分配——盈余公积补亏”“实收资本”或“股本”账户。

【例 14-14】 蓝领公司经股东大会同意并按规定办理增资手续后，将法定盈余公积 700 000元用于增加资本。其会计处理为：

借:盈余公积——法定盈余公积	700 000	
贷:实收资本		700 000

3. 盈余公积分配股利

在特殊情况下，股份有限公司经股东大会决议，可用盈余公积分派现金股利或股票股利。分派股利后的法定盈余公积不得少于注册资本的 25％。分配现金股利时，借记“盈余公积”账户，贷记“应付股利”账户；经股东大会决议，用盈余公积派送新股，按派送新股计算的金额，借记“盈余公积”账户，按股票面值和派送新股总数计算的股票面值总额，贷记“股本”账户。

【例 14-15】 德诚公司经股东大会决议，决定用任意盈余公积分派现金股利 3 000 000 元。会计处理为：

借：盈余公积——任意盈余公积　　3 000 000
　贷：应付股利　　3 000 000

第五节　未分配利润

一、未分配利润与构成

企业在制定利润分配方案时，因为考虑到各方面的因素，比如以后年度可能出现的亏损等，往往不把净利润全部分配完，而是留出一部分供以后年度分配，这部分留待以后年度分配的结存利润，就是未分配利润。未分配利润是企业所有者权益的重要组成部分。相对于所有者权益的其他部分来讲，企业对于未分配利润的使用分配有较大的自主权。从数量上来讲，未分配利润是期初未分配利润，加上本期实现的净利润，减去提取的各种盈余公积和已分配利润后的余额。可见，未分配利润有两层含义：一是留待以后年度分配的利润；二是未指定特定用途的利润。

二、未分配利润的核算

未分配利润是通过“利润分配”账户中“未分配利润”明细账户进行核算的。企业在生产经营过程中取得的收入和发生的成本费用，最终通过“本年利润”账户进行归集，计算出当年盈利，然后转入“利润分配——未分配利润”账户进行分配。“未分配利润”明细账户贷方反映从本年利润中转入的企业实现的净利润，以及用盈余公积弥补的亏损。其借方反映从“本年利润”账户中转入的企业实现的净亏损。期末贷方余额反映企业尚未分配、留待以后分配的利润；期末借方余额反映企业尚未弥补的亏损。年度终了，结转净利润时，如企业当年实现盈利，借记“本年利润”账户，贷记“利润分配——未分配利润”账户；如果企业亏损，借记“利润分配——未分配利润”账户，贷记“本年利润”账户，然后将“利润分配”账户下的其他明细账户（即盈余公积补亏、提取法定盈余公积、应付现金股利或利润、提取任意盈余公积、转作股本的股利等明细账户）的余额，转入“未分配利润”明细账户。

【例 14-16】 TH 企业本年实现利润 2 000 000 元，本年提取法定盈余公积 200 000 元，任意盈余公积 260 000 元，应付股利 325 000 元。其会计处理为：

借：本年利润　　2 000 000
　贷：利润分配——未分配利润　　2 000 000

借:利润分配——提取法定盈余公积 200 000
——提取任意盈余公积 260 000
——应付现金股利 325 000
贷:盈余公积——法定盈余公积 200 000
——任意盈余公积 260 000
应付股利 325 000

借:利润分配——未分配利润 785 000
贷:利润分配——提取法定盈余公积 200 000
——提取任意盈余公积 260 000
——应付现金股利 325 000

习 题

一、判断题

1. 企业接受投资者投入美元资本,合同约定汇率为1∶8.0,投入当天市场汇率为1∶8.2,则企业接受投资者投入100万美元时,产生的资本公积为—20万元人民币。( )

2. 企业用盈余公积购建职工集体福利设施时,会引起所有者权益的减少。( )

3. 所有者对企业剩余资产有优先要求权。( )

4. 接受投资者投入材料物资能够增加企业的实收资本。( )

5. 未分配利润是指未作分配的净利润,这部分净利润仍然属于所有者。( )

6. 企业无法支付的应付款项应记入"资本公积"账户的贷方。( )

7. 法定盈余公积计提依据于国家法律,任意盈余公积计提依据于企业规定。( )

8. 企业以盈余公积向投资者分配现金股利,不会引起留存收益总额的变动。( )

9. 处置采用权益法核算的长期股权投资,还应结转原计入资本公积的相关金额,借记或贷记"资本公积——其他资本公积"账户,贷记或借记"投资收益"账户。( )

10. 盈余公积包括法定盈余公积、任意盈余公积。( )

二、单项选择题

1. 下列各项中,能够引起企业所有者权益减少的是( )。

A. 股东大会宣告派发现金股利

B. 以盈余公积转增资本

C. 提取法定盈余公积

D. 提取任意盈余公积

2. 某企业年初盈余公积余额为500万元,本年提取法定盈余公积200万元,提取任意盈余公积100万元,用盈余公积转增资本200万元。该企业盈余公积的年末余额为( )万元。

A. 450 B. 500 C. 550 D. 600

3. 甲公司委托证券公司代理发行普通股股票800万股，每股面值1元，按每股1.5元的价格发行，受托单位按发行收入1%收取手续费，并从发行收入中扣除。假如企业股款已经收到，该企业实际收到的款项为(　　)万元。

A. 792　　B. 12　　C. 800　　D. 1 188

4. 某企业上年未分配利润12万元，本年税后利润为40万元，按规定提取法定盈余公积金后(提取比例为10%)，又向投资者分配利润7万元，该企业本年未分配利润为(　　)万元。

A. 29　　B. 41　　C. 48　　D. 50

5. 企业提取盈余公积时，应编制的会计分录是(　　)。

A. 借记"本年利润"，贷记"盈余公积"

B. 借记"利润分配"，贷记"盈余公积"

C. 借记"盈余公积"，贷记"本年利润"

D. 借记"盈余公积"，贷记"利润分配"

6. 下列各项中，能引起企业实收资本(或股本)发生增减变动的是(　　)。

A. 增资扩股　　B. 发放股利

C. 减少注册资本　　D. 投资者间进行股权转让

7. 甲股份有限公司采用回购本公司股票的方式减资，回购本公司股票时应该借记的账户是(　　)。

A. "股本"　　B. "资本公积"

C. "库存股"　　D. "盈余公积"

8. 盈余公积的主要用途是(　　)。

A. 购买职工住房等基础设施　　B. 购置固定资产

C. 弥补亏损　　D. 转增资本

9. 下列各项中，不会引起企业所有者权益总额发生变动的是(　　)。

A. 计入所有者权益的利得　　B. 用资本公积转增资本

C. 用盈余公积转增资本　　D. 用盈余公积弥补亏损

10. 下列各项中，能够引起企业留存收益总额发生变动是(　　)。

A. 本年度实现的净利润　　B. 提取法定盈余公积

C. 向投资者宣告分配现金股利　　D. 提取任意盈余公积

三、业务题

B公司2010年1月1日所有者权益为2 000万元(其中股本为1 500万元，资本公积为100万元，盈余公积为100万元，未分配利润为300万元)。B公司2010年实现的净利润为200万元，按实现的净利润的10%提取法定盈余公积金。2011年B公司发生亏损50万元，用以前年度的未分配利润每股分派现金股利0.1元，每10股分派股利1股。

要求(答案中的金额单位为万元)：

(1) 编制B公司2010年和2011年结转盈亏、利润分配有关业务的会计分录。

(2) 计算B公司2011年12月31日所有者权益的金额。

第十五章 收入、费用和利润

引导案例

2015 年 12 月 1 日，甲公司向乙公司销售一批商品，按价目表上标明的价格计算，其不含增值税额的售价总额为 10 万元，成本为 8 万元。甲公司和乙公司为增值税一般纳税人，适用的增值税税率为 17%。

甲公司本年营业收入 1 900 万元，营业成本 860 万元，营业税金及附加 30 万元，销售费用 20 万元，管理费用 12 万元，财务费用 6 万元，营业外收入 22 万元，营业外支出 16 万元，所得税费用 200 万元。

根据以上资料思考以下问题：

1. 2015 年 12 月 1 日，甲公司向乙公司销售商品确认的营业收入和营业成本为多少？
2. 期间费用包括哪些内容？甲公司当期的期间费用共为多少？
3. 营业利润、利润总额和净利润分别如何计算？甲公司当期的营业利润、利润总额和净利润分别为多少？

本章内容提要

本章主要阐述收入、费用和利润的定义、特征及内容；主营业务收入和主营业务成本以及其他业务收入和其他业务成本的核算内容及会计处理；销售费用、管理费用、财务费用的核算内容及会计处理；所得税费用的核算内容及会计处理；利润分配的核算内容及其会计处理。

利润是企业一定期间内生产经营活动的最终财务成果，是企业盈利的表现形式。它是收入与费用相配比、相抵后的差额，是反映经营成果的最终要素。企业的收入和费用采用正确的会计核算是企业利润正确反映经营成果的基础。收入主要核算主营业务收入和其他业务收入；费用主要核算期间费用，包括管理费用、财务费用和销售费用；利润可以通过营业利润、利润总额和净利润反映，是将收入和费用进行期间配比相抵为基础的计算结果。

第一节 收 入

一、收入的定义与分类

（一）收入的定义

收入是指企业在日常活动中形成的、会导致所有者权益增加的、与所有者投入资本无关的经济利益的总流入。从这个定义可以分解为收入的三个重要的特征:第一,收入是日常活动形成的经济利益,日常活动是指企业为完成其经营目标所从事的经常性活动以及与之相关的其他活动,主要是企业销售商品、提供劳务及让他人使用本企业的资产,如果是偶发的交易或事项产生的经济利益流入,不属于企业的收入;第二,收入会引起企业所有者权益的增加,同时可能表现为资产的增加或者负债的减少,或两者兼而有之;第三,收入只包括本企业经济利益的流入,而不包括为第三方或为客户代收的款项收入,也不包括所有者向企业投入资本导致的经济利益流入。

收入是经营管理者利用所有者投入资本从事日常经营活动而产生的经济利益的流入,能够补偿为此而发生的支出,获得一定的利润。收入是企业利润的主要来源,是企业持续运营的资本,所以获取收入是企业日常经营活动中最主要的目标之一。

(二)收入的分类

收入可以按照不同的标准进行分类。

1. 按照业务性质分类

收入按照业务性质不同,可以分为商品销售收入、提供劳务的收入和让渡资产使用权而获得的收入等。销售商品收入是指企业通过销售产品或商品而取得的收入。例如,服装公司销售各种服装产品的收入、为企业的商品销售收入;提供劳务收入是指企业通过提供劳务作业而取得的收入。例如,物流公司提供运输服务取得的收入,就是该类公司的劳务收入;让渡资产使用权收入是指企业通过让渡资产使用权而取得的收入。例如,某制造业公司将其暂时不用的建筑物出租而取得的收入,则是该公司让渡资产使用权而获得的收入。

2. 按照业务的重要性分类

收入按照业务的重要性可以分为主营业务收入和其他业务收入。主营业务收入是企业经常发生,一般占企业营业收入的比重较大,会对企业的经济效益产生较大影响,是经济业务收入。行业不同的企业主营业务收入的内容也会有所不同。比如,工业制造企业的主营业务收入主要包括销售商品、自制半成品、代制品、代修品等;商品流通企业的主营业务收入主要包括销售商品所取得的收入;餐饮服务企业的主营业务收入主要包括餐饮收入等。

其他业务收入是指企业从事主营业务以外的其他业务所形成的收入,与主营业务收入相比,其他业务收入一般占企业收入的比重较小,具有服务对象不固定、收入数额不稳定的特点。例如,企业销售原材料、出租包装物、转让无形资产使用权等取得的收入。

二、收入的会计科目设置

(一)主营业务

设置"主营业务收入"账户,用来核算企业销售商品、提供劳务等日常活动中的主要经济业务所取得的收入。其贷方登记企业实现的主营业务收入,借方登记发生销售折让或退回时冲减的主营业务收入以及期末结转入"本年利润"账户的主营业务收入,结转后该账户应无余额。

设置"主营业务成本"账户,用来核算企业销售商品、提供劳务等日常活动中的主要经济业务所发生的实际成本。其借方反映本期结转的销售商品、提供劳务的实际成本，贷方反映期末结转入“本年利润”账户的成本以及因销售退回而冲减的主营业务成本，结转后该账户应无余额。

(二) 其他业务

设置“其他业务收入”核算，用来企业主营业务收入以外的所有通过销售商品、提供劳务收入及让渡资产使用权等日常活动中所形成的经济利益的流入。例如材料物资及包装物销售、无形资产使用权实施许可、固定资产出租、包装物出租、运输、废旧物资出售收入等，属于与经常性活动相关的活动，一般是企业营业执照上注明的兼营业务。

设置“其他业务成本”核算，用来企业除主营业务活动以外的其他经营活动所发生的成本。包括销售材料成本、出租固定资产折旧额、出租无形资产摊销额、出租包装物成本或摊销额。

三、收入的会计核算

(一) 销售收入

1. 销售商品收入的确认和计量

销售商品收入同时满足下列五个条件的，才能予以确认：

(1) 企业已将商品所有权上的主要风险和报酬转移给购货方。企业已将商品所有权上的主要风险和报酬转移给买方，主要是指产生销售商品收入的交易已经完成，商品所有权凭证或实物已移交给买方，商品未来发生的贬值、毁损等主要风险由买方承担，商品未来实现的经济利益由买方享有。如果一项商品发生的任何损失均不需要本企业承担，带来的经济利益也不归本企业所有，则意味着该商品所有权上的风险和报酬已转移给购买方。如果企业仍然保留着商品所有权上的主要风险和报酬，则不能确认收入，主要有以下这几种情况：①企业销售的商品在质量、品种、规格等方面不符合合同规定的要求，又未根据正常的保证条款予以弥补，因而仍负有责任；②企业销售商品的收入是否能够取得，取决于代销方或受托方是否能取得销售该商品的收入，如采用支付手续费方式委托代销商品等；③企业尚未完成售出商品的安装或检验工作，而此项安装或检验任务又是销售合同的重要组成部分；④销售合同中规定了购买方在特定情况下有权退货的条款，而企业又不能确定退货的可能性。

(2) 企业既没有保留通常与所有权相联系的继续管理权，也没有对已售出的商品实施有效控制。通常情况下，企业售出商品后不再保留与商品所有权相联系的继续管理权，也不再对售出商品实施有效控制，商品所有权上的主要风险和报酬已经转移给购货方，则确认销售收入。比如回购价已在合同中定明的售后回购，尽管体现在商品所有权中的主要风险和报酬已经转移给了购买方，但由于对售出商品仍然实施有效控制，在未来会以固定的价格回购该产品，所以不应确认销售收入。

(3) 收入的金额能够可靠地计量。收入的金额能够可靠地计量，是指收入的金额能够合理地估计，这是正确确认收入的基本前提。通常情况下，企业在销售商品时，商品销售价格已经确定，企业应当按照从购货方已收或应收的合同或协议价款确定收入金额。

(4) 相关的经济利益很可能流入企业。相关的经济利益很可能流入企业，是指销售商品价款收回的可能性大于不能收回的可能性，即销售商品价款收回的可能性超过50%。一般情况下，企业售出的商品符合合同或协议规定的要求，并已将发票账单交付买方，买方承诺付款，即表明销售商品的价款能够收回，可以确认收入。如果企业已将商品所有权上的主要风险和报酬转移给买方，且既没有保留通常与所有权相联系的继续管理权，也没有对售出的商品实施控制，但估计商品价款收回的可能性不大，也不应确认销售商品收入。

(5) 相关的已发生或将发生的成本能够可靠地计量。通常情况下，销售商品相关的已发生或将发生的成本能够合理地估计，如果库存商品是本企业生产的，其生产成本作为销售成本能够可靠计量，如果是外购的，购买成本作为销售成本能够可靠计量。有时，销售商品相关的已发生或将发生的成本不能够合理地估计，此时企业不应确认收入，已收到的价款应确认为负债。

商品销售收入在满足上述条件的情况下可以确认收入，通常按下列规定作为商品销售收入的确认时点：

(1) 销售商品采用托收承付方式的，在办妥托收手续时确认收入。

(2) 销售商品采用预收款方式的，在发出商品时确认收入，预收的货款应确认为负债。

(3) 销售商品需要安装和检验的，在购买方接受商品以及安装和检验完毕前，不确认收入，待安装和检验完毕时确认收入。如果安装程序比较简单，可在发出商品时确认收入。

(4) 销售商品采用以旧换新方式的，销售的商品应当按照销售商品收入确认条件确认收入，回收的商品作为购进商品处理。

(5) 销售商品采用支付手续费方式委托代销的，在收到代销清单时确认收入。

(6) 采用售后回购方式销售商品的，收到的款项应确认为负债；回购价格大于原售价的，差额应在回购期间按期计提利息，计入财务费用。有确凿证据表明售后回购交易满足销售商品收入确认条件的，销售的商品按售价确认收入，回购的商品作为购进商品处理。

(7) 采用售后租回方式销售商品的，收到的款项应确认为负债；售价与资产账面价值之间的差额，应当采用合理的方法进行分摊，作为折旧费用或租金费用的调整。有确凿证据表明认定为经营租赁的售后租回交易是按照公允价值达成的，销售的商品按售价确认收入，并按账面价值结转成本。

(8) 分期收款销售是指商品已经交付，货款分期收回的一种销售方式。分期收款销售商品的价值一般较大，如房产、船舶、汽车、重型设备等，生产周期比较长，从而收款期限较长，实质上具有融资性质，收款期限较长也使得收取货款的风险较大。企业销售商品满足收入确认条件时，应当按照应收合同或协议价款的公允价值确定销售商品收入金额。

2. 销售商品收入的会计处理

(1) 通常情况下销售商品收入的处理。确认销售商品收入时，企业应按已收或应收的合同或协议价款，加上应收取的增值税额，借记“银行存款”“应收账款”“应收票据”等账户，按确定的收入金额，贷记“主营业务收入”“其他业务收入”等账户，按应收取的增值税额，贷记“应交税费——应交增值税(销项税额)”账户。需缴纳消费税、资源税、城市维护建设税、教育费附加等税费，应在确认收入的同时或月末，按应交的税费金额，借记“税金及附加”账户，贷记“应交税费——应交消费税(或应交资源税、应交城市维护建设税)”等账户。结转销售商品实际成本时，借记“主营业务成本”账户，贷记“库存商品”账户。

如果售出商品不符合收入确认条件，则不应确认收入，已经发出的商品，应当通过“发出商品”账户进行核算。

【例 15-1】 甲企业为一般纳税人，2015 年 6 月份向 A 企业销售产品 500 件，单位售价 600 元(不含应收取的增值税)，单位成本为 400 元，该产品的增值税税率为 17%，消费税税率为 6%。甲企业已按合同发货，开出转账支票代垫运杂费 200 元，已办妥托收手续。甲企业 6 月份应交城市维护建设税 4 830 元，应交教育费附加 2 070 元。甲企业的会计处理为：

① 确认主营业务收入：

借：应收账款——A 企业	351 200	
贷：主营业务收入		300 000
应交税费——应交增值税(销项税额)		51 000
银行存款		200

② 结转主营业务成本：

借：主营业务成本	200 000	
贷：库存商品		200 000

③ 计算税金及附加：

借：税金及附加	24 900	
贷：应交税费——应交消费税		18 000
——应交城市维护建设税		4 830
——应交教育费附加		2 070

(2) 销售商品涉及现金折扣、商业折扣、销售折让的处理。企业销售商品有时也会遇到现金折扣、商业折扣、销售折让等问题，应当分别按不同情况进行处理：

商业折扣是指企业为促进商品销售而在商品标价上给予的价格扣除。企业销售商品涉及商业折扣的，应当按照扣除商业折扣后的金额确定销售商品收入金额。

现金折扣是指债权人为鼓励债务人在规定的期限内付款而向债务人提供的债务扣除。企业销售商品涉及现金折扣的，应当按照扣除现金折扣前的金额确定销售商品收入金额。现金折扣在实际发生时计入财务费用。

销售折让是指企业因售出商品的质量不合格等原因而在售价上给予的减让。对于销售折让，企业应分别不同情况进行处理：①已确认收入的售出商品发生销售折让的，通常应当在发生时冲减当期销售商品收入，如规定允许扣减当期销项税额的，应同时用红字冲减“应交税费——应交增值税(销项税额)”账户。按双方协议予以折让的金额，借记“主营业务收入”“应交税费——应交增值税(销项税额)”账户，按其合计数贷记“应收账款”等科目。②已确认收入的销售折让属于资产负债表日后事项的，应当按照有关资产负债表日后事项的相关规定进行处理。

【例 15-2】 承[例 15-1]，甲企业销售给 A 企业的产品因规格与合同不符，甲企业同意给予对方 5%的折让，同时允许扣减当期销项税额。甲企业的会计处理为：

① 发生折让时：

借:主营业务收入　　15 000
　应交税费——应交增值税(销项税额)　　2 550
　贷:应收账款——A企业　　17 550

② 实际收款时:

借:银行存款　　333 550
　贷:应收账款——A企业　　333 550

(3) 销售退回的处理。销售退回是指企业售出的商品由于质量、品种不符合要求等原因而发生的退货。对于销售退回,企业应分别不同情况进行会计处理:

对于未确认收入的售出商品发生销售退回的,企业应按已记入"发出商品"账户的商品成本金额,借记"库存商品"账户,贷记"发出商品"账户。

对于已确认收入的售出商品发生退回的,企业应在发生时冲减当期销售商品收入,同时冲减当期销售商品成本。如该项销售退回已发生现金折扣的,应同时调整相关财务费用的金额;如该项销售退回允许扣减增值税额的,应同时调整"应交税费——应交增值税(销项税额)"账户的相应金额。

已确认收入的售出商品发生的销售退回属于资产负债表日后事项的,应当按照有关资产负债表日后事项的相关规定进行会计处理。

【例 15-3】 丰科公司于 2015 年 5 月 1 日向 B 企业销售商品一批,增值税专用发票上注明的商品价款为 50 000 元,增值税额为 8 500 元,商品成本为 34 000 元,合同规定的付款条件为 2/10、1/20、N/30。B 企业于 5 月 19 日付清货款。2015 年 6 月 5 日,该商品因质量问题发生退货。丰科公司的会计处理为:

2015 年 5 月 1 日,确认收入时:

借:应收账款——B企业　　58 500
　贷:主营业务收入　　50 000
　　应交税费——应交增值税(销项税额)　　8 500

同时,结转商品销售成本:

借:主营业务成本　　34 000
　贷:库存商品　　34 000

2015 年 5 月 19 日,收到货款时:

借:银行存款　　58 000
　财务费用　　500
　贷:应收账款——B企业　　58 500

2015 年 6 月 5 日,销售退回时:

借:主营业务收入　　50 000
　应交税费——应交增值税(销项税额)　　8 500
　贷:银行存款　　58 000
　　财务费用　　500

同时,冲减商品销售成本:

借:库存商品 34 000
　贷:主营业务成本 34 000

(4) 其他业务销售收入处理。由于其他业务在企业的经营业务中所占比重较小,根据重要性原则,一般采用较简便的方法进行核算。确认其他业务收入时,按实现的收入和按规定应收取的增值税额,借记"银行存款""应收账款""应收票据"等账户。按实现的收入确认其他业务收入。确认其他业务收入时,同时结转成本,借记"其他业务成本"账户,贷记"原材料""包装物"等科目。

【例 15-4】 丰科公司 2015 年 3 月份销售原材料一批,增值税专用发票注明的价款为 1 000元,增值税额为 170 元,款项已收妥入账,该批材料实际成本为 400 元。其会计处理为:

销售原材料时:

借:银行存款 1 170
　贷:其他业务收入 1 000
　　应交税费——应交增值税(销项税额) 170

结转材料成本时:

借:其他业务成本 400
　贷:原材料 400

(二) 提供劳务收入

1. 提供劳务收入的确认和计量

企业提供劳务,应分别不同情况进行确认和计量。

(1) 在资产负债表日能够对该项交易的结果进行可靠的估计,应按完工百分比法确认提供劳务收入。完工百分比法是指按照劳务的完成程度确认收入和费用的方法。按照完工百分比法确认提供劳务收入,一般应同时具备以下四个条件:收入的金额能够可靠地计量;与提供劳务相关的经济利益很可能流入企业;劳务的完成程度能够可靠地确定;相关的成本能够可靠地计量。

(2) 在资产负债表日,如果不能对该项交易的结果进行可靠的估计,则不能按完工百分比法确认收入。在这种情况下,企业应按照谨慎性原则进行处理,对已发生的成本和可能收回的金额进行尽可能合理的估计,只确认可能发生的损失,而不确认可能发生的收益:如果已经发生的成本估计能够得到补偿,应按已经发生的成本金额确认收入,并按相同的金额结转劳务成本,不确认损益;如果已经发生的成本估计不能得到补偿,则不能确认收入,但应按已经发生的成本结转劳务成本,将其全部确认为损失。

2. 提供劳务收入的会计处理

(1) 提供劳务交易结果能可靠估计。如果提供劳务交易结果能可靠估计,采用完工百分比法进行核算。

企业应当在资产负债表日按照提供劳务收入总额乘以完工进度扣除以前会计期间累计已确认提供劳务收入后的金额,确认当期提供劳务收入;同时,按照提供劳务估计总成本乘以完工进度扣除以前会计期间累计已确认劳务成本后的金额，结转当期劳务成本。用公式表示如下：

本期确认的收入＝劳务总收入×本期期末止劳务的完工进度－以前期间已确认的收入

本期确认的费用＝劳务总成本×本期期末止劳务的完工进度－以前期间已确认的费用

在采用完工百分比法确认提供劳务收入的情况下，企业应按计算确定的提供劳务收入金额，借记“应收账款”“银行存款”等账户，贷记“主营业务收入”账户。结转提供劳务成本时，借记“主营业务成本”账户，贷记“劳务成本”账户。

【例 15-5】 丰科公司于 2015 年 12 月 1 日接受一项设备安装任务，安装期为 3 个月，合同总收入 600 000 元，至年底已预收安装费 440 000 元，实际发生安装费用 280 000 元(假定均为安装人员薪酬)，估计还会发生 120 000 元。

假定丰科公司按实际发生的成本占估计总成本的比例确定劳务的完工进度。丰科公司的账务处理如下：

(1) 计算：

实际发生成本占估计总成本的比例＝280 000÷(280 000＋120 000)×100％＝70％

2015 年 12 月 31 日确认的提供劳务收入＝600 000×70％－0＝420 000(元)

2015 年 12 月 31 日结转的提供劳务成本＝(280 000＋120 000)×70％－0＝280 000(元)

(2) 账务处理：

实际发生劳务成本时：

借：劳务成本　　280 000

　贷：应付职工薪酬　　280 000

预收劳务款时：

借：银行存款　　440 000

　贷：预收账款　　440 000

2017 年 12 月 31 日确认提供劳务收入并结转劳务成本时：

借：预收账款　　420 000

　贷：主营业务收入　　420 000

借：主营业务成本　　280 000

　贷：劳务成本　　280 000

(2) 提供劳务交易结果不能可靠估计。企业在资产负债表日提供劳务交易结果不能够可靠估计的，即不能同时满足上述四个条件时，企业不能采用完工百分比法确认提供劳务收入。此时，企业应正确预计已经发生的劳务成本能够得到补偿和不能得到补偿，分别进行会计处理：已经发生的劳务成本预计能够得到补偿的，应按已收或预计能够收回的金额确认提供劳务收入，并结转已经发生的劳务成本。已经发生的劳务成本预计全部不能得到补偿的，应将已经发生的劳务成本计入当期损益，不确认提供劳务收入。

【例 15-6】 丰科公司为润禾公司提供劳务已经发生成本 10 万元，预计得到补偿的金额为 6 万元，已经预收润禾公司 6 万元。假定不考虑相关税费问题，编制丰科公司确认收入和成本的会计分录。

借：预收账款 60 000
　贷：主营业务收入 60 000

借：主营业务成本 100 000
　贷：劳务成本 100 000

（三）让渡资产使用权

1．让渡资产使用权的确认和计量

让渡资产使用权收入主要包括金融企业对外贷款形成的利息收入和企业转让无形资产（如商标权、专利权、专营权、软件、版权）等资产的使用权形成的使用费收入。

让渡资产使用权收入主要是指企业出租固定资产和无形资产取得的收入。确认让渡资产使用权收入，一般应同时具备以下两个条件：

（1）与提供劳务相关的经济利益很可能流入企业，即让渡资产使用权收入金额收回的可能性大于不能收回的可能性。

（2）相关的收入金额能够可靠地计量。

2．让渡资产使用权的会计处理

（1）利息收入。企业应在资产负债表日，按照他人使用本企业货币资金的时间和实际利率计算确定利息收入金额。按计算确定的利息收入金额，借记“应收利息”“银行存款”等账户，贷记“利息收入”“其他业务收入”等账户。

（2）使用费收入。如果合同或协议规定一次性收取使用费，且不提供后续服务的，应当视同销售该项资产一次性确认收入；提供后续服务的，应在合同或协议规定的有效期内分期确认收入。如果合同或协议规定分期收取使用费的，应按合同或协议规定的收款时间和金额或规定的收费方法计算确定的金额分期确认收入。

【例 15-7】 丰科公司向润禾公司转让某软件的使用权，一次性收费 50 万元，不提供后续服务，款项已经收回。假定不考虑其他因素，编制丰科公司的账务处理。

借：银行存款 500 000
　贷：主营业务收入 500 000

【例 15-8】 丙公司向丁公司转让其商品的商标使用权，约定丁公司每年年末按年销售收入的 10%支付使用费，使用期 10 年。第一年，丁公司实现销售收入 100 万元；第二年，丁公司实现销售收入 150 万元。假定丙公司均于每年年末收到使用费，不考虑其他因素，编制丙公司的账务处理。

（1）第一年年末确认使用费收入 10 万元（100×10%）：

借：银行存款 100 000
　贷：其他业务收入 100 000

（2）第二年年末确认使用收费收入 15 万元（150×10%）：

借：银行存款 150 000
　贷：其他业务收入 150 000

第二节 费 用

一、费用的定义与分类

(一) 费用的定义

费用是指企业在日常活动中发生的、会导致所有者权益减少的、与向所有者分配利润无关的经济利益的总流出。

费用具有以下特点:首先,费用产生于企业的日常生产经营活动,偶发的交易或事项产生的经济利益流出不属于企业的费用;其次,必然导致企业所有者权益的减少,其可能表现为资产的减少,或负债的增加,或两者兼而有之;最后,向出资者分配利润的资金尽管流出了企业,但不属于费用,而属于企业的利润分配。

费用有狭义和广义之分。广义的费用泛指企业各种日常活动发生的所有耗费,即企业经过生产过程以后,固定资产的损耗价值、消耗掉的材料物资等转化为费用,包括生产成本、期间费用、能够预计到的可能发生的正常损失三个部分。狭义费用是指与本期营业收入相配比的那部分耗费,包括已售产品的销售成本和期间费用。

与狭义费用相关的一个概念是狭义成本。狭义成本指制造成本。生产过程结束,产品完工入库进入销售过程,完工产品中已销售的产品,其制造成本转化为销售成本,与期间费用一起计入当期损益;完工产品中未销售的产品和未被耗用的材料及在产品共同作为存货计入当期的资产负债表。

(二) 费用的分类

1. 费用按照经济内容分类

费用按照其经济内容,可以分为外购材料费用、外购燃料费用、外购动力费用、工资及福利费用、折旧费用、利息费用、税金及其他费用等。

2. 费用按照经济用途分类

费用按其经济用途分类,可以分为生产成本和期间费用。

(1) 生产成本是指与产品生产直接有关的费用,是企业为了生产一定种类和数量的产品而发生的生产费用,是生产费用的对象化。

应计入产品成本的费用,有的直接用于产品生产,有的间接用于产品生产。为了具体地反映计入产品生产成本的生产费用的各种用途,还应进一步划分为若干个项目,即产品生产成本项目,简称产品成本项目或成本项目。我国制造业一般设立四个成本项目:直接材料、燃料及动力、直接人工和制造费用。

(2) 期间费用是企业当期发生费用中的重要组成部分,是指本期发生的、不能直接或间接归入某种产品成本的、直接计入当期损益的各项费用,包括管理费用、财务费用和销售费用。

二、费用的确认与计量

(一) 费用的确认

1. 费用的确认原则

确认费用应遵循划分收益性支出与资本性支出原则、权责发生制原则和配比原则。

(1) 划分收益性支出与资本性支出原则。按照划分收益性支出与资本性支出原则,某项支出的效益及于几个会计年度(或几个营业周期),该项支出应予以资本化,不能作为当期的费用;如果某项支出,在一个会计期间内确认为费用。这一原则为费用的确认,给定了一个时间上的总体界限。正确地区分收益性支出与资本性支出,保证了正确地计量资产的价值和正确地计算各期的产品成本、期间费用及损益。

(2) 权责发生制原则。划分收益性支出与资本性支出原则,只是为费用的确认作出时间上的大致区分,而权责发生制原则则规定了具体在什么时点上确认费用。企业会计制度规定,凡是当期已经发生或应当负担的费用,不论款项是否收入,都应作为当期的费用;凡是不属于当期的费用,即使款项已在当期支付,也不应当作为当期的费用。

(3) 配比原则。按照配比原则,为产生当期收入所发生的费用,应当确认为该期的费用。配比原则的基本含义在于,当收入已经实现时,某些资产(如物料用品)已被消耗,或已被出售(如商品),以及劳务已经提供(如专设的销售部门人员提供的劳务),已被耗用的这些资产和劳务的成本,应当在确认有关收入的期间予以确认。如果收入要到未来期间实现,相应的费用应递延分配于未来的实际受益期间。因此,费用的确认,要根据费用与收入的相关程度,确定哪些资产耗费或负债的增加应从本期收入中扣减。

当确认为费用的过程中,首先要区分是期间费用还是生产费用,生产费用应当计入产品成本,而期间费用直接计入当期损益。生产费用是指与企业日常生产经营活动有关的费用,如生产产品所发生的原材料费用、人工费用等,同时应当分清生产费用与产品成本的界限。生产费用与一定的期间相联系,但与生产的产品无关,而产品成本与一定品种和数量的产品相联系,但不论发生在哪一期。对于确认为生产费用,必须根据该费用发生的实际情况分别不同的费用性质将其确认为不同产品所负担的费用;对于几种产品共同发生的费用,必须按受益原则,采用一定方法和程序将其分配计入相关产品的生产成本。对于确认为期间费用的费用,必须进一步划分为管理费用、销售费用和财务费用。

2. 费用的确认标准

费用发生的目的是为了取得收入。因此,费用的确认应与收入的确认相联系。根据费用与收入的关系,企业费用的确认可归结为以下三种情况:

(1) 费用与营业收入的直接联系或者称有因果关系,确认为费用。这种因果关系具体表现在以下两个方面:一是经济性质上的因果性,即应予以确认的费用与期间收入项目具有必然的因果关系,也就是有所得必有所费,不同收入的取得是由于发生了不同的费用;二是时间上的一致性,即应予以确认的费用与某项收入同时或结合起来加以确认,这一过程也就是收入与费用配比的过程。例如,销售商品时,产品成本是为了获取营业收入而产生的成本,所以应该在确认营业收入的期间确认为费用。

(2) 按一定的分配方式,依据一定的标准系统合理地分配费用。如果资产的减少或负债的增加与取得营业收入没有直接联系，但能够为若干个会计期间带来效益，则应采用一定的分配方式，分别确认为各期的营业费用。例如，管理部门使用的固定资产的成本，需要采用一定的折旧方法，分别确认为各期的折旧费用。

(3) 在耗费发生时直接确认为费用。如果资产的减少或负债的增加与取得营业收入没有直接联系，且只能为一个会计期间带来效益或受益期间难以合理估计，则应确认为当期的费用。例如，广告费的支出可能在较长时期内使企业受益，但由于其受益的期间很难合理估计，所以，直接将广告费确认为当期的营业费用。

(二) 费用的计量

费用是通过所使用或所耗用的商品或劳务的价值来计量的，通常的费用计量标准是实际成本。企业会计制度规定，企业在生产经营过程中所发生的其他各项费用，应当以实际发生数计入成本、费用。

费用是资产的一种转化形式。有些资产将会使几个会计期间受益，这样，在计量通过系统、合理的分摊而形成的费用时，是以其资产取得成本的实际数进行计量的。例如，固定资产的折旧要按固定资产原始价值和规定使用年限来计算。无形资产的摊销、长期待摊费用的摊销也都属于这种情况。有些费用可以立即确认，这时，可以按其实际发生额进行计量。

总之，企业应按实际成本来计量费用，不得以估计成本或计划成本代替实际成本。

三、费用的核算

(一) 生产成本的核算

为了核算企业进行工业性生产所发生的各项生产费用，包括生产各种产品(包括产成品、自制半成品、提供劳务等)、自制材料、自制工具以及自制设备等所发生的各项生产费用，企业应当设置“生产成本”账户。应计入产品成本的生产费用，有的直接用于产品生产，有的间接用于产品生产。可以分清哪种产品所耗用、可以直接计入某种产品成本的材料费用、工资费用，可直接计入直接材料、直接人工成本项目；不能分清哪种产品所耗用、不能直接计入某种产品成本，而必须按照一定标准分配计入各种产品成本的费用，应分配计入产品成本。例如，几种产品共同耗用的原材料费用、制造费用等。已计入产品成本的费用，如果本期既有完工产品，又有未完工产品，还应在完工产品和在产品之间进行分配，以计算出本期完工产品的总成本和单位成本。

(二) 期间费用的核算

期间费用是指企业在现场发生的消耗以外，企业行政管理部门为组织管理生产发生的管理费用，销售部门为开发产品的销售而发生的各项销售费用，以及企业为筹集资金发生的财务费用。

1. 管理费用的核算

管理费用是指企业行政管理部门为组织和管理生产经营活动而发生的各种费用，包括公司经费、筹建期间内发生的开办费、工会经费、职工教育经费、劳动保护费、待业保险费、董事会费、咨询费、审计费、诉讼费、排污费、绿化费、房产税、车船税、土地使用税、印花税、技术转让费、技术开发费、无形资产摊销、业务招待费、坏账损失、存货盘亏和毁损(减盘盈)

以及其他管理费用。

企业通过“管理费用”科目核算发生的管理费用，并在“管理费用”账户中按费用项目设置明细账，进行明细核算。本期发生的各项管理费用借记“管理费用”账户，贷记“库存现金”“银行存款”“应付职工薪酬”“累计摊销”“累计折旧”“应交税费”等有关账户。期末，“管理费用”账户的余额结转“本年利润”账户后无余额。

【例 15-9】 润禾公司 2015 年 12 月份根据发生的管理费用资料，编制会计分录如下：

（1）应付行政管理部门职工薪酬 10 000 元。

借：管理费用　　10 000
　贷：应付职工薪酬　　10 000

（2）计提公司管理部门房屋折旧费 5 000 元。

借：管理费用　　5 000
　贷：累计折旧　　5 000

（3）本月无形资产摊销 2 000 元。

借：管理费用　　2 000
　贷：累计摊销　　2 000

（4）用银行存款支付业务招待费 800 元。

借：管理费用　　800
　贷：银行存款　　800

（5）结转应交车船使用税 500 元。

借：管理费用　　500
　贷：应交税费　　500

（6）管理部门人员报销差旅费 300 元，以现金支付。

借：管理费用　　300
　贷：库存现金　　300

（7）计提工会经费 600 元。

借：管理费用　　600
　贷：应付职工薪酬——工会经费　　600

（8）用银行存款支付诉讼费 1 000 元。

借：管理费用　　1 000
　贷：银行存款　　1 000

润禾公司 2015 年 12 月份发生管理费用为 20 200 元（10 000＋5 000＋2 000＋800＋500＋300＋600＋1 000）。

2. 销售费用的核算

销售费用是指企业销售商品和材料、提供劳务的过程中发生的各种费用，包括应由企业负担的运输费、装卸费、包装费、保险费、广告费、展览费和售后服务费以及销售部门人员薪酬、差旅费、办公费、折旧费、修理费和其他经费等。

企业通过"销售费用"账户核算发生的销售费用,并在"销售费用"账户中按费用项目设置明细账,进行明细核算。本期发生的各项销售费用,根据实际发生的销售费用,借记"销售费用"账户,贷记"库存现金""银行存款""应付职工薪酬"等有关账户。期末,"销售费用"账户的余额结转"本年利润"账户后无余额。

【例 15-10】 乙企业以银行存款支付本月发生的广告费 46 000 元,修理销售部门办公楼领用材料 1 200 元,应付销售部门职工薪酬 2 400 元。其会计处理为:

借:销售费用——广告费　　49 600
　贷:银行存款　　46 000
　　原材料　　1 200
　　应付职工薪酬　　2 400

3. 财务费用的核算

财务费用是指企业为筹集生产经营所需资金而发生的费用,包括生产经营期间发生的不应计入固定资产价值的利息费用(减利息收入)、金融机构手续费、汇兑损失(减汇兑收益)以及其他财务费用。

企业通过"财务费用"账户核算发生的财务费用,并在"财务费用"账户中按费用项目设置明细账,进行明细核算。企业发生各项财务费用时,借记"财务费用"账户,贷记"应付利息""银行存款"等相关账户;企业发生利息收入、汇兑收益时,借记"银行存款"等账户,贷记"财务费用"账户。期末,将借方余额结转入"本年利润"账户,结转后没有余额。

【例 15-11】 3 月末乙企业支付短期借款利息 5 000 元,以银行存款支付银行转账手续费 600 元。收到银行存款利息 100 元。其会计处理为:

借:财务费用——利息支出　　5 000
　　　　——手续费　　600
　贷:银行存款　　5 600

借:银行存款　　100
　贷:财务费用——利息收入　　100

第三节　利　　润

一、利润的构成与计算

企业作为独立的经济实体,应当以自己的经营收入抵补支出实现盈利。利润是指企业在一定会计期间经营活动中各种收入扣除各种耗费后的盈余,它是企业投入产出效果和经济效益的综合反映,是企业会计核算的重要组成部分。

企业利润就其构成来看,既有生产经营活动所带来的营业利润,也有通过投资活动所取得的投资效益,还包括一些与企业生产经营活动无直接关系的事项所引起的损益。例如，处置固定资产、转让无形资产所有权的净收益或净损失。根据我国《企业会计准则》的规定，利润金额取决于收入和费用、直接计入当期利润的利得和损失金额的计量。直接计入当期利润的利得和损失，是指应当计入当期损益、会导致所有者权益发生增减变动的、与所有者投入资本或者向所有者分配利润无关的利得或损失。

(一) 营业利润

营业利润是指企业从事生产经营活动所实现的利润，用公式表示如下：

营业利润＝营业收入－营业成本－税金及附加－销售费用－管理费用－财务费用
－资产减值损失＋公允价值变动收益＋投资收益

其中，营业收入是指企业经营业务所实现的收入总额，包括主营业务收入和其他业务收入。营业成本是指企业所销售商品或者提供劳务的成本，包括主营业务成本和其他业务成本。税金及附加包括主营业务和其他业务应负担的消费税、城市维护建设税、资源税、土地增值税和教育费附加等。公允价值变动收益是指资产或负债因公允价值变动所形成的收益。投资收益是对外投资所取得的利润、股利和债券利息等收入减去投资损失后的净收益。

(二) 利润总额

利润总额是指企业的营业利润与营业外收支净额加总之后的金额，用公式表示为：

利润总额＝营业利润＋营业外收入－营业外支出

上述公式的计算结果若为负数，则是企业发生的亏损总额；若计算结果为零则表明企业经营不亏不赚，这就是通常所说的盈亏平衡。

(三) 净利润

净利润(收益)是指在利润总额中按规定交纳了所得税后公司的利润留成，一般也称为税后利润或净利润，它是衡量一个企业经营效益的主要指标。其计算公式为：

净利润＝利润总额－所得税

上式中的所得税费用是指根据《企业会计准则》的要求确认的，应从当期利润总额中扣除的当期所得税费用和递延所得税费用。

(四) 每股收益

每股收益又称每股税后利润、每股盈余，是指税后利润与股本总数的比率，是普通股股东每持有一股所能享有的企业净利润或需承担的企业净亏损。

基本每股收益＝归属于普通股股东的当期净利润÷当期发行在外普通股的加权平均数

二、利润总额的核算

利润总额是指企业在缴纳所得税之前实现的利润。

(一) 资产减值损失

资产减值损失是指企业根据《企业会计准则第 8 条——资产减值》等计提各项资产减值准备时，所形成的或有损失。例如计提的坏账准备、存货跌价准备和固定资产减值准备等形成的损失。

企业发生的资产减值损失，应设置“资产减值损失”账户核算，并在“资产减值损失”账户中按资产减值损失的具体项目进行明细核算。期末应将“资产减值损失”账户余额转入“本年利润”账户，结转后应无余额。

（二）公允价值变动损益

公允价值变动损益是指一项资产在取得之后的计量，即后续采用公允价值计量模式时，期末资产账面价值与其公允价值之间的差额。

有关资产的公允价值高于其账面价值时，应确认公允价值变动收益，借记有关的资产账户，贷记“公允价值变动损益”账户；有关资产的公允价值低于其账面价值时，应确认公允价值变动损失，做相反的会计处理。

（三）投资收益

投资收益是指企业从事各项对外投资活动取得的收益（各项投资业务取得的收入大于其成本的差额），贷记“投资收益”账户，借记相关账户；投资损失是指企业从事各项对外投资活动发生的损失（各项投资业务取得的收入小于其成本的差额），借记“投资收益”账户，贷记相关科目。投资收益大于投资损失的差额为投资净收益；反之，则为投资净损失。

（四）营业外收入

营业外收入是指直接计入当期利润的利得，与企业当期生产经营活动无直接关系的各种收入。取得营业外收入不需要企业付出任何代价，无相关费用与之匹配，本质上是一种纯收入，直接计入企业的利润总额。因此，在会计核算中，应严格区分营业外收入与营业收入。营业外收入主要包括非流动资产处置利得、非货币性资产交换利得、债务重组利得、政府补助、盘盈利得、捐赠利得等。

企业发生的各项营业外收入，应当按照实际发生额在“营业外收入”账户中核算。当企业取得和结转营业外收入时，借记“待处理财产损溢——待处理固定资产损溢”“固定资产清理”“银行存款”“库存现金”“应付账款”等科目，贷记“营业外收入”账户。期末，将贷方余额结转入“本年利润”账户，结转后无余额。

（五）营业外支出

营业外支出是指企业发生的与其生产经营无直接关系的各项支出，如固定资产盘亏、处置固定资产净损失、出售无形资产损失、债务重组损失、计提的固定资产减值准备、计提的无形资产减值准备、计提的在建工程减值准备、罚款支出、捐赠支出、非常损失等。这些支出不会给企业带来任何收益，不属于企业的生产经营管理费用，但直接抵减企业的利润总额。

企业发生的各项营业外支出，应当按照实际发生的金额在“营业外支出”账户核算。企业发生营业外支出时，借记“营业外支出”账户，贷记“待处理财产损溢——待处理固定资产损溢”“固定资产清理”“其他应收款”“库存现金”“银行存款”等账户。期末，将借方余额结转入“本年利润”账户，结转后无余额。

（六）利润总额

利润总额是指企业在缴纳所得税之前实现的利润。

利润总额＝营业收入－营业成本－税金及附加－销售费用－管理费用－财务费用
－资产减值损失＋公允价值变动收益＋投资收益＋营业外收入－营业外支出

利润总额计算过程，如表 15-1 所示。

表 15-1　　利润总额计算表

项目	本期发生额
营业收入	
减：营业成本	
税金及附加	
销售费用	
管理费用	
财务费用	
资产减值损失	
加：公允价值变动损益	
投资收益	
营业外收入	
减：营业外支出	
利润总额	

三、所得税费用

企业所得税是对我国内资企业和经营单位的生产经营所得和其他所得征收的一种税。纳税人范围比公司所得税大。《中华人民共和国企业所得税暂行条例》是 1994 年工商税制改革后实行的，它把原国有企业所得税、集体企业所得税和私营企业所得税统一起来，形成了现行的企业所得税。它克服了原来按企业经济性质的不同分设税种的种种弊端，真正地贯彻了“公平税负、促进竞争”的原则，实现了税制的简化和高效，并为进一步统一内外资企业所得税打下了良好的基础。

（一）当期应交所得税与递延所得税

资产负债表债务法是指以企业的资产负债表及其附注为依据，结合相关账簿资料，分析计算各项资产、负债的计税基础，通过比较资产、负债的账面价值与其计税基础之间的差异，确定应纳税暂时性差异和可抵扣暂时性差异，从而在应交所得税基础上确定所得税费用。当期所得税费用由当期应交所得税和递延所得税两部分构成。

1. 当期应交所得税

企业在确定当期所得税时，对于当期发生的交易或事项，会计处理与税收处理不同的，应在会计利润的基础上，按照适用税收法规的要求进行调整，计算出当期应纳税所得额，按照应纳税所得额与适用所得税税率计算确定当期应交所得税。一般情况下，应纳税所得额可在会计利润的基础上，考虑会计与税收之间的差异，按照以下公式计算确定：

当期所得税＝应纳税所得额×适用的所得税税率

应纳税所得额＝每一会计年度税前会计利润总额±纳税调整项目金额－允许弥补以前年度亏损额

其中，纳税调整额包括纳税调整增加额和纳税调整减少额。纳税调整增加额，主要包括税法规定允许扣除项目中企业已计入当期费用但超过税法规定和扣除标准的金额。超过税法规定标准的业务招待费支出等，以及企业已计入当期损失但税法规定不允许扣除项目的金额，如税收滞纳金、罚款、罚金等。纳税调整减少额，主要包括按税法规定允许弥补的亏损和准予免税的项目。例如，前5年内的未弥补亏损和国债利息收入等。

【例 15-12】 丰科公司2016年度税前会计利润为2 500万元，其中包括本年收到的国库券利息收入24万元，所得税税率为25%。当年按税法核定的全年公益性捐赠支出为278万元，丰科公司全年实际捐赠支出为255万元。丰科公司当年营业外支出中有9万元为税款滞纳罚金。

应纳税所得额＝2 500－24＋255－278＋9＝24 62(万元)

当期应交所得税＝2 462×25%＝615.5(万元)

2. 递延所得税

递延所得税是指按照所得税准则规定，应予确认的递延所得税资产和递延所得税负债，在期末应有的金额相对于原已确认金额之间的差额，即递延所得税资产及递延所得税负债当期发生额的综合结果。

(1) 应纳税暂时性差异。应纳税暂时性差异是指在确定未来收回资产或清偿负债期间的应纳税所得额时，将导致产生应税金额的暂时性差异。该差异在未来期间转回时，会增加转回期间的应纳税所得额，即在未来期间不考虑该事项影响的应纳税所得额的基础上，由于该暂时性差异的转回，会进一步增加转回期间的应纳税所得额和应缴所得税金额。在应纳税暂时性差异产生当期，应当确认相关的递延所得税负债。应纳税暂时性差异通常产生于以下情况：

资产的账面价值大于其计税基础，该项资产未来期间产生的经济利益不能全部税前抵扣，两者之间的差额需要交税，从而产生应纳税暂时性差异。

负债的账面价值小于其计税基础，意味着就该项负债在未来期间可以税前抵扣的金额为负数，即应在未来期间应纳税所得额的基础上调增，增加应纳税所得额和应交所得税金额，从而产生应纳税暂时性差异。

【例 15-13】 2016年6月30日丰科公司以1 000万元购入并达到预定可以使用状态一项固定资产，丰科公司在会计核算时估计其使用寿命为5年。按照适用税法规定，按照10年计算确定可税前扣除的折旧额。假定会计与税法均按年限平均法计提折旧，净残值均为零。2016年年末资产账面价值900万元，资产计税基础950万元，形成可抵扣暂时性差异余额50万元。

(2) 可抵扣暂时性差异。可抵扣暂时性差异是指在确定未来收回资产或清偿负债期间的应纳税所得额时，将导致产生可抵扣金额的暂时性差异。导致未来期间减少应纳税所得额，由此产生递延所得税资产的差异称作“可抵扣暂时性差异”。可抵扣暂时性差异在未来期间转回时会减少转回期间的应纳税所得额，减少未来期间的应缴所得税。在可抵扣暂时性差异产生当期，应当确认相关的递延所得税资产。可抵扣暂时性差异一般产生于以下情况：

资产的账面价值小于其计税基础，从经济含义来看，资产在未来期间产生的经济利益少，按照税法规定允许税前扣除的金额多，则企业在未来期间可以减少应纳税所得额并减少应交所得税，形成可抵扣暂时性差异。

负债的账面价值大于其计税基础，意味着未来期间按照税法规定构成负债的全部或部分金额可以自未来应税经济利益中扣除，减少未来期间的应纳税所得额和应交所得税，产生可抵扣暂时性差异。

【例 15-14】 丰科公司 2016 年年末应收账款账面余额 580 万元，已提坏账准备 90 万元，则应收账款账面价值为 490 万元；因在确认应收账款的同时已作为收入缴纳了所得税，在收回应收账款时不用再交税，形成可抵扣金额 580 万元，其计税基础为 580 万元。账面价值 490 万元与计税基础 580 万元的差额，形成可抵扣暂时性差异为 90 万元。

（二）所得税的核算

税前会计利润与应纳税所得额之间的暂时性差异，会计准则规定采用资产负债表债务法进行处理。在资产负债表债务法下，对于可抵扣暂时性差异的影响额应确认为递延所得税资产，对于应纳税暂时性差异的影响额应确认为递延所得税负债。

1. 递延所得税资产的核算

设置"递延所得税资产"这一资产类账户，核算企业根据所得税准则确认的可抵扣暂时性差异产生的所得税资产。"递延所得税"账户应按可抵扣暂时性差异的项目进行明细核算。根据税法规定可用以后年度税前利润弥补的亏损及税款抵减产生的所得税资产，也在"递延所得税"账户核算。"递延所得税"账户期末借方余额，反映企业确认的递延所得税资产，计算公式如下：

递延所得税资产＝可抵扣暂时性差异×适用所得税税率

【例 15-15】 丰科公司 2016 年年末存货账面余额 800 万元，已提存货跌价准备 90 万元。则存货账面价值为 710 万元，存货的计税基础为 800 万元，形成可抵扣暂时性差异为 90 万元。假设丰科公司适用的所得税税率为 25%，对于可抵扣暂时性差异可能产生的未来经济利益，应以很可能取得的可抵扣暂时性差异的应纳税所得额为限，确认相应的递延所得税资产。在不考虑期初递延所得税资产的情况下，丰科公司的账务处理为：

递延所得税资产＝可抵扣暂时性差异×适用的所得税税率＝90×25%＝22.5(万元)

借：递延所得税资产	22 500	
贷：所得税费用		22 500

2. 递延所得税负债的核算

设置"递延所得税负债"这一负债类账户，是指根据应纳税暂时性差异计算的未来期间应付所得税的金额。递延所得税负债是由应纳税暂时性差异产生的，对于影响利润的暂时性差异，确认的递延所得税负债应该调整"所得税费用"。如果暂时性差异不影响利润，而是直接计入所有者权益的，则确认的递延所得税负债应该调整资本公积。"递延所得税负债"账户期末贷方余额，反映企业已确认的递延所得税负债。计算公式如下：

递延所得税负债期末余额＝应纳税暂时性差异×适用的所得税税率

【例 15-16】 丰科公司适用的所得税税率为25%,2016年年末长期股权投资账面余额为250万元,其中原始投资成本为200万元,按权益法确认投资收益50万元,没有计提减值准备。长期投资账面价值为250万元与其计税基础为200万元之间形成应纳税暂时性差异,通常情况下应确认为递延所得税负债。在不考虑期初递延所得税负债的情况下,丰科公司的账务处理为:

递延所得税负债=应纳税暂时性差异×所得税税率=50万元×25%=12.5(万元)

借:所得税费用　125 000

　贷:递延所得税负债　125 000

3. 所得税费用的核算

所得税费用是指企业为取得会计税前利润应交纳的所得税。在资产负债表债务法下,所得税费用的计算分三步:

第一步,确定递延所得税——不包括计入所有者权益的交易或事项的所得税影响。

递延所得税=(递延所得税负债期末余额-递延所得税负债期初余额)
-(递延所得税资产期末余额-递延所得税资产期初余额)
=当期递延所得税负债的增加额-当期递延所得税负债的减少额
-当期递延所得税资产的增加额+当期递延所得税资产的减少额
=递延所得税费用-递延所得税收益

第二步,确定应交所得税。

第三步,倒轧出所得税费用。根据"所得税费用=应交所得税+递延所得税",倒轧得出所得税费用的金额。其相应的会计处理如下:

借:所得税费用

　递延所得税资产

　贷:应交税费——应交所得税

　　递延所得税负债

递延税款是对本期所得税费用的调整,应予说明的是,企业因确认递延所得税资产和递延所得税负债产生的递延所得税,一般应当计入所得税费用,但以下两种情况除外:

(1) 某项交易或事项按照会计准则规定应计入所有者权益的,由该交易或事项产生的递延所得税资产或递延所得税负债及其变化亦应计入所有者权益,不构成利润表中的递延所得税费用(或收益)。

【例 15-17】 2016年3月某企业购买一项交易性金融资产价格为900万元,会计期末,其公允价值为1 200万元,如计税基础仍维持900万元不变,该计税基础与其账面价值之间的差额300万元即为应纳税暂时性差异。该企业适用的所得税税率为25%。假设除该事项外,该企业不存在其他会计与税收之间的差异且递延所得税资产和递延所得税负债不存在期初余额。

会计期末在确认300万元的公允价值变动时:

借:可供出售金融资产　3 000 000

　贷:资本公积——其他资本公积　3 000 000

确认应纳税暂时性差异的所得税影响时：

借：资本公积——其他资本公积　　750 000

　贷：递延所得税负债　　750 000

（2）企业合并中取得的资产、负债，其账面价值与计税基础不同，应确认相关递延所得税的，该递延所得税的确认影响合并中产生的商誉或是计入合并当期损益的金额，不影响所得税费用。

由于资产、负债的账面价值与其计税基础不同，产生了在未来收回资产或清偿负债的期间内，应纳税所得额增加或减少并导致未来期间应交所得税增加或减少的情况。其中，资产的账面价值是指资产的账面余额减去资产减值准备后的金额；资产的计税基础是指企业收回资产账面价值的过程中，计算应纳税所得额时按照税法规定可以自应税经济利益中抵扣的金额。一般而言，负债的账面价值即负债的账面金额；负债的计税基础，是指负债的账面价值减去未来期间计算应纳税所得额时按照税法规定可予抵扣的金额。

四、本年利润的结转

（一）结转本年利润的方法

利润是指在企业的生产经营过程中形成的，反映企业一定时期的经营成果。企业财会部门除了对生产经营活动中的各项收入、费用进行及时核算以外，还要定期结转收入、费用，以便确认企业当期实现的净损益。会计期末结转本年利润的方法有表结法和账结法两种。

1. 表结法

采用表结法每月月末只结出损益类账户（包括期间费用）的月末余额，但不结转到“本年利润”账户，只有在年末结转时才使用“本年利润”账户。“本年利润”账户集中反映当年利润财务费用的本月发生额合计并填入利润表的本月栏，将本月余额填入利润表的本年累计栏，科目不结转，省去了转账环节并可以从账户余额得出本年累计的指标，同时并不影响利润表的编制及有关损益指标的利用，到了年末再使用账结法结转整个年度的累计余额。

2. 账结法

账结法是指通过编制记账凭证来完成损益结转工作的方法。即在账上每月进行损益类账户（包括期间费用）的结转，每月月末结出营业费用、管理费用和财务费用的余额，并从损益类账户净期末余额结转入“本年利润”账户。期间费用的三个科目在月末结转后均无余额。企业各月的财务成果，直接体现在“本年利润”账户中，将各月利润累计即可求得当期累计实现的财务成果。账结法的优点是各月均可通过“本年利润”账户提供其当期利润额，记账业务程序完整。但从实用角度讲，采用账结法增加了编制结转损益的工作量。

（二）结转本年利润的核算

企业实现的利润总额（或发生的亏损总额）通过设置“本年利润”账户进行核算。该账户属于所有者权益类科目。期末，企业将各收益类科目的余额转入“本年利润”账户的贷方；将各费用类科目的余额转入“本年利润”账户的借方。结转后，“本年利润”账户若为贷方余额，则反映本年度自年初起至年末止，累计实现的净利润；若为借方余额，则反映本年度自年初起至年末止，累计发生的净亏损。年度终了，应将本年实现的累计净利润（或累计净亏损）全部转入“利润分配——未分配利润”明细账户，年终结转后，“本年利润”账户应无余额。

【例 15-18】 2016 年 12 月 31 日，乙企业结账前各损益账户的余额，如表 15-2 所示（假设乙企业采用表结法结转本年利润）。

表 15-2 **资料表** 单位：元

账户名称	借方余额	贷方余额
主营业务收入		970 000
其他业务收入		40 000
投资收益		22 000
营业外收入		34 000
公允价值变动损益		51 000
主营业务成本	720 000	
税金及附加	43 000	
其他业务成本	28 000	
销售费用	25 000	
管理费用	69 000	
财务费用	22 000	
资产减值损失	40 000	
营业外支出	19 000	
所得税费用	82 000	

将上述各损益类科目余额结转“本年利润”时，其会计处理为：

（1）结转主营业务收入：

借：主营业务收入 970 000
　贷：本年利润 970 000

（2）结转主营业务成本、税金及附加和资产减值损失等：

借：本年利润 919 000
　贷：主营业务成本 720 000
　　税金及附加 43 000
　　销售费用 28 000
　　财务费用 25 000
　　管理费用 69 000
　　资产减值损失 40 000

（3）结转其他业务收支：

借：其他业务收入 40 000
　贷：本年利润 40 000

借:本年利润　　28 000
　贷:其他业务成本　　28 000

(4) 结转公允价值变动损益:

借:公允价值变动损益　　51 000
　贷:本年利润　　51 000

(5) 结转投资净收益:

借:投资收益　　22 000
　贷:本年利润　　22 000

(6) 结转营业外收支:

借:营业外收入　　34 000
　贷:本年利润　　34 000

借:本年利润　　19 000
　贷:营业外支出　　19 000

(7) 结转本年所得税费用:

借:本年利润　　82 000
　贷:所得税费用　　82 000

(8) 计算并结转本年净利润:

"本年利润"账户借方发生额为:

(919 000+28 000+19 000+82 000)元=1 048 000(元)

"本年利润"账户贷方发生额为:

(970 000+40 000+22 000+34 000+51 000)=1 117 000(元)

本年实现净利润额=(1 117 000-1 048 000)=69 000(元)

借:本年利润:　　69 000
　贷:利润分配——未分配利润　　69 000

(若为本年亏损总额,则作相反的会计分录)。

五、利润分配

利润分配是指企业按照国家规定的政策和比例,对已实现的净利润在企业和投资者之间进行分配。利润分配的一般程序是指企业实现企业经营所得后,应先用于哪些方面,后用于哪些方面的先后顺序问题。利润的分配过程和结果,不仅关系到企业所有者的合法权益能否得到保护,而且关系到企业能否长期稳定地发展。企业的利润总额按照国家规定作相应调整后,首先要缴纳所得税;税后剩余部分的利润为可供分配的利润。可供分配利润再按如下顺序进行分配。

(一) 利润分配的内容和程序

企业年度净利润,除法律、行政法规另有规定外,按照以下顺序分配:

(1) 弥补以前年度亏损。弥补亏损可以划分为两种情况:《财务通则》规定,“企业发生年度亏损,可以用下一年度的利润弥补;下一年度不足弥补的,可以在五年内用所得税前利润延续弥补,延续五年未弥补完的亏损,用交纳所得税后的利润弥补。”税前弥补和税后弥补以 5 年为界限。亏损延续未超过 5 年的,用税前利润弥补,弥补亏损后有剩余的,才缴纳所得税;延续期限超过 5 年的,只能用税后利润弥补。应当注意的是,企业以前年度亏损未弥补完的,不得提取法定盈余公积和任意盈余公积;在提取法定盈余公积之前,不得向投资者分配利润。

(2) 提取法定盈余公积。根据《公司法》规定,盈余公积金分为法定盈余公积金和任意盈余公积金。法定盈余公积金是国家统一规定必须提取的公积金,它的提取顺序在弥补亏损之后,按当年税后利润的 10%提取。盈余公积金已达到注册资本 50%时不再提取。其主要用途有两个方面:弥补亏损和按国家规定转增资本金。转增资本金就是将盈余公积金转为实收资本,它实际上是向股东发放股票股利的过程。

(3) 提取任意盈余公积。任意盈余公积是指企业按照股东会决议提取并使用的盈余公积;任意盈余公积的提取不具有强制性,企业是否提取、提取比例等均按照股东会决议确定。

(4) 向投资者分配利润。企业以前年度未分配的利润,可以并入本年度向投资者分配,本年度的利润也可以留一部分用于次年分配。

(二) 利润分配的核算

企业对实现的利润进行分配,就意味着利润的减少。为了全面地反映整个会计年度利润的完成情况,以便与利润预算的执行情况进行对比分析,因此在利润分配时,不直接冲减“本年利润”账户,而是设置“利润分配”账户核算企业利润的分配(或亏损的弥补)和历年分配(或弥补)后的积存余额。按照企业利润分配的内容,在“利润分配”账户下主要设置以下明细科目:

(1) “盈余公积补亏”明细账户。根据我国财务制度规定,企业发生年度利润亏损后,可以用下一年度的税前利润弥补,若下一年度利润不足弥补的,可以在 5 年内连续弥补。若 5 年以内还没有以税前利润将亏损弥补足额,从第 6 年开始,则只能以税后利润弥补亏损。由于以前年度的亏损反映为“利润分配”账户的借方余额,而本年度内实现的利润反映为“本年利润”账户的贷方余额,年终清算后,“本年利润”账户的余额转入“利润分配”账户贷方时,即对以前年度的亏损做了弥补。因此,无论以税前利润弥补亏损,还是以税后利润弥补亏损,均不必另行编制会计分录。

(2) “提取法定盈余公积和法定公益金”明细账户。企业的利润总额交纳所得税后,剩余的部分称为税后利润,也称净利润,它应按照规定的比例提取法定盈余公积和法定公益金。法定盈余公积按净利润 10%的比例提取,法定公益金按净利润 5%～10%的比例提取。

(3) “提取任意盈余公积”明细账户。该科目用来核算企业按规定从本年税后利润中提取的任意盈余公积。

(4) “应付现金股利或利润”明细账户。该科目用来核算企业分配给普通股股东的现金股利。企业在确定分配给投资者利润时,借记“利润分配”账户,贷记“应付股利”账户。当实际向投资者分配现金股利时,借记“应付股利”账户,贷记“银行存款”账户。

(5)“转作股本的股利”明细账户。该科目用来核算企业分配给普通股股东的股票股利。股票股利是企业将资金从“利润分配——未分配利润”账户转移到“股本”账户,并未改变股东权益总额,也不会改变每位股东的持股比例。股票股利增加了市场上流通股的数量。因此,一般而言,股票股利的分派会使企业的每股利润下降。

(6)“未分配利润”明细账户。该科目用来核算企业年度终了时累计未分配的利润或累计未弥补的亏损。

企业按规定进行利润分配时,根据业务内容将已分配的金额分别记入“利润分配”账户所属各明细科目的借方(或贷方),贷记(或借记)“盈余公积”“应付股利”等账户。未分配利润核算一般是在年度终了时进行的,年终时,将本年实现的净利润结转到“利润分配——未分配利润”账户的贷方。同时将本年利润分配的数额结转到“利润分配——未分配利润”账户的借方。结转后,“利润分配”账户下除“未分配利润”明细账户外,其他明细账户均无余额。“利润分配——未分配利润”账户如为贷方余额则反映企业历年累计的未分配利润数额,如为借方余额,则反映企业历年累计的未弥补的亏损数额。

【例 15-19】 丙公司 2016 年年末“利润分配——未分配利润”科目贷方余额 450 000 元,2017 年实现净利润 2 649 000 元,法定盈余公积的提取比例为 10%,任意盈余公积的提取比例为 8%,按年初未分配利润与净利润之和扣除提取的法定盈余公积和任意盈余公积后的 40%向投资者分配现金股利。其会计处理为:

(1) 结转本年利润:

借:本年利润	2 649 000	
贷:利润分配——未分配利润		2 649 000

(2) 提取法定盈余公积:

应提取的法定盈余公积=2 649 000 元×10%=264 900(元)

应提取的任意盈余公积=2 649 000 元×8%=211 920(元)

借:利润分配——提取法定盈余公积	264 900	
——提取任意盈余公积	211 920	
贷:盈余公积——法定盈余公积		264 900
——任意盈余公积		211 920

(3) 向投资者分配利润:

应分配给投资者的利润=(450 000+2 649 000−264 900−211 920)元×40%=1 048 872(元)

借:利润分配——应付现金股利	1 048 872	
贷:应付股利		1 048 872

(4) 结转“利润分配”各账户余额:

借:利润分配——未分配利润	1 525 692	
贷:利润分配——提取法定盈余公积		264 900
——提取任意盈余公积		211 920
——应付现金股利		1 048 872

年末结转后,“利润分配——未分配利润”明细账户的年末贷方余额为 1 573 308 元

(450 000＋2 649 000－264 900－211 920－1 048 872)。

习　题

一、单项选择题

1. 企业销售商品时发生的销售折让应作为(　　)处理。

A. 增加销售费用　　B. 冲减主营业务收入

C. 增加主营业务成本　　D. 辅助账簿登记

2. 下列项目中,按照现行会计制度的规定,销售企业应当作为财务费用处理的是(　　)。

A. 购货方获得的现金折扣　　B. 购货方获得的商业折扣

C. 购货方获得的销售折扣　　D. 购货方放弃的现金折扣

3. 2015 年 12 月销售的商品在 2016 年 3 月退回,应(　　)。

A. 冲减利润分配期初余额

B. 冲减退回当月的销售收入和销售成本

C. 冲减销售月份的销售收入和销售成本

D. 作为以前年度损益调整处理

4. 下列项目中,不属于其他业务收入内容的是(　　)。

A. 转让非专利技术使用权收入　　B. 出租包装物收入

C. 提供非工业性劳务收入　　D. 出售专利收入

5. 某企业于 2015 年 9 月接受一项产品安装任务,安装期 6 个月,合同总收入 20 万元,年度预收款项 4 万元,余款在安装完成时收回,当年实际发生成本 6 万元,预计还将发生成本 4 万元。则该企业 2015 年度确认收入为(　　)万元。

A. 8　　B. 12　　C. 20　　D. 0

6. 企业采用分期收款结算方式销售商品,确认收入的时点是(　　)。

A. 发出商品时　　B. 合同约定的收款日期

C. 实际收到分期货款时　　D. 收到全部价款时

7. 某工业企业销售产品每件 220 元,若客户购买 100 件(含 100 件)以上,每件可得到 20 元的商业折扣。某客户于 2015 年 12 月 10 日购买该企业产品 100 件,按规定现金折扣条件为 2/10, 1/20, n/30。适用的增值税税率为 17%。该企业于 12 月 26 日收到该笔款项时,应给予客户的现金折扣为(　　)元。假定计算现金折扣时不考虑增值税。

A. 0　　B. 200　　C. 234　　D. 220

8. 下列各项中,应当作为营业外收入核算的是(　　)。

A. 处置投资性房地产取得的收入

B. 转让无形资产所有权净收益

C. 转让无形资产使用权净收益

D. 可供出售金融资产增值

9. 下列各项税费，与企业的利润总额无关的是(　　)。

A. 印花税　　　B. 所得税　　　C. 城市维护建设税

10. 丰科公司于2015年1月1日采用分期收款方式销售大型设备，合同销售价格为1 000万元，分5年于每年年末等额收取。假定该大型设备不采用分期收款方式时的销售价格为800万元，销售价格中均不含增值税。若实际利率为7.93%，则润禾公司2016年度因该项销售业务应冲减的财务费用为(　　)万元。

A. 52.61　　　B. 68.47　　　C. 69.73　　　D. 84.33

二、多项选择题

1. 下列业务中，可在发出商品时确认收入的有(　　)。

A. 无法估计退货可能性且退货期未满的商品销售

B. 需要安装和检验，但安装程度比较简单的销售

C. 预收货款方式销售商品

D. 视同买断方式下发出委托代销商品

E. 根据租赁合同，认定为经营租赁的售后租回交易是按照公允价值达成的

2. 下列各项中，影响企业营业利润的有(　　)。

A. 处置无形资产净收益

B. 出租包装物取得的收入

C. 接受公益性捐赠利得

D. 持有到期投资收取的利息收入

E. 债务重组损失

3. 在采用完工百分比法确认劳务收入时，确认劳务完工进度的方法有(　　)。

A. 已完工作的测量

B. 已经提供的劳务占应提供劳务总量的比例

C. 已经发生的成本占估计总成本的比例

D. 已经确认的收入占总收入的比例

E. 已经收到的价款占总价款的比例

4. 下列各项中，不应计入管理费用的有(　　)。

A. 总部办公楼折旧

B. 生产设备改良支出

C. 自然灾害造成的存货损失

D. 经营租出专用设备的修理费

E. 专设销售机构房屋的修理费

5. 下列项目中，属于其他业务成本的有(　　)。

A. 管理部门无形资产的摊销

B. 经营租出固定资产所发生的折旧

C. 转让无形资产所有权应交的营业税

D. 支付的劳动保险费

E. 出售不需用原材料的成本

三、判断题

1. 某企业年初“利润分配——未分配利润”账户借方余额为600 000元，本年实现利润300 000元，则当年提取盈余公积的基数为300 000元。 （　　）

2. 在收取手续费代销方式下，委托方在发出商品时确认收入。 （　　）

3. 企业对于已经发出但尚未确认销售收入的商品成本，应借记的账户为“发出商品”。 （　　）

4. 制造费用和管理费用都是本期发生的生产费用，期末均应计入当期费用。 （　　）

5. 企业借款所发生的利息支出都应计入财务费用。 （　　）

6. 转让无形资产使用权取得的收入计入营业外收入。 （　　）

7. 用“生产成本”账户核算的在产品尚未完工前表现在存货中，完工入库后，表现为销售成本。 （　　）

8. 如果建造合同的结果不能合理地估计，则不能根据完工百分比法确认合同收入和费用，其中合同成本不能收回的，应在发生时确认为费用，不确认收入。 （　　）

9. 收入的概念中只包括主营业务收入和其他业务收入，不包括营业外收入。 （　　）

10. 固定资产的账面价值小于其计税基础所形成的暂时性差异，属于应纳税暂时性差异。 （　　）

四、业务题

1. 甲企业为一般纳税人，适用的增值税税率为17%，商品销售单价均为不含税增值税价格。某月份发生如下经济业务：

(1) 3日，采用支票结算方式，销售产品一批，价款为200 000元。货款已收到并存入银行。该批产品实际成本为150 000元。

(2) 9日，上年度售出的产品因质量问题发生退货。产品售价为100 000元，增值税税额为17 000元，成本为售价的60%，退回产品已入库，并开出支票退回货款和增值税。

(3) 15日，收到外单位租用本企业办公房下一年度租金100 000元，款项已收存银行。

(4) 委托B公司销售A产品1 000件，协议价为每件2 000元，该产品每件成本为1 000元。收到B公司开来的代销清单，列明已售出该批商品的50%，尚未收到款项。

(5) 接受C公司的委托，代销E产品100件。根据代销协议，甲企业按售价的5%收取手续费，并直接从代销款中扣除。该批商品的协议价为每件200元，甲企业已将受托的E产品按每件200元全部售出并同时收到款项。向C公司开出代销清单并收到C公司开具的增值税专用发票，丰科公司扣除手续费后将剩余款项归还给C公司。

要求：根据以上资料，编制该企业相关业务的会计分录。

2. 星云公司2015年3月发生的部分经济业务如下：

(1) 1日，财务部购买办公用品850元，以现金支票支付。

(2) 2日，人事部李波报销差旅费1 200元，剩余现金300元交回财务部。

(3) 3日，销售部报销业务招待费1 200元，以现金支付。

(4) 5日，以银行存款支付广告费50 000元。

(5) 10日，公司办公室修理领用材料900元，低值易耗品520元（低值易耗品采用一次摊销)。

(6) 18 日,转账支付玉都会计师事务所审计费 32 000 元。以现金支付离退休人员的医药费 7350 元。

(7) 25 日,购买印花税票 100 元,支付短期借款利息 7 800 元,其中,已预提利息 5 800元。

(8) 26 日,根据工资结算汇总表,本月行政管理人员工资 40 000 元,销售部门人员工资 23 000 元。

要求:根据以上资料,编制该公司相关业务的会计分录。

3. 星云公司在 2015 年年度决算时,各损益账户的余额,如表 15-3 所示。

表 15-3 **资料表** 单位:元

账户名称	借方余额	贷方余额
主营业务收入		1 550 000
其他业务收入		960 000
投资收益		120 000
营业外收入		46 000
主营业务成本	870 000	
税金及附加	6 100	
其他业务成本	610 000	
销售费用	77 000	
管理费用	52 000	
财务费用	100 000	
营业外支出	61 000	
所得税费用	276 900	

该公司按 10%计提法定盈余公积,按 5%计提任意盈余公积,并分配普通股现金股利 300 000 元。

要求:

(1) 结转各损益账户余额。

(2) 计算并结转本年净损益。

(3) 进行利润分配的会计处理,并结转利润分配各明细科目。

4. 星云公司 2015 年实现利润总额 200 万元,其中取得国债利息收入 10 万元,支付违法经营的罚款 1 万元;2015 年年末存货账面余额 80 万元,已提存货跌价准备 5 万元。公司所得税税率为 25%。

要求:根据以上资料,作出该公司有关所得税业务的会计分录。

五、案例分析题

大华公司生产并销售电子产品,最近 2 年连续亏损,2013 年和 2014 年对外公布的财务报表分别显示亏损 50 万元和 80 万元,若 2015 年继续亏损,金融机构将不再继续给其提供贷款,公司将陷入财务困境,资金链断裂,无法继续经营。2015 年 12 月,总经理召集了公司中层以上干部开会来商讨切实可行的措施，以下是各位的发言：

销售经理：公司已实现销售收入 1 200 万元；2015 年 9 月与 ABC 公司签订了长期购销协议，合同规定，海丰公司将于 2016 年分批购入产品并支付货款，公司可在 2015 年 12 月结束前将购销协议的全部金额开具发票。2015 年 10 月向海丰公司预收款项 800 万元，可以全额确认为本期收入。

公司还在 2015 年 10 月和嘉华公司签订协议，向其销售一批商品，销售价格为 100 万元，增值税税额为 17 万元，商品还未发出，款项已经收到。协议规定，我公司应在 2016 年 4 月 30 日将所售商品购回，回购价为 110 万元（不含增值税额）。还未作账务处理，可将其确认为本期收入。

2015 年的广告费投入 200 万元，广告已播出，播出时间一直延续到 2016 年 3 月。因此，广告费用可列入 2016 年的费用。

财务经理：我公司计提坏账准备的比例为应收款项期末余额的 5%，从近几年的实际情况看，坏账损失的比例仅为 3%，预计公司年末应收款项余额 1 200 万元；7 月份公司借入了短期借款 5 000 万元，期限 10 个月，年利率 6%，可将利息费用列入到期时的期间费用。

基建经理：上年计提减值的在建工程经重新估值发现价值又回升了，可以转回在建工程减值准备；公司正在建设的管理部门办公楼预计总价值 8 000 万元、月折旧率 2%，预计 2015 年 11 月达到预计可使用状态，最终竣工决算预计在 2016 年 2 月，可以在竣工决算后计提折旧。

听完以上的发言，总经理与财务经理简单商议后宣布散会。2015 年年末，财务经理按照总经理的安排提交了一份不仅未亏损，反而盈利数百万元的会计报表。

要求：

(1) 分析大华公司通过哪些会计处理方法实现了扭亏为盈。

(2) 这样处理对资产负债表和利润表会造成怎样的影响？

(3) 这些会计处理方法符合相关的会计制度和会计准则吗？如果不符合，分析正确的会计处理应该是什么。

第十六章　其他会计事项

引导案例

天津国恒铁路控股股份有限公司关于会计政策、会计估计变更公告

一、会计政策变更

公司2006年度执行原《企业会计准则》和《企业会计制度》及其补充规定，自2007年1月1日起执行财政部于2006年2月15日颁布的《企业会计准则》。根据2006年2月财政部颁布的《企业会计准则》及中国证券监督管理委员会发布的《公开发行证券的公司信息披露规范问答第7号》的有关规定，公司按照《企业会计准则第38号——首次执行企业会计准则》要求，比照《企业会计准则第38号——首次执行企业会计准则》第五条至第十九条规定，对公司首次执行日会计报表进行了追溯调整，累计调增公司所有者权益合计31 231 358.44元，其中：调增盈余公积251 034.61元、调增未分配利润30 381 328.77元、调增少数股东权益598 995.06元。主要追溯调整项目如下：

(1) 根据2007年11月16日《企业会计准则解释第1号》(财会[2007]14号)的规定对在首次执行日以前已经持有的对子公司长期股权投资进行追溯调整，视同该子公司自取得时即采用成本法核算，对其原账面核算的成本、原摊销的股权投资差额、按照权益法确认的损益调整及股权投资准备等均进行追溯调整，冲销原累计摊销的股权投资差额调整所有者权益28 691 479.77元。

(2) 公司按照《企业会计准则》规定，对首次执行日资产、负债的账面价值与计税基础不同形成的暂时性差异的所得税影响进行了追溯调整，调增递延所得税资产1 689 849.00元，相应调增盈余公积251 034.61元。

(3) 上述两项因素，累计调增少数股东权益598 995.06元。

二、会计估计变更

根据公司2007年8月17日第六届董事会第十七次会议决议，自2007年1月1日起本公司坏账准备核算方法由原按应收款项期末余额的6%改为按应收款项期末账龄余额的百分比分析计提坏账准备，该会计估计变更适用未来适用法，由此使公司本期多计提坏账准备4 413 984.21元，减少当期合并利润4 413 984.21元。

(资料来源：上海证券报2008年04月28日)

本章内容提要

由于环境的变化、法规的修订或者发现前期差错等原因，企业需要进行会计调整，调整以前期间的会计处理，重新提供有关前期的财务状况和经营成果等会计信息。会计调整包括会计变更和前期差错更正。会计变更包含会计政策变更、会计估计变更和会计主体变更。

会计政策是指企业在确认、计量和报告中采用的原则、基础和会计处理方法。企业应当根据法规的规定、所处的环境和自身的情况，对相同或相似的交易或事项采用恰当且相同的会计政策进行处理。在一定条件下，为了提供更具相关性和可靠性的会计信息，根据会计规范的要求或企业有关权力机构的批准，可以变更会计政策。一般应采用追溯调整法处理会计政策变更，同时确认会计政策变更累积影响数。在当期期初确定会计政策变更对以前各期累积影响数不切实可行的，应当采用未来适用法。当会计规范要求变更会计政策的，应当按照相关规定处理。

会计估计是指企业对其结果不确定的交易或事项以最近可利用的信息为基础所做的判断。会计估计变更是指由于资产和负债的当前状况及预期经济利益和义务发生了变化，从而对资产或负债的账面价值或者资产的定期消耗金额进行调整。企业对会计估计变更应当采用未来适用法进行处理。有时，会计政策变更与会计估计变更之间难以区分，应按照会计估计变更进行处理。

前期差错是指由于没有运用或者错误运用在编报或批准报出前期财务报表时能够取得并加以考虑的可靠信息，而对前期财务报表造成省略或错报。企业应当采用追溯重述法更正重要的前期差错，但确定前期差错累计影响数不切实可行的除外。对于不重要的前期差错，可以采用未来适用法更正。前期差错的重要程度，应根据差错的性质和金额具体判断。

资产负债表日后事项是指资产负债表日至财务报告批准报出日之间发生的需要调整或说明的有利或不利事项。资产负债表日后事项包括资产负债表日后调整事项和资产负债表日后非调整事项两类。企业发生资产负债表日后调整事项，应当调整资产负债表日已编制的财务报表。对于非调整事项，需要在会计报表附注中披露其性质、内容，及其对财务状况及经营成果的影响；如果无法作出估计，应说明其原因。

第一节　会计差错更正、会计政策、会计估计变更

会计调整是指企业因按照国家法律、行政法规和会计准则的要求，或者因特定情况下按照会计准则规定对企业原采用的会计政策、会计估计，以及发现的会计差错、发生的资产负债表日后事项等所作的调整。

一、会计政策及其变更

（一）会计政策概述

1. 会计政策的概念

会计政策是指企业在会计确认、计量和报告中所采用的原则、基础和会计处理方法。

会计政策包括的会计原则、基础和处理方法，是指导企业进行会计确认和计量的具体要求。其中，会计原则是指按照《企业会计准则》规定的、适合于企业会计核算所采用的具体会计原则，如《企业会计准则第 13 号——或有事项》规定的以该义务是企业承担的现时义务、履行该义务很可能导致经济利益流出企业、该义务的金额能够可靠地计量作为预计负债的确认条件就是确认预计负债要遵循的会计原则。会计基础是指为了将会计原则应用于交易或事项而采用的基础，如计量基础（即计量属性），包括历史成本、重置成本、可变现净值、现值和公允价值等。会计处理方法是指企业在会计核算中按照法律、行政法规或者国家统一的会计制度等规定采用或者选择的、适合于本企业的具体会计处理方法。例如，企业按照《企业会计准则第 15 号——建造合同》规定采用的完工百分比法等。

2. 会计政策的特点

第一，会计政策的选择性。由于企业经济业务的复杂性和多样化，某些经济业务在符合会计原则和基础的要求下，可以有多种会计处理方法，即存在不止一种可供选择的会计政策。例如，存货的计价，可以有先进先出法、加权平均法和个别计价法等。

第二，会计政策的强制性。在我国，会计准则和会计制度属于行政法规，会计政策所包括的具体会计原则、计量基础和具体会计处理方法由会计准则或会计制度规定，具有一定的强制性。企业必须在法规所允许的范围内选择合适本企业实际情况的会计政策。即企业在发生某项经济业务时，必须从允许的会计原则、计量基础和会计处理方法中选择出适合本企业特点的会计政策。

第三，会计政策的层次性。会计政策包括会计原则、计量基础和会计处理方法三个层次。其中，会计原则是指导企业会计核算的具体原则；计算基础是为将会计原则体现在会计核算中而采用的计量基础；会计处理方法是按照会计原则和基础的要求，由企业在会计核算中采用或者选择的、适合于本企业的具体会计处理方法。会计原则、计量基础和会计处理方法三者之间是一个具有逻辑性、密不可分的整体，会计政策通过这个整体，才能得以应用和落实。

3. 重要的会计政策类型

企业应当披露重要的会计政策，不具有重要性的会计政策可以不予披露。判断会计政策是否重要，应当考虑与会计政策相关项目的性质和金额。企业应当披露的重要会计政策包括：

（1）发出存货成本的计量，是指企业确定发出存货成本所采用的会计处理。例如，企业发出存货成本的计量是采用先进先出法，还是采用其他计量方法。

（2）长期股权投资的后续计量，是指企业取得长期股权投资后的会计处理。例如，企业对被投资单位的长期股权投资是采用成本法，还是采用权益法核算。

（3）投资性房地产的后续计量，是指企业对投资性房地产进行后续计量所采用的会计处理。例如，企业对投资性房地产的后续计量是采用成本模式，还是公允价值模式。

（4）固定资产的初始计量，是指对取得的固定资产初始成本的计量。例如，企业取得的固定资产初始成本是以购买价款，还是以购买价款的现值为基础进行计量。

（5）生物资产的初始计量，是指对取得的生物资产初始成本的计量。例如，企业为取得生物资产而产生的借款费用，应当予以资本化，还是计入当期损益。

(6) 无形资产的确认,是指对无形项目的支出是否确认为无形资产。例如,企业内部研究开发项目开发阶段的支出是确认为无形资产,还是在发生时计入当期损益。

(7) 非货币性资产交换的计量,是指非货币性资产交换事项中对换入资产成本的计量。例如,非货币性资产交换是以换出资产的公允价值作为确定换入资产成本的基础,还是以换出资产的账面价值作为确定换入资产成本的基础。

(8) 收入的确认,是指收入确认所采用的会计方法。例如,企业确认收入时是按照从购货方已收或应收的合同或协议价款确定销售商品收入金额,还是按照应收的合同或协议价款的公允价值确定销售商品收入金额。

(9) 合同收入与费用的确认,是指确认建造合同的收入和费用所采用的会计处理方法。例如,企业确认建造合同的合同收入和合同费用是采用完工百分比法。

(10) 借款费用的处理,是指借款费用的会计处理方法。即是采用资本化,还是采用费用化。

(11) 合并政策,是指编制合并财务报表所采纳的原则。例如,母公司与子公司的会计年度不一致的处理原则,合并范围的确定原则等。

(12) 其他重要会计政策。

(二) 会计政策变更的条件

会计政策变更是指企业对相同的交易或者事项由原来采用的会计政策改用另一会计政策的行为。为保证会计信息的可比性,使财务报表使用者在比较企业一个以上期间的财务报表时,能够正确判断企业的财务状况、经营成果和现金流量的趋势,一般情况下,企业采用的会计政策,在每一会计期间和前后各期应当保持一致,不得随意变更。否则,势必削弱会计信息的可比性。但是,在一定条件下,固守原来的会计政策可能导致会计信息不再具有可靠性和相关性,则必须适当变更会计政策,以便更好地反映企业的财务状况、经营成果和现金流量。

1. 确认会计政策变更的条件

(1) 法律、行政法规或者国家统一的会计制度等要求变更。这种情况是指按照法律、行政法规以及国家统一的会计制度的规定,要求企业采用新的会计政策,则企业应当按照法律、行政法规以及国家统一的会计制度的规定改变原会计政策,按照新的会计政策执行。

【例 16-1】 《企业会计准则第 1 号——存货》规定,不允许企业采用后进先出法核算发出存货成本,这就要求执行企业会计准则体系的企业按照新规定,将原来以后进先出法核算发出存货成本改为准则规定可以采用的会计政策。

【例 16-2】 《企业会计准则第 8 号——资产减值》规定,已计提固定资产减值准备不允许转回,这就要求执行企业会计准则体系的企业按照新规定改变原允许固定资产减值准备转回的做法,变更原有会计政策。

(2) 会计政策变更能够提供更可靠、更相关的会计信息。由于经济环境、客观情况的改变,使企业原采用的会计政策所提供的会计信息,已不能恰当地反映企业的财务状况、经营成果和现金流量等情况。在这种情况下,应改变原有会计政策,按变更后新的会计政策进行会计处理,以便对外提供更可靠、更相关的会计信息。

【例 16-3】 某企业一直采用成本模式对投资性房地产进行后续计量,如果该企业能够从房地产交易市场上持续地取得同类或类似房地产的市场价格及其他相关信息，从而能够对投资性房地产的公允价值做出合理的估计，此时采用公允价值模式对投资性房地产进行后续计量可以更好地反映其价值。这种情况下，该企业可以将投资性房地产的后续计量方法由成本模式变更为公允价值模式。

需要注意的是，除法律、行政法规以及国家统一的会计制度要求变更会计政策的，应当按照国家的相关规定执行外，企业因满足上述第(2)个条件变更会计政策时，必须有充分、合理的证据表明其变更的合理性，并说明变更会计政策后，能够提供关于企业财务状况、经营成果和现金流量等更可靠、更相关的会计信息的理由。对会计政策的变更，企业仍应经股东大会或董事会、经理(厂长)会议或类似机构批准，并按照法律、行政法规等的规定报送有关各方备案。如无充分、合理的证据表明会计政策变更的合理性，或者未重新经股东大会或董事会、经理(厂长)会议或类似机构批准擅自变更会计政策的，或者连续、反复地自行变更会计政策的，视为滥用会计政策，按照前期差错更正的方法进行处理。

上市公司的会计政策目录及变更会计政策后重新制定的会计政策目录，除应当按照信息披露的要求对外公布外，还应当报公司上市地交易所备案。未报公司上市地交易所备案的，视为滥用会计政策，按照前期差错更正的方法进行处理。

2. 不属于会计政策变更的情况

(1) 本期发生的交易或者事项与以前相比具有本质差别而采用新的会计政策。

【例 16-4】 某企业以往租入的设备均为临时需要而租入的，因此按经营租赁会计处理方法核算，但自本年度起租入的设备均采用融资租赁方式，则该企业自本年度起对新租赁的设备采用融资租赁会计处理方法核算。由于该企业原租入的设备均为经营性租赁，本年度起租赁的设备均改为融资租赁，经营租赁和融资租赁有着本质差别，因而改变会计政策不属于会计政策变更。

(2) 对初次发生的或不重要的交易或者事项采用新的会计政策。

【例 16-5】 某企业初次签订一项建造合同，为另一企业建造 3 栋厂房，该企业对该项建造合同采用完工百分比法确认收入。由于该企业初次发生该项交易，采用完工百分比法确认该项交易的收入，不属于会计政策变更。

(三) 会计政策变更的会计处理

会计政策变更后，新的会计政策是从变更日起开始实施，还是需要对以前相关的交易或事项进行追溯调整。也就是说，对于会计政策变更，会计处理上首要解决的问题是实施新会计政策的起始时间。会计政策变更的处理方法有追溯调整法和未来适用法两种。

1. 追溯调整法

追溯调整法是指对某项交易或事项变更会计政策，视同该项交易或事项初次发生时，即采用变更后的会计政策，并以此对财务报表相关项目进行调整的方法。追溯调整法的运用通常由以下几步构成：

第一步，计算会计政策变更的累积影响数。

会计政策变更累积影响数，是指按照变更后的会计政策对以前各期追溯计算的列报前期最早期初留存收益应有金额与现有金额之间的差额。根据上述定义的表述，会计政策变更的累积影响数可以分解为以下两个金额之间的差额：①在变更会计政策当期，按变更后的会计政策对以前各期追溯计算，所得到列报前期最早期初留存收益金额；②在变更会计政策当期，列报前期最早期初留存收益金额。

上述留存收益金额，包括法定盈余公积、任意盈余公积以及未分配利润各项目，不考虑由于损益的变化而应当补分的利润或股利。例如，某企业由于会计政策变化，增加了以前期间可供分配的利润，该企业通常按净利润的20%分派股利。但在计算调整会计政策变更当期期初的留存收益时，不应当考虑由于以前期间净利润的变化而需要分派的股利。

累积影响数通常可以通过以下各步计算获得：①根据新会计政策重新计算受影响的前期交易或事项；②计算两种会计政策下的差异；③计算差异的所得税影响金额；④确定前期中的每一期的税后差异；⑤计算会计政策变更的累积影响数。

第二步，编制相关项目的调整分录。

第三步，调整列报前期最早期初财务报表相关项目及其金额。

第四步，附注说明。

采用追溯调整法时，对于比较财务报表期间的会计政策变更，应调整各期间净损益各项目和财务报表其他相关项目，视同该政策在比较财务报表期间上一直采用。对于比较财务报表可比期间以前的会计政策变更的累积影响数，应调整比较财务报表最早期间的期初留存收益，财务报表其他相关项目的数字也应一并调整。因此，追溯调整法是将会计政策变更的累积影响数调整列报前期最早期初留存收益，而不计入当期损益。同时，应当重新计算各列报期间的每股收益。

【例 16-6】 A公司2012年12月建造完工的办公楼，成本为10 000万元，并于2012年12月31日对外出租，预计尚可使用年限为20年，采用年限平均法计提折旧，假定A公司计提折旧的方法及预计使用年限符合税法规定。2016年1月1日，A公司将该办公楼由成本计量模式改为公允价值计量模式。

A公司所在地有活跃的房地产交易市场，公允价值能够持续可靠取得，A公司对外出租的办公楼2012年12月31日、2013年12月31日、2014年12月31日、2015年12月31日和2016年12月31日的公允价值分别为10 000万元、11 000万元、11 600万元、12 100万元和12 200万元。假定按年确认公允价值变动损益。

A公司为增值税一般纳税人，适用的增值税税率为17%。所得税采用债务法核算，适用的所得税税率为25%。按净利润的10%提取法定盈余公积。

根据上述资料，A公司的会计处理如下：

(1) 计量模式转换前每年计提折旧＝10 000÷20＝500(万元)

(2) 计算计量模式转换后累积影响数，如表16-1所示。

表16-1　会计政策变更累积影响数计算表　　金额单位：万元

年度	成本模式的损益	公允价值模式的损益	税前差异	所得税影响	税后差异
2011年	−500	1 000	1 500	375	1 125
2012年	−500	600	1 100	275	825
小计	−1 000	1 600	2 600	650	1 950
2013年	−500	500	1 000	250	750
合计	−1 500	2 100	3 600	900	2 700

(3) 编制有关项目的调整分录：

① 编制2015年年初调整分录：

借：投资性房地产——成本　100 000 000
　　　　　　　——公允价值变动　16 000 000
　投资性房地产累计折旧——摊销　10 000 000
　贷：投资性房地产　100 000 000
　　递延所得税负债　6 500 000
　　利润分配——未分配利润　19 500 000

借：利润分配——未分配利润　1 950 000
　贷：盈余公积　1 950 000

② 编制2015年调整分录：

借：投资性房地产——公允价值变动　5 000 000
　投资性房地产累计折旧——摊销　5 000 000
　贷：递延所得税负债　2 500 000
　　利润分配——未分配利润　7 500 000

借：利润分配——未分配利润　750 000
　贷：盈余公积　750 000

2. 未来适用法

未来适用法是指将变更后的会计政策应用于变更日及以后发生的交易或者事项，或者在会计估计变更当期和未来期间确认会计估计变更影响数的方法。

在未来适用法下，不需要计算会计政策变更产生的累积影响数，也无须重编以前年度的财务报表。企业会计账簿记录及财务报表上反映的金额，变更之日仍保留原有的金额，不因会计政策变更而改变以前年度的既定结果，并在现有金额的基础上再按新的会计政策进行核算。

【例16-7】 B公司原对发出存货采用后进先出法，由于采用新准则，按其规定，公司从2017年1月1日起改用先进先出法。2017年1月1日存货的价值为400万元，公司当年购入存货的实际成本为2 000万元，2017年12月31日按先进先出法计算确定的存货价值为530万元，当年销售额为3 000万元，假设该年度其他费用为200万元，所得税税率为25%。2017年12月31日按后进先出法计算的存货价值为350万元。乙公司由于法律环境变化而改变会计政策，假定对其采用未来适用法进行处理，即对存货采用先进先出法从2017年及以后才适用，不需要计算2017年1月1日以前按先进先出法计算存货应有的余额，以及对留存收益的影响金额。

计算确定会计政策变更对当期净利润的影响数，如表16-2所示。

表16-2　**当期净利润的影响数计算表**　金额单位：万元

项目	先进先出法	后进先出法
营业收入	3 000	3 000
减：营业成本	1 870	2 050

（续表）

项目	先进先出法	后进先出法
减：其他费用	200	200
利润总额	930	750
减：所得税	232.5	187.5
净利润	697.5	562.5
差　额	135	

公司由于会计政策变更使当期净利润增加了135万元。其中，采用先进先出法的销售成本为：

期初存货＋购入存货实际成本－期末存货＝400＋2 000－530＝1 870(万元)

采用后进先出法的销售成本为：

期初存货＋购入存货实际成本－期末存货＝400＋2 000－350＝2 050(万元)

(四) 会计政策变更的披露

企业应当在附注中披露与会计政策变更有关的下列信息：

(1) 会计政策变更的性质、内容和原因。其包括：对会计政策变更的简要阐述、变更的日期、变更前采用的会计政策和变更后所采用的新会计政策及会计政策变更的原因。

(2) 当期和各个列报前期财务报表中受影响的项目名称和调整金额。其包括：采用追溯调整法时，计算出的会计政策变更的累积影响数；当期和各个列报前期财务报表中需要调整的净损益及其影响金额，以及其他需要调整的项目名称和调整金额。

(3) 无法进行追溯调整的，说明该事实和原因以及开始应用变更后的会计政策的时点、具体应用情况。其包括：无法进行追溯调整的事实；确定会计政策变更对列报前期影响数不切实可行的原因；在当期期初确定会计政策变更对以前各期累积影响数不切实可行的原因；开始应用新会计政策的时点和具体应用情况。

需要注意的是，在以后期间的财务报表中，不需要重复披露在以前期间的附注中已披露的会计政策变更的信息。

二、会计估计及其变更

(一) 会计估计概述

1. 会计估计的概念

会计估计是指企业对其结果不确定的交易或事项以最近可利用的信息为基础所作的判断。企业为了定期、及时提供有用的会计信息，将企业延续不断的营业活动人为地划分为各个阶段，如年度、季度、月度，并在权责发生制的基础上对企业的财务状况和经营成果进行定期确认和计量。由于商业活动中内在的不确定因素影响，在确认、计量过程中，许多财务报表中的项目不能精确地计量，而只能加以估计。

常见的会计估计包括：①存货可变现净值的确定；②金融资产公允价值的确定；③采用公允价值模式计量的投资性房地产公允价值的确定；④固定资产预计使用寿命、预计净残值以及折旧方法的确定；⑤生物资产预计使用寿命、预计净残值以及各类生产性生物资产折旧方法的确定；⑥合同完工进度的确定；⑦权益工具公允价值的确定；⑧债务重组中非现金资产以及其他偿债条件公允价值的确定；⑨预计负债初始计量的最佳估计数的确定。

2. 会计估计的特点

(1) 会计估计的存在是由于经济活动中内在的不确定性因素的影响。在会计核算中，企业总是力求保持会计核算的准确性，但有些经济业务本身具有不确定性(如坏账、固定资产折旧年限、固定资产残余价值、无形资产摊销年限、收入确认等等)，因而需要根据经验做出估计。可以说，在进行会计核算和相关信息披露的过程中，会计估计是不可避免的，并不削弱其可靠性。

(2) 进行会计估计时，往往以最近可利用的信息或资料为基础。企业在会计核算中，由于经营活动中内在的不确定性，不得不经常进行估计。一些估计的主要目的是为了确定资产或负债的账面价值。例如，坏账准备、担保责任引起的负债。另一些估计的主要目的是确定将在某一期间记录的收益或费用的金额。例如，某一期间的折旧、摊销的金额。企业在进行会计估计时，通常应根据当时的情况和经验，以一定的信息或资料为基础。但是，随着时间的推移、环境的变化，进行会计估计的基础可能会发生变化，因此，进行会计估计所依据的信息或者资料不得不经常发生变化。由于最新的信息是最接近目标的信息，以其为基础所作的估计最接近实际，所以进行会计估计时，应以最近可利用的信息或资料为基础。

(3) 进行会计估计并不会削弱会计确认和计量的可靠性。进行会计估计是企业经济活动中不可避免的，进行合理的会计估计是会计核算中必不可少的部分，它不仅不会削弱会计核算的可靠性，还能提高会计信息的可靠性。例如，在对固定资产、长期股权投资、无形资产等非货币性资产的可收回金额进行估计的基础上计提减值准备，能够真实地反映资产的价值和盈利能力，提供可靠的会计信息。

(二) 会计估计变更及其会计处理

会计估计变更是指由于资产和负债的当前状况及预期经济利益和义务发生了变化，从而对资产或负债的账面价值或者资产的定期消耗金额进行调整。

由于企业经营活动中内在的不确定因素，许多财务报表项目不能准确地计量，只能加以估计，估计过程涉及以最近可以得到的信息为基础所作的判断。但是，估计毕竟是就现有资料对未来所作的判断，随着时间的推移，如果赖以进行估计的基础发生变化，或者由于取得了新的信息、积累了更多的经验或后来的发展可能不得不对估计进行修订，但会计估计变更的依据应当真实、可靠。企业对会计估计变更应当采用未来适用法处理。

(1) 会计估计变更仅影响变更当期，其影响数应当在变更当期予以确认。例如，某企业原按应收账款余额的5%提取坏账准备，由于企业不能收回应收账款的比例已达10%，则企业改按应收账款余额的10%提取坏账准备。这类会计估计的变更，只影响变更当期，因此，应于变更当期确认影响数。

(2) 会计估计变更既影响变更当期又影响未来期间，其影响数应当在变更当期和未来期间予以确认。例如，某企业的一项可计提折旧的固定资产，其有效使用年限或预计净残值的估计发生变更，影响了变更当期及资产以后使用年限内各个期间的折旧费用，这项会计估计的变更，应于变更当期及以后各期确认。

会计估计变更的影响数应计入变更当期与前期相同的项目中。为了保证不同期间的财务报表具有可比性，会计估计变更的影响数如果以前包括在企业日常经营活动的损益中，则以后也应包括在相应的损益类项目中；如果会计估计变更的影响数以前包括在特殊项目中，则以后也相应作为特殊项目反映。

(3) 企业应当正确划分会计政策变更和会计估计变更，并按不同的方法进行相关会计处理。企业通过判断会计政策变更和会计估计变更划分基础仍然难以对某些变更进行区分的，应当将其作为会计估计变更处理。例如，2003 年山东航空和东方航空由于执行《民航企业会计核算办法》，将高价周转件修理费由分 5 年摊销改为在发生当期直接计入损益。这一会计变更从修理费由分期摊销改为全部列入当期损益来看，属于会计政策变更；如果从费用分摊期限由 5 年改为 1 年来看，属于会计估计变更。对于这类事项，应将其视为会计估计变更，按照相应的方法进行会计处理。

(三) 会计估计变更的披露

企业应当在附注中披露与会计估计变更有关的下列信息：

(1) 会计估计变更的内容和原因，包括变更的内容、变更日期以及会计估计变更的原因。

(2) 会计估计变更对当期和未来期间的影响数，包括会计估计变更对当期和未来期间损益的影响金额，以及对其他各项目的影响金额。

(3) 会计估计变更的影响数不能确定的，披露这一事实和原因。

【例 16-8】 A 公司有一台管理用设备，原始价值为 106 000 元，预计使用寿命为 10 年，净残值为 6 000 元，自 20×1 年 1 月 1 日起按直线法计提折旧。20×6 年 1 月，由于市场竞争加剧、技术进步等原因，公司预计该项固定资产未来经济利益的流入将发生减少，于是调整原来对固定资产使用年限和净残值的估计。调整后，该设备预计使用寿命为 8 年，净残值为 2 000 元。公司的所得税税率为 25%，假定税法允许按变更后的折旧额在税前扣除。

A 公司对上述会计估计变更的会计处理如下：

(1) 不调整以前各期折旧，也不计算累积影响数。

(2) 变更日以后发生的经济业务改按新估计使用寿命提取折旧。

按原估计，每年折旧额为 10 000 元，已提折旧 5 年，共计 50 000 元，固定资产净值为 56 000元，则第 5 年相关科目的期初余额如下：

固定资产	106 000
减：累计折旧	50 000
固定资产净值	56 000

会计估计变更采用未来适用法，不需要对以前计提的折旧进行调整，只需要将此时固定资产账面净值扣除重新估计净残值后的余额，在重新预计的剩余使用年限内按照年限平均摊销。因此，会计估计变更后每年计提的折旧费用为 18 000 元[(56 000－2 000)÷(8－5)]。编制会计分录如下：

借：管理费用	18 000	
贷：累计折旧		18 000

(3) 附注说明。本公司一台管理用设备,原始价值为106 000元,原预计使用寿命为10年,预计净残值为6 000元,按直线法计提折旧。由于市场竞争加剧、技术进步等原因,预计该设备未来经济利益的流入将发生变化。本公司于20×6年年初变更该设备的使用寿命为8年,预计净残值为2 000元,以反映该设备的真实耐用寿命和净残值。此估计变更影响本年度净利润减少数为6 000元[(18 000−10 000)×(1−25%)]。

三、前期差错及其更正

(一) 前期差错概述

1. 前期差错的概念

前期差错是指由于没有运用或错误运用下列两种信息,而对前期财务报表造成省略或错报:①编报前期财务报表时预期能够取得并加以考虑的可靠信息;②前期财务报告批准报出时能够取得的可靠信息。前期差错通常包括计算错误、应用会计政策错误、疏忽或曲解事实以及舞弊产生的影响以及存货、固定资产盘盈等。

2. 前期差错的类型

没有运用或错误运用上述两种信息而形成前期差错的情形主要有:

(1) 计算以及账户分类错误。例如,企业购入的5年期国债,意图长期持有,但在记账时计入了交易性金融资产,导致账户分类上的错误,并导致在资产负债表上流动资产和非流动资产的分类也有误。

(2) 采用法律、行政法规或者国家统一的会计制度等不允许的会计政策。例如,按照《企业会计准则第17号——借款费用》的规定,为购建固定资产的专门借款而发生的借款费用,满足一定条件的,在固定资产达到预定可使用状态前发生的,应予资本化,计入所购建固定资产的成本;在固定资产达到预定可使用状态后发生的,计入当期损益。如果企业固定资产已达到预定可使用状态后发生的借款费用,也计入该项固定资产的价值,予以资本化,则属于采用法律或会计准则等行政法规、规章所不允许的会计政策。

(3) 对事实的疏忽或曲解。以及舞弊。例如,企业对某项建造合同应按建造合同规定的方法确认营业收入,但该企业却按确认商品销售收入的原则确认收入。

(4) 在期末对应计项目与递延项目未予调整。例如,企业应在本期摊销的费用在期末未予摊销。

(5) 漏记已完成的交易。例如,企业销售一批商品,商品已经发出,开出增值税专用发票,商品销售收入确认条件均已满足,但企业在期末未将已实现的销售收入入账。

(6) 提前确认尚未实现的收入或不确认已实现的收入。例如,在采用委托代销商品的销售方式下,应以收到代销单位的代销清单时确认商品销售收入的实现,如企业在发出委托代销商品时即确认为收入,则为提前确认尚未实现的收入。

(7) 资本性支出与收益性支出划分差错等。例如,企业发生的管理人员的工资一般作为收益性支出,而发生的在建工程人员工资一般作为资本性支出。如果企业将发生的在建工程人员工资计入了当期损益,则属于资本性支出与收益性支出的划分差错。

会计政策、会计估计变更和差错更正准则着重解决了会计政策、会计估计变更和差错更正的会计处理问题。

(二)前期差错重要性的判断

如果财务报表项目的遗漏或错误表述可能影响财务报表使用者根据财务报表所做出的经济决策,则该项目的遗漏或错误是重要的。

重要的前期差错,是指足以影响财务报表使用者对企业财务状况、经营成果和现金流量做出正确判断的前期差错。不重要的前期差错,是指不足以影响财务报表使用者对企业财务状况、经营成果和现金流量做出正确判断的前期差错。

前期差错的重要性取决于在相关环境下对遗漏或错误表述的规模和性质的判断。前期差错所影响的财务报表项目的金额或性质,是判断该前期差错是否具有重要性的决定性因素。一般来说,前期差错所影响的财务报表项目的金额越大、性质越严重,其重要性水平越高。

企业应当严格区分会计估计变更和前期差错更正,对于前期根据当时的信息、假设等作了合理估计,在当期按照新的信息、假设等需要对前期估计金额作出变更的,应当作为会计估计变更处理,不应作为前期差错更正处理。

(三)前期差错更正的会计处理

会计差错产生于财务报表项目的确认、计量、列报或披露的会计处理过程中,如果财务报表中包含重要差错,或者差错不重要但是故意造成的(以便形成对企业财务状况、经营成果和现金流量等会计信息某种特定形式的列报),即应认为该财务报表未遵循企业会计准则的规定进行编报。在当期发现的当期差错应当在财务报表发布之前予以更正。当重要差错直到下一期间才被发现,就形成了前期差错。

企业应当采用追溯重述法更正重要的前期差错,但确定前期差错累积影响数不切实可行的除外。追溯重述法是指在发现前期差错时,视同该项前期差错从未发生过,从而对财务报表相关项目进行更正的方法。

1. 不重要的前期差错的处理

对于不重要的前期差错,企业不需调整财务报表相关项目的期初数,但应调整发现当期与前期相同的相关项目。属于影响损益的,应直接计入本期与上期相同的净损益项目;属于不影响损益的,应调整本期与前期相同的相关项目。

【例16-9】 A公司在2014年12月31日发现,2013年8月份投入使用的一台管理用设备价值为9 600元,当时误作为低值易耗品入账,并采用分期摊销法,到发现时已摊销4 000元。该公司固定资产折旧采用直线法,该设备估计使用年限为5年,预计净残值为0元。则在2014年12月31日更正此差错的会计分录为:

借:固定资产	9 600	
贷:管理费用		1 440
累计折旧		2 560
周转材料		5 600

假设该项差错直至2018年8月后才发现,则不需要做任何会计分录,因为该项差错已经抵销了。

2. 重要的前期差错的处理

对于重要的前期差错,企业应当在其发现当期的财务报表中,调整前期比较数据。具体地说,企业应当在重要的前期差错发现当期的财务报表中,通过下述处理对其进行追溯更正:①追溯重述差错发生期间列报的前期比较金额;②如果前期差错发生在列报的最早前期之前,则追溯重述列报的最早前期的资产、负债和所有者权益相关项目的期初余额。

对于发生的重要前期差错,如影响损益,应将其对损益的影响数调整发现当期的期初留存收益,财务报表其他相关项目的期初数也应一并调整;如不影响损益,应调整财务报表相关项目的期初数。

在编制比较财务报表时,对于比较财务报表期间的重要的前期差错,应调整各该期间的净损益和其他相关项目,视同该差错在产生的当期已经更正;对于比较财务报表期间以前的重要的前期差错,应调整比较财务报表最早期间的期初留存收益,财务报表其他相关项目的数字也应一并调整。

【例 16-10】 A 公司在 2017 年发现,2016 年 7 月管理用固定资产漏提折旧款 500 万元,在所得税申报表中未扣除该项费用。假设 2016 年无其他纳税调整事项,该公司所得税税率为 25%,并按净利润 10%提取法定盈余公积。

该差错属于前期重大差错,其更正的会计处理如下:

(1) 补提折旧:

借:以前年度损益调整 5 000 000

　贷:累计折旧 5 000 000

(2) 调整应交所得税:

借:应交税费——应交所得税 1 250 000

　贷:以前年度损益调整 1 250 000

(3) 结转"以前年度损益调整"余额:

借:利润分配——未分配利润 3 750 000

　贷:以前年度损益调整 3 750 000

(4) 调整盈余公积:

借:盈余公积 375 000

　贷:利润分配——未分配利润 375 000

(5) 调整 2017 年度的财务报表相关项目:

资产负债表:调减固定资产 5 000 000 元;调减应交所得税 1 250 000 元;调减盈余公积 375 000 元;调减未分配利润 3 375 000 元。

利润表:调增管理费用上年金额 5 000 000 元;调减所得税费用上年金额 1 250 000 元;调减净利润上年金额 3 750 000 元。

所有者权益变动表:调减前期差错更正项目中盈余公积上年金额 375 000 元,未分配利润上年金额 3 375 000 元,所有者权益合计上年金额 3 750 000 元。

(四) 前期差错更正的披露

企业应当在附注中披露与前期差错更正有关的下列信息:①前期差错的性质;②各个列报前期财务报表中受影响的项目名称和更正金额;③无法进行追溯重述的,说明该事实和原因以及对前期差错开始进行更正的时点、具体更正情况。

在以后期间的财务报表中，不需要重复披露在以前期间的附注中已披露的前期差错更正的信息。

第二节　资产负债表日后事项

一、资产负债表日后事项的定义

资产负债表日后事项是指资产负债表日至财务报告批准报出日之间发生的需要调整或说明的有利或不利事项。

资产负债表日是指会计年度末和会计中期期末。中期是指短于一个完整的会计年度的报告期间，包括半年度、季度和月度。例如，我国年度资产负债表日是指每年12月31日。

财务报告批准报出日是指董事会或类似机构批准财务报告报出的日期，通常是指对财务报告的内容负有法律责任的单位或个人批准财务报告对外公布的日期。

"有利或不利事项"是指，资产负债表日后对企业财务状况和经营成果具有一定影响（既包括有利影响也包括不利影响）的事项。

资产负债表日后事项涵盖的期间是自资产负债表日次日起至财务报告批准报出日止的一段时间。

资产负债表日后事项包括资产负债表日后调整事项（以下简称调整事项）和资产负债表日后非调整事项（以下简称非调整事项）两类。

二、调整事项

（一）调整事项的定义

调整事项是指对资产负债表日已经存在的情况提供了新的或进一步证据的事项。这类事项的特点是：在资产负债表日或以前就已显示了某种征兆，但最终结果需要在资产负债表日后予以证实。资产负债表日后获得新的或进一步的证据有助于对资产负债表日存在的状况的有关金额作出重新估计，应当作为调整事项，据此对资产负债表日所反映的收入、费用、资产、负债及所有者权益进行调整。

企业发生的资产负债表日后调整事项，通常包括下列各项：

(1) 资产负债表日后诉讼案件结案，法院判决证实了企业在资产负债表日已经存在现时义务，需要调整原先确认的与该诉讼案件相关的预计负债，或确认一项新负债。

(2) 资产负债表日后取得确凿证据，表明某项资产在资产负债表日已发生了减值或需要调整该项资产原先确认的减值金额。

(3) 资产负债表日后进一步确定了资产负债表日前购入资产的成本或售出资产的收入。

(4) 资产负债表日后发现了财务报表舞弊或差错。

（二）调整事项的会计处理

企业发生资产负债表日后调整事项，应当调整资产负债表日已编制的财务报表。对于年度财务报告而言，由于资产负债表日后事项发生在报告年度的次年，报告年度的有关账目已经结转，特别是损益类账户在结账后已无余额。因此，年度资产负债表日后发生的调整事项，应分别按以下情况进行处理：

(1) 涉及损益的事项，通过“以前年度损益调整”账户核算。调整增加以前年度利润或调整减少以前年度亏损的事项，记入“以前年度损益调整”账户的贷方；反之，记入“以前年度损益调整”账户的借方。

需要注意的是，涉及损益的调整事项如果发生在资产负债表日所属年度（即报告年度）所得税汇算清缴前的，应按准则要求调整报告年度应纳税所得额、应纳所得税税额；发生在报告年度所得税汇算清缴后的，应按准则要求调整本年度（即报告年度的次年）应纳所得税税额。

由于以前年度损益调整增加的所得税费用，记入“以前年度损益调整”账户的借方，同时贷记“应交税费——应交所得税”等账户；由于以前年度损益调整减少的所得税费用，记入“以前年度损益调整”账户的贷方，同时借记“应交税费——应交所得税”等账户。

调整完成后，将“以前年度损益调整”账户的贷方或借方余额，转入“利润分配——未分配利润”账户。

(2) 涉及利润分配调整的事项，直接在“利润分配——未分配利润”账户中核算。

(3) 不涉及损益以及利润分配的事项，调整相关账户。

(4) 通过上述账务处理后，还应同时调整财务报表相关项目的数字，包括：①资产负债表日编制的财务报表相关项目的期末数或本年发生数；②当期编制的财务报表相关项目的期初数或上年数；③经过上述调整后，如果涉及报表附注内容的，还应当调整报表附注相关项目的数字。

【例 16-11】 A 公司销售给 B 公司的原材料由于质量不合格，经双方协商退回该材料，A 公司于 2015 年 1 月 1 日退回该材料的货款。该材料的价款为 50 000 元，增值税额为 8 500 元，销售成本为 40 000 元。该公司所得税税率为 25%，并按净利润 10%提取法定盈余公积。

本例中，销售退回业务发生在资产负债表日后事项涵盖期间内，属于资产负债表日后调整事项。由于销售退回发生在 A 公司报告年度所得税汇算清缴之前，因此，在所得税汇算清缴时，应扣除该部分销售退回所实现的应纳税所得额。

A 公司的账务处理如下：

(1) 2015 年 1 月 1 日，调整收入：

借：以前年度损益调整	50 000	
应交税费——应交增值税（销项税额）	8 500	
贷：银行存款		58 500

(2) 调整销售成本：

借：库存商品	40 000	
贷：以前年度损益调整		40 000

(3) 调整应缴纳所得税：

借：应交税费——应交所得税	2 500	
贷：以前年度损益调整		2 500

（4）将“以前年度损益调整”账户的余额转入利润分配：

借：利润分配——未分配利润　　7 500

　贷：以前年度损益调整　　7 500

（5）调整盈余公积：

借：盈余公积　　750

　贷：利润分配——未分配利润　　750

（6）调整相关财务报表（略）。

三、非调整事项

（一）非调整事项的定义

非调整事项是指表面资产负债表日后发生的情况的事项，与资产负债表日存在状况无关，不应当调整资产负债表日的财务报表。但有的非调整事项对财务报告使用者具有重大影响，如不加以说明，将不利于财务报告使用者做出正确估计和决策。因此，应在附注中进行披露。

（二）非调整事项的会计处理

对于非调整事项，需要在会计报表附注中披露其性质、内容，及其对财务状况及经营成果的影响；如果无法做出估计，应说明其原因。

非调整事项通常包括如下事项：①资产负债表日后发生重大诉讼、仲裁、承诺；②资产负债表日后资产价格、税收政策、外汇汇率发生重大变化；③资产负债表日后因自然灾害导致资产发生重大损失；④资产负债表日后发行股票和债券以及其他巨额举债；⑤资产负债表日后资本公积转增资本；⑥资产负债表日后发生巨额亏损；⑦资产负债表日后发生企业合并或处置子公司；⑧资产负债表日后，企业利润分配方案中拟分配的以及经审议批准宣告发放的现金股利或利润。

资产负债表日后，企业制定利润分配方案，拟分配或经审议批准宣告发放股利或利润的行为，并不会致使企业在资产负债表日形成现时义务，因此虽然发生该事项可导致企业负有支付股利或利润的义务，但支付义务在资产负债表日尚不存在，不应该调整资产负债表日的财务报告，因此，该事项为非调整事项。

但由于该事项对企业资产负债表日后的财务状况有较大影响，可能导致现金较大规模流出、企业股权结构变动等，为便于财务报告使用者更充分了解相关信息，企业需要在财务报告中适当披露该信息。

习　题

一、单项选择题

1. 甲股份有限公司（以下简称甲公司）自 2009 年 1 月 1 日起，将所得税核算方法由应付税款法改为资产负债表债务法核算；考虑到技术进步因素，自 2009 年 1 月 1 日起将一套生产设备的使用年限由 12 年改为 8 年，同时将折旧方法由平均年限法改为双倍余额递减法。按税法规定，该生产设备的使用年限为 10 年，按平均年限法计提折旧，净残值为零。该生产设备原价为 1 000 万元，已计提折旧 3 年，尚可使用年限 5 年，净残值为零。甲公司按 10%提取法定盈余公积，适用的所得税税率为 25%。

要求：根据上述资料，不考虑其他因素，回答下列各题。

(1) 下列各项中，表述正确的是(　　)。

A. 固定资产折旧方法的变更属于会计政策变更

B. 所得税核算方法的变更属于会计政策变更

C. 固定资产折旧方法的变更应当进行追溯调整

D. 所得税核算方法的变更属于会计估计变更

(2) 下列会计处理中，正确的是(　　)。

A. 由于会计政策变更，产生的累积影响数为 12.5 万元

B. 由于上述变更，应调整当期所得税费用 12.5 万元

C. 上述政策变更，应通过“以前年度损益调整”账户进行核算

D. 进行上述变更时，不需确认递延所得税

2. 上市公司发生的下列交易或事项中，属于会计政策变更的是(　　)。

A. 交易性金融资产的期末计价由成本与市价孰低法改为公允价值法

B. 长期股权投资因增加投资份额由权益法核算改为成本法核算

C. 年末根据当期发生的暂时性差异所产生的递延所得税负债调整所得税费用

D. 固定资产折旧方法由直线法改为双倍余额递减法

3. 某企业对下列各项业务进行的会计处理中，一般需要进行追溯调整的是(　　)。

A. 有证据表明原使用寿命不确定的无形资产的使用寿命已能够合理估计

B. 企业将投资性房地产的后续计量方法由成本模式变更为公允价值模式

C. 原暂估入账的固定资产已办理完竣工决算手续

D. 提前报废固定资产

4. A 公司所得税税率为 25%，采用资产负债表债务法核算。2016 年 10 月，A 公司以 1 000万元购入 B 上市公司的股票，作为短期投资，期末按成本计价。A 公司从 2017 年 1 月 1 日起，执行新准则，并按照新准则的规定，将上述短期投资划分为交易性金融资产，2016 年末该股票公允价值为 800 万元，该会计政策变更对 A 公司 2017 年的期初留存收益的影响为(　　)万元。

A. −300　　B. −50　　C. −150　　D. −200

5. 下列各项目中，不属于企业应当披露的会计政策的是(　　)。

A. 投资性房地产的后续计量　　B. 固定资产的初始计量

C. 合同收入与费用的确认　　D. 存货可变现净值的确定

6. 下列项目中，属于会计估计项目的是(　　)。

A. 固定资产的耐用年限和净残值

B. 借款费用是资本化还是费用化

C. 非货币性资产交换的计量
D. 长期股权投资的会计处理方法
7. 下列各项中,属于会计估计变更的事项是(　　)。
A. 变更无形资产的摊销年限
B. 将存货的计价方法由加权平均法改为先进先出法
C. 因固定资产扩建而重新确定其预计可使用年限
D. 由于经营指标的变化,必须缩短长期待摊费用的摊销年限
8. 下列表述中,不正确的是(　　)。
A. 某企业的一项无形资产摊销年限原定为10年,以后发生的情况表明,该资产的受益年限已不足10年,相应调减摊销年限
B. 某企业原根据当时能够得到的信息,对应收账款每年按其余额的5%计提坏账准备。现在掌握了新的信息,判定不能收回的应收账款比例已达15%,企业改按15%的比例计提坏账准备
C. 某企业的一项可计提折旧的固定资产,其有效使用年限或预计净残值的估计发生变更,影响了变更当期及资产以后使用年限内各个期间的折旧费用,这项会计估计的变更,应于变更当期及以后各期确认
D. 某企业投资性房产采用公允价值模式计量,考虑到由于公允价值计量不计提折旧不进行摊销,影响所得税的扣除,决定将投资性房地产由公允价计量改为按成本模式计量
9. 企业发生会计估计变更时,下列各项目中不需要在会计报表附注中披露的是(　　)。
A. 会计估计变更的内容
B. 会计估计变更的累积影响数
C. 会计估计变更的原因
D. 会计估计变更对当期损益的影响金额
10. 下列有关前期差错中不正确的是(　　)。
A. 前期差错通常包括计算错误、应用会计政策错误、疏忽或曲解事实以及舞弊产生的影响以及固定资产盘盈等
B. 企业应当采用追溯重述法更正重要的前期差错,但确定前期差错累积影响数不切实可行的除外
C. 追溯重述法是指在发现前期差错时,视同该项前期差错从未发生过,从而对财务报表相关项目进行更正的方法
D. 确定前期差错累积影响数不切实可行的,可以从可追溯重述的最早期间开始调整留存收益的期初余额,财务报表其他相关项目的期初余额也应当一并调整,不得采用未来适用法

11. 甲公司2006年3月在上年度财务会计报告批准报出后,发现2004年10月购入的专利权摊销金额错误。该专利权20×4年应摊销的金额为120万元,2005年应摊销的金额为480万元。2004年、2005年实际摊销金额均为480万元。甲公司对此重要会计差错采用追溯重述法进行会计处理,适用的所得税税率为25%,按净利润的10%提取法定盈余公积。

甲公司2006年年初未分配利润应调增的金额是(　　)万元。

A. 217.08　　B. 241.2　　C. 324　　D. 243

12. 企业在年度资产负债表日至财务报告批准报出日之间发现的报告年度以前年度的重要差错，应调整(　　)。

A. 报告年度会计报表的期末数或当年发生数

B. 报告年度期初留存收益及其他相关项目的期初数

C. 以前年度的相关项目

D. 不做调整

13. 对下列会计差错，不正确的说法是(　　)。

A. 所有会计差错均应在会计报表附注中披露

B. 重要会计差错的内容应在会计报表附注中披露

C. 本期发现的，属于前期的重要差错，应调整发现当期的期初留存收益和会计报表其他相关项目的期初数

D. 本期发现的，属于以前年度的非重要会计差错，不调整会计报表相关项目的期初数，但应调整发现当期与前期相同的相关项目

14. 甲公司与乙公司签订供销合同，合同规定甲公司在2011年5月供应给乙公司一批货物，由于甲公司未能按照合同发货，致使乙公司发生重大经济损失。2011年11月，乙公司通过法律程序要求甲公司赔偿经济损失200万元，该诉讼案在12月31日尚未判决，甲公司预计很可能承担赔偿100万元。2012年3月2日，经法院一审判决，甲公司需赔偿乙公司经济损失150万元；甲公司不再上诉，并于当日支付赔偿款。不考虑所得税等相关税费影响。

要求：根据上述资料，不考虑其他因素，回答下列问题。

(1) 下列关于该或有事项2011年年末处理的说法中，正确的是(　　)。

A. 甲公司仅需要披露或有负债200万元

B. 甲公司需要确认预计负债200万元，并且需要披露

C. 甲公司需要确认预计负债100万元，因为已经确认，因此不需要披露

D. 甲公司需要确认预计负债100万元，并且需要披露

(2) 下列关于甲公司2012年3月2日相关账务处理的表述中，不正确的是(　　)。

A. 企业需要确认预计负债100万元

B. 企业需要转出预计负债100万元

C. 预计负债余额为0

D. 其他应付款余额为0

(3) 下列关于该日后事项对2011年报表影响的说法中，不正确的是(　　)。

A. 2011年年末资产负债表其他应付款增加150万元

B. 2011年年末资产负债表银行存款减少150万元

C. 2011年利润表中营业外支出增加50万元

D. 2011年年末未分配利润减少45万元

15. 某上市公司2011年度财务报告于2012年2月10日编制完成，所得税汇算清缴日

是3月20日，注册会计师完成审计及签署审计报告日是2012年4月10日，经董事会批准报表对外公布日为4月20日，财务报告实际对外报出日为4月22日，股东大会召开日期是4月25日。

2012年1月10日，因产品质量原因，客户将2011年12月10日购入的一大批大额商品(达到重要性要求)退回。

要求：根据上述资料，不考虑其他因素，回答下列问题。

(1) 按照准则规定，资产负债表日后事项的涵盖期间为(　　)。

A. 2012年1月1日至2012年2月10日

B. 2012年2月10日至2012年4月22日

C. 2012年2月10日至2012年4月25日

D. 2012年1月1日至2012年4月20日

(2) 下列关于产品退回相关处理的说法中，正确的是(　　)。

A. 冲减2012年度会计报表主营业务收入等相关项目

B. 冲减2011年度会计报表主营业务收入等相关项目

C. 不做会计处理

D. 在2012年度会计报告报出时，冲减利润表主营业务收入项目的上年数等相关项目

16. 某上市公司2011年财务会计报告批准报出日为2012年4月10日。公司在2012年1月1日至4月10日发生了下列事项：

① 公司董事会提出2011年度利润分配方案为每10股送3股股票股利

② 因遭受水灾上年购入的存货发生毁损100万元

③ 公司在一起历时半年的诉讼中败诉，支付赔偿金50万元，公司在上年年末已确认预计负债30万元

④ 公司支付2011年度财务报告审计费40万元

⑤ 1月10日，向乙公司销售一批商品并确认收入实现；2月20日，乙公司因产品质量原因将上述商品退回。

要求：根据上述资料，不考虑其他因素，回答下列问题。

(1) 以上事项中，属于资产负债表日后调整事项的是(　　)。

A. 事项①　　B. 事项②　　C. 事项③　　D. 事项⑤

(2) 下列有关事项⑤的表述中，正确的是(　　)。

A. 作为资产负债表日后事项中的调整事项处理

B. 作为资产负债表日后事项中的非调整事项处理

C. 冲减2012年1月份相关收入、成本和税金等相关项目

D. 冲减2012年2月份相关收入、成本和税金等相关项目

17. 以下对“资产负债表日后事项”的表述中，正确的是(　　)。

A. 资产负债表日后事项涵盖期间所发生的全部事项

B. 资产负债表涵盖期间所发生的有利于资产负债表日财务状况的事项

C. 资产负债表涵盖期间所发生的不利于资产负债表日财务状况的事项

D. 资产负债表日至财务报告批准报出日之间发生的需要调整或说明的有利或不利

事项

二、多项选择题

1. 下列交易或事项中，属于会计政策变更的有（　　）。
A. 所得税核算方法由应付税款法改为资产负债表债务法
B. 固定资产预计使用年限由8年改为5年
C. 建造合同收入确认由完成合同法改为完工百分比法
D. 发出存货的计价方法由先进先出法改为加权平均法
E. 存货跌价准备由单项计提改为按类别计提
2. 下列各项中，不属于会计政策变更的有（　　）。
A. 企业新设的零售部商品销售采用零售价法核算，其他库存商品采用实际成本法
B. 对初次发生或不重要的事项采用新的会计政策
C. 由于改变了投资目的，将短期性股票投资改为长期股权投资
D. 根据会计准则要求，期末存货由成本法核算改按成本与可变现净值孰低法计价
E. 投资性房地产由成本模式改为公允价值计量模式
3. 应采用未来适用法处理会计政策变更的情况有（　　）。
A. 企业因账簿超过法定保存期限而销毁，引起会计政策变更累积影响数无法确定
B. 企业账簿因不可抗力而毁坏引起累积影响数无法确定
C. 会计政策变更累积影响数能够确定，但法律或行政法规要求对会计政策的变更采用未来适用法
D. 会计政策变更累积影响数能够合理确定，国家相关准则规定应追溯调整
E. 会计政策变更的部分累积影响数无法可靠确定
4. 下列关于会计政策变更的说法中，正确的有（　　）。
A. 会计政策是指企业在会计确认、计量和报告中所采用的原则、基础和会计处理方法
B. 会计政策变更意味着以前期间的会计政策是错误的
C. 会计政策变更一律采用追溯调整法进行处理
D. 会计政策变更累积影响数，是指按照变更后的会计政策对以前各期追溯计算的列报前期最早期初留存收益应有金额与原有金额之间的差额
E. 会计政策变更只需调整变更当年的资产负债表、利润表
5. 下列关于会计估计变更的说法中，正确的有（　　）。
A. 会计估计变更应采用未来适用法
B. 如果会计估计的变更仅影响变更当期，有关估计变更的影响应于当期确认
C. 如果会计估计的变更既影响变更当期又影响未来期间，有关估计变更的影响在当期及以后期间确认
D. 会计估计变更应采用追溯调整法进行会计处理
E. 会计估计是企业可以随意做出的
6. 下列各项中，属于前期差错需追溯重述的有（　　）。
A. 上年年末未完工的某建造合同，由于完工进度无法可靠确定，没有确定工程的收入和成本

B. 上年年末发生的生产设备修理支出 30 万元，由于不符合资本化的条件，一次计入了制造费用，期末转入了库存商品，该批产品尚未售出

C. 上年出售交易性金融资产时，没有结转公允价值变动损益的金额，其累计公允价值变动损益为 560 万元

D. 上年购买交易性金融资产发生的交易费用 0.1 万元，计入了交易性金融资产成本

E. 由于企业当年财务发生困难，将 2 个月后到期的持有至到期投资部分出售，剩余部分重分类为可供出售金融资产

7. 下列会计差错中的说法正确的有(　　)。

A. 所有会计差错均应在会计报表附注中披露

B. 重要前期会计差错(非日后期间)内容应在会计报表附注中披露

C. 本期(非日后期间)发现的，属于前期的重要差错，应调整发现当期的期初留存收益和会计报表其他相关项目的期初数

D. 本期(非日后期间)发现的，属于以前年度的非重要会计差错，不调整会计报表相关项目的期初数，但应调整发现当期与前期相同的相关项目

E. 对于前期重大会计差错，无法进行追溯重述的，应在报表附注中披露该事实和原因以及对前期差错开始进行更正的时点、具体更正情况

8. 甲股份有限公司在编制本年度财务会计报告时，对有关的或有事项进行了检查，包括：

(1) 正在诉讼过程中的经济案件估计很可能胜诉并可获得 2 000 000 元的赔偿。

(2) 由于甲公司生产过程中产生的废料污染了河水，环保部门正在进行调查，估计很可能支付赔偿金额 1 000 000 元。

(3) 甲公司为 A 公司提供银行借款担保，担保金额 3 000 000 元，甲公司了解到 A 公司近期的财务状况不佳，很可能无法支付将于次年 5 月 20 日到期的银行借款 5 000 000 元。

甲股份有限公司当年财务报告经董事会批准对外公布的日期为下年 3 月 30 日，实际对外公布的日期为 4 月 3 日。公司 1 月 1 日至 4 月 3 日发生了下列事项：

(1) 3 月 1 日，发现上年 10 月接受捐赠获得的一项固定资产尚未入账。

(2) 3 月 11 日，临时股东大会决议购买乙公司 51%的股权并于 4 月 2 日执行完毕。

(3) 3 月 10 日，甲公司接到政府部门通知，要求支付环境罚款 1 200 000 元。

(4) 1 月 5 日，与丁公司签订债务重组协议，2 月 1 日双方执行完毕。

(5) 3 月 5 日，A 公司宣告破产，甲公司确定需支付担保款 3 000 000 元。

要求：根据上述资料，不考虑其他因素，回答下列问题。

(1) 甲公司在本年度 12 月 31 日账务处理中，对上述或有事项处理正确的有(　　)。

A. 甲公司将诉讼过程中很可能获得的 2 000 000 元赔偿款确认为资产，并在会计报表附注中作了披露

B. 甲公司未将诉讼过程中很可能获得的 2 000 000 元赔偿款确认为资产，但在会计报表附注中作了披露

C. 甲公司将因污染环境而很可能发生的 1 000 000 元赔偿款确认为负债，并在会计报表附注中作了披露

D. 甲公司将为A公司提供的、A公司很可能无法支付的3 000 000元担保确认为负债，并在会计报表附注中作了披露

E. 甲公司未将因污染环境而很可能发生的1 000 000元赔偿款确认为负债，但未在会计报表附注中作出披露

(2) 甲公司在1月1日至4月3日发生的事项中，应当作为资产负债表日后事项中的调整事项的有(　　)。

A. 事项(1)　　B. 事项(2)　　C. 事项(3)　　D. 事项(4)

E. 事项(5)

9. 某上市公司财务报告批准报出日为次年4月30日，该公司在资产负债表日后发生以下事项，其中属于非调整事项的有(　　)。

A. 接到某债务人1月28日发生一场火灾，导致重大损失，以至于不能偿还货款的通知，该公司已将此货款于资产负债表日计入应收账款

B. 外汇汇率发生较大变动

C. 新证据表明资产负债表日对长期建造合同应计收益的估计存在重大误差

D. 发行债券以筹集生产经营用资金

E. 企业在资产负债表日后发生严重火灾，损失仓库一栋

10. 下列关于资产负债表日后非调整事项的处理中，不正确的有(　　)。

A. 应调整报告年度的报表

B. 应在报告年度的报表附注中披露

C. 应调整报告年度的报表，同时在报表附注中披露

D. 不需要调整报告年度的报表，也不需要在报表附注中披露

E. 不需要调整报告年度的报表，但需要在报表附注中披露

三、计算题

1. 甲公司2010年12月31日购入一台管理用设备，原始价值为100万元，原估计使用年限为10年，预计净残值为5万元，按双倍余额递减法计提折旧。由于固定资产所含经济利益预期实现方式的改变和技术因素的原因，已不能继续按原定的折旧方法、折旧年限计提折旧。甲公司于2014年1月1日将设备的折旧方法改为年限平均法，将设备的折旧年限由原来的10年改为8年，预计净残值仍为5万元。甲公司所得税采用资产负债表债务法核算，适用的所得税税率为25%。

要求：

(1) 计算上述设备2011年、2012年和2013年计提的折旧额。

(2) 计算上述设备2014年计提的折旧额。

(3) 计算上述会计估计变更对2014年净利润的影响。

2. A股份有限公司为一般工业企业，所得税税率为25%，按净利润的10%提取法定盈余公积。假定对于会计差错，税法允许调整应交所得税。A公司2012年度的汇算清缴在2013年3月20日完成。在2013年度发生或发现如下事项：

(1) A公司于2009年1月1日起计提折旧的管理用机器设备一台，原价为500 000元，预计使用年限为10年(不考虑净残值因素)，按直线法计提折旧。由于技术进步的原因，从

2013年1月1日起，决定对原估计的使用年限改为9年，同时改按年数总和法计提折旧。

(2) A公司有一项投资性房地产，此前采用成本模式进行计量，至2013年1月1日，该办公楼的原价为3 200万元，已提折旧320万元，已提减值准备100万元。2013年1月1日，大海公司决定采用公允价值对出租的办公楼进行后续计量。该办公楼2012年12月31日的公允价值为3 000万元。假定2012年12月31日前无法取得该办公楼的公允价值。假定该事项不考虑所得税的调整。

(3) A公司2013年1月1日发现其自行建造的办公楼尚未办理结转固定资产手续。该办公楼已于2012年6月30日达到预定可使用状态，并投入使用，A公司未按规定在6月30日办理竣工结算及结转固定资产的手续，2012年6月30日该"在建工程"科目的账面余额为1 000万元，2012年12月31日该"在建工程"科目账面余额为1 095万元，其中包括建造该办公楼相关专门借款在2012年7月～12月期间发生利息25万元，应计入管理费用的支出70万元。

该办公楼竣工结算的建造成本为1 000万元，A公司预计该办公楼使用年限为10年，预计净残值为零，采用年限平均法计提折旧。

(4) A公司于2013年5月25日发现，2012年取得一项股权投资，取得成本为500万元，A公司将其划分为可供出售金融资产。期末该项金融资产的公允价值为600万元，A公司将该公允价值变动计入公允价值变动损益。

企业在计税时，没有将该公允价值变动损益计入应纳税所得额。

要求：

(1) 判断上述事项各属于何种会计变更或差错。

(2) 写出A公司2013年度的有关会计处理，如果属于会计估计变更，要求计算对本年度的影响数(计算结果保留两位小数，单位以元列示)。

3. 甲公司所得税采用资产负债表债务法核算，所得税税率25%，盈余公积的提取比例为10%。甲公司财务报告批准报出日为4月30日，2014年2月15日完成了2013年所得税汇算清缴。

2013年8月，甲公司因严重违约而被乙公司起诉，原告提出索赔500 000元，法院2014年2月9日做出了判决，甲公司需在判决后30日内向原告赔偿400 000元，甲公司已经于判决当日执行。甲公司在2013年12月31日已经估计到很可能败诉，并预计需要赔偿100 000至300 000元(各金额可能性相等)。

要求：

(1) 写出2013年12月31日关于或有事项的会计处理。

(2) 写出2014年2月9日该调整事项的会计处理。

(3) 说明此事项如何调整报告年度的财务报表。

第十七章　财务分析

引导案例

Q、K 两公司 2016 年的资产报酬率(ROA)的分解资料：

表 17-1　　Q、K 两公司 2016 年的 ROA 的分解资料

项目	Q 公司	K 公司	行业平均水平
营业利润率	10.4%	9.8%	4.1%
资产周转率(次)	1.93	1.42	1.38
资产报酬率(ROA)	20.1%	13.9%	5.7%

ROA 指标 Q、K 两公司比平均都高的成功关键是什么？Q 公司业绩好于 K 公司如何解释。

本章内容提要

本章主要从财务分析的基本概念出发，讨论财务比率的构成方法与应用条件，实现利用指标说明现实财务状况的目标。

第一节　财务分析概述

一、财务分析的意义

财务分析是根据企业财务报表等信息资料，采用专门方法，系统分析和评价企业财务状况、经营成果以及未来发展趋势的过程。

财务分析以企业财务报告及其他相关资料为主要依据，对企业的财务状况和经营成果进行评价和剖析，反映企业在运营过程中的利弊得失和发展趋势，从而为改进企业财务管理工作和优化经济决策提供重要财务信息。

财务分析对不同的信息使用者具有不同的意义。具体来说，财务分析的意义主要体现在如下方面：

(1) 可以判断企业的财务实力。通过对资产负债表和利润表有关资料进行分析，计算相关指标，可以了解企业资产结构和负债水平是否合理，从而判断企业的偿债能力、营运能

力及获利能力等财务实力，揭示企业在财务状况方面可能存在的问题。

（2）可以评价和考核企业的经营业绩，揭示财务活动存在的问题。企业通过指标的计算、分析和比较，能够评价和考核盈利能力和资产周转状况，揭示其经营管理的各个方面和各个环节问题，找出差距，得出分析结论。

（3）可以挖掘企业潜力，寻求提高企业经营管理水平和经济效益的途径。企业进行财务分析的目的不仅仅是发现问题，更重要的是分析问题和解决问题。企业通过财务分析，应保持和进一步发挥生产经营管理中成功的经验，对存在的问题应提出解决的策略和措施，以达到扬长避短、提高经营管理水平的经济效益的目的。

（4）可以评价企业的发展趋势。企业通过各种财务分析，可以判断发展趋势，预测其生产经营的前景及偿债能力，从而为企业领导层进行生产经营决策、投资者进行投资决策和债权人进行信贷决策提供重要的依据，避免因决策错误给其带来重大的损失。

二、财务分析的内容

财务分析信息的需求者主要包括企业所有者、企业债权人、企业经营决策者和政府等。不同主体出于不同的利益考虑，对财务分析信息有着各自不同的要求。

（1）企业所有者作为投资人，关心其资本的保值和增值状况，因此，较为重视企业获利能力指标，主要进行企业盈利能力分析。

（2）企业债权人因不能参与企业剩余收益分享，首先关注的是其投资的安全性，因此更重视企业偿债能力指标，主要进行企业偿债能力分析，同时也关注使企业盈利能力分析。

（3）企业经营决策者必须对企业经营理财的各个方面，包括运营能力、偿债能力、获利能力及发展能力的全部信息予以详尽地了解和掌握，主要进行各方面综合分析，并关注企业财务风险和经营风险。

（4）政府兼具多重身份，既是宏观经济管理者，又是国有企业的所有者和重要的市场参与者，因此政府对企业财务分析的关注点因所具身份不同而异。

尽管不同企业的经营状况、经营规模、经营特点不同，作为运用价值形式进行的财务分析，归纳起来其分析的内容不外乎偿债能力分析、营运能力分析、获利能力分析、发展能力分析和综合能力分析等五个方面。

第二节　财务分析的方法

一、比较分析法

比较分析法是通过对比两期或连续数期财务报告中的相同指标，确定其增减变动的方向、数额和幅度，来说明企业财务状况或经营成果变动趋势的一种方法。采用这种方法，可以分析引起变化的主要原因、变动的性质，并预测企业未来的发展趋势。

比较分析法的具体运用主要有重要财务指标的比较、会计报表的比较和会计报表项目构成的比较三种方式。

(一) 重要财务指标的比较

这种方法是指将不同时期财务报告中的相同指标或比率进行纵向比较，直接观察其增减变动情况及变动幅度，考察其发展趋势，预测其发展前景。不同时期财务指标的比较主要有以下两种方法：

(1) 定基动态比率，是以某一时期的数额为固定的基期数额而计算出来的动态比率。其计算公式为：

$$定基动态比率=\frac{分析期数额}{固定基期数额}\times 100\%$$

(2) 环比动态比率，是以每一分析期的数据与上期数据相比较计算出来的动态比率。其计算公式为：

$$环比动态比率=\frac{分析期数额}{前期数额}\times 100\%$$

(二) 会计报表的比较

这是指将连续数期的会计报表的金额并列起来，比较各指标不同期间的增减变动金额和幅度，据以判断企业财务状况和经营成果发展变化的一种方法。具体包括资产负债表比较、利润表比较和现金流量表比较等。

(三) 会计报表项目构成的比较

这种方法是在会计报表比较的基础上发展而来的，是以会计报表中的某个总体指标作为100%，再计算出各组成项目占该总体指标的百分比，从而比较各个项目百分比的增减变动，以此来判断有关财务活动的变化趋势。

采用比较分析法时，应当注意以下问题：①用于对比的各个时期的指标，其计算口径必须保持一致；②应剔除偶发性项目的影响，使分析所利用的数据能反映正常的生产经营状况；③应运用例外原则对某项有显著变动的指标作重点分析，研究其产生的原因，以便采取对策，趋利避害。

二、比率分析法

比率分析法是通过计算各种比率指标来确定财务活动变动程度的方法。比率指标的类型主要有构成比率、效率比率和相关比率三类。

(一) 构成比率

构成比率又称结构比率，是某项财务指标的各组成部分数值占总体数值的百分比，反映部分与总体的关系。利用构成比率，可以考察总体中某个部分的形成和安排是否合理，以便协调各项财务活动。其计算公式为：

$$构成比率=\frac{某个组成部分数值}{总体数值}\times 100\%$$

比如，企业资产中流动资产、固定资产和无形资产占资产总额的百分比(资产构成比率)，企业负债中流动负债和长期负债占负债总额的百分比(负债构成比率)等。利用构成比率，可以考察总体中某个部分的形成和安排是否合理，以便协调各项财务活动。

(二) 效率比率

效率比率是某项财务活动中所费与所得的比率，反映投入与产出的关系。利用效率比率指标，可以进行得失比较，考察经营成果，评价经济效益。

比如，将利润项目与销售成本、销售收入、资本金等项目加以对比，可以计算出成本利润率、销售利润率和资本金利润率指标，从不同角度观察比较企业获利能力的高低及其增减变化情况。

(三) 相关比率

相关比率，是以某个项目和与其有关但又不同的项目加以对比所得的比率，反映有关经济活动的相互关系。利用相关比率指标，可以考察企业相互关联的业务安排得是否合理，以保障经营活动顺畅进行。

比如，将流动资产与流动负债进行对比，计算出流动比率，可以判断企业的短期偿债能力，将负债总额与资产总额进行对比，可以判断企业长期偿债能力。

采用比率分析法时，应当注意以下几点：①对比项目的相关性；②对比口径的一致性；③衡量标准的科学性。

三、因素分析法

因素分析法是依据分析指标与其影响因素的关系，从数量上确定各因素对分析指标影响方向和影响程度的一种方法。

因素分析法具体有两种：连环替代法和差额分析法。

(一) 连环替代法

连环替代法，是将分析指标分解为各个可以计量的因素，并根据各个因素之间的依存关系，顺次用各因素的比较值(通常为实际值)替代基准值(通常为标准值或计划值)，据以测定各因素对分析指标的影响。

【例 17-1】 某企业 20×9 年 10 月某种原材料费用的实际数是 4 620 元，而其计划数是 4 000 元。实际比计划增加 620 元。由于原材料费用是由产品产量、单位产品材料消耗量和材料单价三个因素的乘积组成，因此就可以把材料费用这一总指标分解为三个因素，然后逐个来分析它们对材料费用总额的影响程度。现假设这三个因素的数值，如表 17-2 所示。

表 17-2　　产品产量、单位产品材料消耗量和材料单价和数值

项　目	单位	计划数	实际数
产品产量	件	100	110
单位产品材料消耗量	千克	8	7
材料单价	元	5	6
材料费用总额	元	4 000	4 620

根据表 17-2 中资料，材料费用总额实际数较计划数增加 620 元。运用连环替代法，可以计算各因素变动对材料费用总额的影响。

计划指标：　100×8×5＝4 000(元)　　①

第一次替代： 110×8×5＝4 400(元) ②

第二次替代： 110×7×5＝3 850(元) ③

第三次替代： 110×7×6＝4 620(元) ④

实际指标：

②－①＝4 400－4 000＝400(元) 产量增加的影响

③－②＝3 850－4 400＝－550(元) 材料节约的影响

④－③＝4 620－3 850＝770(元) 价格提高的影响

400－550＋770＝620(元) 全部因素的影响

(二) 差额分析法

差额分析法是连环替代法的一种简化形式，是利用各个因素的比较值与基准值之间的差额，来计算各因素对分析指标的影响。

【例 17-2】 仍用表 17-2 中的资料。可采用差额分析法计算确定各因素变动对材料费用的影响。

(1) 由于产量增加对财务费用的影响＝(110－100)×8×5＝400(元)

(2) 由于材料消耗节约对材料费用的影响＝(7－8)×110×5＝－550(元)

(3) 由于价格提高对材料费用的影响＝(6－5)×110×7＝770(元)

采用因素分析法时，必须注意以下问题：①因素分解的关联性。构成经济指标的因素，必须是客观上存在着的因果关系，要能够反映形成该项指标差异的内在构成原因，否则就失去了应用价值。②因素替代的顺序性。确定替代因素时，必须根据各因素的依存关系，遵循一定的顺序并依次替代，不可随意加以颠倒，否则就会得出不同的计算结果。③顺序替代的顺序性。因素分析法在计算每一因素变动的影响时，都是在前一次计算的基础上进行，并采用连环比较的方法确定因素变化影响结果。④计算结果的假定性。由于因素分析法计算的各因素变动的影响数，会因替代顺序不同而有差别，因而计算结果不免带有假定性，即它不可能使每个因素计算的结果，都达到绝对的准确。为此，分析时应力求使这种假定合乎逻辑，具有实际经济意义。这样，计算结果的假定性，才不至于妨碍分析的有效性。

财务分析对于了解企业的财务状况和经营成绩，评价企业的偿债能力和经营能力，帮助制定经济决策，有着显著的作用。但由于种种因素的影响，财务分析也存在着一定的局限性。在分析中，应注意这些局限性的影响，以保证分析结果的正确性。

1. 资料来源的局限性

(1) 报表数据的时效性问题。财务报表中的数据，均是企业过去经济活动的结果和总结，用于预测未来发展趋势，只有参考价值，并非绝对合理。

(2) 报表数据的真实性问题。在企业形成其财务报表之前，信息提供者往往对信息使用者所关注的财务状况以及对信息的偏好进行仔细分析与研究，并尽力满足信息使用者对企业财务状况和经营成果信息的期望。其结果极有可能使信息使用者所看到的报表信息与企业实际状况相距甚远，从而误导信息使用者的决策。

(3) 报表数据的可靠性问题。财务报表虽然是按照会计准则编制的，但不一定能准确地反映企业的客观实际。例如，报表数据未按通货膨胀进行调整；某些资产以成本计价，并不代表其现在真实价值；许多支出在记账时存在灵活性，既可以作为当期费用，也可以作为资本项目在以后年度摊销；很多资产以估计值入账，但未必正确；偶然事件可能歪曲本期的损益，不能反映盈利的正常水平。

(4) 报表数据的可比性问题。根据会计准则的规定，不同的企业或同一个企业的不同时期都可以根据情况采用不同的会计政策和会计处理方法，使报表上的数据在企业不同时期和不同企业之间的对比在很多时候失去意义。

(5) 报表数据的完整性问题。由于报表本身的原因，其提供的数据是有限的。对报表使用者来说，可能不少需要的信息在报表或附注中根本找不到。

2. 财务分析方法的局限性

对于比较分析法来说，在实际操作时，比较的双方必须具备可比性才有意义。对于比率分析法来说，比率分析是针对单个指标进行分析，综合程度较低，在某些情况下无法得出令人满意的结论；比率指标的计算一般都是建立在以历史数据为基础的财务报表之上的，这使比率指标提供的信息与决策之间的相关性大打折扣。对于因素分析法来说，在计算各因素对综合经济指标的影响额时，主观假定各因素的变化顺序而且规定每次只有一个因素发生变化，这些假定往往与事实不符。并且，无论何种分析法均是对过去经济事项的反映。随着环境的变化，这些比较标准也会发生变化。而在分析时，分析者往往只注重数据的比较，而忽略经营环境的变化，这样得出的分析结论也是不全面的。

3. 财务分析指标的局限性

(1) 财务指标体系不严密。每一个财务指标只能反映企业的财务状况或经营状况的某一方面，每一类指标都过分强调本身所反映的方面，导致整个指标体系不严密。

(2) 财务指标所反映的情况具有相对性。在判断某个具体财务指标是好还是坏，或根据一系列指标形成对企业的综合判断时，必须注意财务指标本身所反映情况的相对性。因此，在利用财务指标进行分析时，必须掌握好对财务指标的“信任度”。

(3) 财务指标的评价标准不统一。比如，对流动比率，人们一般认为指标值为 2 比较合理，速动比率则认为 1 比较合适，但许多成功企业的流动比率都低于 2，不同行业的速动比率也有很大差别，如采用大量现金销售的企业，几乎没有应收账款，速动比率大大低于 1 是很正常的。相反，一些应收账款较多的企业，速动比率可能要大于 1。因此，在不同企业之间用财务指标进行评价时没有一个统一标准，不便于不同行业间的对比。

(4) 财务指标的计算口径不一致。比如，对反映企业营运能力指标，分母的计算可用年末数，也可用平均数，而平均数的计算又有不同的方法，这些都会导致计算结果不一样，不利于评价比较。

第三节　上市公司基本财务分析

一、上市公司特殊财务分析指标

(一) 每股收益

每股收益是综合反映企业获利能力的重要指标，可以用来判断和评价管理层的经营业绩。

1. 基本每股收益

基本每股收益的计算公式为：

$$基本每股收益=\frac{归属于公司普通股股东的净利润}{发行在外的普通股加权平均数}$$

【例17-3】 某上市公司20×8年度归属于普通股股东的净利润为25 000万元。20×7年末的股本为8 000万股，20×8年2月8日，经公司20×7年度股东大会决议，以截至20×7年年末公司总股本为基础，向全体股东每10股送红股10股，工商注册登记变更完成后公司总股本变为16 000万股。20×8年11月29日发行新股6 000万股。

$$基本每股收益=\frac{25\,000}{8\,000+8\,000+6\,000\times1/12}\approx1.52(元/股)$$

在[例17-3]计算中，公司20×7年度分配10送10导致股本增加8 000万股，由于送红股是将公司以前年度的未分配利润转为普通股，转化与否都一直作为资本使用，因此新增的这8 000万股不需要按照实际增加的月份加权计算，可以直接计入分母；而公司发行新股6 000万股，这部分股份由于在11月底增加，对全年的利润贡献只有1个月，因此应该按照1/12的权数进行加权计算。

2. 稀释每股收益

企业存在稀释性潜在普通股的，应当计算稀释每股收益。潜在普通股主要包括：可转换公司债券、认股权证和股份期权等。

(1) 可转换公司债券。对于可转换公司债券，计算稀释每股收益时，分子的调整项目为可转换公司债券当期已确认为费用的利息等的税后影响额；分母的调整项目为假定可转换公司债券当期期初或发行日转换为普通股的股数加权平均数。

(2) 认股权证和股份期权。认股权证、股份期权等的行权价格低于当期普通股平均市场价格时，应当考虑其稀释性。

计算稀释每股收益时，作为分子的净利润金额一般不变；分母的调整项目为增加的普通股股数，同时还应考虑时间权数。

行权价格和拟行权时转换的普通股股数，按照有关认股权证合同和股份期权合约确定。公式中的当期普通股平均市场价格，通常按照每周或每月具有代表性的股票交易价格进行简单算术平均计算。在股票价格比较平稳的情况下，可以采用每周或每月股票的收盘价作为代表性价格；在股票价格波动较大的情况下，可以采用每周或每月股票最高价与最低价的平均值作为代表性价格。无论采用何种方法计算平均市场价格，一经确定，不得随意变更，除非有确凿证据表明原计算方法不再适用。当期发行认股权证或股份期权的，普通股平均市场价格应当自认股权证或股份期权的发行日起计算。

【例17-4】 某上市公司20×8年7月1日按面值发行年利率3%的可转换公司债券，面值10 000万元，期限为5年，利息每年年末支付一次，发行结束1年后可以转换股票，转换价格为每股5元，即每100元债券可转换为1元面值的普通股20股。20×8年该公司归属于普通股股东的净利润为30 000万元，20×8年发行在外的普通股加权平均数为40 000万股，债券利息不符合资本化条件，直接计入当期损益，所得税税率25%。假设不考虑可转换公司债券在负债成分和权益成分之间的分拆，且债券票面利率等于实际利率。则稀释每股收益计算如下：基本每股收益$=\frac{30\ 000}{40\ 000}=0.75$(元)

假设全部转股，所增加的净利润$=10\ 000\times3\%\times\frac{6}{12}\times(1-25\%)=112.5$(万元)

假设全部转股，所增加的年加权平均普通股股数$=\frac{10\ 000}{100}\times20\times\frac{6}{12}=1\ 000$(万股)

增量股的每股收益$=\frac{112.5}{1\ 000}=0.112\ 5$(元)

增量股的每股收益小于原每股收益，可转换债券具有稀释作用。

稀释每股收益$=\frac{30\ 000+112.5}{40\ 000+1\ 000}\approx0.73$(元)

在分析每股收益指标时，应注意企业利用回购库存股的方式减少发行在外的普通股股数，使每股收益简单增加。另外，如果企业将盈利用于派发股票股利或配售股票，就会使企业流通在外的股票数量增加，这样将会大量稀释每股收益。在分析上市公司公布的信息时，投资者应注意区分公布的每股收益是按原始股股数还是按完全稀释后的股份计算规则计算的，以免受到误导。

对投资者来说，每股收益是一个综合性的盈利概念，能比较恰当地说明收益的增长或减少。人们一般将每股收益视为企业能否成功地达到其利润目标的计量标志，也可以将其看成一家企业管理效率、盈利能力和股利来源的标志。

每股收益这一财务指标在不同行业、不同规模的上市公司之间具有相当大的可比性，因而在各上市公司之间的业绩比较中被广泛地加以引用。此指标越大，盈利能力越好，股利分配来源越充足，资产增值能力越强。

（二）每股股利

每股股利是企业股利总额与企业流通股数的比值。其计算公式为：

$$每股股利=\frac{股利总额}{流通股数}$$

【例 17-5】 某上市公司 20×8 年度发放普通股股利 3 600 万元，年末发行在外的普通股股数为 12 000 万股。每股股利计算如下：

$$每股股利=\frac{3\ 600}{12\ 000}=0.3(元)$$

每股股利反映的是上市公司每一普通股获取股利的大小。每股股利越大，则企业股本获利能力就越强；每股股利越小，则企业股本获利能力就越弱。但须注意，上市公司每股股利发放多少，除了受上市公司获利能力大小影响以外，还取决于企业的股利发放政策。如果企业为了增强企业发展后劲儿增加企业的公积金，则当前的每股股利必然会减少；反之，则当前的每股股利会增加。

反映每股股利和每股收益之间关系的一个重要指标是股利发放率，即每股股利分配额与当期的每股收益之比。借助于该指标，投资者可以了解一家上市公司的股利发放政策。

（三）市盈率

市盈率是股票每股市价与每股收益的比率，其计算公式如下：

$$市盈率=\frac{每股市价}{每股收益}$$

【例 17-6】 承[例 17-3]的资料，同时假定该上市公司 20×8 年年末每股市价 30.4 元。则该公司 20×8 年年末市盈率计算如下：

$$市盈率=\frac{30.4}{1.52}=20(倍)$$

一方面，市盈率越高，意味着企业未来成长的潜力越大，也即投资者对该股票的评价越高；反之，投资者对该股票评价越低。另一方面，市盈率越高，说明投资于该股票的风险越大，市盈率越低，说明投资于该股票的风险越小。

影响企业股票市盈率的因素有：第一，上市公司盈利能力的成长性。如果上市公司预期盈利能力不断提高，说明企业具有较好的成长性，虽然目前市盈率较高，也值得投资者进行投资。第二，投资者所获取报酬率的稳定性。如果上市公司经营效益良好且相对稳定，则投资者获取的收益也较高且稳定，投资者就愿意持有该企业的股票，则该企业的股票市盈率会由于众多投资者的普遍看好而相应提高。第三，市盈率也受到利率水平变动的影响。当市场利率水平变化时，市盈率也应作相应的调整。在股票市场的实务操作中，利率与市盈率之间的关系常用如下公式表示：

$$市场平均市盈率=\frac{1}{市场利率}$$

所以，上市公司的市盈率一直是广大股票投资者进行中长期投资的重要决策指标。

对于因送红股、公积金转增资本、配股造成股本总数比上一年年末数增加的公司，其每股税后利润按变动后的股本总数予以相应的摊簿。

（四）每股净资产

每股净资产又称每股账面价值，是指企业净资产与发行在外的普通股股数之间的比率。用公式表示为：

$$每股净资产=\frac{股东权益总额}{发行在外的普通股股数}$$

【例 17-7】 某上市公司 20x8 年年末股东权益为 15 600 万元，全部为普通股，年末普通股股数为 12 000 万股。则每股净资产计算如下：

$$每股净资产=\frac{15\ 600}{12\ 000}=1.3(元)$$

每股净资产显示了发行在外的每一普通股股份所能分配的企业账面净资产的价值。这里所说的账面净资产，是指企业账面上的总资产减去负债后的余额，即股东权益总额。每股净资产指标反映了在会计期末每一股份在企业账面上到底值多少钱，它与股票面值、发行价值、市场价值乃至清算价值等往往有较大差距。

利用该指标进行横向和纵向对比，可以衡量上市公司股票的投资价值。如在企业性质相同、股票市价相近的条件下，某一企业股票的每股净资产越高，则企业发展潜力与其股票的投资价值越大，投资者所承担的投资风险越小。但是也不能一概而论，在市场投机气氛较浓的情况下，每股净资产指标往往不太受重视。投资者，特别是短线投资者注重股票市价的变动，有的企业的股票市价低于其账面价值，投资者会认为这个企业没有前景，从而失去对该企业股票的兴趣；如果市价高于其账面价值，而且差距较大，投资者会认为企业前景良好，有潜力，因而甘愿承担较大的风险购进该企业股票。

（五）市净率

市净率是每股市价与每股净资产的比率，是投资者用以衡量、分析个股是否具有投资价值的工具之一。市净率的计算公式如下：

$$市净率=\frac{买股市价}{每股净资产}$$

【例 17-8】 承[例 17-7]，同时假定该上市公司 20×8 年年末每股市价为 3.9 元，则该公司 20×8 年年末市净率计算如下：

$$市净率=\frac{3.9}{1.3}=3(倍)$$

净资产代表的是全体股东共同享有的权益，是股东拥有公司财产和公司投资价值最基本的体现，它可以用来反映企业的内在价值。一般来说，市净率较低的股票，投资价值较高；反之，则投资价值较低。但有时较低市净率反映的可能是投资者对公司前景的不良预期，而较高市净率则相反。因此，在判断某只股票的投资价值时，还要综合考虑当时的市场环境以及公司经营情况、资产质量和盈利能力等因素。

二、管理层讨论与分析

管理层讨论与分析是上市公司定期报告中管理层对于本企业过去经营状况的评价分析以及对企业和未来发展趋势的前瞻性判断，是对企业财务报表中所描述的财务状况和经营成果的解释，是对经营中固有风险和不确定性的揭示，同时也是对企业未来发展前景的预期。

管理层讨论与分析是上市公司定期报告的重要组成部分。要求上市公司编制并披露管理层讨论与分析的目的在于，使公众投资者能够有机会了解管理层自身对企业财务状况与经营成果的分析评价，以及企业未来一定时期内的计划。这些信息在财务报表及附注中并没有得到充分揭示，对投资者的投资决策却相当重要。

管理层讨论与分析信息大多涉及“内部性”较强的定性型软信息，无法对其进行详细的强制规定和有效监控，因此，西方国家的披露原则是强制与自愿相结合，企业可以自主决定如何披露这类信息。我国也基本实行这种原则，如中期报告中的“管理层讨论与分析”部分以及年度报告中的“董事会报告”部分，都是规定某些管理层讨论与分析信息必须披露，而另一些管理层讨论与分析信息鼓励企业自愿披露。

上市公司“管理层讨论与分析”主要包括两部分：报告期间经营业绩变动的解释与前瞻性信息。

(一) 报告期间经营业绩变动的解释

(1) 分析企业主营业务及其经营状况。

(2) 概述企业报告期内总体经营情况,列示企业主营业务收入、主营业务利润、净利润的同比变动情况,说明引起变动的主要影响因素。企业应当对前期已披露的企业发展战略和经营计划的实现或实施情况、调整情况进行总结,若企业实际经营业绩较曾公开披露过的本年度盈利预测或经营计划低10%以上或高20%以上,应详细说明造成差异的原因。企业可以结合企业业务发展规模、经营区域、产品等情况,介绍与企业业务相关的宏观经济层面或外部经营环境的发展现状和变化趋势,企业的行业地位或区域市场地位,分析企业存在的主要优势和困难,分析企业经营和盈利能力的连续性和稳定性。

(3) 说明报告期企业资产构成、企业销售费用、管理费用、财务费用、所得税等财务数据同比发生重大变动的情况及发生变化的主要影响因素。

(4) 结合企业现金流量表相关数据,说明企业经营活动、投资活动和筹资活动产生的现金流量的构成情况,若相关数据发生重大变动,应当分析其主要影响因素。

(5) 企业可以根据实际情况对企业设备利用情况、订单的获取情况、产品的销售或积压情况、主要技术人员变动情况等与企业经营相关的重要信息进行讨论和分析。

(6) 企业主要控股企业及参股企业的经营情况及业绩分析。

(二) 企业未来发展的前瞻性信息

(1) 企业应当结合回顾的情况,分析所处行业的发展趋势及企业面临的市场竞争格局。产生重大影响的,应给予管理层基本判断的说明。

(2) 企业应当向投资者提示管理层所关注的未来企业发展机遇和挑战,披露企业发展战略,以及拟开展的新业务、拟开发的新产品、拟投资的新项目等。若企业存在多种业务的,还应当说明各项业务的发展规划。同时,企业应当披露新年度的经营计划,包括(但不限于)收入、费用成本计划以及新年度的经营目标,如销售额的提升、市场份额的扩大、成本升降、研发计划等,为达到上述经营目标拟采取的策略和行动。企业可以编制并披露新年度的盈利预测,该盈利预测必须经过具有证券期货相关业务资格的会计师事务所审核并发表意见。

(3) 企业应当披露为实现未来发展战略所需的资金需求及使用计划,以及资金来源情况,说明维持企业当前业务完成在建投资项目的资金需求,未来重大的资本支出计划等,包括未来已知的资本支出承诺、合同安排、时间安排等。同时,对企业资金来源的安排、资金成本及使用情况进行说明。企业应当区分债务融资、表外融资、股权融资、衍生产品融资等项目对企业未来资金来源进行披露。

(4) 所有风险因素(包括宏观政策风险、市场或业务经营风险、财务风险、技术风险等),企业应当针对自身特点进行风险揭示,披露的内容应当充分、准确、具体。同时,企业可以根据实际情况,介绍已(或拟)采取的对策和措施,对策和措施应当内容具体,具备可操作性。

第四节 企业综合绩效分析与评价

财务分析的最终目的在于全面、准确、客观地揭示与披露企业财务状况和经营情况,并借以对企业经济效益优劣做出合理的评价。显然,要达到这样一个分析目的,仅仅测算几个简单、孤立的财务比率,或者将一些孤立的财务分析指标堆砌在一起,彼此毫无联系地考察,不可能得出合理、正确的综合性结论的,有时甚至会得出错误的结论。因此,只有将企业偿债能力、营运能力、投资收益实现能力以及发展趋势等各项分析指标有机地联系起来,作为一套完整的体系,相互配合使用,做出系统地综合评价,才能从总体意义上把握企业财务状况和经营情况的优劣。

综合分析的意义在于能够全面、正确地评价企业的财务状况和经营成果,因为局部不能替代整体,某项指标的好坏不能说明整个企业经济效益的高低。除此之外,综合分析的结果在进行企业不同时期比较分析和不同企业之间比较分析时消除了时间上和空间上的差异,使之更具有可比性,有利于总结经验、吸取教训、发现差距、赶超先进。进而,从整体上、本质上反映和把握企业生产经营的财务状况和经营成果。

一、企业综合绩效分析的方法

企业综合绩效分析方法有很多,传统方法主要有杜邦分析法和沃尔评分法等。

(一) 杜邦分析法

杜邦分析法又称杜邦财务分析体系,简称杜邦体系,是利用各主要财务比率指标间的内在联系,对企业财务状况及经济效益进行综合系统分析评价的方法。该体系是以净资产收益率为起点,以总资产净利率和权益乘数为核心,重点揭示企业获利能力及权益乘数对净资产收益率的影响,以及各相关指标间的相互影响作用关系。因其最初由美国杜邦企业成功应用,故得名。

杜邦分析法将净资产收益率(权益净利率)分解,如图 17-1 所示。

其分析关系式为:

净资产收益率=销售净利率×总资产周转率×权益乘数

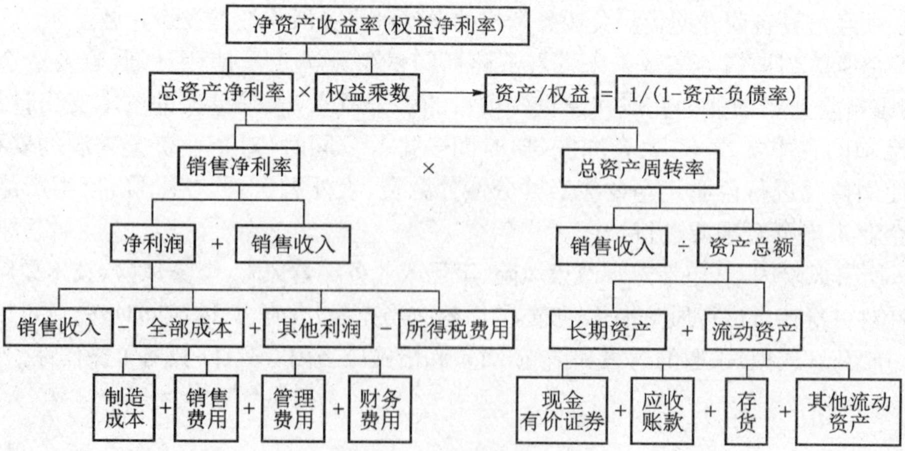

图 17-1　杜邦分析体系

注:本章销售净利率即营业净利率,销售收入即营业收入,销售费用即营业费用。图 17-1 中有关资产、负债与权益指标通常用平均值计算。

运用杜邦分析法需要抓住以下几点：

(1) 净资产收益率是一个综合性最强的财务分析指标，是杜邦分析体系的起点。财务管理的目标之一是使股东财富最大化，净资产收益率反映了企业所有者投入资本的获利能力，说明了企业筹资、投资、资产营运等各项财务及其管理活动的效率，而不断提高净资产收益率是使所有者权益最大化的基本保证。所以，这一财务分析指标是企业所有者、经营者都十分关心的。而净资产收益率高低的决定因素主要有三个，即销售净利率、总资产周转率和权益乘数。这样，在进行分解之后，就可以将净资产收益率这一综合性指标升降变化的原因具体化，从而它比只用一项综合性指标更能说明问题。

(2) 销售净利率反映了企业净利润与销售收入的关系，它的高低取决于销售收入与成本总额的高低。要向提高销售净利率，一是要扩大销售收入，二是要降低成本费用。扩大销售收入既有利于提高销售净利率，又有利于提高总资产周转率。降低成本费用是提高销售净利率的一个重要因素，从杜邦分析图可以看出成本费用的基本结构是否合理，从而找出降低成本费用的途径和加强成本费用控制的办法。如果企业财务费用支出过高，就要进一步分析其负债比率是否过高；如果管理费用过高，就要进一步分析期资产周转情况，等等。从图 17-1 中还可以看出，提高销售净利率的另一途径是提高其他利润。为了详细地了解企业成本费用的发生情况，在具体列示成本总额时，还可根据重要性原则，将那些影响较大的费用单独列示，以便为寻求降低成本的途径提供依据。

(3) 影响总资产周转率的一个重要因素是资产总额。资产总额由流动资产与长期资产组成，它们的结构合理与否将直接影响资产的周转速度。一般来说，流动资产直接体现企业的偿债能力和变现能力，而长期资产则体现了企业的经营规模、发展潜力。两者之间应该有一个合理的比例关系。如果发现某项资产比重过大，影响资金周转，就应深入分析其原因，如企业持有的货币资金超过业务需要，就会影响企业的盈利能力；如果企业占有过多的存货和应收账款，则既会影响获利能力，又会影响偿债能力。因此，还应进一步分析各项资产的占用数额和周转速度。

(4) 权益乘数主要受资产负债率指标的影响。资产负债率越高，权益乘数就越高，说明企业的负债程度比较高，给企业带来了较多的杠杆利益，同时，也带来了较大的风险。

【例 17-9】 某企业有关财务数据，如表 17-3 所示。分析该企业净资产收益率变化的原因，如表 17-4 所示。

表 17-3 **基本财务数据** 单位：万元

年度	净利润	销售收入	平均资产总额	平均负债总额	全部成本	制造成本	销售费用	管理费用	财务费用
20×7	10 284.04	411 224.01	306 222.94	205 677.07	403 967.43	373 534.53	10 203.05	18 667.77	1 562.08
20×8	12 653.92	757 613.81	330 580.21	215 659.54	736 747.24	684 261.91	21 740.96	25 718.20	5 026.17

表 17-4 **财务比率**

年度	20×7	20×8
净资产收益率	10.23%	11.01%
权益乘数	3.05	2.88

（续表）

年度	20×7	20×8
资产负债率	67.2%	65.2%
总资产净利率	3.36%	3.83%
销售净利率	2.5%	1.67%
总资产周转率(次)	1.34	2.29

1. 对净资产收益率的分析

该企业的净资产收益率在20×7年至20×8年间出现了一定程度的好转，从20×7年的10.23%增加至20×8年的11.01%。企业的投资者在很大程度上依据这个指标来判断是否投资或是否转让股份，考察经营者业绩和决定股利分配政策。这些指标对企业的管理者也至关重要。

净资产收益率＝权益乘数×总资产净利率

20×7年：10.23%＝3.05×3.36%

20×8年：11.01%＝2.88×3.83%

企业通过分解可以明显地看出，其净资产收益率的变动在于资本结构（权益乘数）变动和资产利用效果（总资产净利率）变动两方面共同作用的结果，而该企业的总资产净利率太低，显示出很差的资产利用效果。

2. 对总资产净利率的分析

总资产净利率＝销售净利率×总资产周转率

20×7年：3.36%＝2.5%×1.34

20×8年：3.83%＝1.67%×2.29

企业通过分解可以看出，20×8年其总资产周转率有所提高，说明资产的利用得到了比较好的控制，显示出比前一年较好的效果，表明该企业利用其总资产产生销售收入的效率在增加。总资产周转率提高的同时销售净利率的减少阻碍了总资产净利率的增加。

3. 对销售净利率的分析

$$销售净利率=\frac{净利润}{销售收入}$$

20×7年：2.5%＝10 284.04÷411 224.01

20×8年：1.67%＝12 653.92÷757 613.81

该企业20×8年大幅度提高了销售收入，但是净利润的提高幅度却很小，分析其原因是成本费用增多，从表17-3可知：全部成本从20×7年的403 967.43万元增加到20×8年的736 747.24万元，与销售收入的增加幅度大致相当。

4. 对全部成本的分析

全部成本＝制造成本＋销售费用＋管理费用＋财务费用

20×7年：403 967.43＝373 534.53＋10 203.05＋18 667.77＋1 562.08

20×8年：736 747.24＝684 261.91＋21 740.96＋25 718.20＋5 026.17

本例中，导致该企业净资产收益率小的主要原因是全部成本过大。也正是因为全部成本的大幅度提高导致了净利润提高幅度不大，而销售收入大幅度增加，就引起了销售净利率的降低，显示出该企业销售盈利能力的降低。资产净利率的提高当归功于总资产周转率的提高，销售净利率的减少却起到了阻碍的作用。

5. 对权益乘数的分析

$$权益乘数=\frac{资产总额}{权益总额}$$

$$20\times7年：\quad 3.05=\frac{306\,222.94}{306\,222.94-205\,677.07}$$

$$20\times8年：\quad 2.88=\frac{330\,580.21}{330\,580.21-215\,659.54}$$

该企业下降的权益乘数，说明企业的资本结构在20×7年至20×8年发生了变动，20×8年的权益乘数较20×7年有所减小。权益乘数越小，企业负债程度越低，偿还债务能力越强，财务风险有所降低。这个指标同时也反映了财务杠杆对利润水平的影响。该企业的权益乘数一直处于2～5之间，也即负债率在50%～80%之间，属于激进战略型企业。管理者应该准确把握企业所处的环境，准确预测利润，合理控制负债带来的风险。

6. 结论

对于该企业，最为重要的就是要努力降低各项成本，在控制成本上下功夫，同时要保持较高的总资产周转率。这样，可以使销售净利率得到提高，进而使总资产净利率有大的提高。

（二）沃尔评分法

企业财务综合分析的先驱者之一是亚历山大·沃尔。他在20世纪初出版的《信用晴雨表研究》和《财务报表比率分析》中提出了信用能力指数的概念，他把若干个财务比率用线性关系结合起来，以此来评价企业的信用水平，被称为沃尔评分法。他选择了七种财务比率，分别给定了其在总评价中所占的比重，总和为100分；然后，确定标准比率，并与实际比率相比较，评出每项指标的得分，求出总评分。

【例17-10】 某企业是一家中型电力企业，20×8年的财务状况评分的结果，如表17-5所示。

表17-5　　沃尔综合评分表

财务比率	比重 1	标准比率 2	实际比率 3	相对比率 4=3÷2	综合指数 5=1×4
流动比率	25	2.00	1.66	0.83	20.75
净资产/负债	25	1.50	2.39	1.59	39.75
资产/固定资产	15	2.50	1.84	0.736	11.04
销售成本/存货	10	8	9.94	1.243	12.43
销售收入/应收账款	10	6	8.61	1.435	14.35
销售收入/固定资产	10	4	0.55	0.137 5	1.38
销售收入/净资产	5	3	0.40	0.133	0.67
合计	100				100.37

从表 17-5 可知，该企业的综合指数为 100.37，总体财务状况是不错的，综合评分达到标准的要求。但由于该方法技术上的缺陷，夸大了达到标准的程度。尽管沃尔评分法在理论上还有待证明，在技术上也不完善，但它还是在实践中被广泛地加以应用。

沃尔评分法从理论上讲，有一个弱点，就是未能证明为什么要选择这七个指标，而不是更多些或更少些，或者选择别的财务比率，以及未能证明每个指标所占比重的合理性。沃尔的分析法从技术上讲有一个问题，就是当某一个指标严重异常时，会对综合指数产生不合逻辑的重大影响。这个缺陷是由相对比率与比重相"乘"而引起的。财务比率提高 1 倍，其综合指数增加 100%；而财务比率缩小 1 倍，其综合指数只减少 50%。

现代社会与沃尔的时代相比，已有很大的变化。一般认为，企业财务评价的内容首先是盈利能力，其次是偿债能力，最后是成长能力，它们之间大致可按 5 : 3 : 2 的比重来分配。盈利能力的主要指标是总资产报酬率、销售净利率和净资产收益率，这三个指标可按 2 : 2 : 1的比重来安排。偿债能力有四个常用指标。成长能力有三个常用指标（都是本年增量与上年实际量的比值）。假定仍以 100 分为总评分。

【例 17-11】 仍以[例 17-10]中企业 20×8 年的财务状况为例，以中型电力生产企业的标准值为评价基础，则其综合评分标准如表 17-6 所示。

表 17-6　　综合评分表

指标	评分值	标准比率	行业最高比率	最高评分	最低评分	每分比率的差
盈利能力：						
总资产报酬率	20	5.5%	15.8%	30	10	1.03
销售净利率	20	26.0%	56.2%	30	10	3.02
净资产收益率	10	4.4%	22.7%	15	5	3.66
偿债能力：						
自有资本比率	8	25.9%	55.8%	12	4	7.475
流动比率	8	95.7%	253.6%	12	4	39.475
应收账款周转率	8	290%	960%	12	4	167.5
存货周转率	8	800%	3 030%	12	4	557.5
成长能力：						
销售增长率	6	2.5%	38.9%	9	3	12.13
净利增长率	6	10.1%	51.2%	9	3	13.7
总资产增长率	6	7.3%	42.8%	9	3	11.83
合计	100			150	50	

标准比率以本行业平均数为基础，在给每个指标评分时，应规定其上限和下限，以减少个别指标异常对总分造成不合理的影响。上限可定为正常评分值的 1.5 倍，下限可定为正常评分值的 0.5 倍。此外，给分不是采用"乘"的关系，而采用"加"或"减"的关系来处理，以克服沃尔评分法的缺点。例如，总资产报酬率每分比率的差为 1.03%＝[(15.8%－5.5%)÷(30 分－20 分)]。总资产报酬率每提高 1.03%，多给 1 分，但该项得分不得超过 30 分。

根据这种方法，对该企业的财务状况重新进行综合评价，得 124.94 分（见表 17-7），是一个中等略偏上水平的企业。

表 17-7　　财务情况评分

指　标	实际比率 1	标准比率 2	差异 3=1−2	每分比率 4	调整分 5=3÷4	标准评分值 6	得分 7=5+6
盈利能力：							
总资产报酬率	10	5.5	4.5	1.03	4.37	20	24.37
销售净利率	33.54	26.0	7.54	3.02	2.50	20	22.50
净资产收益率	13.83	4.4	9.43	3.66	2.58	10	12.58
偿债能力：							
自有资本比率	72.71	25.9	46.81	7.475	6.26	8	14.26
流动比率	166	95.7	70.3	39.475	1.78	8	9.78
应收账款周转率	861	290	571	167.5	3.41	8	11.41
存货周转率	994	800	194	557.5	0.35	8	8.35
成长能力：							
销售增长率	17.7	2.5	15.2	12.13	1.25	6	7.25
净利增长率	−1.74	10.1	−11.84	13.7	−0.86	6	5.14
总资产增长率	46.36	7.3	39.06	11.83	3.30	6	9.30
合计						100	124.94

二、综合绩效评价

综合绩效评价是综合分析的一种，一般是站在企业所有者(投资人)的角度进行的。

综合绩效评价是指运用数理统计和运筹学的方法，通过建立综合评价指标体系，对照相应的评价标准，定量分析与定性分析相结合，对企业一定经营期间的盈利能力、资产质量、债务风险以及经营增长等经营业绩和努力程度等各方面进行的综合评判。

科学地评价企业绩效，可以为出资人行使经营者的选择权提供重要依据；可以有效地加强对企业经营者的监管和约束；可以为有效激励企业经营者提供可靠依据；还可以为政府有关部门、债权人、企业职工等利益相关方提供有效的信息支持。

(一) 综合绩效评价的内容

企业综合绩效评价由财务绩效定量评价和管理绩效定性评价两部分组成。

1. 财务绩效定量评价

财务绩效定量评价是指对企业一定期间的盈利能力、资产质量、债务风险和经营增长四个方面进行定量对比分析和评判。

(1) 企业盈利能力分析与评判主要通过资本及资产报酬水平、成本费用控制水平和经营现金流量状况等方面的财务指标，综合反映企业的投入产出水平以及盈利质量和现金保障状况。

(2) 企业资产质量分析与评判主要通过资产周转速度、资产运行状态、资产结构以及资产有效性等方面的财务指标，综合反映企业所占用经济资源的利用效率、资产管理水平与资产的安全性。

(3) 企业债务风险分析与评判主要通过债务负担水平、资产负债结构、或有负债情况、现金偿债能力等方面的财务指标，综合反映企业的债务水平、偿债能力及其面临的债务风险。

(4) 企业经营增长分析与评判主要通过销售增长、资本积累、效益变化以及技术投入等方面的财务指标，综合反映企业的经营增长水平及发展后劲。

2. 管理绩效定性评价

管理绩效定性评价是指在企业财务绩效定量评价的基础上，通过采取专家评议的方式，对企业一定期间的经营管理水平进行定性分析与综合评判。

管理绩效定性评价指标包括企业发展战略的确立与执行、经营决策、发展创新、风险控制、基础管理、人力资源、行业影响、社会贡献等方面。

(二) 综合绩效评价指标

企业综合绩效评价指标由22个财务绩效定量评价指标和8个管理绩效定性评价指标组成。

1. 财务绩效定量评价指标

财务绩效定量评价指标由反映企业盈利能力、资产质量状况、债务风险状况和经营增长状况等四方面的基本指标和修正指标构成。

其中，基本指标反映企业一定期间财务绩效的主要方面，并得出财务绩效定量评价的基本结果。修正指标是根据财务指标的差异性和互补性，对基本指标的评价结果作进一步的补充和矫正。

(1) 企业盈利能力状况以净资产收益率、总资产报酬率两个基本指标和销售(营业)利润率、利润现金保障倍数、成本费用利润率、资本收益率四个修正指标进行评价，主要反映企业一定经营期间的投入产出水平和盈利质量。

(2) 企业资产质量状况以总资产周转率、应收账款周转率两个基本指标和不良资产比率、流动资产周转率、资产现金回收率三个修正指标进行评价，主要反映企业所占用经济资源的利用效率、资产管理水平与资产的安全性。

(3) 企业债务风险状况以资产负债率、已获利息倍数两个基本指标和速动比率、现金流动负债比率、带息负债比率、或有负债比率四个修正指标进行评价，主要反映企业的债务负担水平、偿债能力及其面临的债务风险。

(4) 企业经营增长状况以销售(营业)增长率、资本保值增值率两个基本指标和销售(营业)利润增长率、总资产增长率、技术投入比率三个修正指标，主要反映企业的经营增长水平、资本增值状况及发展后劲。

2. 管理绩效定性评价指标

企业管理绩效定性评价指标包括战略管理、发展创新、经营决策、风险控制、基础管理、人力资源、行业影响、社会贡献等8个方面的指标，主要反映企业在一定经营期间所采取的各项管理措施及其管理成效。

(1) 战略管理评价主要反映企业所制定战略规划的科学性，战略规划是否符合企业实际，员工对战略规划的认知程度，战略规划的保障措施及其执行力，以及战略规划的实施效果等方面的情况。

(2) 发展创新评价主要反映企业在经营管理创新、工艺革新、技术改造、新产品开发、品牌培育、市场拓展、专利申请及核心技术研发等方面的措施及成效。

(3) 经营决策评价主要反映企业在决策管理、决策程序、决策方法、决策执行、决策监督、责任追究等方面采取的措施及实施效果,重点反映企业是否存在重大经营决策失误。

(4) 风险控制评价主要反映企业在财务风险、市场风险、技术风险、管理风险、信用风险和道德风险等方面的管理与控制措施及效果,包括风险控制标准、风险评估程序、风险防范与化解措施等。

(5) 基础管理评价主要反映企业在制度建设、内部控制、重大事项管理、信息化建设、标准化管理等方面的情况,包括财务管理、对外投资、采购与销售、存货管理、质量管理、安全管理、法律事务等。

(6) 人力资源评价主要反映企业人才结构、人才培养、人才引进、人才储备、人事调配、员工绩效管理、分配与激励、企业文化建设、员工工作热情等方面的情况。

(7) 行业影响评价主要反映企业主管业务的市场占有率、对国民经济及区域经济的影响与带动力、主要产品的市场认可程度、是否具有核心竞争能力以及产业引导能力等方面的情况。

(8) 社会贡献评价主要反映企业在资源节约、环境保护、吸纳就业、工资福利、安全生产、上缴税收、商业诚信、和谐社会建设等方面的贡献程度和社会责任的履行情况。

各指标评价内容与权重如表 17-8 所示。

表 17-8　　企业综合绩效评价指标及权重表

评价内容与权重		财务绩效(70%)				管理绩效(30%)	
		基本指标	权重	修正指标	权重	评议指标	权重
盈利能力状况	34	净资产收益率 总资产报酬率	20 14	销售(营业)利润率 利润现金保障倍数 成本费用利润率 资本收益率	10 9 8 7	战略管理 发展创新 经营决策 风险控制 基础管理 人力资源 行业影响 社会贡献	18 15 16 13 14 8 8 8
资产质量状况	22	总资产周转率 应收账款周转率	10 12	不良资产比率 流动资产周转率 资产现金回收率	9 7 6		
债务风险状况	22	资产负债率 已获利息倍数	12 10	速动比率 现金流动负债比率 带息负债比率 或有负债比率	6 6 5 5		
经营增长状况	22	销售(营业)利润率 资本保值增值率	12 10	销售(营业)利润增长率 总资产增值率 技术投入比率	10 7 5		

(三) 企业综合绩效评价标准

综合绩效评价标准分为财务绩效定量评价标准和管理绩效定性评价标准。

1. 财务绩效定量评价标准

财务绩效定量评价标准包括国内行业标准和国际行业标准。国内行业标准根据国内企业年度财务和经营管理统计数据,运用数理统计方法,分年度、分行业、分规模统一测算。国际行业标准根据居于行业国际领先地位的大型企业相关财务指标实际值,或者根据同类型企业组相关财务指标的先进值,在剔除会计核算差异后统一测算。其中,财务绩效定量评价标准的行业分类,按照国家统一颁布的国民经济行业分类标准结合企业实际情况进行划分。

财务绩效定量评价标准按照不同行业、不同规模及指标类别,划分为优秀(A)、良好(B)、平均(C)、较低(D)、较差(E)五个档次,对应五档评价标准的标准系数分别为1.0、0.8、0.6、0.4、0.2,较差(E)以下为0。

2. 管理绩效定性评价标准

管理绩效定性评价标准分为优(A)、良(B)、中(C)、低(D)、差(E)五个档次。对应五档评价标准的标准系数分别为1.0、0.8、0.6、0.4、0.2,差(E)以下为0。

管理绩效定性评价标准具有行业普遍性和一般性,在进行评价时,应当根据不同行业的经营特点,灵活把握个别指标的标准尺度。对于定性评价标准没有列示,但对被评价企业经营绩效产生重要影响的因素,在评价时也应予考虑。

(四)企业综合绩效评价工作程序

1. 财务绩效评价工作程序

财务绩效定量评价工作具体包括提取评价基础数据、基础数据调整、评价计分、形成评价结果等内容。

(1) 提取评价基础数据。以经社会中介机构或内部审计机构审计并经评价组织机构核实确认的企业年度财务会计报表为基础提取评价基础数据。

(2) 基础数据调整。为客观、公正地评价企业经营绩效,对评价基础数据进行调整。

(3) 评价计分。根据调整后的评价基础数据,对照相关年度的行业评价标准值,利用绩效评价软件或手工评价计分。

(4) 形成评价结果。对任期财务绩效评价需要计算任期内平均财务绩效评价分数,并计算绩效改进度;对年度财务绩效评价除计算年度绩效改进度外,需要对定量评价得分深入分析,诊断企业经营管理存在的薄弱环节,并在财务决策批复中提示有关问题,同时进行所监管企业的分配排序分析,在一定范围内发布评价结果。

2. 管理绩效评价工作程序

管理绩效定性评价工作具体包括收集整理绩效评价资料、聘请咨询专家、召开专家评议会、形成定性评价结论等内容。

(1) 收集整理管理绩效评价资料。为了深入了解被评价企业的管理绩效状况,应当通过问卷调查、访谈等方式,充分收集并认真整理管理绩效评价的有关资料。

(2) 聘请咨询专家。根据所评价企业的行业情况,聘请不少于7名管理绩效评价咨询专家,组成专家咨询组,并将被评价企业的有关资料提前送达咨询专家。

(3) 召开专家评议会。组织咨询专家对企业的管理绩效指标进行评议打分。

(4) 形成定性评价结论。汇总管理绩效定性评价指标得分,形成定性评价结论。

(五)企业综合绩效评价计分方法

1. 财务绩效评价计分

(1) 基本指标计分。财务绩效定量评价基本指标计分是按照功效系数法计分原理,将评价指标实际值对照行业评价标准值,按照规定的计分公式计算各项基本指标得分。计算公式为：

$$\text{基本指标总得分} = \sum \text{单项基本指标得分}$$

单项基本指标得分＝本档基础分＋调整分

本档基础分＝指标权数×本档标准系数

调整分＝功效系数×(上档基础分－本档基础分)

上档基础分＝指标权数×本档标准系数

$$\text{功效系数}=\frac{\text{实际值}-\text{本挡标准值}}{\text{上档标准值}-\text{本档标准值}}$$

本档标准值是指上下两档标准值居于较低等级一档。

(2) 修正指标的计分。财务绩效定量评价修正指标的计分是在基本指标计分结果的基础上，运用功效系数法原理，分别计算盈利能力、资产质量、债务风险和经营增长四个部分的综合修正系数，再据此计算出修正后的分数。计算公式为：

$$\text{修正后总得分} = \sum \text{各部分修正后得分}$$

各部分修正后得分＝各部分基本指标分数×该部分综合修正系数

$$\text{某部分综合修正系数} = \sum \text{该部分各修正指标加权修正系数}$$

$$\text{某指标加权修正系数}=\frac{\text{修正指标权数}}{\text{该部分权数}}\times\text{该指标单项修正系数}$$

某指标单项修正系数＝1.0＋(本档标准系数＋功效系数×0.2－该部分基本指标分析系数)

(单项修正系数控制修正幅度为0.7～1.3)

某部分基本指标分析系数＝该部分基本指标得分/该部分权数

在计算修正指标单项修正系数过程中，对于一些特殊情况应进行调整：

如果修正指标单项修正系数过程中，对于一些特殊情况应进行调整：

单项修正系数＝1.2＋本档标准系数－该部分基本指标分析系数

如果修正指标实际值处于较差值以下，其单项修正系数的计算公式如下：

单项修正系数＝1.0－该部分基本指标分析系数

如果资产负债率≥100%，指标得0分；其他情况按照规定的公式计分。

如果盈余现金保障利润分子为正数，分母为负数，单项修正系数确定为1.1；如果分子为负数，分母为正数，单项修正系数确定为0.9；如果分子分母同为负数，单项修正系数确定为0.8。

如果不良资产比率≥100%或分母为负数，单项修正系数确定为0.8。

对于销售(营业)利润增长率指标，如果上年主营业务利润为负数，本年为正数，单项修正系数为1.1；如果上年主营业务利润为零，本年为正数，或者上年为负数本年为零，单项修正系数确定为1.0。

如果个别指标难以确定行业标准，该指标单项修正系数确定为1.0。

2. 管理绩效评价计分

管理绩效定性评价指标的计分一般通过专家评议打分形式完成，聘请的专家应不少于7名；评议专家应当在充分了解企业管理绩效状况的基础上，对照评价参考标准，采取综合分析判断法，对企业管理绩效指标做出分析评议，评判各项指标所处的水平档次，并直接给出评价分数。计算公式为：

$$管理绩效定性评价指标分数=\sum 单项指标分数$$

$$单项指标分数=\frac{\sum 每位专家给定的单项指标分数}{专家人数}$$

3. 综合绩效评价计分

在得出财务绩效定量评价分数和管理绩效定性评价分数后，应当按照规定的权重，耦合形成综合绩效评价分数。计算公式为：

$$企业综合绩效评价分数=财务绩效定量评价分数\times 70\%+管理绩效定性评价分数\times 30\%$$

在得出评价分数以后，应当计算年度之间的绩效改进度，以反映企业年度之间经营绩效的变化状况。计算公式为：

$$绩效改进度=\frac{本期绩效评价分数}{基期绩效评价分数}$$

绩效改进度大于1，说明经营绩效上升；绩效改进度小于1，说明经营绩效下滑。

(六) 企业综合绩效评价结果与评价报告

企业综合绩效评价结果以评价得分、评价类型和评价级别表示。

评价类型是根据评价分数对企业综合绩效所划分的水平档次，用文字和字母表示，分为优(A)、良(B)、中(C)、低(D)、差(E)五种类型。

评价级别是对每种类型再划分级次，以体现同一评价类型的不同差异，采用在字母后标注"+、−"号的方式表示。

企业综合绩效评价结果以85、70、50、40分作为类型判定的分数线。

(1) 评价得分达到85分以上(含85分)的评价类型为优(A)，在此基础上划分为三个级别，分别为：A++≥95分；95分>A+≥90分；90分>A≥85分。

(2) 评价得分达到70分以上(含70分)不足85分的评价类型为良(B)，在此基础上划分为三个级别，分别为：85分>B+≥80分；80分>B≥75分，75分>B−≥70分。

(3) 评价得分达到50分以上(含50分)不足70分的评价类型为中(C)，在此基础上划分为两个级别，分别为：70分>C≥60分；60分>C−≥50分。

(4) 评价得分在40分以上(含40分)不足50分的评价类型为低(D)。

(5) 评价得分在40分以下的评价类型为差(E)。

习　题

一、单项选择题

1. 企业经营的宏观环境分析属于(　　)分析。

A. 静态环境　　　　B. 动态环境